es 1539
edition suhrkamp
Neue Folge Band 539

Neue Historische Bibliothek
Herausgegeben von Hans-Ulrich Wehler

In der Geschichte der Menschheit hat es keine umwälzendere und folgenreichere Epoche gegeben als die der Industriellen Revolution. Der hier vorliegende Band beschreibt die Industrielle Revolution bzw. die Industrialisierung Deutschlands in dem Jahrhundert von 1815 bis 1914. Nach den Napoleonischen Kriegen existierte auf dem späteren deutschen Reichsgebiet ein Sammelsurium von 38 größeren, mittleren und winzigen souveränen Staaten und Freien Reichsstädten, die weder ein einheitliches Zollsystem noch eine gemeinsame Währung kannten. Bis zum Ersten Weltkrieg war das Deutsche Reich ökonomisch zum führenden europäischen Staat aufgestiegen, hatte England überholt und Frankreich weit hinter sich gelassen. Wie war dies möglich? Was sind die Faktoren dieser rapiden Industrialisierung? Hat die verspätete Nationalstaatsbildung diesen Erfolgskurs beschleunigt? Gibt es einen sozialökonomischen Sonderweg Deutschlands im 19. Jahrhundert?

Diese Entwicklungen sollen erklärt und beschrieben werden auf dem Hintergrund eines neuen Konzepts der regionalen Industrialisierung. Im Gegensatz zu traditionellen Arbeiten wird in diesem Band die Industrielle Revolution als ein regionales Phänomen wahrgenommen; ein solcher Ansatz ist grundlegend neu und ermöglicht überraschende Einblicke in Ursachen und Wirkungen des Modernisierungsprozesses.

Hubert Kiesewetter ist Privatdozent für Wirtschafts- und Sozialgeschichte an der Freien Universität Berlin und zur Zeit Visiting Fellow am St. Anthony's College in Oxford.

Hubert Kiesewetter
Industrielle Revolution
in Deutschland
1815-1914

Suhrkamp

edition suhrkamp 1539
Neue Folge Band 539
Erste Auflage 1989
© Suhrkamp Verlag Frankfurt am Main 1989
Alle Rechte vorbehalten, insbesondere das der Übersetzung,
des öffentlichen Vortrags
sowie der Übertragung durch Rundfunk und Fernsehen,
auch einzelner Teile.
Satz: IBV Satz- und Datentechnik GmbH, Berlin
Druck: Nomos Verlagsgesellschaft, Baden-Baden
Umschlagentwurf: Willy Fleckhaus
Printed in Germany
3 4 5 6 7 8 – 01 00 99 98 97 96

Inhalt

Teil I
Wirtschaftspolitische Rahmenbedingungen und Grundzüge der Entwicklung

Vorwort

Als Hans-Ulrich Wehler mir Mitte 1985 vorschlug, einen Band über *Die deutsche Industrielle Revolution* zu schreiben, sagte ich gerne zu. Warum, wird mancher fragen, brauchen wir denn noch ein Buch zu diesem Thema? Ist denn nicht die Literatur zu Fragen der Industrialisierung bzw. Industriellen Revolution in Deutschland bereits Legion? Haben Wissenschaftler und andere Autoren nicht schon den letzten Winkel, die kleinste Region, ja jede einzelne Erfindung und alle bedeutenden Unternehmen im 19. Jahrhundert abgetastet und ausgeleuchtet? Was gibt es denn noch Neues zu sagen?

Vor allem drei Gründe haben mich bewogen, trotz mancher Bedenken dieses Feld erneut zu bearbeiten. Erstens: die Sozialwissenschaften, wozu ich die Geschichte rechne, sind eng verwoben mit aktuellen politischen und ökonomischen Fragestellungen. Wirtschafts- und Sozialgeschichtsschreibung sollten deshalb neuere Strömungen *mit*reflektieren. Der Historiker und Sozialwissenschaftler betrachtet die Vergangenheit immer wieder in einem anderen Licht. Die Schatten in Platons Höhle als Abbilder der Wirklichkeit sind niemals deckungsgleich, sie können scharf oder unscharf sein, je nach der subjektiven Qualität unseres geistigen Auges. So stellen sich dem Analytiker die historischen Ereignisse von jeweils neuen Standpunkten dar. Zweitens: die politische und staatsrechtliche Bedeutung der Gründung des Deutschen Reiches 1870/71 hat lange Zeit die zentrale Stellung von Regionen im Industrialisierungsprozeß in den Hintergrund gedrängt. Zwar gibt es gerade in Deutschland eine lange Tradition der Landes- und Stadtgeschichte, die vergleichende regionale Industrialisierungsforschung hat jedoch noch einen weiten Weg vor sich. Überzeugt davon, daß aufgrund einer Auswahl von Kriterien einigermaßen homogene Regionen die geeignetsten Objekte wirtschaftshistorischer Analysen sind, wenn wir nicht nur beschreiben, sondern auch erklären wollen, versuche ich, auf diesem Pfad ein wenig weiter zu wandern. Die genauere Analyse dieser Verflechtungen muß einer größeren Arbeit vorbehalten bleiben. Drittens: die vornehmste Aufgabe aller Wissenschaften ist die Suche nach gehaltvollen, empirisch gesättigten Erklärungen. Trotz der Flut an

Literatur über wirtschafts- und sozialhistorische Entwicklungen im Deutschland des 19. Jahrhunderts sind noch viele Fragen ungeklärt. Deshalb erscheint mir eine Bearbeitung dieses Themas weiterhin spannend und lohnenswert.

Dieses Buch beruht auf der Arbeit von Generationen von Wissenschaftlern, auch wenn es andere Akzente zu setzen versucht. Da die wissenschaftlichen Belege sehr knapp gehalten sind und sich im wesentlichen auf die Originalangabe von Zitaten beschränken, möchte ich betonen, daß ohne diese Vorarbeiten der Band so nicht hätte geschrieben werden können. Vielen bin ich deshalb zu Dank verpflichtet, die ich hier nicht alle erwähnen kann. In der Bibliographie und in den Anmerkungen sind die wichtigsten Titel angeführt, auf die ich mich gestützt habe. Das Manuskript und die Tabellen sind von Ingrid Russau, Barbara von Schmiterlöw und Heike Siesslack getippt worden. Wolfram Fischer, Karl Heinrich Kaufhold und Heinrich Volkmann verdanke ich wichtige Anregungen und Korrekturen. Bei der Anfertigung einer ersten Fassung konnte ich die mit deutscher Literatur reich ausgestattete Bibliothek der University of Illinois in Urbana-Champaign, USA, ausgiebig benutzen. Meine Frau war mir dort bei der Literaturbeschaffung und der Erschließung von Zitaten sehr behilflich.

Ich widme diesen Band meinem leider viel zu früh verstorbenen Freund Anton. Er hat mir, als ich noch Maschinenschlosser und Lokomotivheizer war, eine neue Welt des Geistes und der Musik eröffnet. Meine Begeisterung für die Technik wurde von ihm nicht nur geteilt, sondern er machte mich in seiner englischen Heimat mit den Anfängen einer Entwicklung vertraut, die sich von dort wie ein Bazillus fast über die ganze Erde ausbreitete.

Berlin, im Dezember 1988   *Hubert Kiesewetter*

Einleitung

Das 19. Jahrhundert war *die* Epoche der Revolutionen, der politischen, sozialen und technischen Revolutionen.[1] In der langen Menschheitsgeschichte hat kein Jahrhundert zuvor in so kurzer Zeit in fast allen europäischen Staaten, besonders aber in Deutschland, so tiefgreifende Umwälzungen erlebt, wie sie in den 100 Jahren von 1815 bis 1914 stattgefunden haben. Die Historiker haben deshalb lange nach etwas Vergleichbarem gesucht, nach einem *tertium comparationis,* also einem ähnlich grundlegenden Wandel der menschlichen Lebensweise, und sie haben es in der sogenannten »Neolithischen Revolution« gefunden. Das Neolithikum oder die jüngere Steinzeit dauerte in Mitteleuropa etwa vom 5. Jahrtausend bis um 1800 vor Christus und war geprägt durch die Haustierhaltung, den Anbau von Getreide und die Benutzung des von Rindern gezogenen Pflugs; alle Kennzeichen trugen dazu bei, daß immer mehr Menschen seßhaft wurden. Zwar kennen wir auch das 19. Jahrhundert noch nicht gründlich genug, doch von den besonderen Veränderungen im Neolithikum sind unsere Kenntnisse so rudimentär, daß ein solcher Vergleich nicht nur gewagt erscheint, sondern das Verständnis beider Epochen eher beeinträchtigt. Es läßt sich also durchaus von der hier behandelten Periode behaupten, daß sie »in der Geschichte der Menschheit nicht ihresgleichen hat«.[2]

a) Industrielle Revolution oder Industrialisierung?

Wenn – wie wir noch genauer erkennen werden – diese 100 Jahre Deutschland vollständig verändert haben, so verwundert es nicht, daß bei der Beschreibung und Erklärung dieser Zeit große Auffassungsunterschiede zutage treten, die eine Vielzahl von Bereichen betreffen. Ich möchte hier lediglich zwei Aspekte ansprechen, die ineinander übergehen: die begriffliche Benennung und das Problem der Periodisierung. Der erste Aspekt betrifft die Frage, ob wir unsere Epoche als »Industrielle Revolution« oder als »Industrialisierung« bezeichnen sollen. Darüber hat es, weil besonders deutsche Wissenschaftler dazu neigten, in Definitionen das Wesen der Sache zu erkennen, endlose Diskussionen gegeben. Es soll hier jedoch kein weitschweifiger Beitrag zu diesem Pseudoproblem vom Wesen einer Sache geliefert werden, sondern ich möchte durch die Gegenüberstellung einiger solcher Definitionen zeigen, daß wir mit unserer Entscheidung für den einen oder anderen Begriff der Klärung und/oder Erklärung der Sache selbst noch keinen Millimeter näher gekommen sind. Grob gesagt verlief lange Zeit in Deutschland die Scheidewand zwischen Marxisten und Nicht-Marxisten; erstere verwandten öfter den Begriff »Industrielle Revolution«, letztere eher den Begriff »Industrialisierung«.[3]

Um 1878 schrieb Friedrich Engels: »Während in Frankreich der Orkan der Revolution das Land ausfegte, ging in England eine stillere, aber darum nicht minder gewaltige Umwälzung vor sich. Der Dampf und die neue Werkzeugmaschinerie verwandelten die Manufaktur in die moderne große Industrie und revolutionierten damit die ganze Grundlage der bürgerlichen Gesellschaft.«[4] Jürgen Kuczynski kennzeichnet die »Große Industrielle Revolution« folgendermaßen: »Die Revolution der Produktivkräfte bemächtigte sich vor allem der Industrie und brachte hier eine wesentliche Veränderung der Produktionsverhältnisse, die durch die Umwandlung der Manufaktur in die Fabrik gekennzeichnet ist – die Fabrik, die mit Maschinen arbeitet, mit Maschinen, die von Arbeitern bedient werden.«[5] Lothar Baar meint: »Von der industriellen Revolution kann aber erst dann die Rede sein, wenn die Anlage solcher Maschinen, Apparaturen und Einrichtungen, die Anlage von konstantem fixem Kapital einen Umfang annimmt, der die ganze wirtschaftliche Entwicklung beeinflußt und zur Grundlage der zyklischen Bewegung des Kapitalismus wird.«[6] Wir könnten die Zahl solcher Definitionen beliebig erweitern und damit auch die Vielfalt unterschiedlicher Schwerpunktsetzungen, was »Industrielle Revolution« eigentlich aussagt. Engels hebt die industrielle Anwendung von Dampf- und Werkzeugmaschinen hervor, Kuczynski sieht den Übergang von der Manufaktur zur Fabrik ähnlich, während etwa Baar die Höhe der Kapitalinvestitionen als entscheidend ansieht. Es gibt also weder unter Marxisten, ganz zu schweigen von anderen Autoren, eine definitorische Übereinstimmung.

Die Definitionen für »Industrialisierung« sind nicht einheitlicher, aber inhaltlich oft gar nicht so verschieden von denen für »Industrielle Revolution«. So betont Klaus Schulz-Hanßen die neue Art der industriellen Produktion: »Mit dem Begriff ›Industrialisierung‹ wird der Übergang der gewerblichen Güterproduktion der vorindustriellen Gesellschaft, in deren Mittelpunkt der Betrieb mit handwerklicher Fertigungstechnik steht, zur industriellen Produktionsform bezeichnet.«[7] Und Sigurd Klatt betont den großen Kapitaleinsatz zur Erreichung wirtschaftlichen Wachstums. »Der Industrialisierungsprozeß soll im folgenden als ein langfristiger, relativer Wachstumsprozeß dargestellt werden, der gekennzeichnet ist durch einen im Verhältnis zu den anderen Produktionsfaktoren zusätzlichen und zunehmend überwiegenden Einsatz von Sachkapital in besonderer Form und zur Verwirklichung technischer Fortschritte.«[8] Schließlich versucht Wolfram Fischer beide Begriffe gegeneinander abzugrenzen: »Je nachdem, ob wir den engeren Vorgang meinen, den man ›Industrielle Revolution‹ im herkömmlichen Sinne nennen könnte, oder den weiteren Komplex, den man meines Erachtens mit ›Industrialisierung‹ bezeichnen sollte, stellen sich der Forschung sehr verschiedenartige Probleme.«[9]

Wir können also feststellen, daß es inhaltlich zwischen den Begriffen »Industrielle Revolution« und »Industrialisierung« gar nicht solche erheblichen Unterschiede gibt, wie sie die politisch-ideologische Interpretation herauszuarbeiten versucht. Aus diesem Grund werden hier beide Begriffe wechselweise verwendet, und sie sollen sich vor allem auf den Vorgang des umwälzenden ökonomischen, politischen und sozialen Modernisierungsprozesses während einer längeren Periode beziehen. Industrielle Revolution oder Industrialisierung wird nicht eingeengt auf Erfindungen, technische Innovationen oder die kapitalintensive Fabrikproduktion, sondern umfaßt den durch agrarischen, sozialen, politischen und wirtschaftlichen Wandel ausgelösten Umbruch ganzer Gesellschaften bzw. Staaten auf dem Weg zur modernen Industriegesellschaft, der in Deutschland etwa die Zeitspanne eines Jahrhunderts umfaßt. Damit sind wir bei der Frage der Periodisierung.

b) Das Problem der Periodisierung

Das Problem, zu welchem Zeitpunkt dieser Prozeß begonnen hat bzw. wann er abgeschlossen war, ist nicht nur von historisch-chronologischer, sondern auch von sachlicher Bedeutung. Wenn wir die verschiedenen Vorschläge zur Periodisierung betrachten, so werden wir mit den unterschiedlichsten Zeitpunkten des Beginns oder des Endes der Industriellen Revolution bzw. der Industrialisierung in Deutschland konfrontiert. Je nachdem, welches Kriterium oder welche Kriterien gewählt werden, kommen die Forscher zu unterschiedlichen Datierungen. Der Einsatz der ersten Werkzeugmaschine oder der Bau einer Fabrik als Kriterium für ihren Beginn bzw. den »Anstoß« erscheinen mir am fragwürdigsten, denn zum einen haben sie allein nur wenig an der ökonomischen oder sozialen Struktur in ihrer Region verändert, zum anderen: wie eine Schwalbe noch nicht den Sommer beginnen läßt, so eine mit Maschinen arbeitende Fabrik noch nicht die Industrielle Revolution. In der deutschen wirtschaftshistorischen Forschung war man deshalb eher geneigt, die Industrialisierung Deutschlands mit der Gründung des Deutschen Zollvereins 1834 bzw. der Fertigstellung der ersten Eisenbahnstrecke von Nürnberg nach Fürth 1835, dem konjunkturellen Aufschwung Mitte der vierziger Jahre des 19. Jahrhunderts oder dem sogenannten »Take-off« nach 1850 beginnen zu lassen, doch sind auch diese Periodisierungen nicht unproblematisch. Denn erstens bezeichnet wirtschaftliches Wachstum einen dynamischen Prozeß, der sich in Phasen oder Zyklen gliedert und dessen Beginn nicht auf ein Jahr festgelegt werden sollte. Es gibt aber darüber hinaus einen zweiten Einwand, der mir wichtiger erscheint. Industrialisierung, vor allem in Deutschland – was noch genauer analysiert werden wird –, ist ein regionales Phänomen. Die kleine Eisenbahnlinie in Bayern oder die stärkere Zunahme der Investitionsquote – das Kriterium für den *take-off* – etwa im Ruhrgebiet, ja selbst den zollpolitischen Zusammenschluß mehrerer deutscher Staaten als *gesamt*deutschen Industrialisierungsbeginn anzusehen verdeckt weitgehend die Tatsache, daß die meisten deutschen Regionen bzw. Staaten zu diesem Zeitpunkt industriell überhaupt nicht entwickelt waren, ja einige nicht einmal Ansätze dazu zeigten.

Wenn wir danach fragen, wann das Ende der Industriellen Revolution oder der Industrialisierung erreicht ist, so scheint es, daß dies leichter zu bestimmen sei, doch auch hier scheiden sich die Geister. Die Spanne reicht etwa von der Auffassung, daß die Industrielle Revolution in den deutschen Staaten mit der zyklischen Überproduktionskrise des Jahres 1857 beendet gewesen sei, bis zu der Ansicht, in den fortgeschrittenen Industriestaaten sei sie noch lange nicht oder gerade erst ihre erste Phase abgeschlossen. Wieder andere Autoren sehen das Ende der deutschen Industriellen Revolution mit dem Jahre 1873 erreicht bzw. lassen mit diesem Jahr die zweite Phase der deutschen Industrialisierung beginnen, doch auch der Beginn des Ersten Weltkrieges wird als Endpunkt angesehen. Überdies ist eine zweite, dritte oder vierte Industrielle Revolution als Unterscheidungsmerkmal vorgeschlagen worden. Es zeigt sich auch hier, daß unterschiedliche Kriterien zu verschiedenen Epochenabgrenzungen führen.

Ich möchte im folgenden einen anderen, neuen Vorschlag der Periodisierung umreißen. Wenn wir nämlich Industrialisierung oder Industrielle Revolution nicht mehr nur als technisch-wissenschaftlichen, wirtschaftliches Wachstum auslösenden Prozeß betrachten, sondern auch politische und soziale Veränderungen, Reformen, Rechts- und Eigentumsverhältnisse miteinbeziehen, die auf den Modernisierungsprozeß fördernd oder hindernd wirkten, dann erweist sich gerade für »Deutschland« das Jahr 1815 als ein epochaler Einschnitt, durch den die ökonomischen und sozialen Voraussetzungen und Bedingungen gegenseitig abgegrenzt werden können. Ein weiterer Aspekt, der im abschließenden Resümee detaillierter behandelt wird, kommt hinzu. Die regionale Gliederung des späteren Deutschen Reiches – bis auf die im Jahre 1866 von Preußen annektierten Gebiete – war nach 1815 weitgehend festgelegt und erhielt sich mit geringfügigen Änderungen bis nach dem Ersten Weltkrieg, teilweise bis nach 1945; erst dann zerbrachen die alten Strukturen endgültig. Regionale Industrialisierung, der in diesem Band besondere Aufmerksamkeit geschenkt werden soll und die, wie wir später sehen werden, den Verlauf der deutschen Industriellen Revolution auf spezifische Weise mitprägte, wäre unter einer anderen territorialen Konstellation ganz anders verlaufen. Es ist deshalb, da politischen Entscheidungen ein erheblicher Einfluß auf die regionale Industrialisierung in Deutschland eingeräumt wird, nur konsequent, die Epoche der Industriellen Revolution mit 1815 beginnen und mit 1914, dem Beginn des Ersten Weltkriegs, enden zu lassen.[10] Diese Periodisierung und die Betonung von Regionen, die nach Gebietsgröße und Bevölkerungszahl relativ homogen sein sollen[11], eröffnen andere Perspektiven. Das zeitliche Kontinuum, Beginn und Ende, von Industrieller Revolution oder Industrialisierung wird losgelöst von Deutschland als ganzem und auf einzelne Regionen, z. B. deutsche Staaten, wie Sachsen, Bayern, Baden, Württemberg oder Hessen, bzw. preußische Provinzen, wie Ost- und Westpreußen, Pommern, Schlesien, Brandenburg, Rheinland oder Westfalen, übertragen. Industrielle Revolutionen in deutschen Regionen haben zu unterschiedlichen Zeitpunkten eingesetzt und zeigen verschiedene Verläufe: in Schlesien war es anders als im Königreich Sachsen, im Rheinland anders als in Württemberg. In manchen Staaten und Regionen, z. B. in Mecklenburg oder in Waldeck, in Ostpreußen oder in Pommern, hat bis zum Ersten Weltkrieg gar keine Industrielle Revolution stattgefunden. Das Jahrhundert von 1815 bis 1914 bildet somit den politischen bzw. rechtlichen Rahmen. Diese Überlegungen führen zu dem Ergebnis, daß es wenig sinnvoll ist, wenn wir erklären wollen, wann, wie und warum dieser Prozeß begann, vom Beginn oder Abschluß der Industriellen Revolution *in Deutschland* zu sprechen; konkrete Aussagen können wir nur über einzelne Regionen machen. Damit verlagern sich zugleich die Aufgaben einer zukünftigen Industrialisierungsforschung. Es scheint mir wichtiger, eine Reihe von Faktoren herauszuarbeiten, an denen die politischen, ökonomischen und sozialen Veränderungen von Regionen gemessen werden können, um sagen zu können, welche Voraussetzungen vorhanden gewesen sein mußten, um die Industrialisierung in der Region in Gang zu setzen, bzw. warum das Fehlen bestimmter Bedingungen teilweise durch andere Faktoren ersetzt werden konnte und teilweise nicht. Natürlich vermag ich in diesem Überblick, der bewußt breit angelegt ist und deshalb auf notwendige Differenzierungen verzichtet, diese Fragen nur anzudeuten – und vergleichende wirtschaftshistorische Forschungen über deutsche Regionen im 19. Jahrhundert sind über erste Anfänge noch nicht hinausgekommen.

c) Die Rolle des Staates

Auf ein Problem sei hier noch hingewiesen, weil es gerade die deutsche Industrialisierung wie ein roter Faden durchwebt und ich ihm kein besonderes Kapitel gewidmet habe, nämlich die Rolle des Staates. Thomas Nipperdey sagt dazu: »Man hat diese früher oft übertrieben. Im Vergleich zu heutigen Entwicklungsländern wird sofort deutlich, daß der Staat in Deutschland die Industrialisierung nicht geschaffen, nicht initiiert, nicht à tout prix begünstigt hat.«[12] Doch darum geht es gar nicht. In keinem Staat der Welt konnte man im 19. Jahrhundert auf ein ökonomisches Instrumentarium der Konjunktur- und Wachstumspolitik zurückgreifen, das heute jedem Entwicklungsland zur Verfügung steht – wie dann im zersplitterten Deutschland vor der Reichsgründung? Und sozialistische Planwirtschaften, deren Konsumniveau und industrielle Effektivität ja auch heute noch als mehr denn dürftig bezeichnet werden können, kannte man erst recht nicht. Die Industrialisierung konnte nicht vom Staat »geschaffen« werden, das hätte völlig dem liberalkapitalistischen System und Zeitgeist widersprochen (er kann es übrigens auch heute noch nicht, wenn wir eindeutige Kriterien zugrunde legen [in welchem Staat auch immer]), aber die einzelnen deutschen Staaten haben tief in diesen Prozeß eingegriffen. Mit agrarischen und gewerblichen Reformen, mit Rechts-, Verfassungs- und Eigentumsordnungen, mit Darlehen und finanziellen Hilfen, mit der Gründung von Banken, mit der staatlichen Förderung des Schul- und Bildungswesens, mit dem Bau von Straßen, Eisenbahnen und Kanälen, mit Zöllen und Handelsverträgen, durch staatlichen Besitz im Bergbau, in der Hüttenindustrie etc., sowie vielem anderen mehr. Die unterschiedlichen Verläufe der regionalen Industrialisierung Deutschlands sind gar nicht zu verstehen und zu erklären, wenn wir nicht neben der Ausstattung mit bestimmten unabdingbaren Faktoren die fördernden bzw. hemmenden Einflüsse des jeweiligen Staates ins Kalkül ziehen. Kontrastieren wir nur die industrialisierungsfördernden Möglichkeiten der preußischen, sächsischen, bayerischen oder württembergischen Regierungen mit denen der Fürstentümer Waldeck oder Schwarzburg, der Großherzogtümer Mecklenburg oder Oldenburg, dann wird sofort sichtbar, wie bedeutend die Rolle des Staates bei der Durchsetzung der Industrialisierung war. Industrielle Revolution in Deutschland ist tief verwoben mit den Aktivitäten des Staates; aus heutiger Sicht besteht die Neigung, diese Einflüsse zu unterschätzen.

Politik und Ökonomie sind siamesische Zwillinge; das Risiko der Trennung ist sehr hoch. Dies bezieht sich weniger auf das Primat des einen über den anderen, sondern auf gegenseitige Abhängigkeiten im Industrialisierungsprozeß. Hier ist Rostow zuzustimmen, der sagt: »Obwohl wahr ist, daß eine wirtschaftliche Veränderung soziale und politische Folgen hat, wird hier ein wirtschaftlicher Wandel selbst als eine Folge politischer und sozialer als auch wirtschaftlicher Kräfte im engeren Sinne angesehen.«[13]

Deshalb werden im I. Teil dieses Buches außer den allgemeinen Grundzügen der wirtschaftlichen Entwicklung die (wirtschafts-) politischen Veränderungen Deutschlands in sieben weitgehend chronologischen Kapiteln kurz beschrieben, um gewissermaßen die Matrize bereitzustellen, auf die die sektoralen Strukturwandlungen eingraviert werden. Im II. Teil wird dann versucht, den Umbruch während der Industriellen Revolution in den wichtigsten Branchen bzw. Industriezweigen zu analysieren, wobei den regionalen Unterschieden und der Verlagerung industrieller Schwerpunkte und Produktionsweisen größere Beachtung geschenkt werden soll, als dies bei bisherigen Überblicksdarstellungen zur deutschen Industrialisierung der Fall war. Diesem Versuch liegt die theoretische Überlegung zugrunde, auf die hier nur hingewiesen werden kann, daß eine gründlichere Erklärung der Voraussetzungen, Ursachen und Wirkungen der Industriellen Revolution Deutschlands nur *vergleichend* in regionalen Kategorien und auf der Basis einer Faktorenanalyse, die den Wandlungen innerhalb der einzelnen Branchen und ihren gegenseitigen Interdependenzen Rechnung trägt, möglich ist.

Dem kritischen, besonders dem wirtschaftshistorisch geschulten Leser möchte ich zwei Einschränkungen zu bedenken geben. Erstens sind die deutschen Statistiken im 19. Jahrhundert, wenn wir einen längeren Zeitraum vergleichen wollen, ganz zu schweigen von den verschiedenen Staaten und Regionen, mehr als mangelhaft. Fast alle hier zusammengestellten qantitativen Angaben müssen deshalb mit Vorbehalten gegenüber ihrer Exaktheit betrachtet werden. Sie sollen eigentlich nur eine trendmäßige Entwicklung verdeutlichen, aber in der Wirtschaftsgeschichte läßt sich die Ansicht vertreten, daß ungenaue Zahlen immer noch nützlicher sind als gar keine Zahlen. Zweitens muß ein Überblick über die Industrielle Revolution in Deutschland, der neben den Grundzügen der ökonomischen Entwicklung und den wirtschaftspolitischen Veränderungen auch die einzelnen Branchen in ihren regionalen Entwicklungen in einem Zeitraum von 100 Jahren darzustellen versucht, öfter auf unbefriedigende Weise verkürzen und weglassen. Er kann auch analytisch nicht sehr in die Tiefe dringen. Außerdem wird auf eine ihrem Gewicht entsprechende Behandlung des Handwerks oder des Verlagswesens ebenso verzichtet wie auf Analysen des gesamtindustriellen Wandels. Letzteres findet sich allerdings häufiger in der neueren Literatur zur Industriellen

Revolution in Deutschland. 1888 schrieb Lujo Brentano: »Die Beschreibung selbst der bescheidensten wirtschaftlichen Erscheinungen, die genau ist, muß für den empirischen Nationalökonomen einen größeren wissenschaftlichen Wert haben als die scharfsinnigste Deduktion aus dem wirtschaftlichen Egoismus, deren Ergebnisse trotz aller formalen Folgerichtigkeit mit den Tatsachen im Widerspruch stehen.«[14] Gehaltvolle ökonomische Theorie und Analyse mit empirischer Darstellung und Beschreibung zu *verbinden*, sind meines Erachtens wichtige Ziele wirtschaftshistorischer Forschung. Ich bin mir der Schwierigkeiten bewußt, die damit verbunden sind, und kann nur hoffen, daß dieser Überblick vielleicht zu weiteren Forschungen anregt, denn das eigentliche Verständnis heutiger Politik und Wirtschaft ist nur auf der Grundlage der genauen Kenntnis der Vergangenheit möglich.

Teil I

Wirtschaftspolitische Rahmenbedingungen und Grundzüge der Entwicklung

1. Kapitel
Voraussetzungen und Widerstände
(1750-1815)

Gestalt und Verlauf von Industriellen Revolutionen unterscheiden sich in einem wesentlichen Punkt von politischen Umwälzungen, nämlich in der Zeitspanne ihrer Durchsetzung. Es ist sogar die Auffassung vertreten worden, »daß politische Revolutionen insbesondere für den Gang der wirtschaftlichen Entwicklung niemals viel bedeutet haben und niemals viel bedeuten werden«.[1] Während wir gewöhnlich eine politische Revolution, die sich über Jahre hinzieht, als gescheitert ansehen, kann sich eine Industrielle Revolution, je nachdem, welche ökonomischen, politischen, sozialen und kulturellen Voraussetzungen und Widerstände sie in dem betreffenden Land vorfindet, über Jahrzehnte, ja über ein ganzes Jahrhundert hinziehen. Wir dürfen die Frage der Dauer einer Industriellen Revolution jedoch nicht überbewerten, denn sie ist nicht nur von Staat zu Staat verschieden, sondern es steht uns auch frei, von einer zweiten, dritten oder vierten Industriellen Revolution zu sprechen.[2] Es gibt in der Forschung noch keine allgemein akzeptierten Kriterien dafür, um diese Frage noch einmal aufzunehmen, wann Industrielle Revolutionen beginnen. Welche rechtlichen, politischen, wirtschaftlichen, klimatischen, sozialen, kulturellen und ethischen Voraussetzungen müssen gegeben sein, um den Prozeß regionaler bzw. gesamtwirtschaftlicher Modernisierung in Gang zu setzen? Warum entzündete sich dieses Feuer zuerst in England und nicht in Griechenland oder in China, in Japan oder in Spanien? Solange es auf unserem Globus noch Menschen, gesellschaftliche Gruppen oder Staaten gibt, die eine Industrialisierung anstreben, werden diese Fragen wohl unterschiedlich beantwortet werden. Wissenschaftler suchen ständig nach neuen Erklärungen.

a) Soziale und kulturelle Faktoren

In Deutschland hat Max Weber[3] dieser Debatte einen kräftigen Impuls mit seiner Theorie über die protestantische Ethik und den

Geist des Kapitalismus gegeben. Die Idee selbst stammt nicht von Weber, sondern hat viele Vorläufer. So fand der französische Baron François Pierre Charles Dupin »ziemlich um ein Drittheil mehr Industrie im protestantischen als im katholischen Frankreich«.[4] Aber Weber entwickelte in seiner Abhandlung in vielfältigen Aspekten, wie sich seit der Reformation das religiöse Weltbild des Protestantismus von der Fixierung an das Jenseitige ablöste und zum Diesseitigen hinwendete. Die Beherrschung der Natur, das Erstreben von Wohlstand und Reichtum, Rationalität und innerweltliche Askese, also ein neues, auf die Lösung lebensweltlicher Probleme gerichtetes Arbeitsethos, bildeten eine Grundlage kapitalistischer Produktion. Darauf soll hier nicht im einzelnen eingegangen werden, die Theorie ist viel umstritten. Es sind vor allem drei Einwände, die gegen diese Theorie vorgebracht werden: Erstens war es nicht der Protestantismus, der den Kapitalismus, sondern umgekehrt der Kapitalismus, der den Protestantismus hervorrief; zweitens sind die Wohlstandssteigerungen der protestantischen Gruppen nicht Resultat ihrer Religion, sondern ihrer Rolle als verfolgte Minderheit; drittens läßt sich empirisch keine eindeutige Relation zwischen Protestantismus und beruflichem Erfolg nachweisen.[5] Wichtig aber bleibt, daß Wurzeln der industriellen Umwälzung im 18. und 19. Jahrhundert mindestens bis ins 16. Jahrhundert, das den Beginn der Neuzeit markiert, zurückreichen. So etwa Braudel: »Im 15. und mehr noch im 16. Jahrhundert entwickelte sich Europa zum Zentrum einer riesigen, wenn auch schwachen Weltwirtschaft.«[6] Zwar ist gelegentlich auch behauptet worden, es habe bereits »Industrielle Revolutionen« im Mittelalter gegeben, doch werden hier einzelne technische Erfindungen verabsolutiert, die zwar für sich herausragende Neuerungen darstellten, aber gesamtgesellschaftlich und -wirtschaftlich keine Veränderungen zur Folge hatten.[7]

In diesem einleitenden Kapitel soll nur äußerst knapp und unvollständig angedeutet werden, welche Voraussetzungen und Veränderungen in Deutschland in dem Zeitraum zwischen der Mitte des 18. Jahrhunderts und 1815, dem Ende der Napoleonischen Kriege, anzutreffen waren. Während dieser Zeitspanne entwickelte sich Großbritannien zum Industriestaat, zur ökonomischen und militärischen Weltmacht, zum beneideten wie verachteten Industriegiganten, zur Insel des scheinbar endlosen Wirtschaftswachstums. Dies mag ein Grund dafür sein, weswegen lange Zeit verkannt worden ist, daß während der Zeit der Napoleonischen Kriege und der Kontinentalsperre in einigen deutschen Staaten und Regionen erste Ansätze zu einer wirtschaftlichen Entwicklung vorangetrieben wurden, und »das geläufige Pauschalurteil, daß Krise und Niedergang die Zeit durchgehend beherrscht hätten«[8], muß deshalb als verfehlt angesehen werden. Ende des 18. Jahrhunderts, als England bereits eine große Machtfülle erlangt hatte, existierte noch kein deutscher Nationalstaat und kein einheitliches Wirtschaftsgebiet. Zwar bestand formalrechtlich noch immer das Heilige Römische Reich Deutscher Nation, doch seit dem Dreißigjährigen Krieg (1618-1648) hatten sich auf dem Gebiet des späteren Deutschen Reiches Hunderte von souveränen Territorien etabliert, nämlich etwa 1800 Herrschaftseinheiten: Fürstentümer, Grafschaften, Ritterschaften, Reichsstädte, Bistümer, Abteien und Stifter.

Diese territoriale Zerrissenheit ging einher mit einer Rechtszersplitterung, die für uns kaum noch vorstellbare Ausmaße annahm. Es war nicht selten, daß in einzelnen Gebieten oder innerhalb einer Stadt verschiedene Rechtssysteme anzutreffen waren. Natürlich hatte dieser Zustand einen enormen Einfluß auf den interterritorialen Handel, der außerdem durch eine Vielzahl von Zöllen und Zollschranken behindert wurde. Friedrich List beklagte als Bevollmächtigter des Allgemeinen Deutschen Handels- und Gewerbsvereins am 14. April 1819 in einer »Bittschrift an die Bundesversammlung« in Frankfurt am Main: »Achtunddreißig Zoll- und Mautlinien in Deutschland lähmen den Verkehr im Innern und bringen ungefähr dieselbe Wirkung hervor, wie wenn jedes Glied des menschlichen Körpers unterbunden wird, damit das Blut ja nicht in ein anderes überfließe. Um von Hamburg nach Österreich, von Berlin in die Schweiz zu handeln, hat man zehn Staaten zu durchschneiden, zehn Zoll- und Mautordnungen zu studieren, zehnmal Durchgangszoll zu bezahlen. Wer aber das Unglück hat, auf einer Grenze zu wohnen, wo drei oder vier Staaten zusammenstoßen, der verlebt sein ganzes Leben mitten unter feindlich gesinnten Zöllnern und Mautnern; der hat kein Vaterland.«[9] Der Warentransport bot eine recht günstige Gelegenheit für Territorialherren und Städte, die leeren Kassen durch Zolleinnahmen aufzufüllen, und der Phantasie, neue Zölle zu ersinnen, war nur eine Grenze gesetzt: daß der Händler die Zahlung verweigerte und mit seinen Waren zurückfuhr, um möglicherweise auf ihnen sitzenzubleiben.

b) Ab- und aufsteigende Gewerberegionen

Dieser Zustand politischer wie ökonomischer Zerrissenheit – von der religiösen gar nicht zu sprechen – war zwar im europäischen Maßstab ohne Beispiel – England, Frankreich, Österreich oder Rußland waren kompakte Territorialstaaten –, doch dies bedeutete nicht gleichzeitig, daß es keine ökonomischen Entwicklungen in verschiedenen deutschen Regionen und Städten gegeben hätte. Der Merkantilismus bzw. seine deutsche Variante, der Kameralismus, d. h. das vorherrschende Wirtschaftssystem vom 16. bis 18. Jahrhundert, das als ökonomische Zauberformel die Anhäufung von Reichtümern, möglichst Gold, jedes einzelnen Territorialfürstentums lehrte, hatte auch in Deutschland tiefe Spuren hinterlassen. Er stimulierte teilweise wirtschaftliche Entwicklungen, doch seine enge nationalstaatliche Sicht und häufige Interventionen der Regierungen ließen die Entstehung einer gedeihlichen internationalen Industrie- und Verkehrswirtschaft nicht zu. Der Merkantilismus hatte jedoch keineswegs nur Schattenseiten, was von einem der bedeutendsten preußischen Statistiker klar gesehen wurde: »Als die Grundsätze des Mercantilsystems im vorigen Jahrhundert fast in allen Staaten Europa's die herrschenden waren, nach ihnen die Maaßregeln zur Hebung der Industrie, des Handels und des National-Wohlstandes fast allgemein geordnet wurden, und im Zusammenhange mit ihnen das frühere Accisesystem, so wie die damit verbundenen Verbote fremder Fabrikwaaren und ähnliche Vorschriften erlassen waren, legten die Regierungen großen Werth auf statistische Ermittelungen, die in Zahlen darstellen sollten, wie viel Geld in das Land käme, wie viel Geld an das Ausland gezahlt werden müsse, wie reich die Nation, und im Durchschnitt der Einzelne, im Gelde berechnet, sei; wie viel Geld die Nation erwerbe und wie danach der Nationalreichthum sich stelle.«[10] In einem so zersplitterten Gebiet wie dem deutschen war dies allerdings nur in größeren Territorien möglich. Es war jedoch gerade eine Besonderheit der gewerblichen Entwicklung auf deutschem Boden, daß außer dem Böhmerwald die Mittelgebirge – Eifel, Erzgebirge, Harz, Sauerland, Schwarzwald, Schwäbische Alb, Sudeten und Thüringer Wald – jahrhundertelang Schwerpunkte des Gewerbes gewesen waren. Erst im 19. Jahrhundert verlagern sich die industriellen Zentren von den Mittelgebirgen in die Ebenen. Doch welche Gewerbe waren überhaupt die wichtigsten?

Da war zuerst der Erzbergbau, der weit ins Mittelalter zurückreichte. Er hatte sich vor allem im Harz und im Hunsrück, in der Eifel und in der Rhön, im sächsischen Erzgebirge und im Mansfelder Land angesiedelt. Silber und Gold waren natürlich die meistgesuchten Erze, doch letzteres fand man nicht in großen Mengen – aber Silber. Die sächsischen Kurfürsten konnten ihren Reichtum und ihr Machtstreben bis ins späte 18. Jahrhundert auf dieses vielgesuchte Metall gründen. Als das vom Chemnitzer Stadtarzt und Bürgermeister Georg Agricola (1494-1555)[11] verfaßte und reich illustrierte Buch *Vom Berg- und Hüttenwesen* im Jahre 1556 erschien, blühte der Erzbergbau. Doch neben Silbererzen »entdeckte« man eine Reihe anderer Erze, die man ausbeutete; das reichte von Mangan- bis zu Kupfererzen, von denen die Eisenerze am wichtigsten wurden. Die Suche nach »Silber-Minerales« beflügelte auch die preußische Verwaltung. So wurde 1769 der Bergrat Sporleder vom Bergamt Ibbenbüren aufgefordert, »ohne einigen Verzug die Gebirge im Tecklenburgischen zu begehen« und genau zu berichten. Seine Untersuchungen kamen zu keinen sehr optimistischen Ergebnissen: »Erstere beiden Gegenden haben ziemlich hohes Gebirge, so sich oben flach legt, und ist zwar einige Mutmaßung vorhanden, daß solche einen Segen von Erzen in sich halten können. Weil aber dergleichen Baue auf Erze, ohne man einen Gang entdeckt hat, große Kosten erfordern... so unterstehe ich mich nicht, Eure Königliche Majestät zu kostbaren Versuchen anzuraten, sondern muß solches allerhöchst gutfinden lediglich überlassen; jedoch dabei alleruntertänigst anheim geben, ob an vorgedachten Orten ein paar Schächte ins feste Gestein ferner abgesenkt werden sollen, um das Rechte näher zu erfahren, und ob sich bauwürdige Erze dadurch entdecken lassen wollten, zu welchen Behuf aber die Kosten allergnädigst zu assiquieren sein würden, indem nach dem erhöhten Kohlenbergwerks Etat, und überdem aus dem etwaigen Überschusse noch zu führenden neuen Stollenbau am Dickenberg aus dieser Kasse vorerst wohl schwerlich etwas überschießen dürfte.«[12] Die Bürokratie blühte also bereits vor mehr als 200 Jahren.

In unmittelbarer Nachbarschaft zum Erzbergbau entwickelte sich in jenen Gegenden, wo Eisenerze leicht gefördert werden konnten – vor allem im Erzgebirge, Harz, Nordeifel, Oberpfalz, Oberschlesien und Thüringer Wald –, ein Eisengewerbe, von Industrie sollten wir in diesem Zusammenhang nicht sprechen. Das hatte zwei einfache Gründe. Zum einen waren die Transportmöglichkeiten bis zum Bau von Eisenbahnen sehr beschränkt. Zwar gab es bereits Straßen und Chausseen sowie schiffbare Flüsse, d. h. alte Handelsrouten, aber sie kreuzten nur selten die Mittelgebirge, ganz abgesehen davon, daß die Transportkosten hoch und die Wege nach Regenfällen oder im Winter kaum passierbar waren. Der zweite, vielleicht wichtigere Grund, war das Vorhandensein von Bergflüssen und -flüßchen. Nach der Schmelzung des Eisens, wofür man Holz aus den nahegelegenen Wäldern benutzte, mußten die Eisenstücke (Luppen) in die entsprechende Form gebracht werden. Dazu benötigte man Eisenhämmer, die wiederum von Wasserrädern angetrieben wurden. Bis Mitte des 19. Jahrhunderts wurden diese Techniken, die wir uns allerdings nicht sehr entwikkelt vorstellen dürfen, beibehalten. Noch nach der Gründung des Deutschen Zollvereins klagte der sächsische Freiherr von Burgk über die Rückständigkeit im Eisenhüttenwesen: »Man bezog die sogenannten Hochofenmeister meist aus Böhmen, die mit der alten Geheimnißkrämerei bei Zustellung der Hochöfen, gleichwie die Frischer für den Feuerbau die Hölzchen-Theorie von ihren Urvätern ererbt hatten und solche ohne weitere Beurtheilung der Verhältnisse auf alle Fälle anwenden zu können glauben.«[13] Am Ende des 18. Jahrhunderts wurde an Roheisen (ungefähr) produziert: in Preußen 15 000 t, in Österreich-Ungarn 50 000 t, in Schweden 60 000 t, in Frankreich 69 000 t, in Rußland 85 000 t und in Großbritannien 125 000 t.

Über mehrere Jahrhunderte blieben die Mittelgebirgslandschaften die eigentlichen »Gewerberegionen« Deutschlands, erst die Fabrikindustrie löste sich von der unmittelbaren Verkoppelung von natürlichen Gegebenheiten und gewerblicher Produktion. Die Wahl des geeignetsten Standorts, gemessen an Absatz, zentraler Lage oder Arbeitskräftepotential, trat nun in den Vordergrund. In den Mittelgebirgen hatte sich ein qualifizierter Arbeiterstamm herausgebildet, der noch keineswegs so mobil war, wie wir es aus dem 19. Jahrhundert kennen; deshalb siedelten sich Manufakturen, Verlage und schließlich auch Fabriken zuerst am Fuße der Gebirge, also auf dem »Lande« an. Doch schon vor der eigentlichen Industrialisierung gab es eine Reihe von Städten, deren handwerkliche Fertigkeiten Weltruf genossen; Augsburg war berühmt für seine Gold-, Silber- und Kupferwaren, Nürnberg stellte Kunstgegenstände aus Elfenbein und Holz sowie Kinderspielzeuge her; im

Rheinland waren Solingen für seine Klingen und Scheren, Remscheid für Stahlwerkzeuge und Stolberg für Messingwaren weit über die engere Region hinaus bekannt.[14]

Gemessen an der Zahl der Beschäftigten waren diese Gewerbe unbedeutend, in der Landwirtschaft waren noch um 1800 in fast allen deutschen Regionen mehr als 80% der Bevölkerung tätig. Dennoch übten sie auf die besondere Ausprägung der deutschen Industrialisierung einen unverkennbaren Einfluß aus, zwar nicht im Sinne einer »Proto-Industrialisierung«[15], sondern als regionale und branchenmäßige Transmissionen für eine qualitativ und quantitativ gänzlich andere Industrieentwicklung. Dies gilt im besonderen Maße für die Textilgewerbe. Die Notwendigkeit der Bekleidung, besonders in den kälteren Regionen des europäischen Nordens, hatte von alters her in den bäuerlichen Wirtschaften so etwas wie eine »Hausindustrie« entstehen lassen, vor allem in Form von Spinnen und Weben. Die Winterzeit mit ihrer natürlichen Reduzierung der Feldarbeit eignete sich dazu in doppelter Hinsicht. Die Frau am Spinnrad und der Mann am Webstuhl, diese Bilder werden in der Literatur und in Volksliedern bis heute tradiert. Landwirtschaft und Textilgewerbe waren jedoch auf eine noch viel engere Weise miteinander verbunden. Die Rohstoffe für die Herstellung von Kleidern und Wäsche waren nämlich landwirtschaftliche Produkte – Flachs (Leinen) und Schafwolle. In Preußen z. B. soll es 1819 neun Millionen Schafe gegeben haben, davon 839548 Merinos. Der Flachsbau blühte in Schlesien, Ravensberg und der Kurmark. Die bayerischen Landwirte stellten außerdem Hopfen und Malz für das begehrte Bier selbst her.

In Europa wurde Baumwolle seit dem Mittelalter verarbeitet, doch erst seit dem 18. Jahrhundert trat sie von England aus weltweit ihren industriellen Siegeszug an. Trotzdem veränderte sie schon früher das Gesicht der Textilgewerbe. Sie war nicht mehr an bäuerliche Wirtschaften gebunden, konnte es gar nicht sein, denn der Rohstoff, die Baumwollfaser, war zwar ein Produkt landwirtschaftlicher Kultur, in Europa jedoch fehlte das geeignete Anbauklima; Baumwolle mußte importiert werden, aus der Türkei, Ägypten, schließlich aus Nordamerika. Diese Abhängigkeit vom Import führte zu der zweiten Besonderheit, der Verbindung von städtischem Handel und Baumwollgewerbe, einem frühkapitalistischen Gewerbezweig. Kein Wunder also, daß er sich zuerst in den Städten ansiedelte, in Augsburg und Hof, in Chemnitz und

Crimmitschau. Zwar konnte man bis zur Mitte des 18. Jahrhunderts noch nicht ahnen, daß Baumwolle in den nächsten 100 Jahren alle anderen Textilien weitgehend verdrängen würde, daß ihre fabrikmäßige Produktion zum Prototyp einer technischen Revolution werden könnte, doch das Neue und Besondere dieser Textilfaser war für jedermann spürbar.

c) Kriege, Bündnisse und Reformansätze

Der Siebenjährige Krieg (1756-1763) bedeutete für die Industriegeschichte Deutschlands einen bisher wenig beachteten, aber tiefen Einschnitt. Während dieser Zeit waren es nur zwei Staaten, die in der Lage gewesen sind, um die Vorherrschaft auf (klein-) deutschem Boden zu ringen – Preußen und Sachsen. Das aufstrebende Preußen besiegte seinen politischen und industriellen Rivalen, das Kurfürstentum Sachsen, auf eine demütigende Weise. Sachsen verlor (noch) nichts von seinem Territorium, aber es büßte den politischen Anspruch ein, weiterhin eine »europäische Mittelmacht vierter Größe«[16] zu sein. In merkantilistisch-absolutistischem Geist wurde zwar eine Staatsreform, das sogenannte »Retablissement«, eingeleitet, aber nur halbherzig durchgeführt. Die industriellen Chancen hatte man damit weitgehend vertan. Wenn die politischen und wirtschaftlichen Möglichkeiten eines deutschen Staatswesens im 18. Jahrhundert durch den Monarchen verkörpert werden können, dann ist der Kontrast zwischen dem Preußenkönig Friedrich II. (1740-1786) und dem sächsischen Kurfürsten und späteren König Friedrich August III. (I.) (1763-1827), der ersteren um vier Jahrzehnte überlebte, lebendiger Ausdruck für ergriffene Chancen und traditionsbedingte Versäumnisse, denn Sachsen gehörte mit seinen Manufakturen und Verlagen, mit dem entwickelten und verzweigten Bergbau in der zweiten Hälfte des 18. Jahrhunderts zu den fortgeschrittensten Gewerberegionen Deutschlands.

Während in Großbritannien im letzten Drittel des 18. Jahrhunderts die Früchte der Industrialisierung zu reifen begannen, sehen wir in Deutschland höchstens zaghafte Ansätze. Die englischen Erfindungen der Spinnmaschine, des mechanischen Webstuhls, der Dampfmaschine, des Gußstahls und schließlich der Lokomotive sind nur die herausragendsten Beispiele. Der erste Einsatz einer Wasserhaltungs-Dampfmaschine auf dem König-Friedrichs-schacht im Mansfelder Revier im Jahre 1785, die jahrelang nicht richtig funktionierte, die Errichtung einer mechanischen Baumwollspinnerei in Ratingen 1784 und in Geyer (Sachsen) 1800, die erste Arkwright-Wasserdampfmaschine 1794 und im gleichen Jahr das Aufstellen eines Kokshochofens im oberschlesischen Berg- und Hüttenrevier können zwar als erste sichtbare Signale von Modernisierungsbemühungen gewertet werden, sie veränderten jedoch – Oberschlesien vielleicht ausgenommen, wie wir später sehen werden – die Gewerbelandschaft Deutschlands nicht grundlegend. Es blieben lange Zeit Einzelfälle, die für sich gesehen wichtig waren, aber keineswegs eine deutsche Industrielle Revolution einleiteten. Dies gilt ebenso für eine Vielzahl von Gesellschafts-gründungen, wie etwa die »Patriotische Gesellschaft zur Beförderung der vaterländischen Industrie«, die – 1792 in Hamburg gegründet – mehr Anspruch als Wirklichkeit verkörperte.

Deutschland mußte sich politisch mit Reichsdeputationshauptschluß (3. September 1803), Mediatisierung, Säkularisierung und Reichsauflösung (6. August 1806) von seiner 1000jährigen Geschichte trennen, mußte das Feuer der Napoleonischen Kriege (1795-1815), Rheinbund, Kontinentalsperre und Befreiungskriege hinter sich lassen, ehe es in einem langwierigen Prozeß gesamtwirtschaftliches Wachstum erzeugen konnte. Nachdem Frankreich die linksrheinischen Gebiete seinem Territorium ganz einverleibt hatte, wurden den größeren weltlichen Landesherren im Reichsdeputationshauptschluß geistliche Gebiete zugesprochen. Eine große Zahl kleinerer Staaten wurde mediatisiert, und von den vielen Freien Reichsstädten blieben lediglich vier übrig: Lübeck, Hamburg, Bremen und Frankfurt am Main, alle anderen wurden den betreffenden Staatsgebieten einverleibt. Diese enge Verzahnung politischer Ereignisse mit wirtschaftlichen Voraussetzungen soll an zwei Beispielen kurz erläutert werden – dem Rheinbund und der Kontinentalsperre. Die Agrar- und Gewerbereformen werden in späteren Kapiteln behandelt.

Der Rheinbund – gegründet am 12. Juli 1806, aufgelöst im Jahr 1813 – war eine Maßnahme Napoleons zur Sicherung seiner mitteleuropäischen Hegemonie mit deutscher Unterstützung, aber er hatte gerade für die regionale Industrialisierung Deutschlands einige beachtenswerte Folgen. Insgesamt waren es 16 deutsche Fürsten, die sich unter dem Protektorat Napoleons zusammenschlossen. Dem Rheinbund gehörten die neuernannten Königreiche Bayern, Westphalen, Sachsen (an der Elbe!) und Württemberg, die Großherzogtümer Baden, Berg und Hessen-Darmstadt sowie einige kleinere Fürstentümer, das sogenannte »Dritte Deutschland«, an. Nicht so sehr die politischen und militärischen Ereignisse – der Rheinbund mußte bei etwa 14,6 Millionen Bevölkerung im Jahre 1808 119000 Soldaten für die Armee Napoleons stellen und zur Finanzierung der Kriege beitragen – stehen hier im Vordergrund, sondern die Tatsache, daß einige der Mitgliedsstaaten sich gebietsmäßig konsolidieren konnten. Das Königreich Bayern arrondierte sich um 80 bisher selbständige Gebiete, Württemberg verdoppelte, Baden vervierfachte sein Staatsgebiet. Die Rheinbundstaaten, in denen der Code Napoléon zwar eingeführt, aber nicht in jeder Hinsicht voll verwirklicht worden war, reformierten zumindest ihr altes Zollsystem. Bayern vereinheitlichte seine Zölle 1807, Württemberg 1808, Westphalen 1811 und Baden 1812. Nur Sachsen, dessen König in falscher Loyalität zu Napoleon bis zum bitteren Ende an dessen Seite ausharrte, verlor mehr als die Hälfte seines Territoriums und vier Zehntel seiner Bevölkerung an Preußen. Es kehrte nach 1815 zum mittelalterlichen *liberum commercium* zurück, also zu einer Handels»freiheit«, die das Gewirr von inländischen Zollschranken aufrechterhielt.

Die Kontinentalsperre und das Kontinentalsystem (21. November 1806 bis 20. März 1813) sollten England von seinen kontinentalen Rohstofflieferungen und Absatzmärkten abtrennen und eine wirtschaftliche Dominanz Frankreichs in Europa etablieren. Das Gegenteil trat jedoch ein. Zuerst entwickelte sich ein nie gekannter Schmuggel (»Konterbande«) über Nord- und Ostseehäfen bis hinauf nach Dänemark und Schweden, was die Warenpreise natürlich nicht nur wegen des üblichen Risikoaufschlags erheblich verteuerte. Als Napoleon 1810 versuchte, durch einen 40-50prozentigen Wertzoll, durch Polizeikontrollen und Strafen, durch Konfiszierung und Vernichtung großer englischer Warenlager in deutschen Handelsstädten die Unwirksamkeit eines totalen Einfuhrverbots durch andere Maßnahmen zu beseitigen, hatte dies zwar einen kurzfristigen Effekt, doch die ökonomischen Ziele wurden nicht erreicht. Die Preiserhöhungen der Textilerzeugnisse durch diesen kontinentalen Protektionismus führten vor allem in Sachsen zu einer Überzüchtung einer mechanisierten Baumwollindustrie. Es wurden dort innerhalb von sieben Jahren (1806-1813) 25 »Baumwollfabriken« gegründet, und die Zahl der Mulespindeln verzwanzigfachte sich bis 1815 auf 256000 Stück.

In anderen deutschen Regionen ermöglichte die Kontinentalsperre zumindest Ansätze zur wirtschaftlichen Entwicklung, auf die später näher eingegangen wird. Bezogen auf Deutschland heißt es bei Schwartz: »In den ersten Jahren des Jahrhunderts machte sich freilich eine industrielle Aufschwungperiode geltend, deren wirksamster Hebel die Kontinentalsperre und der Kriegsbedarf des In- und Auslands war.«[17] Linksrheinisch wurden kleinere Werke zu größeren verschmolzen, und die Familie Stumm besaß um 1806 im Saargebiet zwei Hochöfen und vier Frischfeuer, denen sich in den nächsten Jahren eigene Hammerwerke und eine Gießerei anschlossen. Die Zinkproduktion des Altenbergs bei Morsenet und der Bleierzbergbau bei Machernich wurden ausgebaut, im Eschweiler Kohlenbezirk beschäftigte die Firma Englerth 1816 bereits 318 Arbeiter. Die Waffenherstellung in Thüringen, vor allem in Suhl, entfaltete sich unter der Kriegsnachfrage. Im früheren Kloster St. Blasien in Baden entstand 1809 die erste mechanische Spinnerei und Maschinenfabrik. Die Erschwerung der indischen Zuckereinfuhr ermöglichte erste Ansätze beim Zuckerrübenanbau, vor allem bei Magdeburg und im badischen Schwarzach. Die Landwirtschaft profitierte von der vermehrten Leinenerzeugung, indem sie mehr Flachs anbauen konnte, die Tuchmanufaktur gab der Schafzucht bessere Absatzmöglichkeiten, ebenso der Krapp-, Waid- und Tabakbau. Im großen und ganzen waren dies nur kleine Pflänzchen, die nach Ende der Kontinentalsperre teilweise wieder vertrockneten.

Die Hansestädte waren von der Blockade besonders betroffen; die Hamburger Bank wurde ihres Silberschatzes beraubt, und Kontributionen waren trotz der Sperre zu entrichten. Napoleon hatte dekretiert: »Die Städte seien nur englische Kolonien auf dem Festlande, privilegierte Werbeplätze für den Handelsgewinn der Briten und brächten die Völker um ihre Barschaften.«[18] Englische Firmen errichteten, nachdem die Insel Helgoland erobert worden war, dort 30 Niederlassungen und versuchten möglichst viele Waren an der holsteinischen Küste und in der Elb- und Wesermündung abzusetzen.

Nur eines war gewiß: Napoleons ökonomischer Unverstand und politischer Größenwahn verkehrten Kontinentalsperre und Kontinentalsystem zu einem grandiosen ökonomischen Erfolg

Englands. Schließlich wurden dort bereits 1801 auf Arkwright-schen Spinnmaschinen und Cartwrightschen mechanischen Web-stühlen 54 Millionen Pfund Baumwolle versponnen. Während der Sperre wurde nicht nur ein System der Lagerhaltung entwickelt und nach 1813/15 Waren zu Dumpingpreisen auf die kontinenta-len Märkte geschleudert, sondern England eroberte mit seiner Handelsflotte neue überseeische Märkte, verdrängte teilweise deutsche Lieferanten und konnte damit seine bereits vorhandenen komparativen Kostenvorteile noch ausbauen. Der englische Parla-mentarier, Henry Brougham, sprach sogar davon, daß man »die Kontinentalfabriken in den Windeln ersticken müsse«.[19] Deutsch-land wurde von dieser Entwicklung unterschiedlich betroffen, aber es blieb noch immer ein Sammelsurium kleinerer und größe-rer Staaten, unfähig, sich durch Zölle oder die Errichtung eines Zollsystems gesamtwirtschaftlich zu schützen, und es blieb wei-terhin politischer Spielball der großen europäischen Mächte.

2. Kapitel
Wege zum Deutschen Zollverein
(1815-1833)

Das Resultat des Wiener Kongresses, auf das sich die fünf Groß- und Mittelmächte England, Rußland, Frankreich, Österreich und Preußen verständigen konnten, war die Gründung eines »nach außen schwachen, im Innern lahmen deutschen Bundes«.[1] Es war ein Minimalkompromiß, der alle Träume von der Errichtung eines deutschen Nationalstaates vorläufig ad acta legte. Die Deutsche Bundesakte vom 8. Juni 1815 sprach zwar von einem unauflöslichen Bund von 39 souveränen Staaten und Städten, aber dessen Kompetenzen beschränkten sich auf Maßnahmen der äußeren und inneren Sicherheit Deutschlands, alles andere stand unter der Oberhoheit der Einzelstaaten. Als Bundesorgan wurde lediglich die Bundesversammlung in Frankfurt am Main und ein Austrägalgericht in Wien errichtet; es fehlte dem Bund sowohl an legislativen als auch an exekutiven Befugnissen. Beschlüsse über Grundgesetze und Bundeseinrichungen, über Religionsfragen u. ä. mußten einstimmig, andere Beschlüsse mit Zwei-Drittel-Mehrheit gefaßt werden. Zwar enthielt die Bundesakte die vagen Aufforderungen, daß die Bundesstaaten wegen Handels- und Verkehrsangelegenheiten in Beratung treten (Art. 19) und daß in allen Bundesstaaten eine landständische Verfassung »stattfinden« (Art. 13) sollten, aber in einer derart lockeren und handlungsunfähigen Föderation ließ sich kaum eine Übereinstimmung herstellen. Die Parole hieß: Partikularismus. Hinzu kam, daß vom Staatsgebiet Preußens etwa ein Drittel, von dem Österreichs zwei Drittel außerhalb des Bundes verblieben, daß England über Hannover, Dänemark über Holstein[2], die Niederlande über Luxemburg Mitglieder des Bundes waren. Der preußisch-österreichische Dualismus beherrschte den Bund bis zu seiner Auflösung im Jahre 1867 und verhinderte somit jeden Ansatz zu wirtschaftlichen Gemeinsamkeiten.

Gemessen an der Zersplitterung Deutschlands vor 1803 war der Zustand nach 1815 ökonomisch nicht aussichtslos. Wenn wir allerdings den Deutschen Bund mit England, Frankreich, Rußland oder den USA vergleichen, dann bestand wenig Hoffnung, daß sich auf dem Territorium des späteren Deutschen Reichs jemals eine Industrielle Revolution hätte durchsetzen können. Zur Zeit der Zollvereinsgründung schrieb Raumer: »Wollte man Deutschland in *ein* Reich verwandeln (wie Frankreich oder Spanien), es wäre unserer Natur zuwider und zöge den Untergang unzähliger Vorzüge nach sich. Mit Recht denkt der Sachse, der Hesse, der Anhaltiner an diese Gefahr.«[3] Von den 39 souveränen deutschen Bundesstaaten hatten im Jahre 1816 sieben über eine Million Einwohner, nur drei über 50000 km² Fläche. Die zum Bund zählende Bevölkerung Preußens überragte die Gesamtbevölkerung aller übrigen 37 deutschen Bundesstaaten – ohne Österreich – um 56%, das preußische Bundesterritorium war sogar um 92% größer. Preußen zerfiel jedoch in zwei Hälften, in das Stammland mit den annektierten sächsischen Gebieten und die neu hinzugewonnenen westlichen Provinzen Rheinland und Westfalen. Politisch und wirtschaftlich unscheinbare Enklaven lagen ebenfalls auf seinem Gebiet, von denen die drei anhaltischen Herzogtümer bald Souveränitätsforderungen stellten, die Preußen im politischen Lichte Europas als rücksichtslosen Machtstaat erscheinen lassen sollten.

War es unter diesen Umständen nicht ökonomische Klugheit und Weitsicht, wenigstens den Zusammenschluß gleichgerichteter Interessen oder einen übergreifenden Zollverband anzustreben? Zwar hatte Freiherr vom Stein zur Erschließung neuer Einnahmequellen bereits 1814 gefordert: »Alle Binnenzölle abschaffen! Bundes-Gränzzölle!«[4], doch damals befand man sich noch im Kriegszustand, und selbst Preußen war nicht dazu bereit, eine solche Forderung aufzugreifen. Außerdem standen dahinter weder politische noch ökonomische Interessengruppen, die Steins Vorschlag unterstützt hätten. Der erste Versuch einer überregionalen Vereinigung wurde auf der Leipziger Michaelismesse im Jahre 1816 durch Ernst Weber aus Gera unternommen, der einen »Deutschen Fabrikantenverein« gründete, der allerdings wenig Anklang fand. Dem von Friedrich List initiierten »Deutschen Handels- und Gewerbsverein«, auf der Ostermesse in Frankfurt am Main am 19. April 1819 gegründet, gehörten bereits über 5000 Vertreter der altpreußischen, badischen, bayerischen, darmstädtischen, kurhessischen, nassauischen, rheinländischen, sächsischen und württembergischen Fabrikanten- und Kaufmannschaft an. Dieser Handels- und Gewerbsverein sandte am 24. Mai 1819 an die Bundesversammlung eine Eingabe, in der die »Aufhebung der Zölle und Mauten im Innern Deutschlands und die Errichtung einer allgemeinen Zollinie des ganzen Bundes«[5] gefordert wurden, doch die Bundesversammlung erklärte sich nicht für zuständig. Eine lobenswerte Absicht, die ökonomische Zersplitterung Deutschlands zu überwinden, war an den partikularstaatlichen Sonderinteressen gescheitert.

a) Das preußische Zollgesetz von 1818

Das preußische Zollgesetz und -system vom 26. Mai 1818 schuf eindeutige Tatsachen. Es war ein Meilenstein in der Vereinfachung der preußischen Steuerverfassung – allein in den altpreußischen Gebieten hatte es 57 verschiedene Steuertarife gegeben – und ließ zusammen mit den neuen Einfuhr- und Transitzöllen vom 25. Oktober 1821 einen integrierten preußischen Wirtschaftsraum entstehen: die Grundlage für eine erfolgreiche Wirtschaftspolitik, die die getrennten östlichen und westlichen Teile des Staates zusammenhielt. Seine eigentlichen Zwecke bestanden in der Aufhebung von Beschränkungen des freien Verkehrs zwischen den so unterschiedlich entwickelten Provinzen des preußischen Staats, in der Verlegung der Zollinien an die äußeren Grenzen der Monarchie und in der angemessenen Besteuerung des Handels und Verbrauchs ausländischer Waren, um inländische Gewerbe zu schützen. Ein weiterer wichtiger Aspekt dieser Maßnahmen muß in dem Bestreben gesehen werden, die auf 218 Millionen Taler angewachsene Kriegsschuld durch vermehrte Steuereinnahmen abzubauen.[6] Natürlich, es war auch »ein Akt der souveränen preußischen Großmacht, bei dem die nationale Gemeinschaft ungefragt blieb«[7], doch abgesehen davon, daß national kaum gemeinsame ökonomische Maßnahmen durchführbar waren, holte Preußen nur nach, was andere deutsche und europäische Staaten längst besaßen – ein einheitliches Zollsystem. Der Sturm der Entrüstung, den diese Maßnahmen bei den übrigen deutschen Staaten entfachten und der über ein Jahrzehnt den Bundestag in Atem hielt, sowie der Kampfruf »Nieder mit dem preußischen Zollsystem!« basierten weniger auf ökonomischen Überlegungen als auf antipreußischen Gefühlen.

Das erste Ziel der preußischen Zollpolitik bestand darin, den nichtpreußischen Staaten und Staatsteilen, die vom preußischen

Territorium eingeschlossen wurden, einen Anschluß an das preußische Zollsystem zu empfehlen. Im Finanz- und Außenministerium war man jedoch unterschiedlicher Ansicht, ob die eingeschlossenen Gebietsteile als Inland zu behandeln seien, dessen Regierungen finanzielle Entschädigung für den Anschluß angeboten werden könnte, oder ob man mit politischem Druck gegen sie vorgehen sollte. Als das thüringische Fürstentum Schwarzburg-Sondershausen, dessen Staatsgebiet zu zwei Dritteln von Preußen umschlossen wurde, Anfang 1819 die Zurücknahme der Zollmaßnahmen forderte, drängte man preußischerseits auf mündliche Verhandlungen. Nachdem Preußen eine Entschädigung angeboten hatte, die Güter für die fürstliche Hofhaltung von den Verbrauchssteuern freigestellt worden waren und die uneingeschränkten Souveränitätsrechte garantiert wurden, unterzeichneten beide Seiten am 25. Oktober 1819 einen Vertrag, der den Anschluß des Fürstentums an das preußische Zollsystem besiegelte. Die Enklave Schwarzburg-Rudolstadt mit der Herrschaft Frankenhausen schloß sich am 24. Juni 1822 dem preußischen Zollsystem an. Sachsen-Weimar mit Allstedt und Oldisleben am 27. Juni 1823, Lippe-Detmold mit Lippstadt und Lipperode am 17. Juni, Mecklenburg-Schwerin mit Netzeband, Rossow und Schönberg am 2. Dezember 1826.

Die größten Schwierigkeiten gegenüber der preußischen Zoll- und Steuerpolitik verursachten die drei anhaltischen Staaten, die nicht nur untereinander in Gemengelage waren, sondern auch an Braunschweig angrenzten, was ihnen einen unkontrollierten Schmuggel ermöglichte. Bereits am 29. Januar 1819 protestierten die anhaltischen Landesregierungen Bernburg, Dessau und Köthen beim preußischen Außenministerium dagegen, daß ihren von der Leipziger Messe zurückkehrenden Untertanen nicht nur Eingangs- und Ausgangszoll, sondern sogar Verbrauchssteuern von den preußischen Zollbeamten abverlangt worden seien. Darin sahen sie eine für Deutschland unerhörte Einschränkung ihrer Souveränitätsrechte, den Entzug eines erheblichen Teils ihrer Staatseinnahmen und einen Verstoß gegen die von Preußen übernommenen Verpflichtungen in der Deutschen Bundesakte. Sie verlangten die sofortige Rücknahme der Zollverordnungen. Diese Forderungen waren für die preußische Regierung und Staatsbürokratie gänzlich induskutabel, denn die Akzeptierung einer Steueroase war undenkbar, wenn das ganze System nicht ad absurdum geführt werden sollte. Die Stellungnahmen aus Berlin verschärften sich und wurden drohender. Ein Staat wie Preußen könne es nicht dulden, daß in Landesteile, die von seinem Territorium eingeschlossen seien, beliebige Mengen fremder Waren steuerfrei eingeführt würden, die dann jederzeit auf preußischem Territorium verkauft werden könnten. Preußens Zollsystem, mit den Interessen seiner Gewerbe und des Staatshaushalts tief verwoben, sei nicht wegen »der rücksichtslosen Gewinnsucht ungezähmter Schleichhändler preiszugeben«.[8]

Ein Beispiel für den irrationalen Partikularismus dieser Zeit, der kleinliche politische Souveränitätsansprüche über jede ökonomische Gemeinsamkeit stellte, mag die Schwierigkeiten auf dem Weg zum Zollverein verdeutlichen. Seit der Mitte des Jahres 1820 versuchte der Herzog von Anhalt-Köthen, absoluter Souverän über ein Territorium, dessen Gebietsgröße gegenüber ganz Preußen wie 1:526 war und dessen Bevölkerung etwa 0,3% derjenigen des preußischen Gesamtstaates betrug, Preußen zum Nachgeben zu zwingen. Kaufmann Baruch Friedheim, der Besitzer eines Schiffes, das, mit 30 Zentnern Zucker und Kaffee beladen, auf der Elbe von Strehla nach Anhalt fahren wollte, verweigerte – wahrscheinlich auf Geheiß des Herzogs – die Zahlung von Verbrauchssteuern am preußischen Oberzollamt Mühlberg. Die preußischen Zollbeamten verhinderten daraufhin die Weiterfahrt und beschlagnahmten das Schiff. Dieser Streit erregte in ganz Europa Aufsehen, und der Vorwurf rücksichtsloser Willkür des mächtigsten deutschen Staats führte sogar zu einer Intervention des preußischen Königs, der das »gehässige Licht«, das durch diese andauernden Verwicklungen auf Preußen fiel, möglichst bald beseitigt sehen wollte. Herzog Ferdinand von Köthen reichte am 25. Januar 1821 in Überschätzung der Bundeskompetenzen sogar eine Klage gegen Preußen beim Bundestag in Frankfurt am Main ein. Österreich als Präsidialmacht war nicht bereit, diplomatische Aktionen gegen Preußen zu starten. Metternich versicherte dem preußischen Außenministerium vielmehr »unverbrüchliche Freundschaft und innige Vereinigung«[9] und strebte eine gütliche Einigung an. Preußen erklärte sich schließlich nach Abschluß der Elbschiffahrtsakte bereit, das Schiff Friedheims am 1. Januar 1822 ohne eine finanzielle Forderung freizulassen. Köthen zog darauf seine Klage beim Bundestag am 7. März 1822 offiziell zurück, reichte aber fünf Jahre später eine zweite Klage gegen Preußen ein.

Die Diskussionen und Verhandlungen um den Anschluß der anhaltischen Herzogtümer, die sich durch die Freiheit der Elbschiffahrt dem Würgegriff Preußens entziehen zu können glaubten, dauerten noch etliche Jahre. Die Drohung Preußens, Zollbarrieren zu errichten und keinerlei Zugeständnisse mehr zu gewähren, veranlaßte schließlich Anhalt-Dessau und Anhalt-Bernburg, Teile ihrer Herzogtümer dem preußischen Zollsystem unterzuordnen; die Verträge wurden am 2. November 1823 unterzeichnet. Am 8. Januar 1825 wies das preußische Finanzministerium das Hauptzollamt Barby an, die zu Land ins Anhaltische gehenden Waren nur noch gegen Zahlung der vollen Eingangsabgabe passieren zu lassen. Der neue preußische Finanzminister, Friedrich von Motz, von dem Treitschke sagte, er sei eine »gediegene Natur« gewesen, »tatkräftig, wagelustig, voll kecken Selbstvertrauens, das sich oft in beißenden Sarkasmen äußerte«[10], trieb in den nächsten fünf Jahren mit harter Hand die Entstehung des Deutschen Zollvereins voran. Er verlangte noch einschneidendere Maßnahmen, z. B. die Verlegung der großen Straße von Leipzig nach Bernburg und die Erschwerung des Verkehrs von Anhalt nach Preußen. Diese nur teilweise verwirklichten Maßnahmen verfehlten jedoch nicht ihre Wirkung. Die wirtschaftliche und finanzielle Situation Anhalts verschlechterte sich von Monat zu Monat, Bürger und Kaufleute schilderten in Eingaben an den dessauischen Herzog das Ausmaß der Notstände und wünschten einen Anschluß an das preußische System. Es bedurfte jedoch noch zäher Verhandlungen, ehe auch Köthen den Anschlußvertrag am 27. August 1828 ratifizierte. Nach fast zehnjährigen Differenzen war die preußische Enklavenpolitik zu einem Abschluß gekommen, größere Aufgaben konnten nun verstärkt in Angriff genommen werden.

b) Die süddeutschen Zollvereinspläne

Die deutschen Staaten südlich der Mainlinie, die um 1818 nur geringe Ansätze zur industriellen Entwicklung aufwiesen, fühlten sich durch das neue preußische Steuersystem ebenfalls benachteiligt. Das württembergische Außenministerium hatte sogar Ende Juni 1819 einen Erlaß für die Gesandten in München und Karlsruhe erarbeitet, in dem Preußen vorgeworfen wurde, daß seine Zoll- und Handelsgesetze nur dem eigenen Vorteil dienten, daß die kleineren Nachbarstaaten dadurch ihre Handelsfreiheit verlören und daß die innere Gesetzgebung der übrigen Staaten gelähmt würde. Wenn sich die Regierungen von Bayern, Württemberg und Baden zu einem gemeinamen Zoll- und Mautsystem vereinten, in das andere deutsche Staaten aufgenommen oder mit ihnen Handelsverträge abgeschlossen werden könnten, dann würden die süddeutschen Staaten durch einen solchen Zusammenschluß in finanzieller, wirtschaftlicher und politischer Hinsicht nur profitieren. Die Beschlüsse der Karlsbader Konferenzen ließen es der württembergischen Regierung ratsamer erscheinen, den Erlaß gar nicht abzuschicken, d. h., diese politischen Einschüchterungen fanden ihren Niederschlag auch in einem zaghafteren Vorgehen bei zollpolitischen Einigungsversuchen. »Den ganzen Umfang des Unheils, das diese Demagogenverfolgung anrichtete, zu ermessen, ist eine Unmöglichkeit; aber man sagt nicht zuviel, wenn man behauptet, daß sie an Kleinlichkeit des Verfahrens, an Gehässigkeit der Gesinnung und an Gewissenlosigkeit in den Mitteln zu den traurigsten Perioden unsrer Geschichte gestellt werden muß.«[11]

Der geringe handelspolitische Spielraum der süddeutschen Staaten gegenüber Preußen im Norden und Österreich im Südosten verlangte geradezu nach einer wirtschaftlichen Einigung. Anfang 1820 wurde eine vorläufige »Punktation« eines süddeutschen Vereins ausgearbeitet, in dem alle Grenz- und Binnenzölle aufgehoben sein sollten, während jeder Vereinsstaat die Grenzzölle gegenüber nicht dem Verein angehörenden Staaten selbst bestimmen konnte. Am 19. Mai schlossen Bayern, Württemberg, Baden, Hessen-Darmstadt, Nassau, Sachsen-Weimar, die sächsischen Herzogtümer und die beiden Reuß in Wien einen Vertrag, der vorsah, daß diese Staaten noch im gleichen Jahr zu Verhandlungen in Darmstadt zusammentreten sollten. Trotz mehrjähriger Verhandlungen konnten sich die Bevollmächtigten der Regierungen nicht auf ein allgemein akzeptiertes Zollsystem einigen. Es erwies sich als unüberwindbares Hindernis, die unterschiedlichen zoll- und steuerpolitischen Interessen so heterogener Staaten auf einen Nenner zu bringen, und mit der Zeit erlahmte das Interesse einiger Regierungen. Hessen-Darmstadt erklärte in einer Zirkularnote vom 3. Juli 1823, die lange Ungewißheit, ob der angestrebte Verein wirklich zustande komme, kollidiere mit den Interessen des Großherzogtums, weswegen es nicht länger an den Verhandlungen teilnehmen könne. Das war das Ende dieses Versuchs eines größeren Zusammenschlusses.

Bayern, Württemberg, Baden, Hessen-Darmstadt und Nassau trafen sich erneut im November 1824 in Stuttgart, um über ein gemeinsames Zollsystem zu verhandeln. Zwar wurde der Entwurf eines Grundvertrages über einen süddeutschen Zoll- und Handelsverein am 16. Februar 1825 verabschiedet, doch Baden wollte weder eine Zentralverwaltung noch eine Erhöhung seiner niedrigen Zollsätze. Dem Austritt Badens folgte unmittelbar Nassau, auch Hessen-Darmstadt sah nun keine Möglichkeit mehr, seine Interessen wirkungsvoll gegenüber den beiden süddeutschen Staaten durchzusetzen. Der Weg war frei für eine zollpolitische Vereinigung Bayerns und Württembergs, die am 1. Juli 1828 in Kraft trat. Die Zollverbindung dieser beiden größten süddeutschen Staaten, denen etwa 15,6% der Einwohner und 15,3% des Gebietsumfanges des Deutschen Bundes angehörten, war nach der Ansicht von M. Doeberl »der *erste deutsche Zollverein,* der auf der Grundlage der *Gleichberechtigung* geschlossen wurde. Er ist denn auch Vorbild und Grundlage für den späteren allgemeinen Deutschen Zollverein geworden.«[12]

Die beiden nun existierenden Zollvereine auf deutschem Boden umfaßten 67,2% der Bundesfläche – außer Österreich – und etwa den gleichen Anteil an der Bevölkerung. Das restliche Drittel, d. h. die Vielzahl der mittleren, kleinen und kleinsten Staaten, verfügte jedoch über einen wesentlich größeren handelspolitischen Einfluß, als es ihrer Größe entsprach. Preußen versuchte auf vorsichtige Weise Handelsverträge mit Kurhessen, Hannover, Nassau und Weimar abzuschließen, gab diese Bemühungen jedoch auf, als einzelstaatliche Interessen eine Einigung erschwerten. Bayern unternahm Anstrengungen, Hessen-Darmstadt, Kurhessen und die sächsischen Herzogtümer auf seine Seite zu ziehen, doch trotz finanzieller Angebote kam es zu keinen Verhandlungen. Hessen-Darmstadt errichtete ein eigenes Grenzzollsystem, das am 1. April 1824 in Kraft trat. Einige thüringische Staaten – Weimar, Gotha, Altenburg, Meiningen, Hildburghausen und Reuß – hatten bereits am 23. Dezember 1822 in Arnstadt einen Vertrag über eine einheitliche Handelsgesetzgebung geschlossen, der die Zerrissenheit ihrer Staatsteile überwinden und durch freien Verkehr die gewerbliche Entwicklung fördern sollte. An den kurzsichtigen einzelstaatlichen Sonderinteressen scheiterte jedoch auch dieses Vorhaben.

c) Der Mitteldeutsche Handelsverein

Das Königreich Sachsen ergriff schließlich die Initiative zur Gründung eines dritten Zollvereins – des Mitteldeutschen Handelsvereins. Die Konferenzen auf dem Gut des sächsischen Ministers Hans G. von Carlowitz in Oberschöna führten am 26. März 1828 zu einer Übereinkunft, nach der sich Sachsen mit den thüringischen Staaten zu einem Handelsverein zusammenschloß. Knapp zwei Monate später folgte die sogenannte »Frankfurter Deklaration«, die von Sachsen, Kurhessen, Altenburg, Coburg, Frankfurt am Main, Nassau, Schwarzburg-Rudolstadt und Weimar unterzeichnet wurde, nachträglich schlossen sich noch Bremen, Braunschweig, Hessen-Homburg, Meiningen, Oldenburg, beide Reuß und Sondershausen an. Wie aber sollte man eine so große Zahl verstreut liegender mitteldeutscher Staaten unter einem handelspolitischen Dach vereinen?

Zur Klärung handels- und zollpolitischer Fragen begannen am 22. August 1828 die Kasseler Konferenzen, die überschattet wurden von machtpolitischen statt wirtschaftspolitischen Diskussionen. Die Unfähigkeit und Unwilligkeit, ein gemeinsames zollpolitisches Konzept zu entwickeln, führten dazu, daß die Regierungsvertreter jedes Staates auf Kosten des anderen Vorteile für sich erzielen wollten. Ein negativer Konsens blieb der kleinste gemeinsame Nenner. Als Schwarzburg-Sondershausen sich auf preußischen Druck hin von der Konferenz zurückzog, wurde bereits die geringe Attraktivität dieses Zusammenschlusses deutlich. Zwar wurde am 24. September die Vertragsurkunde zur Gründung des Mitteldeutschen Handelsvereins von achtzehn Staaten unterzeichnet und dessen vorläufige Dauer bis zum 31. Dezember 1834 festgelegt, doch war dies kein Werk von Dauer. Der Vertrag war nicht einmal fünf Tage alt, da schlossen Sachsen, Altenburg, Coburg, Meiningen, Schwarzburg-Rudolstadt, Reuß und Weimar einen Sondervertrag. Am 27. Mai 1830 verbanden sich Hannover, Kurhessen, Oldenburg und Braunschweig im Einbecker Vertrag zu einem zusammenhängenden Zollgebiet. Den Todesstoß erhielt der Mitteldeutsche Handelsverein, als es Preußen nach langen Verhandlungen schließlich gelang, am 25. August 1831 einen Zollvertrag mit Kurhessen abzuschließen. Die Entrüstung der Mitteldeutschen über diesen Vertragsbruch in Kassel, selbst die Einreichung einer Klage von Hannover, Braunschweig, Oldenburg, Bremen und Frankfurt am

Main vom 24. Mai 1832 beim Bundestag, konnten nicht darüber hinwegtäuschen, daß in dem entstandenen Geflecht von Zoll- und Handelsverbindungen antipreußische Ressentiments nicht ausreichten, um diesen Verein zusammenzuhalten.

Der Mitteldeutsche Handelsverein hätte sich gegenüber Preußen, wenn egoistische Souveränitätsinteressen zurückgestellt worden wären, zu einer Sprengladung entwickeln können. Von der preußischen Ministerialbürokratie wurde dies klar erkannt, und Motz organisierte einen Feldzug zur Vernichtung dieses Antivereins. Gerade gegenüber Hannover und Kurhessen, die wie ein erratischer Block zwischen den östlichen und westlichen Provinzen Preußens lagen, sollte verschärft vorgegangen werden. Bereits Ende November 1819 hatten die preußischen Minister des Handels und der Finanzen darauf hingewiesen, daß es wohl keineswegs Absicht der Gebietsregelungen auf dem Wiener Kongreß gewesen sein könnte, »den Verkehr des in 2 Teile gesonderten Preußens durch die Zwischenstaaten geradezu tot zu machen«.[13] Umleitung des Transithandels, Bau von neuen Straßen in Richtung Magdeburg, nach Halle und Zeitz und durch Thüringen nach Bayern, der Plan einer Eisenbahnlinie von Minden nach Lippstadt; Preußen schien keine Mittel zu scheuen, um seinen Handels- und Finanzinteressen gegenüber den Nachbarstaaten Geltung zu verschaffen. Motz hielt dem Verein vor, er wolle Preußens innere Staatskraft paralysieren und Schwierigkeiten anhäufen, er sei in einer »übelwollenden, ja feindseligen Tendenz« gegenüber Preußen befangen, und man müsse alle Mittel der inneren Verwaltung aufbieten, diesen Verein »möglichst unschädlich«[14] zu machen. In einer Zirkularnote des preußischen Außenministeriums vom 14. August 1828 an die Gesandten in Wien, München, Karlsruhe, Darmstadt, Dresden, Hamburg, Brüssel, London und Kopenhagen über den »sogenannten neutralen Zoll- und Handelsverein« wird unmißverständlich die Drohung ausgesprochen, daß ein Länderverband von sechs Millionen Menschen, dem wesentlich Binnenländer angehörten, sich unschwer ausmalen könne, wer »in einem sich steigernden Konflikte mit einer Monarchie von zwölf Millionen Menschen, welche alle wichtigen Straßen besitzt, die das Inland in sich und mit dem Auslande verbindet, die reiche und große Städte zählt und alle Zweige der Industrie in Blüte bei sich sieht, zuletzt wohl gewinnen möchte«.[15]

d) Preußens Führungsrolle

Die wirkungsvollste Waffe im politischen und ökonomischen Machtkampf Preußens gegen den Mitteldeutschen Handelsverein war die Straßenbaupolitik. Gerade die thüringischen Länder, deren Gewirr von ineinandergeschobenen Staaten und Landesteilen, von verschiedenen Zöllen und wenig ausgebauten Straßen die schwächste Flanke des Vereins darstellte, schienen geeignet, um einen Stein nach dem anderen herauszubrechen. Sachsen-Coburg-Gotha wandte sich zuerst – im März 1828 – mit Straßenbauwünschen an Preußen, das geschickt seine eigenen Interessen mit denen des Coburger Herzogs verband, der dringend finanzieller Unterstützung bedurfte. Die Coburg-Gothaer Linie durchschnitt das Gebiet des Handelsvereins und ermöglichte Preußen einen zollfreien Verkehr zwischen Nord- und Süddeutschland. Am 3. und 4. Juli 1829 schlossen die Herzogtümer Meiningen und Coburg-Gotha Zollverträge mit Preußen ab und erklärten sich bereit, nach Ablauf des Kasseler Vertrags, also spätestens am 1. Januar 1835, dem süddeutschen oder preußischen Zollverband beizutreten. Wenn dies eintrete, so glaubte man, sei »der Kasseler Mittelverein gleichsam aufgelöst und in die Luft gesprengt«.[16]

Die politischen und ökonomischen Entwicklungen der nächsten Jahre beschleunigten diesen Prozeß. Der Entschluß Hessen-Darmstadts – dessen Kosten der Grenzbewachung fast so hoch waren wie seine Zolleinnahmen –, sich dem preußischen Zollsystem anzuschließen, übte eine unmittelbare politische Wirkung auf Nassau und Kurhessen aus. Danach mußte für diese beiden Staaten ein Zusammengehen mit dem süddeutschen Verein handelspolitisch wenig lukrativ erscheinen. Die Demonstration des preußischen Führungsanspruchs in politischer Hinsicht verlagerte sich nun auf ökonomische und finanzielle Zugeständnisse. Nachdem Preußen innenpolitisch konsolidiert war, konnte es stärker seine wirtschaftspolitische Führungsrolle gegenüber den benachbarten deutschen Bundesstaaten zur Geltung bringen. Ein Zusammengehen mit dem bayerisch-württembergischen Zollverein wäre nicht nur ein entscheidender Sieg gegen den mittel- und norddeutschen Handelsverein gewesen, es hätte auch den Einfluß Österreichs auf Süddeutschland stark geschwächt. Geheimverhandlungen mit dem württembergischen Verleger Johann F. Frhr. Cotta von Cottendorf führten schließlich dazu, daß am 27. Mai 1829 ein Handelsvertrag zwischen dem preußisch-hessischen und dem bayerisch-württembergischen Zollverein geschlossen wurde, der am 1. Januar 1830 in Kraft trat. Der hannoversche Geheimrat Grothe sah klar die weitreichenden Folgen eines solchen Vertrages, an den sich der mitteldeutsche Verein früher oder später anschließen müßte, wenn er nicht vom Handel mit dem Süden abgeschnitten werden wolle. Somit entstehe in »Deutschland ein partielles, preußisch-deutsches Kontinentalsystem, an dem Österreich keinen Teil hat«.[17]

In Berlin konnte man nach Errichtung der preußisch-süddeutschen Handels- und Verkehrsachse sicher sein, daß der wirtschafts- und handelspolitische Sog groß genug war, einen Staat nach dem anderen in den Zollvereinsstrudel hineinzuziehen. Wir dürfen uns allerdings von den industriellen Fortschritten der preußischen Monarchie keine allzu großen Vorstellungen machen. Nach den Gewerbetabellen hatten sich zwischen 1819 und 1831 die mechanischen Künstler, Handwerker und Gehilfen von 418964 auf 509371, die Buchdruckereien von 240 auf 305, die Eisen- und Kupferhämmer sowie Hüttenwerke von 1834 (1822) auf 1948 und die gehenden Webstühle von 250380 auf 343381 erhöht, doch war dies im Vergleich mit anderen deutschen Staaten ein Aufschwung. Preußen konnte nun Bedingungen festlegen und an seinem Prinzip der bi- oder trilateralen Verhandlungen festhalten. Die politischen Auswirkungen der Julirevolution 1830 – in Kurhessen zog sich der exaltierte Kurfürst Wilhelm II. aus den Regierungsgeschäften zurück und überließ seinem Sohn die Regentschaft, in Sachsen wurden umfassende Agrar-, Verfassungs- und Verwaltungsreformen durchgeführt – veränderten das Klima zusätzlich. Zwar wurde im Jahre 1832 von den größeren Bundesstaaten eine Fülle von Entwürfen und Gegenentwürfen beraten und wieder verworfen, doch am 22. bzw. 30. März 1833 war es schließlich soweit, daß Anschlußverträge mit Bayern, Württemberg bzw. Sachsen unterzeichnet werden konnten, die thüringischen Staaten folgten am 10. Mai.

Der Deutsche Zollverein begann am 1. Januar 1834 seine Tätigkeit. Er umfaßte die Staaten Preußen, Bayern, Sachsen, Württemberg, Kurhessen, Hessen-Darmstadt, die sächsisch-thüringischen Herzogtümer, die schwarzburgischen und reußischen Fürstentümer, Anhalt und verschiedene Enklaven. In den beiden folgenden Jahren schlossen sich noch Baden, Nassau und Frankfurt am Main an, d. h., 1836 waren 25 deutsche Staaten mit über 25 Millionen Einwohnern zu einem zusammenhängenden Gebiet vereint, doch es fehlten noch so wichtige Staaten wie Holstein, Mecklenburg, Hannover, Oldenburg und die Hansestädte Hamburg, Lübeck und Bremen. Die vorläufige Dauer des Zollvereins wurde bis zum 1. Januar 1842 festgelegt, und wenn kein Mitglied ihn rechtzeitig vor dem Endtermin aufkündigte, sollte er um weitere zwölf Jahre verlängert werden. Preußen war es nicht gelungen, ganz Deutschland in zoll- und wirtschaftspolitischer Hinsicht zu vereinen. Was sein Finanzminister, F. von Motz, der auf kompromißlose Weise den Einigungsprozeß vorangetrieben hatte, in seinem »Memoire« vom Juni 1829 niederlegte, widersprach sowohl der politischen als auch der ökonomischen Zukunft Deutschlands: »Wenn es staatswissenschaftliche Wahrheit ist, daß Ein-, Aus- und Durchgangszölle nur die Folge politischer Trennung verschiedener Staaten sind (und das ist wahr), so muß es umgewandt auch Wahrheit sein, daß Einigung dieser Staaten zu einem Zoll- und Handelsverbande zugleich Einigung zu einem und demselben politischen System mit sich führt.«[18] Trotzdem läßt sich gar nicht leugnen, daß der Zollverein einem Dammbruch glich: in ökonomischer, politischer und psychologischer Hinsicht. Dies ist von zahllosen Autoren immer wieder hervorgehoben worden. Nur eine Aussage eines unmittelbaren Zeitzeugen aus dem vielstimmigen Konzert soll hier wiedergegeben werden: »Wenn die zeither unzählige Male unterbundenen, ja abgeschnittenen Adern deutschen Verkehrs erst in natürlicher Entwickelung durch alle unsere Gaue hindurchströmen, die jetzt böswillig oder unverständig niedergetretenen oder verstopften Handelsquellen überall hervorbrechen, dann wird Deutschland eine Heiterkeit und Fülle des Daseins, eine Kraft des Erzeugens und Genießens, eine Macht der Selbstvertheidigung und Allgenugsamkeit auf seinem Boden zeigen, größer, als selbst die Kühnsten zu hoffen wagen.«[19]

3. Kapitel
Von Revolution zu Revolution
(1830-1848/49)

Die zahlreichen späteren Lobeshymnen auf den Deutschen Zollverein dürfen uns nicht die Augen dafür verschließen, daß er weitgehend aus der Not geboren war, nämlich teilweise als Resultat der revolutionären Erhebungen 1830/31. Heinrich von Treitschke hat zu einer Reihe von Legendenbildungen beigetragen, als er 1889 in nationalistischer Überspannung schrieb: »Dann kam jene folgenschwere Neujahrsnacht des Jahres 1834, die auch den Massen das Nahen einer besseren Zeit verkündete. Auf allen Landstraßen Mitteldeutschlands harrten die Frachtwagen hochbeladen in langen Zügen vor den Mauthäusern, umringt von fröhlich lärmenden Volkshaufen. Mit dem letzten Glockenschlage des alten Jahres hoben sich die Schlagbäume; die Rosse zogen an, unter Jubelruf und Peitschenknall ging es vorwärts durch das befreite Land. Ein neues Glied, fest und unscheinbar, war eingefügt in die lange Kette der Zeiten, die den Markgrafenstaat der Hohenzollern hinaufgeführt hat zur kaiserlichen Krone. Das Adlerauge des großen Königs blickte aus den Wolken, und aus weiter Ferne erklang schon der Schlachtendonner von Königgrätz.«[1] Die historische Realität war viel prosaischer, wenn auch nicht weniger spannend. Nach der Reichsgründung verbreitete sich zunehmend die Auffassung, den Deutschen Zollverein als deren unmittelbaren Vorläufer hinzustellen. So heißt es zum 50. Jahrestag der Zollvereinsgründung: »Mit der politischen Einigung Deutschlands ist auch die handelspolitische Einheit erreicht und allen Wechselfällen entzogen... Aber unleugbar war doch der Zollverein von hoher Bedeutung für die politische und nationale Entwickelung Deutschlands.«[2] Und 100 Jahre später kann man in einem Standardwerk lesen, daß der Zollverein »half, den Weg für die folgende Einigung Deutschlands vorzubereiten«.[3] An diesen Aussagen läßt sich ablesen, wie groß der Wunsch war, die wirtschaftliche mit der politischen Einheit zu verkoppeln, doch schon Richard Ehrenberg, der vor beinahe 100 Jahren eine unübertroffene Analyse des Zeitalters der Fugger schrieb, kritisierte die Ansicht, »den Zollverein *lediglich* als Vorläufer des Deutschen Reiches [zu sehen], was einer allerdings populären, aber in Grund und Boden falschen, unhistorischen Auffassung entspräche«.[4] Wir werden sehen, daß die industrielle Entwicklung durchaus eigendynamische Triebkräfte aufwies.[5]

Die Funken der Französischen Revolution von 1830, durch die in Frankreich die Macht der Bourgeoisie erheblich ausgeweitet wurde, hatten in Deutschland zwar keinen Brand ausgelöst, doch die Revolutionsfurcht war weit verbreitet. Die Reformen in Kurhessen und Braunschweig sowie die Umgestaltung des sächsischen Staatswesens waren direkte Folgen revolutionärer Aufstände. Dies wollte man ungern wahrhaben, also behauptete man einfach, in den Erhebungen sei »nicht die geringste Spur von *revolutionären Freiheits-Ideen* zu erblicken, eben so wenig irgend ein Plan, der nur im Entferntesten auf eine *politische* Tendenz hingedeutet hätte«[6], doch die Wirklichkeit sprach eine andere Sprache. Die Parole des Bürgerkönigs Louis Philippe, »Enrichissez-vous, messieurs!«, konnte vor der Gründung des Zollvereins in Deutschland kaum eine größere Anhängerschaft finden, doch die Revolution veränderte die Denkweisen der staatlichen Bürokratien und reduzierte die Widerstände gegen einen zollpolitischen Zusammenschluß. Die Not der Landwirtschaft in den zwanziger Jahren war in allen Teilen Deutschlands groß, die Staatskassen waren leer, und die industriellen Pflanzen waren noch recht unscheinbar. Der Zollverein hatte nur verspätet nachvollzogen, und dies nicht einmal vollständig, was in fast allen benachbarten Staaten lange Selbstverständlichkeit war, das Vorhandensein eines geschlossenen Zollgebiets. Leider sind die Ähnlichkeiten, Verschiedenheiten sowie die ökonomischen Ursachen und Folgen der deutschen »Revolutionen« von 1830/31 und 1848/49 meines Wissens noch nie miteinander verglichen worden; diese politisch-ökonomische Spannung kann hier lediglich angedeutet werden.

a) Zollvereinsaktivitäten und Gewerbefreiheit

Der Zollverein war zunächst auf acht Jahre abgeschlossen worden, und wenn kein Mitglied ihn ein Jahr vor Ablauf dieses Termins kündigte, sollte er um weitere zwölf Jahre verlängert werden. Eine Reihe deutscher Staaten stand noch abseits; Hannover, Oldenburg, Braunschweig und Schaumburg-Lippe hatten 1834 bis 1836 den Steuerverein gegründet, denn ihre Nähe zum Meer und starke ausländische Einfuhren ließen einen niedrigen Zolltarif als zweckmäßiger erscheinen als den Beitritt zum Zollverein. Ähnliche Überlegungen lagen dem Verhalten von Mecklenburg, Holstein, der Hansestädte und einiger kleiner Fürstentümer zugrunde. Im Jahre 1841 entschlossen sich Braunschweig, die Fürstentümer Lippe-Detmold und Pyrmont sowie die Grafschaft zum Beitritt, ein Jahr später auch Luxemburg.

Die Eigendynamik des Zollvereins, dessen Gewichtszollsystem eine protektionistische Tendenz innewohnte, führte zum Abschluß von Handelsverträgen; zuerst mit Holland 1837 und 1839, mit Griechenland 1839, mit der Türkei 1840, mit England 1841 und mit Belgien 1844. Man war sich bei dieser Strategie durchaus darüber im klaren, daß der Handel vielfältige Möglichkeiten barg, die es auszuschöpfen galt. Der Handel z. B. »weckt hier und da Bedürfnisse, die vorher nicht vorhanden waren und schafft dem Produzenten Abflußkanäle für die Überproduktion«.[7] Die Art des Handelsvertrags war ein Reziprozitätsvertrag, der nur gegenseitige Bevorzugung enthielt und die Meistbegünstigung ausschloß, wodurch Zugeständnisse an dritte Länder nicht verhindert werden konnten.

Im Jahre 1842 stand die erste Verlängerung der Zollvereinsverträge an. Zwar gab es einen heftigen Streit darüber, ob mehr freihändlerische oder schutzzöllnerische Maßnahmen ergriffen werden müßten – für Freihandel waren überwiegend Kaufleute, Landwirte und Verbraucher; für Schutzzölle Eisenproduzenten, Baumwollspinner –, doch das Bestehen des Zollvereins an sich stand nicht mehr in Frage. Daß die Debatte um Freihandel oder Schutzzoll die wirtschaftliche Entwicklung Deutschlands wie ein roter Faden durchzieht, war nicht nur auf die Agitationen Friedrich Lists und seinen Kampf für »Erziehungszölle« zurückzuführen, sondern spiegelt die Probleme eines ökonomischen Nachzüglers wider, der von der englischen Entwicklung wie ein Magnet einmal angezogen, dann wieder abgestoßen wird. In einer besonders kritischen Lage vertrat Gottfried Stommel zur Zeit der Gründerkrise die Auffassung: »Es darf also nicht heißen, Freihandel *oder* Schutzzoll, sondern Schutzzoll *und* Freihandel. Eine solche Vereinigung bethätigte schon der deutsche Zollverein, welcher nach Innen (wo er unabhängig war) durch Niederwerfen aller inneren Zollschranken den Freihandel verwirklichte, während er nach Außen dem Schutzzoll huldigte.«[8] Die Zollvereinsstaaten handelten pragmatischer; im Jahre 1844 kam eine Einigung über die Erhöhung der Zölle zustande, von der vor allem die Eisenindustrie profitierte. Auf der Zollkonferenz in Karlsruhe 1845 konnte man sich über die Garnzölle nicht einigen, die Einigung kam ein Jahr später in Berlin zustande. Die Eingangszölle für rohes Baumwollgarn wurden von zwei auf drei Taler, für gebleichtes und gezwirntes Garn von sechs auf acht Taler und für maschinelles Leinengarn von ein auf zwei Taler erhöht.

Die ökonomischen Erfolge des Zollvereins in der ersten Periode seines Bestehens waren unverkennbar. Zwar entfielen 1845 von den Erträgen noch immer zwei Drittel auf Finanzzölle, auf Zukker, Kaffee, Tabak, Wein etc., aber die industriellen Produkte hatten inzwischen einen Anteil von 28% erreicht. Die Zunahme der Einfuhren war besonders groß bei Südfrüchten (46,4%), Gewürzen (82,4%), Kaffee (96,5%), Reis (142,2%), Kolonialzucker (146,4%) und Kakao (188,6%). Von 1834 bis 1845 hatten sich die Bruttoeinnahmen an Eingangs-, Ausgangs- und Durchgangszöllen von 14 515 722 Taler auf 27 422 535 Taler erhöht, also viel stärker als die Bevölkerungszunahme. Während dieser zwölf Jahre fand ein »Länderfinanzausgleich« in Höhe von 46 832 895 Talern statt; diese Summe wurde von Preußen, Sachsen, Braunschweig und Frankfurt am Main aufgebracht und an Bayern, Württemberg, Baden, Hessen-Darmstadt, Kurhessen, Thüringen, Nassau und Luxemburg ausgezahlt. Die gemeinschaftlichen Ausgaben für die Grenzbewachung waren von einem Sechstel auf ein Zwölftel der Bruttoeinnahmen gesunken, so daß sich die Nettoeinnahmen pro Kopf der Bevölkerung von etwa 15 auf 26 Silbergroschen erhöht hatten.

In anderer Hinsicht gab es für die Entwicklung eines liberal-kapitalistischen Wirtschaftssystems noch erheblichen Nachholbedarf, so z. B. bei der Gewerbefreiheit. Alle unter direkter oder indirekter französischer Herrschaft stehenden deutschen Gebiete, das Herzogtum Warschau wie die spätere preußische Provinz Posen, die späteren preußischen Regierungsbezirke Münster, Minden, Osnabrück und Lüneburg, die Bezirke Stade und Aurich, das Großherzogtum Oldenburg sowie Bremen, Hamburg, Lübeck und Danzig hatten Gewerbefreiheit eingeführt. Das Königreich Westphalen und das Großherzogtum Berg hoben die Zunftbeschränkungen schon 1808 bzw. 1809 auf, doch in anderen Teilen

Deutschlands war die Lage mehr als uneinheitlich. Der bayerische Politiker und Schriftsteller Ignaz Rudhart klagte 1827: »Das System der Konzessionen und der Gewerbebeschränkungen überhaupt hat, schon an sich... Gebrechen, welche sich bei der Anwendung zeigen mußten. Sein Grundübel ist die Verletzung des natürlichen Rechtes durch Verweigerung der Freiheit, sich auf jede erlaubte Weise zu nähren.«[9] Um das Für und Wider der Einführung von Gewerbefreiheit in Deutschland wurde zwischen Handwerk und Industrie stärker gerungen, als dies hier darzustellen wäre. Aus diesem Grund möchte ich noch ein paar zeitgenössische Stimmen zu Wort kommen lassen. Ein württembergischer Fabrikant aus Göppingen schrieb 1845: »Wir sind gegenüber Herrn Mohl, der die Aufhebung des Zunftwesens und eine bessere Fürsorge für das Schulwesen als die hauptsächlichsten Bedingungen einer bessern materiellen Zukunft des Volks darstellte, mit der Entgegnung aufgetreten, daß das Zunftwesen so, wie es in Württemberg bestehe, auf die fabrikartigen Gewerbe unserer Landstädte beinahe ohne allen Einfluß sey, also auch nicht als die Quelle des Zurücksinkens dieser Gewerbe und der Verarmung ganzer Gegenden angesehen werden dürfe.«[10] Und im Königreich Sachsen, das erst 1861 die Gewerbefreiheit einführte – längst nachdem die Industrialisierung fast das ganze Land erfaßt hatte –, können wir ein jahrzehntelanges Ringen verfolgen.[11] In den Krisenjahren nach 1845 glaubten Innungsmeister aus Crimmitschau: »Durch Einräumung des Rechtes auf Gewerbefreiheit [werde] dem Capital alles Übergewicht, alle Macht über die Arbeit selbst gegeben und der Ruin eines Landes auf diese Weise in doppelter Beziehung herbeigeführt«, denn diese Freiheit würde »die Habe, Gut und Blut von Millionen auf's Spiel« setzen, und übrig blieben nur zwei Klassen, »der an Baarmitteln reiche Fabricant und der Lohnarbeiter, der von der Gnade des reichen Fabrikbesitzers lebt und abhängig ist«.[12] Etwa zehn Jahre später, nach Jahren überschäumender Konjunktur, machte die Sächsische Gewerbezeitung den Vorschlag, »gar nichts zu thun und die Zünfte, anstatt sich mit nutzlosen Versuchen ihrer Wiederbelebung zu beschäftigen, ruhig dem unvermeidlichen langsamen Tod verfallen zu lassen«.[13]

Preußen hob 1806 in einigen Provinzen den Zunftzwang auf und machte im Novemberedikt von 1811 den Gewerbebetrieb in den meisten Berufen nur noch von der Lösung eines Gewerbescheins, d. h. der Zahlung einer Gewerbesteuer, abhängig. Nach 1815 gab es also im gesamten preußischen Staatsgebiet ganz unterschiedliche Gewerbeverfassungen, die nicht vereinheitlicht wurden. Erst am 17. Januar 1845 wurde ein allgemeines Gewerbegesetz erlassen, das alle Zwangs- und Bannrechte, Realberechtigungen, Exklusivrechte, den Innungszwang etc. in ganz Preußen aufhob. Befähigungsnachweise wurden nun für insgesamt 42 Gewerbe gefordert, d. h., das Recht zur Einstellung von Lehrlingen wurde von einer bestandenen Prüfung und einer Innungszugehörigkeit abhängig gemacht. Lehrzeit und Gesellenzeit wurden nicht festgelegt, auch keine Wanderpflicht. Während der revolutionären Unruhen von 1848/49 – die Existenznot hatte eine Vielzahl von Handwerkern ergriffen – forderten Handwerkerversammlungen die Wiedereinführung des Zunftzwangs. Die preußische Regierung, von der Notwendigkeit einer Industrialisierung überzeugt, gab zwar diesem Drängen nicht nach, schränkte aber mit dem Gesetz vom 9. Februar 1849 die Gewerbeausübung noch stärker ein. Nun waren es 70 Gewerbe, die eine Erlaubnis zum Gewerbebetrieb erst erhielten, wenn sie einer Innung beigetreten waren und einen Befähigungsnachweis vor einer Prüfungskommission abgelegt hatten. Fabriken durften Handwerksgesellen nur zu festgelegten Arbeiten einstellen, der Detailhandel von Handwerkswaren blieb den Meistern vorbehalten.

Die Gewerbefreiheit wurde in den meisten anderen deutschen Staaten erst in den sechziger Jahren eingeführt, unter dem starken Einfluß des ökonomischen Liberalismus. Trotzdem muß hier betont werden, daß der wirtschaftliche Liberalismus à la Adam Smith, der in den ersten beiden Jahrzehnten des 19. Jahrhunderts so viele deutsche Epigonen gefunden hatte, in die industrielle Praxis nicht tief eingedrungen war. Zwar hatte Bayern bereits 1804 die realen Gewerberechte, die an Grundbesitz gebunden waren, aufgehoben und 1811 bzw. 1825 die Errichtung eines Gewerbebetriebs an eine behördliche Genehmigung bzw. Konzession gekoppelt, doch trat Gewerbefreiheit erst am 1. Mai 1868 in Kraft. Hannover, Oldenburg, Kurhessen und Bremen ließen nach 1815 die Innungen mit einigen Abänderungen sogar wieder aufleben. Das Königreich Sachsen erließ ein allgemeines Gewerbegesetz im Oktober 1861; in den Jahrzehnten vorher hatte die sächsische Regierung die Industrialisierung trotz Zunftzwang vorangetrieben. Am 16. September 1869 trat die Gewerbeordnung des Norddeutschen Bundes in Kraft, die alle Unterschiede der Gewerbeausübung zwischen Stadt und Land beseitigte, den gleichzeitigen Betrieb mehrerer Gewerbe gestattete, sämtliche Zwangs- und Bannrechte aufhob und das Einstellen von Lehrlingen in beliebiger Zahl ermöglichte. Die Innungen verloren ihren öffentlich-rechtlichen Charakter, d. h., sie waren nur noch private Vereinigungen, denen die Auflösung nahegelegt wurde. Nach 1871 wurden diese gewerberechtlichen Verhältnisse auf das Deutsche Reich übertragen.

Die deutsche Industrie entwickelte sich in der Zeit zwischen den beiden Revolutionen regional sehr unterschiedlich, aber noch immer auf einem niedrigen Niveau. England, Frankreich und Belgien waren technisch und innovatorisch weit überlegen. Der Eisenbahnbau legte allerdings seit Ende der dreißiger Jahre ein immer größeres Tempo vor und stimulierte verschiedene Industriebranchen, wie wir unten genauer sehen werden. Die Beschaffung von Kapital für neue Unternehmensgründungen war nicht sehr schwierig, was nicht nur durch den anhaltend niedrigen Zinsfuß belegt wird; die benötigte Kapitalmenge war meistens gering. Das Geld zu Fabrikgründungen in dieser frühen Zeit stammte vorwiegend aus drei Quellen: dem Kaufmannskapital, der Verwandtschaft sowie den Zuschüssen und Darlehen des Staates. »Jemehr das Capital in einem Lande anwächst, jemehr wird sich durch die vermehrte Nachfrage nach Capitalanlagen der Zinsfuß ermäßigen, je leichter wird der Credit für den Industriellen zu erlangen sein.«[14] Im Gegensatz zu den Jahrzehnten nach 1850 war die Form von Aktiengesellschaften bei Firmengründungen in Deutschland eher die Ausnahme. Noch Anfang der dreißiger Jahre waren nur wenige Fabriken mit über 50 Arbeitern vorhanden, Ende der vierziger Jahre gab es allein im Königreich Sachsen 64 Fabriken mit 50-100 Arbeitern, 74 mit 100-500 und 11 Fabriken mit über 500 Arbeitern. Zwischen 1816 und 1847 hatten in Berlin die Handwerksgesellen um 50,6, die Fabrikarbeiter jedoch um 170,4% zugenommen. Damit verband sich das Problem der Arbeiterfrage bzw. der Sozialen Frage, die seit der 1848er Revolution immer stärker die Gemüter bewegte. Die gelernten Arbeiter in den Fabriken rekrutierten sich überwiegend aus ehemaligen Handwerksmeistern bzw. Gesellen sowie Heimarbeitern, die ungelernten Arbeiter kamen vor allem vom Land, Bauernsöhne und -töchter, natürlich auch Kinder. Die Kinderarbeit war der weitverbreitete Makel der Industriellen Revolution in ihren Anfängen.

b) Die Vereinheitlichung des Münz-, Maß- und Gewichtswirrwarrs

Handel und Verkehr können selbst in einem einheitlichen Zollgebiet nicht richtig funktionieren, wenn keine Vereinheitlichung des Münz-, Maß- und Gewichtswesens erfolgt. Noch in den vierziger Jahren des 19. Jahrhunderts existierten in den deutschen Bundesstaaten 56 verschiedene Wechselordnungen, die älteste aus dem Jahre 1603, und erst 1851 war in allen Bundesstaaten eine allgemeine deutsche Wechselordnung eingeführt. Die Ausarbeitung eines Handelsgesetzbuches konnte nicht vor 1861 abgeschlossen werden. Der Zollverein hatte einen großen gesetzgeberischen Nachholbedarf, denn er hatte in den Zollvereinsvertrag nur den Artikel aufgenommen: »Es werden die Vereinsregierungen dahin wirken, daß in ihren Landen ein gleiches Münzsystem in Anwendung komme.« Nicht nur die wertvolleren Münzen, das sogenannte Kurantgeld, hatten in den einzelnen Staaten einen unterschiedlichen Metallwert. Im nördlichen Deutschland gab es z. B. einen 14-, 12- und 13$^1/_2$-Talerfuß, d. h., die jeweilige Anzahl Taler wurde aus einer Mark feinen Silbers geprägt; in Süddeutschland einen 20-, 21-, 24- und 24$^1/_2$-Guldenfuß. Außerdem liefen in Süd- und Mitteldeutschland neben den einheimischen auch noch Brabanter Gulden sowie österreichische und französische Münzen um, was den Überblick zusätzlich erschwerte. Bei den kleineren, den sogenannten Scheidemünzen, war die Verwirrung noch größer. Diese Vielfalt von Münzen behinderte nicht nur die schnelle Abwicklung von Geschäften, sie führte auch zu häufigen Umrechnungsstreitigkeiten und Falschmünzerei. So erhoben Nassau, Coburg und Hildburghausen zwischen 1820 und 1830 bei der Ausprägung der Scheidemünzen einen sogenannten Schlagschatz, der 21 bis 87% des auszumünzenden Feinsilbers betrug. Diese Staaten kassierten die bayerischen Münzen mit hohem Silbergehalt ein, prägten sie um und überschwemmten dann die Nachbargebiete mit den schlechten Stücken. Preußen hatte durch ein Gesetz von 1821 den einheitlichen 14-Talerfuß eingeführt, d. h., der Taler bestand aus 30 Silbergroschen zu 12 Pfennigen. Diese Einteilung übernahmen Hannover im Jahre 1834 und Sachsen 1840. Baden, Württemberg und Bayern, Hessen-Darmstadt, Frankfurt am Main und Nassau schlossen 1837 einen Münzvertrag, in dem festgelegt wurde, daß aus jeder Cölnischen Mark feinen Silbers = 233,856

Gramm, 24½ Gulden à 60 Kreuzer geprägt werden mußten, was 1838 in den Dresdner Verhandlungen auf alle Zollvereinsstaaten – die nördlichen prägten aus einer Cölnischen Mark 14 Taler – ausgedehnt wurde. Dies bedeutete eine kleine Verbesserung. Eine Vereinsmünze im Werte von 2 Talern (= 3½ Gulden) wurde ebenfalls geschaffen, die im Volksmund Champagnertaler hieß, weil sie etwa dem Preis für eine Flasche Champagner entsprach und im Zahlungsverkehr nicht abgelehnt werden durfte, aber wie das Sekttrinken (noch) keine Verbreitung fand. Der Dualismus von Taler und Gulden wurde beibehalten. Die sächsische Regierung machte den Vorschlag, das Dezimalsystem im Zollverein einzuführen, doch außer Hannover war kein Staat gewillt, einem solchen Versuch zu folgen. Im übermächtigen Preußen zerfiel der Taler weiterhin in 30 Groschen und 360 Pfennige. Der 14-Talerfuß wurde 1848 von beiden Mecklenburg, 1856 von Lübeck und Hamburg angenommen, allerdings in 48 bzw. 40 Schillinge geteilt. Natürlich hatten Österreich und Liechtenstein ihren eigenen Guldenfuß, in Luxemburg galt der holländische Gulden, und Bremen – eigensinnig wie eh und je – hatte als einziger deutscher Staat keine Silberwährung, sein Goldtaler = ⅕ Pistole! In den Nachbarstaaten Hannover und Oldenburg waren die Bremer Münzen vom Silberkurs abhängig, was leicht zum Horten von Kleingeld führen konnte. Als der Take-off nach 1850 in Deutschland einsetzte, hatte man allerdings keine Mühe, den größeren Bedarf an Umlaufmitteln durch eine vermehrte Ausprägung von Silberkurantmünzen und papiernen Kreditscheinen zu decken. Erst die Münzkonvention von 1857 verpflichtete sämtliche deutsche Staaten, daß aus 50 g Feinsilber 30 Taler, 52½ süddeutsche oder 45 österreichische Gulden, geprägt werden mußten. Diese Münzmark erhielt den Rang eines metrischen Zollpfundes, wobei die Legierung der Münzen auf das Verhältnis ⅒ Kupfer: ⁹⁄₁₀ Silber festgelegt wurde. Außerdem wurde der Vereinstaler nach dem 30-Talerfuß geschaffen, doch auch er konnte sich nicht gegen die Landessilbermünzen durchsetzen. Als Österreich 1859 wegen des Krieges mit Frankreich den Papiergeldumlauf erhöhte, wurde diese Währungsmünze noch stärker diskreditiert. Ohnehin war der zollvereinsländische Außenhandel bei europäischen Zahlungen auf französische, bei überseeischen Zahlungen auf englische Vermittlung angewiesen.

Eine vollständige Münzeinheit wurde erst durch die Gesetze vom 4. Dezember 1871 im Zusammenhang mit der Ausprägung von Reichsgoldmünzen und durch das Reichsmünzgesetz vom 9. Juni 1873 geschaffen, indem die alten Landeswährungen aufgehoben und die Goldwährung eingeführt wurden. Vorher schwankten die Kurswerte der umlaufenden Goldmünzen, wie Friedrichsdors, Louisdors, Pistolen und Dukaten, im Verhältnis zum Silber. Lediglich Preußen hatte 1832 einen Kassakurs festgelegt, der dem Edelmetallverhältnis von 1:15^{9}/$_{13}$ von Gold zu Silber entsprach. Die Feinheit der Goldmünzen wurde auf 900 Teile Gold und 100 Teile Kupfer festgesetzt, die der Silbermünzen auf 900 Teile Silber und 100 Teile Kupfer. Das Wechselverhältnis von Gold zu Silber wurde auf 1:15^{1}/$_{2}$ bestimmt. Die Mark wurde in 100 Pfennige eingeteilt, und 125,25 Zehnmarkstücke sollten 500 g reines Gold wiegen. Als Scheidemünzen wurden kupferne 1- und 2-Pfennigstücke, nickelne 5- und 10-Pfennigstücke, silberne 20- und 50-Pfennigstücke sowie silberne 1-, 2- und 5-Markstücke ausgegeben. Die alten Taler wurden bis zum Jahre 1900 in unbeschränkter Menge zum Werte von drei Mark angenommen und umgetauscht, danach wurden sie allmählich eingezogen.

Bei den Maßen und Gewichten gab es noch einen größeren Wirrwarr als bei den Münzen. Zwar hatten Württemberg 1806, Bayern 1809, Baden 1810, Preußen 1816, Hannover 1836, Nassau 1851 und Sachsen 1856 die Maße und Gewichte für ihre Staatsgebiete vereinheitlicht, doch diese stimmten keineswegs überein. So gab es 20 verschiedene Fußmaße; der Fuß in Baden maß 0,25 Meter, im rechtsrheinischen Bayern 0,33 und in Nassau 0,30 Meter. Doch damit nicht genug. Das preußische Pfund hatte 30 Loth à 15 Quentchen, in den nord-westdeutschen Staaten waren es 10 Loth à 100 und in den südwestdeutschen 32 Loth à 4 Quentchen. Der Zollverein einigte sich 1837 auf ein Zollpfund = 500 Gramm, das später zum allgemeinen Gewicht erhoben wurde – Bayern verweigerte die Annahme. Die Landgrößen wurden in Preußen nach Morgen, in Württemberg nach Jauchert und in Bayern nach Tagewerk gemessen, die voneinander stark abwichen. In ein und demselben Staat existierten verschiedene Ellenmaße für Schnittwaren oder Brennholz sowie Klafter, Lachter, Ruten etc. In Baden z. B. wurde das Getreide nach Becher, Malter, Mäßlein, Sester und Zuber, die Flüssigkeiten nach Fuder, Glas, Maß, Ohm und Stützen gemessen. Die Körper- und Flächenmaße sind so verwirrend, daß man Spezialkenntnisse benötigt, um sie auseinanderzuhalten oder umrechnen zu können.[15] Eine einheitliche Maß- und Gewichtsordnung führte der Norddeutsche Bund am 17. August 1868 ein, sie wurde 1874 auf das ganze Deutsche Reich übertragen. Danach bildeten das Kilogramm und der Meter die Berechnungsgrundlage; am 20. Mai 1875 wurde in Paris eine Meterkonvention abgeschlossen, der alle größeren europäischen Staaten beitraten, selbst die USA, die ja noch heute eigene Maße und Gewichte beibehalten.

c) Konjunktur- und Krisenerscheinungen

Seit Anfang der vierziger Jahre war ein stärkerer industrieller Wandel in vielen Bereichen sichtbar, obwohl Wissenschaft und Technik noch nicht zusammenarbeiteten. Nicht allein der Eisenbahnbau wirkte sich darauf fördernd aus. Als im Jahre 1844 die erste gesamtdeutsche Gewerbeausstellung in Berlin eröffnet wurde, stand die Industrialisierung Deutschlands in manchen Regionen an einer entscheidenden Schwelle. Viele der modernen Entwicklungen waren noch aus dem Ausland übernommen worden, etwa der Walzen- und Plattendruck in der Kattundruckerei, das Frischverfahren, die Kaltschmiedemethode oder die Zuckerfabrikation. Der deutsche Erfindergeist war nicht ganz so verschlafen, wie man ihm dies manchmal nachsagte. Friedrich König erfand 1814 in Eisleben eine Buchdruckschnellpresse, er mußte jedoch nach England gehen, um seine Erfindung vermarkten zu können. Zwei Jahrzehnte später war diese »Flucht« nicht mehr notwendig. Peschel hatte 1835 in Dresden eine Steinbohrmaschine entwickelt. Der sächsische Webermeister G. Keller hatte ein Verfahren gefunden, die aufwendige Sammlung von Hadern für die Papierfabrikation durch das Schleifen von Weichholzfasern zu ersetzen. Neue Werkzeugmaschinen wurden ersonnen, überhaupt regte sich in vielen Regionen Deutschlands kapitalistischer Unternehmergeist, der Wettbewerb mit dem Ausland wurde aufgenommen, und es hatte den Anschein, als ob der industrielle Ikarus bereit sei, sich in die Lüfte zu erheben.

Die theoretischen Auseinandersetzungen mit den Wirkungen und Folgen der Industriellen Revolution begannen in Deutschland nicht so früh wie in England oder Frankreich, aber sie waren radikaler. So hat etwa der Schneider Wilhelm Weitling (1808-1871) kommunistisches Gedankengut in Paris aufgenommen und in mehreren Schriften[16] seine utopischen Organisationspläne zu verbreiten gesucht, die die Ungerechtigkeiten der Eigentumsordnung beseitigen wollten. Vor allem waren Karl Marx (1818-1883) und Friedrich Engels (1820-1895), die in London einen Kommunistenbund mitbegründeten, Propagandisten einer proletarischen Revolution als Vorstufe auf dem Weg zum Kommunismus. Im *Manifest der Kommunistischen Partei* heißt es: »Das Proletariat wird seine politische Herrschaft dazu benutzen, der Bourgeoisie nach und nach alles Kapital zu entreißen, alle Produktionsinstrumente in den Händen des Staats, d. h. des als herrschende Klasse organisierten Proletariats zu zentralisieren und die Masse der Produktionskräfte möglichst rasch zu vermehren.«[17] Der Klassenkampf zwischen Bourgeoisie und Proletariat fand jedoch so nicht statt; für die Industriearbeiterschaft gab es konkretere Ziele.

Die Revolution von 1848/49 war ein Ausbruch der aufgestauten Spannungen zwischen industriellen, gesellschaftlichen und politischen Kräften, die in verschiedene Richtungen drängten. Wieder einmal kam der Funke aus Frankreich, aber gegenüber 1830 hatte sich die Lage stark verändert. Ernst Engel, der herausragende sächsische und preußische Statistiker, hat die Ereignisse seit Anfang 1848 so gedeutet: »Ein einziges Vierteljahr reichte hin, um alles Das, was ein überschwänglicher und äußerst demokratisch gefärbter Philanthropismus und Socialismus aufgerichtet hatten, als vollständige Utopie erscheinen zu lassen.«[18] Das war auf Frankreich gemünzt, galt aber mit einiger zeitlicher Verzögerung und einigen inhaltlich veränderten Nuancen auch für Deutschland. Die zerstörenden Kräfte einer im Aufbau befindlichen Industriegesellschaft waren auch hier unübersehbar und für eine Vielzahl von Menschen physisch fühlbar geworden. Ökonomisch gesehen war der schlesische Weberaufstand ein erstes Warnsignal, aber er wurde natürlich nicht so gedeutet, denn das Elend der Weber war ja auch Ausdruck ihres Dranges nach Selbständigkeit, der Beibehaltung traditioneller Lebensformen und des Kampfes gegen die Industrie. Die Industriellen interessierten weniger die politischen, nationalstaatlichen Aspekte der Revolution als vielmehr die Möglichkeit der Durchsetzung eigener Interessen. Nachdem der Gründer und spätere Direktor der (Aktien-)»Gesellschaft für Türkischroth-Garnfärberei und Druckerei« in Hagen im Auftrag der Hagener Handelskammer mit den Deputierten der Frankfurter Nationalversammlung verhandelt hatte, schrieb er voller Enttäuschung am 15. August 1848 an seinen Sohn: »Die Sache muß aber mit Feuer angegriffen werden und *bald!* Wer hat nun recht, was in Frankfurt alles vorkommen werde, die Juristen oder wir? Was kann uns die schönste Politik helfen und die weisesten Gesetze, wenn die kommerziellen Fragen für die Nährstände unberücksichtigt bleiben und wir dabei verhungern müssen! Das begreift aber im Parlament kein Jurist, kein Literat und kein Geistlicher, und daraus besteht doch die Majorität.«[19]

Seit 1845 verbreitete sich über fast ganz Deutschland eine Kartoffelkrankheit – wegen zu großer Nässe faulten die Kartoffeln. Sie war eigentlich von weit größerer Bedeutung, auch wenn sie nicht denselben literarischen Niederschlag fand. Die Ausfuhrverbote des Zollvereins und der Einzelstaaten, das Verbot des Branntweinbrennens brachten nur geringfügige Linderung, denn erstens war die Kartoffel inzwischen weitverbreitetes Nahrungsmittel geworden, zweitens wurde 1846 auch die Ernte davon betroffen, und drittens fielen die Getreideernten danach ebenfalls schlecht aus. Das Zusammentreffen dieser Faktoren führte zu Preissteigerungen, wie sie seit 1816/17 nicht mehr erlebt worden waren, und die Krise schlug sehr schnell auf andere Bereiche über. Der Mittelpreis eines preußischen Scheffels Roggen erhöhte sich von 1844 bis 1847 um mehr als das Doppelte (40,5 zu 86,2 Silbergroschen). Bauern, Handwerker und Industriearbeiter sahen sich plötzlich in der gleichen Notsituation, nichts mehr verkaufen bzw. nichts mehr verdienen zu können.

Das Handwerk war ohnehin in einer Krise, wie Gustav Schmoller[20] so klar nachgewiesen hat. Einerseits stark bedrängt von der fortschreitenden Gewerbefreiheit bzw. von der stillschweigenden Duldung von industriellen Unternehmungen, andererseits unwillig oder unfähig, sich kurzfristig auf die veränderte Lage umzustellen, und auf alte Innungsrechte pochend, glaubte es im Kampf gegen Wirtschaftsliberalismus und Gewerbefreiheit den Modernisierungsprozeß zum Stillstand bringen zu können. Es waren vor allem die Handwerke der Brauer, Bleicher, Böttcher, Drucker, Färber, Handschuhmacher, Mützenmacher, Nadler, Nagelschmiede, Seifensieder, Seiler, Spinner, Strumpfwirker, Töpfer, Tuchmacher und Weber, die gegenüber der industriellen Konkurrenz unterlagen; während Bäcker, Friseure, Glaser, Klempner, Maurer, Metzger, Sattler, Schlosser, Schmiede, Schuhmacher, Tischler und Zimmerleute eher davon profitierten. Leipziger Obermeister richteten an alle Innungen Deutschlands einen »Offenen Brief«, in dem die Aufhebung der Gewerbefreiheit gefordert wurde. Ein »Handwerkerparlament« trat in Frankfurt am Main zusammen und überreichte der Nationalversammlung einen »feierlichen von Millionen Unglücklichen besiegelten Protest« sowie eine Handwerks- und Gewerbeordnung, nach der die obligatorischen Zünfte mit Beschäftigungsnachweis der Meister, Wanderzeit der Gesellen, Beschränkung der Lehrlingszahl etc. wiederhergestellt werden sollten. Dagegen protestierten nun wieder die Gesellen auf einem Gegenkongreß, die zwar Innungen forderten, aber alle Verfügungsrechte der Meister über sie ablehnten. Zwar konnte die Nationalversammlung kein allgemeines deutsches Gewerberecht schaffen, aber die Handwerker- und Gesellenbewegung erreichte Änderungen der Gewerbeordnung in Preußen 1849 und eine Verzögerung der Einführung der Gewerbefreiheit in anderen deutschen Staaten bis in die fünfziger und sechziger Jahre.

Die deutsche Revolution von 1848/49 ist gescheitert. Weder die deutsche Einheit noch eine demokratische Verfassung noch die politischen Ansprüche des Bürgertums konnten durchgesetzt werden. Sie war dennoch nicht ganz vergeblich, selbst was die kurzfristigen ökonomischen Folgen betrifft. In Bayern und Württemberg wurden 1848 Agrarreformgesetze erlassen, in Baden, Altenburg, Gotha, Meiningen und Sachsen-Weimar wurden sie zum Abschluß gebracht; auch Preußen und Sachsen versuchten die letzten Überreste feudaler Rechte zu beseitigen, deren Abwicklung jedoch noch einige Jahrzehnte in Anspruch nahm. Zwar hatte die Frankfurter Nationalversammlung in dem Entwurf der Reichsverfassung vom 28. März 1849 ein einheitliches deutsches Zoll- und Handelsgebiet, Wegfall aller Binnenzölle, Einführung indirekter Verbrauchssteuern und eine Reichskompetenz für das Patent-, Post- und Telegraphen-, das Münz-, Bank-, Maß- und Gewichtswesen vorgeschlagen, doch zu einer solchen Verfassung kam es ja bekanntermaßen nicht. Der Zollverein blieb bestehen und erhob, verrechnete und verteilte auch während der Revolutionsphase die Einnahmen wie üblich.

4. Kapitel
Take-Off und Reichsgründung
(1850-1871)

Das Scheitern der Revolution bedeutete nicht das Ende aller Hoffnungen, weder in politischer noch in ökonomischer Hinsicht. Im Gegenteil: Politisch formierten sich die Kräfte neu, ökonomisch kennzeichnete die Zeitspanne zwischen 1850 und der Reichsgründung den Durchbruch zur Hochindustrialisierung Deutschlands. Sombart vertrat die Auffassung: »Die 1850er Jahre sind die erste große spekulative Periode, die Deutschland erlebt hat. In ihnen wird der moderne Kapitalismus definitiv zur Grundlage der Volkswirtschaft gemacht.«[1]

Es hat sich in der wissenschaftlichen Literatur eingebürgert, diese zwanzigjährige Periode als Take-Off-Phase[2] der deutschen Industrialisierung zu bezeichnen. Dies ist insofern korrekt, wenn man mit Rostow annimmt, daß ein »Anstieg produktiver Investitionen von 5% oder weniger bis auf 10% oder mehr des Volkseinkommens«[3] aufgetreten ist – was für Deutschland allerdings kaum jemals exakt festgestellt werden kann. Der Begriff Take-Off ist jedoch irreführend, wenn er wörtlich gebraucht wird, d. h., wenn damit der Beginn der deutschen Industrialisierung angezeigt werden soll. Die Industrialisierung in Deutschland war ein regionales Phänomen, es trat zuerst in Schlesien, im Königreich Sachsen und im Rheinland, später in Westfalen, Hessen, Baden, Württemberg und Bayern auf, manche Regionen erreichte es gar nicht bis zum Ersten Weltkrieg, z. B. Ostpreußen oder Mecklenburg. Wir werden dazu noch Genaueres und Detailliertes erfahren, weil jedoch das Rostowsche Konzept von Nationalstaaten ausgeht, sollte bereits an dieser Stelle darauf hingewiesen werden. Die umfangreichen landesgeschichtlichen Forschungen in Deutschland haben immer wieder deutlich gemacht, »erst auf einer landesgeschichtlich gesicherten Grundlage könnte sich die Darstellung des Prozesses der Industrialisierung Deutschlands aufbauen«.[4]

a) Ursachen und Folgen des Wachstumsbooms

Zweifellos begann mit den fünfziger Jahren des 19. Jahrhunderts eine neue, nicht erwartete Wachstumsphase in Deutschland, wenn auch regional sehr unterschiedlich. Weltwirtschaftliche Entwicklungen und Einflüsse wurden sichtbar, aber noch immer dominierte partikularistisches Denken, versuchte Preußen seine politische Vormachtstellung auszubauen und abzusichern. Die Goldfunde in Kalifornien seit 1848 und in Australien seit 1851 beeinflußten die Welthandelspreise; die industriellen Fortschritte im Eisenbahnbau, in der Dampfschiffahrt und der Technik trugen das Ihrige dazu bei. Diese Faktoren spielten gewiß eine größere Rolle als anzunehmen, »daß die Ereignisse von 1848 in hohem Maße dazu beitrugen, die kapitalistische Entwicklung in Deutschland voranzutreiben«.[5] Die Kaufkraft der Goldländer stieg rapide an; so verschifften z. B. die USA 1850/51 Gold im Werte von 80,2 Millionen Dollar. England prägte 1848 2,4 und 1853 11,9 Millionen Pfund Goldmünzen aus, Frankreich im gleichen Zeitraum 30,8 bzw. 330 Millionen Francs, und in den USA wurden 1848 3,7 und 1851 62,6 Millionen Dollar Goldmünzen ausgeprägt. Dies führte zu größerer Edelmetalldeckung der Banknoten und zur Vermehrung von flüssigem Kapital, damit zur Ausdehnung der Geldwirtschaft und der Produktion. Die erste Weltausstellung in London 1851 legte davon einen sichtbaren Beweis ab.

Während der Einigungs- und Ausbauphase des von Preußen dominierten Zollvereins hatte Österreich höchstens eine störende Rolle gespielt; sein Beitritt war niemals ernsthaft über theoretische Konzepte hinaus in Angriff genommen worden, hatte doch das österreichisch-ungarische Staatsgebiet eine eigene – protektionistische – Handelspolitik verfolgt. Der ökonomische Erfolg des Zollvereins war jedoch unübersehbar, und Österreich stand in Gefahr, den industriellen Zug zu verpassen. Die Niederlage der preußischen Machtpolitik im November 1850 in Olmütz und der Unionsvorschlag von 1849 zur politischen Neugestaltung Deutschlands drängten Österreich zum Handeln. Auf Vorschlag des österreichischen Handelsministers, Baron von Bruck, wurde 1850 auf der General-Zollkonferenz in Kassel der Beitritt Österreichs zum Zollverein beraten. Nach österreichischem Vorschlag sollten der Zolltarif beider Gebiete vereinheitlicht und die innere Handelsfreiheit in drei Phasen mit jeweils reduzierten Zwischenzöllen angesteuert werden. Die Verwirklichung eines solchen Planes hätte jedoch unweigerlich bedeutet, daß Preußens dominierende politische Stellung in Deutschland durch einen Zollvereinsbeitritt Österreichs in Frage gestellt worden wäre. Preußen erklärte daraufhin, das Zollgefälle ließe sich nicht regeln, das Tabakmonopol und österreichische Finanzzölle bereiteten noch unüberwindliche Schwierigkeiten. Der Zollverein könne von seiner gemäßigten Handelspolitik nicht abgehen. Österreich hob im Gegenzug die bisher vorhandenen Binnenzölle, Einfuhr-, Durchfuhr- und Ausfuhrverbote auf, ermäßigte zahlreiche Zölle auf Halb- und Ganzfabrikate und ließ lediglich wenige Ausfuhrzölle bestehen. Diese Reformmaßnahmen fanden eine breite Unterstützung der deutschen Mittelstaaten. Trotzdem wurde Österreich nicht integriert.

Im Jahre 1851 schloß Preußen mit Hannover einen Vertrag, dem sich die Steuervereinsstaaten Oldenburg und Schaumburg-Lippe anschlossen. Darin wurde die Senkung der Finanzzölle vereinbart und ein zusammenhängendes Zollgebiet etabliert. Hannover erhielt eine Reihe von Vergünstigungen zugestanden, wie Zollpräferenzen, zollfreie Einfuhr von Eisenbahnschienen, freie Entrepots für die Seestädte Emden, Geestemünde und Harburg etc. Durch diesen Vertrag wurde den süd- und mitteldeutschen Staaten der direkte Zugang zu Nord- und Ostsee versperrt; die Elbe, die Oder, der Rhein, die Ems und die Weser konnten nur noch mit Preußens Zustimmung zollfrei benutzt werden. Preußen hatte sich damit eine vorteilhafte Ausgangsbasis für die Verhandlungen mit den Zollvereinsstaaten über die Verlängerung des Zollvereins geschaffen. Als die süddeutschen Staaten weiterhin ein Zollbündnis mit Österreich befürworteten, wurde ihnen angedroht, daß sie ihre bisherigen Finanzeinnahmen aus Zöllen und Verbrauchssteuern verlören. Daraufhin gaben sie klein bei, und der Zollverein wurde am 8. April 1853 für weitere zwölf Jahre von 1854 bis 1866 verlängert.

Dieser machtpolitische Sieg Preußens ermöglichte im Februar 1853 den Abschluß eines Handelsvertrages zwischen dem Zollverein und Österreich, der tatsächlich als Vorstufe einer künftigen Union angesehen wurde. Doch: »Je weiter sich die Schere des preußisch-österreichischen Entwicklungsstandes öffnete, desto geringer wurden die Chancen einer großen mitteleuropäischen Zollunion.«[6] Es wurde vereinbart, daß eine Reihe von Rohstoffen, Fabrikmaterialien und geringerwertigen Fabrikaten zollfrei sei, während zahlreichen Industriewaren ein ermäßigter Zoll von 25-50% gegenüber dem Generaltarif gewährt werden sollte. Die Benutzung der Straßen, Eisenbahnen und Schiffahrtswege wurde erleichtert, die Grenzzollämter sollten zusammengelegt werden und vieles andere mehr. Lediglich die Monopole auf Kalender, Salz, Schießpulver, Spielkarten und Tabak wurden beibehalten. Angeblich wurde damit die Vereinigung beider Wirtschaftsgebiete vorbereitet, in Wirklichkeit war es nur ein meistbegünstigtes Reziprozitätssystem, das beiden Handelsverträge mit anderen Staaten freistellte und die Unterschiedlichkeit der Zollsysteme nicht antastete.

Der Wandel in der französischen Zollpolitik unter Napoleon III., der 1860 zum Abschluß eines freihändlerischen Handelsvertrags, des Cobden-Chevallier-Vertrags, mit England führte, hatte natürlich auch Rückwirkungen auf Deutschland. Frankreich trat in Verhandlungen mit Belgien und dem Zollverein ein, und Preußen paraphierte in freihändlerischem Geist am 29. März 1862 einen Handels- und Schiffahrtsvertrag mit Frankreich, was bei den anderen Zollvereinsstaaten heftigen Protest auslöste. Als Preußen am 2. August den Handelsvertrag mit Frankreich endgültig unterzeichnete, der niedrige Zollsätze und eine Meistbegünstigungsklausel (Art. 31) vorsah, schien der Zollverein auseinanderzubrechen. Die Proteste Sachsens, Hannovers, Hessens, Württembergs und Bayerns führten zu zweijährigen Auseinandersetzungen um die Ratifikation des Vertrages und die Erneuerung des Zollvereins, bis Bismarck am 17. Dezember 1863 alle Zollvereinsverträge kündigte. Der Widerstand der Frontstaaten brach daraufhin nach und nach zusammen. Sachsen, Baden, Oldenburg und die thüringischen Staaten waren die ersten, die klein beigaben und den preußischen Vorschlägen zustimmten, danach wollten Bayern, Württemberg und die beiden Hessen, die einer Union mit Österreich zuneigten, die neue Zollvereinskrise nicht überziehen, denn die preußische Haltung schien unerschütterlich. Rudolf von Delbrück, Ministerialdirektor im preußischen Handelsministerium, sagte im Rückblick: »Wir wußten recht gut, daß ein Vertrag mit Frankreich die deutsch-österreichische Zolleinigung in eine nicht absehbare Ferne rücken, der sogenannten Parifizierung der Tarife schwer zu überwindende Hindernisse bereiten und überhaupt die weitere Ausbildung des Februar-Vertrages [von 1853, H. K.] erschweren werde, aber wir wollten keine deutsch-österreichische

Zolleinigung.«[7] Österreich stand vor einer schwierigen Entscheidung, denn seine Industrie war zu wenig entwickelt, um die französischen Vertragstarife annehmen zu können. Aber auch sein diplomatischer und politischer Einfluß auf die süddeutschen Zollvereinsstaaten war nicht groß genug, um eine entscheidende Wende herbeizuführen. Die Zollvereinsverhandlungen zogen sich über zwei Jahre, 1863 und 1864, hin, ehe der Dänische Krieg eine Vorentscheidung zugunsten der politisch-militärischen Vormachtstellung Preußens brachte.

Der Zollverein, 1865 um weitere zwölf Jahre bis 1877 verlängert, nachdem am 11. April 1865 ein Handelsvertrag mit Österreich unterzeichnet worden war, hatte zwar einen ökonomischen Zusammenhalt der verschiedenen deutschen Staaten geschaffen und eine Reihe von ökonomischen Wachstumsimpulsen ausgelöst, doch daraus waren keine politischen Bande entstanden. Als Preußen im Juni 1866 den Krieg gegen Österreich entfesselte, kämpften die Zollvereinsstaaten Hannover, Sachsen, Bayern, Württemberg und beide Hessen auf österreichischer Seite. Nach dem triumphalen Sieg Preußens wurden Schleswig-Holstein, Hannover, Hessen-Kassel, Nassau und Frankfurt am Main kurzerhand annektiert und der Norddeutsche Bund gebildet; der alte Zollverein blieb formal bestehen.

Der Norddeutsche Bund schuf eine neue Gesetzgebung, die das Zoll- und Handelswesen sowie die Steuern dem Bund unterstellte, so daß er als *ein* Verband gegenüber den anderen Zollvereinsstaaten Bayern, Württemberg, Baden und Hessen-Darmstadt auftreten konnte. Mecklenburg und Lübeck wurden 1868 aufgenommen, nach Gründung des Deutschen Reichs dauerte es allerdings noch bis 1884 bzw. 1888, ehe Bremen und Hamburg ihre Reservatrechte aufgaben. Die Zölle sowie die Salz-, Zucker- und Tabaksteuern wurden auf Bundesrechnung erhoben und wie bisher entsprechend der Bevölkerung auf die Einzelstaaten verteilt. Die wesentlichste Verfassungsänderung des Norddeutschen Bundes bestand in der Ersetzung des Einstimmigkeits- durch den Majoritätsbeschluß. Preußen als Präsidialmacht besaß in wichtigen Angelegenheiten ein Vetorecht, an die Stelle der Generalkonferenzen trat der Zollbundesrat mit 58 Stimmen, von denen Preußen 17 beanspruchte. Hatte es im Zollverein die freie Bewegung von Waren, aber nicht von Personen gegeben, so erließ der Norddeutsche Bund Bestimmungen über Freizügigkeit, Heimat- und Niederlassungsverhältnisse, den Gewerbebetrieb, das Münz-, Maß- und Gewichtswesen, das Papiergeld und die Banken, die Erfindungspatente, Eisenbahnen, Wasserstraßen, Post und Telegraphie. Paßzwang und Wanderbücher wurden beseitigt, jeder Bundesangehörige konnte sich jetzt an jedem Ort des Bundes aufhalten oder niederlassen, Grundbesitz erwerben oder einen Gewerbebetrieb errichten. Eine freiheitliche Gewerbeordnung wurde am 21. Juni 1869 erlassen, die trotz zahlreicher Novellen die Grundlage des Gewerberechts im Kaiserreich bildete. Es schien in der Tat der ökonomische und politische Liberalismus einen vollständigen und endgültigen Sieg errungen zu haben, doch das Glück war nicht von langer Dauer. Innerhalb des deutschen Liberalismus wurde schon vor, besonders aber nach der Reichsgründung offenbar, daß es »die immer deutlicher hervortretende Schwäche seiner politischen und sozialen Reformkonzeption war, die, auch innerparteilich, wesentliche Voraussetzungen für jene Lösung der nationalen Frage schuf, wie sie Bismarck 1866 und 1871 verwirklichte, und daß in dieser Hinsicht auch im weiteren Verlauf der Aufstieg eines immer ungehemmteren Nationalismus und der Niedergang des Liberalismus komplementäre Phänomene bildeten«.[8]

Das allgemeine gleiche Wahlrecht wurde für den Norddeutschen Bund eingeführt, eine Maßnahme, die nicht auf demokratischen Grundsätzen beruhte, obwohl sie diese Tendenzen förderte. Otto von Bismarck hat sich über dessen Motive in seinen *Gedanken und Erinnerungen*[9] klar ausgesprochen: »Die Annahme des allgemeinen Wahlrechts war eine Waffe im Kampfe gegen Österreich und weitres Ausland, im Kampfe für die deutsche Einheit, zugleich eine Drohung mit letzten Mitteln im Kampfe gegen Coalitionen.« Vielleicht war es auch, wie Heinrich von Sybel glaubte, der Wunsch, »größern Respect vor den Wünschen des Königs bei den Volksmassen als bei dem mittleren und höhern Bürgerthum zu finden«.[10] Preußen hatte bereits am 8. April 1866 beim Deutschen Bund die Berufung eines deutschen Parlaments auf der Grundlage des allgemeinen, gleichen und direkten Wahlrechts unter Ausschluß Österreichs beantragt. Während seines kurzen Bestehens griff der Norddeutsche Bund nicht grundlegend in die Handels- und Finanzpolitik ein. Die freihändlerischen Handelsverträge liefen weiter, neue wurden mit Liberia 1868, mit Hawaii, Japan, Mexiko und der Schweiz 1869 abgeschlossen. Eine Einheitlichkeit der Finanzwirtschaft wurde nicht erreicht oder gar nicht angestrebt, der Bund erschien von vornherein als ein Provisorium. Die Gesetzgebung des Norddeutschen Bundes ist mit geringen Änderungen auf das Deutsche Reich übertragen worden.

Welche zyklischen Schwankungen sind während dieser Zeit aufgetreten? Zuerst hat der Krimkrieg von 1853 bis 1856 für die deutsche Industrie einen Nachfragesog nach industriellen Gütern erzeugt. Plötzlich brach 1857 eine Handels- und Wirtschaftskrise klassischen Ausmaßes aus. Wirtschaftlicher Aufschwung, Hochkonjunktur, Überspekulation und Krise, dieser Zyklus war zwar in England – 1825, 1836, 1839 und 1847 – mehrmals beobachtet worden, aber Deutschland war bisher davon »verschont« geblieben. Das Zusammentreffen von Handels- und Börsenkrise in den USA, England und Frankreich wirkte sich nun auch auf die fortgeschrittensten Regionen Deutschlands aus, in denen nach 1850 ein industrieller Kapitalismus von Kohle, Eisen und Eisenbahnen um sich gegriffen hatte. Die Krise betraf vor allem die industriell entwickelten Regionen, das Rheinland, Westfalen und Sachsen, Berlin, Frankfurt am Main, Hamburg und Leipzig, während die agrarischen Gebiete weniger in Mitleidenschaft gezogen wurden. Die ökonomische Krise seit 1857, »die erste eigentliche Weltwirtschaftskrisis der Geschichte«[11], die zwei Jahre andauerte, war keine rein deutsche Angelegenheit, sondern offenbarte vielmehr die weltwirtschaftlichen Abhängigkeiten eines industriell erstarkten Zollvereins. Gegenüber 1834 hatte sich die Einfuhr mehr als verdreifacht, und die Ausfuhr war auf das 2,5fache gestiegen. Der Konjunkturumschlag ging von Nordamerika aus, griff auf London und im Sommer 1857 auf Hamburg über und verbreitete sich nach den Kolonial- und Rohstoffgebieten in Südamerika, Australien und Ostasien.

Der rasante wirtschaftliche Aufschwung der fünfziger Jahre und der tiefe Fall in der Krise wurden bedingt durch übersteigerte Erwartungen auf fast allen Gebieten. In Preußen wurden z. B. im Jahre 1856 Aktiengesellschaften mit einem Betrag von 150 Millionen Talern konzessioniert. Von 1853 bis 1857 entstanden in Deutschland neue Bankaktiengesellschaften mit einem Kapital von über 200 Millionen Talern. Keiner der größeren deutschen Staaten wollte in diesem Wettlauf zurückfallen und dadurch seinen Anteil an der Reichtumszunahme reduzieren. Versicherungsgesellschaften auf Aktien schossen wie Pilze aus dem Boden, da größerer Wohlstand und vermehrtes Eigentum das Sicherheitsdenken fördern. Lebens-, Feuer-, Unfall- und Haftpflichtversicherungen verbreiteten sich am schnellsten. Natürlich suchte man nach Schuldigen für diese Krise – und fand sie. Sensationelles und Einmaliges bringt die Geister besonders in Bewegung. Die Banken wurden angeklagt, zu leichten Wechselkredit, Gefälligkeitswechsel gewährt zu haben. Die Darmstädter Bank etwa, deren hauptsächliche Aktionäre, wie W. L. Deichmann, G. Mevissen, Abraham Oppenheim und W. Wendelstadt, in Köln saßen, steigerte den Kurs ihrer Bankaktien auf 284 am 14. Januar 1856 und auf 438 am 2. Juli; in der Krise fielen sie jedoch wieder unter Pari. Die Kritiker übersahen, daß eine wachsende Wirtschaft massenhaft Kapital benötigte, um neue Unternehmen finanzieren zu können, und der erleichterte Kreditverkehr war dafür eine entscheidende Voraussetzung.

Die allgemeine industrielle Entwicklung Deutschlands in den zwei Jahrzehnten nach 1850 – die einzelnen Branchen werden unten detaillierter behandelt – ist beeindruckend. Auf der Londoner Weltausstellung von 1851 dominierten England, Frankreich und die USA, lediglich einige deutsche Spezialitäten, wie Damaste, Kunsteisenguß, feine Tonwaren oder die Telegraphenapparate von Siemens & Halske, fanden Anerkennung und Auszeichnungen. Die Pariser Weltausstellung von 1867 verzeichnete dagegen 2200 deutsche Anmeldungen. Nicht nur Krupps Gußstahlblock von 80000 Pfund und sein Geschützrohr von 10000 Pfund machten Furore. In den weiter entwickelten deutschen Regionen wurden ständig neue Produktionsstätten eröffnet, dadurch stiegen Preise und Löhne, aber auch Zinsen und Gewinne schnell an und zwangen Staaten wie Städte zu einschneidenden Einsparungsmaßnahmen. Die Schuldenlast Berlins kletterte von 1866 bis 1876 von vier auf 27 Millionen Taler, dies bedeutete im letzteren Jahr 20,67 Mark pro Kopf der Bevölkerung. Breslau lag etwa auf dem gleichen Niveau, und Dortmund wie Köln gaben mehr als 15 Mark pro Kopf aus. 1849 hatten die Schulden aller größeren deutschen Städte pro Kopf noch weit unter 10 Mark, 1869 etwas darüber gelegen, außer Köln mit 19,2 Mark Schulden pro Kopf. Der ungeahnte Wachstumsboom verbreitete sich nahezu auf alle Gewerbebranchen wie ein Bazillus; Industrialisierung wurde zu einer ansteckenden »Krankheit«.

b) Die Arbeiterfrage

Die Arbeiterfrage, die hier nur kurz gestreift werden soll, trat in den späten fünfziger Jahren des vorigen Jahrhunderts in ein neues Stadium, denn inzwischen waren Tausende von Arbeitern in riesigen Industriebetrieben konzentriert, entwickelten sich Arbeitersiedlungen in den Großstädten, prägte das gemeinsame Schicksal ein Bewußtsein der Solidarität. Die Arbeitszeit war lang, der Lohn gering, die Gefahr von Arbeitslosigkeit groß, und eine Armenunterstützung für Kranke und Invaliden war kaum entwickelt. In der Fabrikordnung der Eisengießerei & Maschinenfabrik von Klett & Comp. in Nürnberg aus dem Jahre 1844 hieß es in § 2: »Die festgesetzten Arbeitsstunden sind von 6 bis 12 Uhr Vormittags und von 1 bis 6½ Uhr Nachmittags. Von 8 bis 8½ früh wird eine halbe Stunde zum Frühstück freigegeben, zu welchem Endzweck sämtliche Arbeiter die Werkstätten zu verlassen haben. Wer außer dieser Zeit Bier oder geistige Getränke sich verschafft, verfällt in eine Strafe von ½ Tag Abzug.«[12] Damit nicht genug, oft hatten die Arbeiter einen ein- bis zweistündigen Fußweg von zu Hause in die Fabrik zurückzulegen, solange die Eisenbahnen und Nahverkehrsmittel noch nicht ausgebaut waren. Generationen von Industriearbeitern in Deutschland haben einen Wohlstand geschaffen, an dem sie nur mäßig partizipieren konnten. Aufgrund dieser Verhältnisse entstand die »soziale Frage«, die ein Problem sowohl der sozialen Bedürfnisse der Arbeiter als auch der materiellen Verbesserung der Lebensverhältnisse der unteren Schichten darstellte.

Die Handwerker- und Bildungsvereine der 1848er Bewegung waren aufgelöst worden. Ferdinand Lassalle (1825-1864), Sohn eines reichen jüdischen Kaufmanns in Breslau, Philosophiehistoriker und Rechtsphilosoph, war durch extravagantes Leben und aufrührerische Aktivitäten bekannt geworden. Sein agitatorisches Programm beruhte auf der Idee einer Verbindung von Wissenschaft und Arbeiter, mit dem er allerdings bei der preußischen Fortschrittspartei Schiffbruch erlitt – und als Jude war ihm der höhere Staatsdienst verschlossen. In einem »Offenen Antwortschreiben« an das Zentralkomitee zur Berufung eines allgemeinen deutschen Arbeiterkongresses entwickelte er ein Reformprogramm, das auf dem ehernen Lohngesetz und der Produktivgenossenschaft mit Staatskredit aufbaute. Die Arbeiter sollten die politische Macht im Staate mit Hilfe des allgemeinen und gleichen Wahlrechts erkämpfen, eine demokratische Staatsverfassung sollte die Grundlage der Rechtsgleichheit bilden. Um diese Forderungen politisch durchzusetzen, wurde am 13. Mai 1863 ein Allgemeiner Deutscher Arbeiterverein gegründet, mit Sitz in Leipzig und mit Lassalle als Präsidenten.

Als Karl Marx (1818-1883) 1867 den ersten Band von *Das Kapital*[13] veröffentlichte, sandte die Sozialdemokratie zwei Vertreter in den Reichstag des Norddeutschen Bundes. Der Gedanke eines Zusammenschlusses von Arbeitern in Gewerkschaften zur Durchsetzung ihrer Forderungen war von vielen Seiten aufgenommen worden. Jean B. von Schweitzer, der Nachfolger von Lassalle, hatte im August 1868 auf der Generalversammlung des Allgemeinen Deutschen Arbeitervereins in Hamburg die Gründung von Gewerkschaften durchgesetzt, die Fortschrittspartei folgte mit den Hirsch-Dunckerschen Gewerkvereinen, und der Mainzer Bischof Wilhelm E. von Ketteler rief 1869 die christlich-sozialen Arbeitervereine ins Leben.

Der Verband deutscher Arbeitervereine, 1863 gegründet, versuchte marxistisches Gedankengut unter den Arbeitern zu verbreiten. Seine wirklich führenden Köpfe waren Wilhelm Liebknecht (1826-1900) und August Bebel (1840-1913), die beide als erste sozialdemokratische Abgeordnete von 1867-1870 im norddeutschen Reichstag saßen. Dieser Verband schuf 1869 auf dem Kongreß zu Eisenach die Sozialdemokratische Arbeiterpartei, die den demokratischen Volksstaat und die Ablösung der Lohnarbeit forderte; für eine sozialistische Gesellschaft sollte mit allen gesetzlichen Mitteln gekämpft werden. Diese Aktivitäten wurden mit dem Verbot der Arbeiterbewegung durch das Sozialistengesetz 1878 stark eingeschränkt, aber das Bewußtsein einer Klassen- oder Schichtzugehörigkeit konnte dadurch nicht ausgerottet werden, im Gegenteil.

Die Internationale Arbeiterassoziation, 1864 aufgrund der Initiative von Marx gegründet, verfolgte andere Ziele. Sie wollte die proletarische Revolution im internationalen Maßstab, die Vernichtung des kapitalistischen Systems, an dessen Stelle eine staaten- und nationenübergreifende internationale Gesellschaft treten sollte. Die Arbeiter sollten zu Besitzern von Produktionsmitteln werden, und der Profit sollte auf gerechte Weise unter ihnen verteilt werden. Dieser Verband scheiterte 1872 an seinen eigenen Illusionen und an den nationalstaatlichen Eigenheiten des Industrialisierungsprozesses – das »erbärmliche Europa« (K. Marx) wollte seine erreichten Fortschritte nicht für die vage Idee eines traumhaften Kommunismus preisgeben.

Die Verfassung des Deutschen Kaiserreichs vom 16. April 1871 übertrug wesentliche wirtschafts- und sozialpolitische Kompetenzen auf die Reichsgesetzgebung. Die deutschen Einzelstaaten behielten eigenständige Finanzverwaltungen sowie die Steuerhoheit und konnten ihre Wirtschaftsförderungs- und Strukturpolitik selbst bestimmen. Die finanz- und wirtschaftspolitischen Konflikte der folgenden Jahrzehnte wurden dadurch verstärkt, daß das Schwergewicht der Reichsgesetzgebung nicht beim demokratisch gewählten Reichstag, sondern beim föderalistischen Bundesrat lag, der entschied, welche Gesetzesentwürfe dem Reichstag zur Beratung überwiesen wurden. Die Dominanz Preußens im Bundesrat sowie das fehlende Inititiativrecht des Reichstags führten dazu, daß partikularen Interessengruppen ein großer Einfluß auf die Gesetzgebung zugestanden wurde. Dies war ein wichtiger Faktor unter vielen. Die Reichsgründung hat jedoch die regionale Struktur Deutschlands nicht beseitigt, sondern höchstens abgeschwächt. Der Stolz über die endlich erreichte Nationalstaatsbildung vermischte sich in den nichtpreußischen deutschen Staaten mit der Forderung, wirtschaftspolitisch möglichst große Freiräume beizubehalten. Der Historiker Wilhelm Oncken, seit 1873 hessischer Landtagsabgeordneter für die Stadt Gießen und von 1874 bis 1876 Mitglied des Deutschen Reichstages, träufelte einen Wermutstropfen in die partikularen Souveränitätsforderungen: »Die kleineren Staaten, welche die Glieder des deutschen Reiches bilden, haben bei dem Eintritt in die große mächtige Gemeinschaft Nichts verloren, als die Versuchung, sich selber zu schaden, aber geblieben ist ihnen die Macht und dringender geworden ist ihnen die Pflicht, im eigenen Hause den Cultur- und Rechtsstaat durch weise Reformen auszubauen.«[14]

5. Kapitel
Gründerboom und Gründerkrise
(1871-1878)

Die Gründung des Deutschen Reiches nach dem deutsch-französischen Krieg hat die politische Geschichte Deutschlands nachhaltig geprägt. Die gegenüber England, Frankreich, Belgien, Schweden, Schweiz oder den USA verspätete Nationalstaatsbildung hat langfristig Energien freigesetzt, die schlaglichtartig als antiparlamentarisch und militaristisch gekennzeichnet werden können. Trotz wichtiger Nuancen wird dies grundsätzlich nicht mehr bestritten. Umstritten ist, ob die Reichsgründung auch als eine wirtschaftliche Zäsur anzusehen ist. Die Meinungen reichen von der neueren Ansicht: »Daß die kleindeutsch-preußische Reichsgründung kein Periodeneinschnitt in die wirtschaftliche und soziale *Entwicklung* Deutschlands gewesen ist, ist inzwischen zum historischen Gemeinplatz abgesunken«[1] bis zu der älteren: »Die Beeinflussung der Volkswirtschaft durch eine neue politische Verfassung und Verwaltung ist schwerlich jemals deutlicher als mit der Reichsgründung hervorgetreten.«[2]

In der Mitte Europas war ein Nationalstaat entstanden, in dem mehr als 41 Millionen Menschen lebten. Dies allein war ausreichend, neue ökonomische Maßstäbe zu setzen. Das junge Kaiserreich gab sich damit nicht zufrieden, sondern veränderte sein Geld- und Bankwesen, seine Handels-, Finanz- und Sozialpolitik. Dies war nicht nur notwendig, weil die süddeutschen Staaten integriert werden mußten, sondern auch wegen der Eingliederung Elsaß-Lothringens als Reichsland. Die Errichtung einer deutschen Großraumwirtschaft, um diesen mißbrauchten Terminus zu verwenden, war weit mehr als die Summe regionaler Wirtschaften. Diese festbegründete Überzeugung war ja die eigentliche Triebkraft dafür, daß die Einzelstaaten sich zu einem Reich zusammenschlossen, obwohl die Vorbehalte lange weiterschwelten. Wenn neuartige Entwicklungen und neue Einstellungen Kriterien sind, um eine Epoche von der anderen zu unterscheiden, dann war die Reichsgründung sozial und wirtschaftlich ein tiefer Einschnitt. Und noch etwas: »Der demokratisierte, militarisierte Nationalstaat erwies sich als Machtstaat nach innen und außen.«³

a) Kriegsgewinne und nationalstaatliche Impulse

Zwei Faktoren sind für die wirtschaftliche Bedeutung der Reichsgründung von besonderem Gewicht. Zum einen wurden trotz Beibehaltung einzelstaatlicher Souveränitäten die partikularistischen Separationstendenzen des Zollvereins überwunden. Ein nationales Handels- und Zollgebiet, das machte die ökonomische Entwicklung Englands und der USA nur allzu deutlich, war eben doch etwas anderes als Zollverein oder Norddeutscher Bund. Selbst kapitalistische Unternehmer reinsten Wassers denken nicht nur in ökonomischen Kategorien. Die marxistische Kapitalismuskritik hat diesen Aspekt in den Hintergrund gedrängt, aber er sollte nicht unterdrückt werden. Der Nationalökonom Victor Böhmert, Verfechter von Gewerbefreiheit und Freihandel, Mitbegründer des Volkswirtschaftlichen Kongresses, hat dies 1875 kritisch formuliert: »Der selbständige Unternehmer und denkende Geschäftsmann unserer Tage muß *vor Allem lernen, mit Menschen umzugehen und ihre wirthschaftlichen Bedürfnisse zu befriedigen,* er muß über sein enges Comptoir, über seine Werkstätte und über seinen nächsten Kundenkreis hinausschauen auf den großen allgemeinen Gang der Industrie und des Handels, der Politik und des Volkslebens.«⁴ Der zweite Faktor bestand darin, daß mit der Reichsgründung ökonomische Erwartungen verbunden wurden, Erwartungen, die auf dem wirtschaftlichen Aufschwung der fünfziger und sechziger Jahre beruhten, aber eine eigene Dynamik entfalteten. Darüber werden wir bald mehr erfahren.

Die fünf Milliarden Franken französischer Kriegsentschädigung ergossen sich durch verschiedene Kanäle auf die deutsche Volkswirtschaft oder, Wilhelm Raabe zitierend: »So war im deutschen Volke der Geldsack aufgegangen, und die Taler rollten auch in den Gossen und nur zu viele Hände griffen auch dort danach.«⁵ Die französischen Zahlungen erfolgten in 4248 Millionen Francs Wechseln, 273 bzw. 239,2 Millionen Francs Gold bzw. Silber, 105 Millionen Mark, die von deutschen Truppen während der Okkupation ausgegeben worden waren, sowie 325 Millionen Francs für die abgetretene Ostbahn, die auf die Kriegsentschädigung angerechnet wurden. Der deutschen Volkswirtschaft kam dieses Geld dadurch zugute, daß zuerst die Anleihen des Norddeutschen Bundes und der süddeutschen Staaten in Höhe von 805 Millionen Mark zurückgezahlt, dann vom Reich zur Reorganisation des Landheeres, zum Festungsbau, zum Reichsinvalidenfonds sowie für verzinsliche Donationen große Beträge bereitgestellt wurden. Außerdem wurde ein Kriegsschatz in Höhe von 120 Millionen Mark in der Spandauer Zitadelle verwahrt. Die Besitzer der Kriegsanleihen legten ihr Geld auf dem Effektenmarkt an, kauften Staatspapiere, Eisenbahnobligationen, Pfandbriefe etc. Der Kapitalmarkt transferierte dieses Geld in produktive Darlehen und Aktiengründungen.

Frankreich wollte den alten, freihändlerischen Handelsvertragszustand nicht wieder herstellen, sondern entschied sich für eine Schutzzollpolitik, angeblich, um aus den neuen Zolleinnahmen die Kriegsentschädigung zu finanzieren. Im Frankfurter Frieden einigte man sich auf gegenseitige Meistbegünstigung (§ 11), die allerdings auf Belgien, England, Holland, Österreich-Ungarn, die Schweiz und Rußland beschränkt war.

Die Eingliederung Elsaß-Lothringens als Reichsland war auch ökonomisch ein gewagtes Unternehmen, politisch war sie gar nicht gerechtfertigt, so sehr man auch die Annexion als einen notwendigen Schutz gegen französische Eroberungsgelüste zu begründen versuchte. Elsaß wie Lothringen hatten zwischen 1815 und 1870 eine eigenständige Industrieentwicklung durchgemacht und waren zu den industriereichsten Departements Frankreichs emporgestiegen. Die Bindungen an Frankreich waren dadurch verstärkt worden. Deshalb wanderten nach dem Anschluß zahlreiche Unternehmer mit ihrem Kapital und ihren Arbeitern in das zollgeschützte französische Departement des Vosges. Die Baumwollindustrie des Oberelsaß, vor allem die Spinnereien und Webereien in Mülhausen, Colmar und Umgebung, vermehrte die Zahl der Spindeln in Deutschland um 56%, die Zahl der mechanischen Webstühle um 88% und die Zahl der Druckmaschinen für Baumwollstoffe um 100%. Dies bedeutete nicht nur eine erhebliche Zunahme an Baumwollprodukten, sondern auch eine starke Konkurrenz für alle anderen deutschen Baumwollregionen, die sich zwar noch nicht so stark im Gründerboom, aber vernichtend nach dem Kriseneinbruch auswirkte. Nach dem Verlust Elsaß-Lothringens im Ersten Weltkrieg klagte Pfeiffer-Rupp: »Die Rückeroberung von Elsaß-Lothringen, als Erfolg des 1870er Feldzuges, hat zwar den patriotischen Gefühlen der deutschen Nation Rechnung getragen und einen sehnsüchtigen Traum des Volkes verwirklicht, allein für die Textil-Industrie Alt-Deutschlands ward die Konkurrenz des neuen Reichslandes nur zu bald verderbenbringend.«[6] Lediglich die Kattundruckerei konnte sich auf ihrem alten Stand halten. Lothringen hatte bereits vor 1871 ein entwickeltes Montangewerbe. Zwar konnten die riesigen Minetteerzfelder erst wirkungsvoll ausgebeutet werden, nachdem 1879 durch das Thomas-Gilchristsche Verfahren die Entphosphorisierung im Bessemerprozeß (siehe unten) gelungen war, doch hatte etwa die Familie de Wendel in Hayingen, Moyeuvre und Styringen bereits große Produktionsstätten aufgebaut.

Die kraftvolle wirtschaftliche Dynamik des Konjunkturaufschwungs nach 1870 wurde anfänglich begrüßt. War etwa bis 1870 die Errichtung von Aktiengesellschaften in den deutschen Einzelstaaten an eine staatliche Konzessionserteilung gebunden, so wurde diese Regelung durch Bundesgesetz vom 11. Juni 1870 beseitigt, wobei keine genügende Sicherung für Gläubiger und Aktionäre eingebaut wurde, z. B. die Pflicht zu ausreichenden Einzahlungen oder die Abgrenzung der Tätigkeit der Organe. Profitstreben, rücksichtslose Interessendurchsetzung, eine Art Sozialdarwinismus, der dem ökonomisch Erfolgreichen auch eine höhere Moral zubilligte, auch wenn er »mit dem Ärmel das Zuchthaus gestreift hatte«, waren weit verbreitet. Die Boden- und Aktienspekulation erklomm nie gekannte Höhen. In Preußen waren von 1790 bis Juni 1870 276 Aktiengesellschaften gegründet worden, nach dem Erlaß eines Aktiengesetzes betrug in den folgenden 21 Monaten die Zahl 726! Das Kapital preußischer Aktiengesellschaften und Kommanditgesellschaften auf Aktien betrug 1870 nach offiziellen Angaben 1 026 172 455 Taler. Von Juli 1870 bis Ende 1874 vermehrte es sich um 1 429 925 925 Taler, obwohl sich die Zahl der Aktiengesellschaften mehr als verdreifacht hatte. In ganz Deutschland hatten sich von 1871 bis 1873 insgesamt 928 Gesellschaften mit 2781 Millionen Mark Kapital neu etabliert, davon allein 93 Bergwerks- und Hütten-A.G's. mit 395 Millionen Mark Kapital. Die Summe des Aktienkapitals war größer als in den zwanzig Jahren von 1851 bis 1870, während in den folgenden zehn Jahren, d. h. von 1874 bis 1883, insgesamt 812 Aktiengesellschaften mit einem Kapital von 806,5 Mio. Mark gegründet wurden.

b) Die Reichshauptstadt Berlin

Berlin, die neue Reichshauptstadt, war das Mekka oder das Babel von Betrug, Korruption, Erpressung, Unterschlagung, Genußsucht und Dandytum, das in der Leipziger Zeitschrift *Gartenlaube* (seit 1853) satirisch verspottet wurde. Und die Börsen waren ihr Stammplatz. Mit Rohstoffen und Produkten wurde spekuliert wie in einer Spielbank; Gewinn war Trumpf, der Geschädigte sollte sehen, wo er blieb. In Berlin wurden 1871 104 neue Aktiengesellschaften mit einem Kapital von 241 Millionen Mark gegründet, 1873 wurden 1100 Effektenarten gehandelt. Der Börsenumsatz Berlins wurde 1872 auf 20 bis 30 Millionen Mark täglich geschätzt. Andere Regionen und Städte wollten nicht nachstehen und selbst Geschäfte machen. In Rheinland und Westfalen geriet die Montanindustrie in einen Gründungstaumel; in Sachsen traf es vor allem Leipzig und Chemnitz; in Süddeutschland Stuttgart und München. In Frankfurt am Main gab es 1866 148 Notierungen im Börsenkurszettel, 1873 waren es 569.

Berlin wurde aber auch immer stärker zum Brennpunkt des industriellen und kommerziellen Lebens. Für Sombart hat es etwas Ergreifendes, »daß inmitten jener Sandwüste... sich eine Stadt erhebt, die zwar nicht an Schönheit und Kultur, aber doch an Reichtum und Lebendigkeit die alten Großstädte Europas zu verdunkeln beginnt«.[7] Die Bevölkerung wuchs auf 1,6 Millionen 1890 und 2,7 Millionen 1913. Mit Charlottenburg, Lichtenberg, Neukölln, Niederbarnim, Rixdorf, Schöneberg, Teltow und Wilmersdorf betrug sie 1913 4,2 Millionen Einwohner. Dieser enorme Zuwachs war vor allem auf die Ausdehnung der Industrie zurückzuführen. Die Gewerbeaufsichtsbeamten zählten 1901 10740, 1913 21061 Fabriken, vor allem im Bekleidungsgewerbe, in der Maschinen-, Eisen- und Metallindustrie, in der Elektroindustrie, dem Wagenbau und den über 100 Bierbrauereien, um nur die größten zu nennen. Von Goldleisten über Geldschränke, Klaviere bis zum Porzellan reichte die Palette der Produkte. Im Jahre 1910 wurden in die Stadt 5,75 Millionen Tonnen Kohlen geliefert, 2400760 Schweine, Rinder, Kälber und Schafe geschlachtet und 378278368 Liter Milch konsumiert. Im Jahre 1914 verkehrten in Berlin 3209 Straßenbahnwagen, 2489 Kraftdroschken, 341 Omnibusse, 5494 Autos und 747 Motorräder. Auf dem Boulevard »Unter den Linden« entstanden luxuriöse Firmenbauten, Hotels und

Ausstellungsgebäude. Die Bodenpreise kletterten entsprechend. 1881 kostete der Quadratmeter in der Friedrichstraße 240, in der Leipziger Straße 340 und Unter den Linden 480 Mark, 1910 hatte sich der Quadratmeterpreis in allen drei Straßen bei etwa 2250 Mark eingependelt. Als der Chicagoer Landmaschinenfabrikant Cyrus H. McCormick im Juli 1900 ein Gebäude für eine deutsche Firmenvertretung in der Dresdener Straße besichtigte, das 14000 Mark Miete im Jahr kosten sollte, mußte er feststellen, daß »die Preise außerordentlich hoch sind«.[8] Ein kritischer englischer Beobachter der industriellen Zustände in England, Deutschland und den USA, der Arzt und Soziologe Arthur Shadwell, konstatierte nach der Jahrhundertwende: »Die Deutschen finden viel Geschmack an den gröberen Vergnügen der Sinne, und es gibt keine ausschweifendere Stadt als Berlin, wie es geworden ist, und keine, in der lasterhaftes Denken und Treiben mehr in Blüte steht.«[9]

c) Aufstieg und Fall des »Eisenbahnkönigs« Strousberg

Ein illustratives Beispiel für einen individuellen Aufstieg und Fall ist der »Eisenbahnkönig« Bethel Henry Strousberg (1823-1884), »ein Gewaltmensch im Planen, sorglos und leichtfertig in der Durchführung«.[10] Im ostpreußischen Neidenburg geboren, ging er nach England und kehrte als Wirtschaftsjournalist 1855/56 nach Berlin zurück. Anfang der sechziger Jahre stieg er als Generalbevollmächtigter von englischen und deutschen Kapitalgebern in den Eisenbahnbau ein und baute eine Bahnlinie von Tilsit nach Insterburg, die 1862 den Betrieb aufnahm. In den nächsten sechs Jahren war er in Preußen an 1000 km Eisenbahnbau beteiligt. Die Verstrickungen begannen 1868, als er den Auftrag bekam, eine 900 km lange Eisenbahn in General-Enterprise in Rumänien zu bauen.

Strousbergs Unternehmermethoden, das »System Strousberg«, waren in Deutschland neu, erfolgreich und spektakulär. Neu war, daß er mit Hilfe von Prioritätsaktien mittlere und kleinere Kapitalbesitzer dazu bewegen konnte, Geld in Bahnaktien anzulegen. Außerdem gelang es ihm, allerdings unter Inkaufnahme von erhöhten Preisen, daß die Lieferanten von Bahnmaterial Aktien in Zahlung nahmen, wodurch schnell Kapital aufgebracht werden konnte. Die Gefahr bei diesem Vorgehen lag allerdings darin, daß solche Aktienbesitzer sich aller erdenklichen Börsenmanöver bedienten, um an ihr Kapital zu kommen. Strousbergs schnell erworbener Reichtum ermöglichte ihm den Kauf von Industrieunternehmen und Landgütern. In Berlin ließ er sich ein Palais in der Wilhelmstraße 70, der späteren englischen Botschaft, für eine Million Taler erbauen, das mit teuren Kunstgegenständen ausgestattet war, und auch sonst pflegte er einen extravaganten Lebensstil. Trotz dieses verschwenderischen Lebensstils – oder deswegen? – erwarb er sich viele Sympathien wegen seiner Wohltätigkeit gegenüber Armen. Er kaufte zuerst die Dortmunder Hütte und danach die Maschinenfabrik Egestorff bei Linden in Hannover für etwa 775 000 Taler, die unter anderem Lokomotiven herstellte. Innerhalb von drei Jahren, zwischen 1868 und 1871, wurde dort die Belegschaft von 600 auf 1800 Arbeiter erhöht, die jährliche Lokomotivenproduktion von 48 auf 200. Bis zum März 1871 – das Werk war im November 1868 von Strousberg gekauft worden – waren 280 Lokomotiven geliefert und ein Reingewinn von insgesamt 387858 Talern erwirtschaftet worden.

In Rumänien erhielt Strousberg eine Konzession zum Bau von Linien in der Walachei, d. h. vor allem um Bukarest, für 95 Jahre. Die rumänische Regierung zahlte pro Kilometer Bahnstrecke, die nach dem Dresdener technischen Übereinkommen von 1865 gebaut werden sollten, 270 000 Francs und garantierte einen Zins von $7^1/_2$%. Die Emission der Obligationen wurde dem rumänischen Staatskommissar Ambronn in Berlin übertragen. Nachdem Anfang 1868 mit dem Bau begonnen wurde, war die Bahn nach drei Jahren nicht einmal halb fertig, das Fertiggestellte in so schlechtem Zustand – Brücken waren eingestürzt und Strecken teilweise überflutet –, daß die rumänische Regierung nicht bereit war, es so zu übernehmen. Ob sich deutsche Eisenbahningenieure in Rumänien bereicherten, Rechnungen fingierten, mit Bestechungen aufwarteten, ein fürstliches Leben in Palästen führten oder die Streckenführung abänderten bzw. schlecht bauten, all dies konnte mit Sicherheit nicht mehr ermittelt werden. Fest steht, daß die Rumänien-Affäre Strousberg in den Abgrund riß. Die rumänische Regierung löste 1871 die Konzession gesetzlich auf, übernahm die betriebsfähigen Teilstrecken und begann einen Zivilprozeß gegen Strousberg auf Rückerstattung von 32 Millionen Francs. Die Verhandlungen zogen sich jahrelang hin und gerieten in den Strudel der Gründerkrise, wobei der Bankier Bleichröder zwei Millionen Taler verlor und 1872 geadelt wurde.

In einer ausführlichen Biographie schrieb Strousberg 1876, nachdem er 1875 in Konkurs geraten war, in Moskau verhaftet und nach langem Prozeß zur Verbannung verurteilt worden war: »In meiner Seele tief verletzt, in Allem, was mir theuer ist, schwer geschädigt, in meinen materiellen Verhältnissen momentan ruinirt, blicke ich zurück und finde, daß ich Vieles hätte vermeiden können, wenn ich den Zeitverhältnissen in soweit Rechnung getragen hätte, daß ich den Schein gewahrt und Angriffen entweder aus dem Wege gegangen oder, wo das nicht möglich war, denselben sofort entgegen getreten wäre.«[11] Nach Verbüßung einer Gefängnisstrafe ist er am 31. Mai 1888 verarmt in Berlin gestorben.

Das Bahnaktiengeschäft – Vorbild für andere Aktiengesellschaften – lief nach Sartorius von Waltershausen so ab: »Zuerst wurde die Konzession erworben, die mit Gewinn verkauft wurde. Die Erwerber gründeten die Gesellschaft und sie, bzw. die genannten ›Entrepreneure‹, brachten mit Aufgeld die Aktien an die Börse. Dann setzte eine mit Aktien bestochene Presse ein und lobte die künftige Rentabilität über die Hutschnur. War der Kurs hochgetrieben, so verkauften die Gründer aus und überließen den Dummen die Zukunft.«[12] Es bedurfte also schon vor mehr als 100 Jahren weder Computerbörsen noch Insider-Informationen, um schnell reich zu werden, aber auch schnell zu stürzen. Die Aktie war dafür wie geschaffen und wird heute noch unter dem Slogan propagiert: »Verdoppeln Sie Ihr Geld.«[13]

d) Börsenspekulation, Börsenkrise und Schutzzölle

Übertriebene Spekulationen, Banken-, Börsen- und Gründungsschwindel größten Ausmaßes, das Hochschnellen von Gewinnen, Preisen, Löhnen und Zinsen, kurz: »Orgien der wirtschaftlichen Willkür«[14], dies alles waren Zeichen einer herannahenden Krise. Doch wer denkt im Hochgefühl des Triumphes an eine Niederlage? Die Gründerkrise kam, und sie war verheerend, ja man könnte fast sagen, wie damalige französische Stimmen behaupteten, daß die Kriegsentschädigung ihre Revanche in sich getragen habe. Dem kritischen Beobachter jedoch erschien es, »als ob die Grenzen der menschlichen Dummheit ins Unermeßliche sich erweitert hätten« (H. v. Treitschke). Am 1. Oktober 1873 beschloß der Reichstag, daß der Roheisenzoll aufgehoben und der Zoll für geschmiedetes, gewalztes, fassoniertes Eisen, Eisenblech, grobe Gußwaren, Lokomotiven und andere Maschinen gesenkt und ab 1. Januar 1877 ebenfalls beseitigt werden sollte. Die Einfuhr von Seeschiffen sowie Dampfmaschinen unterlag ebensowenig einer Zollgebühr wie die Ausfuhr von Lumpen. Der Laissez-faire-Kapitalismus schien ein für allemal gesiegt zu haben.

Gründerboom wie Gründerkrise waren nicht allein deutschen Ursprungs. Der Zollverein war, wie wir gesehen haben, bereits tief in weltwirtschaftliche Zusammenhänge eingebettet. Nach 1871 ergriff die Hochkonjunktur die ganze industrialisierte Welt; das Kapital internationalisierte sich. Eisenbahnpapiere aus den USA wie aus Österreich überschwemmten die deutschen Börsen. Im Jahre 1872 wurden 12,64 Milliarden Franken in Effekten an europäischen und amerikanischen Börsen untergebracht. Am 9. Mai 1873 kam es in Wien zum »großen Krach«, in wenigen Tagen wurden 300 Insolvenzen verzeichnet, und der Börsenbetrieb mußte zeitweilig eingestellt werden. Die Selbstmordrate der unglücklichen Spekulanten ist ein Zeichen für das Drama. Kredite wurden nicht mehr gegeben, bei Bezahlungen verlangte man Bargeld. England und die USA erreichte die Krise mit geringer zeitlicher Verzögerung. In London brach 1876 die Silberpanik aus, 1879 brach die Bank der City of Glasgow zusammen, doch waren dies nur die spektakulärsten Fälle. Ägypten und die Türkei mußten Staatsbankrott erklären, der russisch-türkische Krieg 1876 führte zu einem Verlust von bis zu 20% der russischen Wertpapiere. In Deutschland geriet wenige Monate nach dem Wiener Krach Berlin in den Strudel, nachdem die Quistorpsche Vereinsbank fallierte. Der Vergleich einiger Aktienkurse von Ende Dezember 1872 zu 1873 zeigt die unterschiedliche Anfälligkeit beim Umschwung: Berliner Handelsgesellschaft 160 zu 119,6; Darmstädter Bank 216 zu 160,8; Diskonto Commandit 335 zu 179,5; Zentralbank für Bauten 239,5 zu 56; Berlin-Anhalter Eisenbahn 227,8 zu 170,5; Köln-Mindener Eisenbahn 173 zu 146,5; Rheinische Bahn 170 zu 145,3; Dortmunder Union 171 zu 83,5; Laurahütte 231,3 zu 166,3.

Die deutsche Börsenkrise erreichte bald darauf den industriellen Sektor. Zuerst zeigten sich 1874 Einnahmeausfälle bei den Eisenbahnen, dann folgte das Montangewerbe. Die Preise und Löhne sanken, die Arbeitslosigkeit stieg. Bis zum Jahre 1877 glaubten noch einige an eine mögliche Wende, die beiden folgenden Jahre markierten jedoch unübersehbar den Niedergang. Als Franz Reuleaux, Mitglied des Preisgerichts auf der Weltausstellung in Philadelphia 1876, mit seinem Urteil über die deutschen Industrieprodukte, nämlich »billig und schlecht«[15], bei den Deutschen einen Sturm der Entrüstung auslöste, war die deutsche Industrie nur auf wenigen Gebieten international führend. Diese Ansicht teilte auch Emil Rathenau, der auf der gleichen Ausstellung die Massenfabrikation beim amerikanischen Lokomotivenbau, die damals in Deutschland noch nicht praktiziert wurde, bewunderte und später darüber reflektierte: »Darin liegt der Krebsschaden, aus dem die deutsche Industrie sich befreien muß, wenn sie im Wettbewerbe mit dem Auslande nicht zugrunde gehen soll.«[16]

Es dauerte sechs Jahre, bis die Krise ihren konjunkturellen Tiefpunkt erreicht hatte. Eine günstige Ernte in den USA und eine Hochkonjunktur in Frankreich hatten die Nachfrage auch nach deutschen Industriewaren erhöht. In Deutschland wurden während dieser Zeit wirtschaftspolitische Ansichten lebhaft diskutiert. Die protektionistische Richtung war auf dem Vormarsch. Liquidierung der Freihandelspolitik und Errichtung von Schutzzöllen wurden am stärksten von den Eisenindustriellen und Baumwollfabrikanten gefordert, denn sie waren von dem Konjunkturrückgang seit 1873 besonders betroffen worden.

Die Wirtschaftspolitik in Deutschland stand vor einer Herausforderung größten Ausmaßes, die sich um die Jahrhundertwende bei der Entscheidungsfrage Agrar- oder Industriestaat wiederholte, aber der Agrarsektor war noch wirtschaftlich bedeutend und politisch einflußreich. Bei den Reichstagswahlen vom 10. Januar 1877 hatten Liberale, Nationalliberale und Fortschrittliche ihre Mehrheit verloren, und wenig später schlossen sich etwa 60 Abgeordnete verschiedener Parteien zu einer »freien wirtschaftlichen Vereinigung« zusammen, die die Wiedereinführung von Schutzzöllen verlangte. Diese Interessengemeinschaft aus Konservativen, Zentrum und Nationalliberalen wuchs nach der Reichstagsauflösung 1878 bei den Wahlen auf 204 Mitglieder. So kam es zur Wiedereinführung bzw. Erhöhung von Getreide- und Eisenzöllen, der sogenannten Allianz zwischen »Roggen und Eisen« oder »Rittergut und Hochofen«. Ursache war einerseits die mangelnde Rentabilität eines großen Teils der deutschen Landwirtschaft, andererseits das zunehmende Angewiesensein auf Getreideeinfuhren, denn vor allem die amerikanische Weizenproduktion hatte sich in kurzer Zeit vervielfacht, der Ausbau von Kanälen und

Eisenbahnen hatte den Transport nach Chicago und New York verbilligt und schließlich zum Sinken der Weltmarktpreise geführt. Nicht nur der ganze westeuropäische Markt wurde mit billigem Getreide, wie früher mit englischen Textilien, überflutet; Getreide, »das man aus dem Innern Rußlands, Ungarns und den Balkanstaaten, aus Indien, Nordamerika und Argentinien herauszuschleppen nicht müde wurde«[17], sondern es entbrannte auch ein heftiger Konkurrenzkampf um diese Märkte. Die Organisation der agrarischen Interessen in Deutschland fand einen wesentlichen Ausdruck in der Gründung der konservativen »Vereinigung der Steuer- und Wirtschaftsreformer« 1876, die zwar vorgab, die Interessen der landwirtschaftlichen Groß-, Mittel- und Kleinbetriebe gegen Handel, Banken und Industrie zu verteidigen, ab 1878 jedoch immer stärker zur Agitation für Getreidezölle überging. Von 1879 bis 1887 wurden die Getreidezölle verfünffacht, während sich die amerikanische Weizenausfuhr – 1872 etwa 7,4 Millionen Doppelzentner – bis 1875 verdoppelt und bis 1880 versechsfacht hatte, wovon fast 40% nach Deutschland gingen. Österreich-Ungarn lieferte 1880 37 und Rußland 24% seiner Weizenausfuhr nach Deutschland.

Bismarck hatte sich in volkswirtschaftlichen Fragen auf den freihändlerisch gesinnten Präsidenten des Reichskanzleramtes, R. von Delbrück, sowie auf Finanzminister von Camphausen u. a. gestützt. Dieser hatte 1869 ein Finanzzollsystem nach englischem Vorbild empfohlen. Nachdem Delbrück 1876 wegen der geplanten Verstaatlichung der Eisenbahnen zurückgetreten war, befaßte sich Bismarck stärker mit finanz- und wirtschaftspolitischen Fragen und geriet allmählich in das Fahrwasser der Schutzzöllner. Als Rußland seine Zölle in Gold erheben wollte, sprach sich Bismarck für Retorsionszölle auf Getreide, Holz und Spinnstoffe aus, um den deutschen Export nach Rußland aufrechtzuerhalten, doch der Reichstag lehnte ab. Noch im April 1877 konnte der Reichskanzler keine Ausgleichsabgabe gegen die französischen Ausfuhrprämien auf Eisenwaren durchsetzen – die Freihändler setzten sich durch.

Im Jahre 1877 lief auch der Handelsvertrag mit dem schutzzöllnerischen Österreich-Ungarn ab, und es war nicht zu erwarten, daß in Verhandlungen substantielle Zugeständnisse erzielt werden könnten. Am 23. März 1877 stellten die Abgeordneten Frh. v. Varnbüler, Dr. Buhl, Frh. v. Schorlemer-Alst, Ackermann und Bergmann den Antrag, der Reichstag möge beschließen: »In Erwägung, daß die Zollgesetzgebung des Deutschen Reichs den Grundsätzen gerechter und zweckmäßiger Besteuerung vielfach nicht entspricht, worunter Industrie und Landwirtschaft leiden,… die Reichsregierung zu ersuchen: 1. kommissarisch die Produktions- und Absatzverhältnisse der deutschen Industrie und Landwirthschaft untersuchen zu lassen, 2. vor Beendigung dieser Untersuchung und Feststellung der sich aus derselben ergebenden Resultate, Handelsverträge nicht abzuschließen.«[18] Die Regierung hielt diesen Antrag für zu weitgehend, stimmte aber einer Enquête über die Eisen-, Baumwoll- und Leinenindustrie zu.

Die deutschen Finanzminister kamen im August 1878 zu Beratungen über die künftige Reichsfinanzpolitik in Heidelberg zusammen und stimmten dem Ausbau der Verbrauchsabgaben zu. Im Oktober desselben Jahres forderte eine mit 204 Unterschriften versehene Erklärung die Reform des Zolltarifs. Bismarck stellte entsprechende Anträge an den Bundesrat in Aussicht, und eine Kommission zur Prüfung des Zolltarifs wurde empfohlen. Der neue Tarif setzte die Zölle für Roheisen, Weizen, Roggen, Hafer und Hülsenfrüchte auf 1 Mark für 100 Kilogramm fest, die Fleisch- und Viehzölle lagen noch höher. Ein Retorsionsartikel im Zollgesetz legte fest, daß die Regierung Waren aus Staaten, die deutsche Waren oder Schiffe deutscher Herkunft ungünstiger behandelten als die dritter Staaten, mit einem Aufschlag bis zu 50% des Eingangstarifs belegen konnte.

6. Kapitel

»Große Depression« und »Große Industrie«
(1873-1896)

Dem plötzlichen Konjunkturumschlag der »Gründerkrise« von 1873 folgte eine recht lange »Depressionsphase«, die allerdings in Deutschland mit erheblichen technologischen und produktiven Fortschritten einherging. Gemeint ist nicht die internationale Wirtschaftsdepression von 1873-1879, die den Wandel vom Freihandel zum Schutzzoll einleitete, sondern die von Konjunkturtheoretikern der zwanziger Jahre dieses Jahrhunderts (N. D. Kondratieff u. a.) retrospektiv erfaßte »Große Depression« von 1873 bis 1896. Sie stellt eine »lange Welle« des wirtschaftlichen Kreislaufs dar, in der die Großhandelspreise, im Gegensatz zum Aufschwung von 1849 bis 1873, zurückgingen und sich die ökonomische Wachstumsdynamik verlangsamte. Die Bezeichnung für diese Epoche wie die Theorie der langen Wellen selbst ist umstritten, denn die empirische Konjunkturforschung kann lediglich vier solcher langen Schwingungen der Konjunktur in industriellen Gesellschaften seit 1789 analysieren und muß sehr restriktive Bedingungen annehmen, um einen wirklichen Test durchführen zu können. Der Ausdruck »Große Depression« wird hier lediglich benutzt, um einen zeitlichen Rahmen wirtschaftlicher Entwicklung zu kennzeichnen, die von ganz bestimmten wirtschaftspolitischen Maßnahmen unterschiedlicher Dimension begleitet wurde. Der Hinweis auf die Entstehung einer »Großen Industrie« in Deutschland während dieses Zeitraums soll darauf aufmerksam machen, daß das kapitalistische System neue Formen zur Überwindung unvorteilhafter Rahmenbedingungen entwickelte, wobei die staatliche Wirtschaftspolitik noch stärker als vorher in diesen Prozeß eingriff. Eine neuere marxistische Interpretation kommt zwar zu dem Schluß, »daß die Große Depression der Beweis der vollständigen Erschöpfung des Kapitalismus der freien Konkurrenz war, der Beweis für die ökonomische Notwendigkeit des Übergangs zum Imperialismus«[1], aber wir werden sehen, daß die eigentliche Geschichte viel komplizierter verlaufen ist.

Das unaufhaltsame Wachstum der Großen Industrie läßt sich

mit einigen Zahlen leicht belegen. In Deutschland gab es 1886/87 2143 Aktiengesellschaften und Kommanditgesellschaften auf Aktien mit einem Nominalkapital von 4876 Millionen Mark, bis 1909 waren sie auf 5222 mit einem Kapital von 14373,3 Millionen Mark angewachsen, von denen 229 mehr als 10 Millionen Mark Kapital auf sich vereinigten (1886/87: 74 Gesellschaften). Bis 1913 vermehrte sich die Zahl der Gesellschaften noch einmal um 712. Es wird ganz deutlich, daß die »früher so lebhaften Bedenken gegen große Kapitalansammlungen und monopolisierende Wirtschaftsmächte in der Form von Aktiengesellschaften und Aktienbanken«[2] weitgehend verschwunden waren. Die Verteilung der Aktiengesellschaften auf die einzelnen Industriezweige war 1909 folgende: Nahrungs- und Genußmittel 936, Maschinen 547, Steine und Erden 366, Textil 357, Bergbau, Hütten und Salinen 273, Metallverarbeitung 160, Chemie 150, Sonstige 575.

Die Gesetzgebung ist in dieser Zeit verschiedentlich tätig geworden. Bereits das Markenschutzgesetz von 1874, nach dem das Firmenzeichen einer Firma gegenüber anderen Gewerbetreibenden geschützt war, wenn sich die Firma ins Handelsregister eingetragen hatte, schuf eine Regelung für großindustrielle Ansprüche. Zwanzig Jahre später wurde es ergänzt durch das Gesetz zum Schutz der Warenbezeichnungen. Das Gesetz über das Urheberrecht von 1876 sowie das 1877 erlassene allgemeine Patentgesetz, das 29 einzelstaatliche Gesetze ablöste, waren Ausdruck der Vereinheitlichung einer Volkswirtschaft. Der einzelstaatliche Patentschutz war mit hohen Kosten verbunden, ohne zuverlässig zu schützen. Große Industriestaaten – wie England – boten deutschen Erfindern oft einen besseren Schutz, deshalb stellten diese nicht selten ihr technisches Können dem Ausland zur Verfügung. Die positive Wirkung des Reichspatentgesetzes sowie die Beschleunigung des technischen Fortschritts lassen sich daran ablesen, daß 1878 5949, 1890 11882 Patente zur Anmeldung gelangten. Im Jahre 1900 waren es 21925, 1909 bereits 45000 Anmeldungen.

a) Sozialistengesetz und Sozialversicherung

Die Bekämpfung der erstarkenden sozialdemokratischen Arbeiterpartei begann bald nach Sichtbarwerden der Krise durch eine von der Regierung vorgelegte Strafgesetznovelle, die allerdings

vom Reichstag abgelehnt wurde. In Preußen wurde die Arbeiterpartei Ende März 1876 verboten. Sie hielt deshalb ihren Kongreß
zur Vorbereitung auf die Reichstagswahl von 1877, wo sie 493 258
Stimmen bzw. 9,1% erhielt, in Gotha ab. Am 11. Mai 1878 verübte
der Klempnergeselle Hödel ein erfolgloses Attentat auf Kaiser
Wilhelm. Danach legte die Reichsregierung dem Reichstag zur
Abwehr sozialdemokratischer Aufreizung einen Gesetzentwurf
vor, der das Verbot von Vereinen, die Ziele der Sozialdemokratie
verfolgten, vorsah. Die National-Zeitung hatte am 17. Mai in der
Nummer 227 geschrieben: »Seine schlechten Instinkte brachten
Hödel selbstverständlich in die Sozialdemokratie hinein; als vollendeter Verbrecher trat er aus derselben heraus.«[3] Das erste Sozialistengesetz wurde vom Reichstag jedoch nicht angenommen.
Nachdem am 2. Juni bei einem erneuten Attentat durch den Sohn
eines Domänenpächters, Dr. Carl Nobiling[4], der Kaiser verletzt
worden war, wurde der Reichstag aufgelöst. Der neue Reichstag
verabschiedete mit großer Mehrheit ein verschärftes Ausnahmegesetz, nach dem alle Vereine, Druckschriften und Versammlungen,
die sozialdemokratische, sozialistische und kommunistische Be-
strebungen förderten, durch Landespolizeibehörden verboten
werden konnten. Begründet wurde dieses Gesetz mit sozialde-
mokratischem Aufwieglertum und Verleumdung. Die Sozialdemokratie habe dem Staat und der Gesellschaft offen den Krieg
erklärt und deren Zerstörung vorbereitet. Bis zum Jahre 1888 wurden 1299 Bekanntmachungen gegen Drucksachen erlassen, 246
Vereine, unter ihnen 17 gewerkschaftliche Zentralverbände, allerdings nicht die Hirsch-Dunckerschen Vereine, verboten. Ein
Verbot des Erscheinens bzw. Vertreibens wurde gegenüber 83 inländischen und 19 ausländischen Zeitschriften, einer Vielzahl von
Büchern, Broschüren und Flugblättern erlassen. Innerhalb von
zehn Jahren wurden 893 Personen aus Deutschland ausgewiesen,
die verhängten Freiheitsstrafen entsprachen 731 Jahren Straf- und
Untersuchungshaft.
Wie immer man die Motive für die Verhängung des Sozialisten-
gesetzes, das alle drei Jahre verlängert wurde, beurteilt, es hat seinen Zweck nicht erfüllt. Die Sozialdemokratie hatte 1877 49 055
Mitglieder; in den Untergrund gedrängt, gewann sie in den Augen
der Arbeiter etwas Märtyrerhaftes, wie die Solidarność in Polen
seit 1981 (13. Dezember). Bei den Reichstagswahlen 1881 wurden
311 961, 1887 bereits 763 128 sozialistische Stimmen abgegeben.

Auf dem ersten Gewerkschaftskongreß 1892 in Halberstadt, nachdem das Sozialistengesetz nicht mehr verlängert worden war, vertraten 208 sozialdemokratische Abgeordnete 305 519 zahlende Mitglieder.

Die Arbeiterversicherungsgesetzgebung der achtziger Jahre kann als direkter Widerpart zum Sozialistengesetz angesehen werden. Doch ungeachtet, wie man ihren politischen und ideologischen Stellenwert einschätzt, hat sie sozial- und wirtschaftspolitisch tief in das privatkapitalistische System eingegriffen. So unzureichend ihre Wirkung bis 1914 gewesen ist, so können wir aus heutiger Perspektive doch sagen, daß damals angefangen wurde, ein Netz der sozialen Sicherung zu knüpfen, das weltweit für Industriestaaten vorbildlich ist, wie uns ein aktueller Vergleich mit den USA oder Japan verdeutlicht. In der *Kaiserlichen Botschaft* vom 17. November 1881 hieß es: »Schon im Februar dieses Jahres haben Wir Unsere Ueberzeugung aussprechen lassen, daß die Heilung der socialen Schäden nicht ausschließlich im Wege der Repression socialdemocratischer Ausschreitungen, sondern gleichmäßig auf dem der positiven Förderung des Wohles der Arbeiter zu suchen sein werde. Wir halten es für Unsere Kaiserliche Pflicht, dem Reichstage diese Aufgabe von Neuem ans Herz zu legen, und würden Wir mit um so größerer Befriedigung auf alle Erfolge, mit denen Gott Unsere Regierung sichtlich gesegnet hat, zurückblicken, wenn es Uns gelänge, dereinst das Bewußtsein mitzunehmen, dem Vaterlande neue und dauernde Bürgschaften seines inneren Friedens und den Hülfsbedürftigen größere Sicherheit und Ergiebigkeit des Beistandes, auf den sie Anspruch haben, zu hinterlassen.«[5]

Das Krankenversicherungsgesetz von 1883 kam zuerst zustande; es vereinheitlichte das Konglomerat von Gewerksvereins-, Handwerks-, Knappschafts- und ähnlichen Kassen älterer Herkunft. Der Versicherungszwang wurde auf sämtliche gewerblichen Arbeiter- und Betriebsbeamte mit einem jährlichen Arbeitseinkommen bis 2000 Mark ausgedehnt. Von den Beiträgen hatte der Arbeitgeber mindestens ein Drittel, der Versicherte zwei Drittel zu zahlen, wofür ihm folgende Leistungen gewährt wurden: freie ärztliche Behandlung, freie Krankenverpflegung und freie Medizin. Bei Erwerbsunfähigkeit erhielt er ab dem dritten Tag 13 Wochen lang ein Krankengeld in Höhe von 50% des ortsüblichen Tagelohns gewöhnlicher Tagearbeiter. Beim Todesfall erhielten die Erben den zwanzigfachen Betrag des ortsüblichen Tagelohns als Sterbegeld. Versicherungsträger waren die Gemeinde-, Orts-, Betriebs-, Innungs-, Bau- und Knappschaftskassen. Nach und nach wurde diese Versicherungsart, besonders durch die Reichsversicherungsordnung von 1911, auch auf die Land- und Forstwirtschaft, die Hausindustrie, den Handel und das Transportwesen ausgedehnt. Die Ortskrankenkassen entwickelten sich zu den wichtigsten Trägern, weil sie für Angehörige eines einzigen oder mehrerer Gewerbezweige oder eines einzigen Betriebs in einer oder mehreren Gemeinden errichtet wurden. Im Jahre 1898 gab es 22130 Krankenkassen mit 8770057 Mitgliedern, davon 4078958 in den Ortskrankenkassen und 228061 in den Betriebs- oder Fabrikkassen. Die Zahl der Kassen war bis 1912 auf 21659 zurückgegangen, während sich die Mitgliederzahl auf 13217705 erhöht hatte. Insgesamt wurden in diesem Jahr 359,7 Millionen Mark an Kosten für Arztbehandlung (23,8%), Arzneien (15,2%), Krankengelder (41,8%) etc. verausgabt.

Das Unfallversicherungsgesetz von 1884 war als Absicherung der Arbeiter gegenüber Betriebsunfällen gedacht, ihm unterlagen alle Arbeiter und Betriebsbeamte mit einem Jahresarbeitsverdienst bis zu 3000 Mark. Es ersetzte die frühere Regelung, wonach dem Arbeitgeber zur Begründung seiner Zahlungspflicht eine Schuld an dem Unfall nachzuweisen war, was nicht nur selten gelang, sondern auch mit hohen Prozeßkosten verbunden war. In den ersten vier Wochen nach dem Unfall wurde keine Unterstützung gezahlt, dann zwei Drittel des Lohnes. Trat volle Erwerbsunfähigkeit ein, erhielt der Versicherte zwei Drittel seines Jahresarbeitsverdienstes. Wurde ein Arbeiter tödlich verletzt, erhielt die Witwe nebst Kindern ein Sterbegeld in Höhe des zwanzigfachen Betrages des Arbeitswochenlohnes sowie eine »Rente« bis zu 60% des Jahresarbeitsverdienstes. Die Unfallversicherungskosten mußten von den Unternehmern allein aufgebracht werden. Bei Verletzungen hatte in den ersten 13 Wochen die Krankenversicherung einzutreten, so daß die Arbeitgeber in den überwiegenden Fällen entlastet wurden. Im Jahre 1900 betrug die Zahl der kleinen an allen Unfällen 94,8%. Die Unternehmer hatten öffentlich-rechtliche Korporationen, sogenannte Berufsgenossenschaften, zu gründen, von denen jährlich Versicherungsgelder und Verwaltungskosten nach Maßgabe der in ihren Betrieben gezahlten Löhne umgelegt und Unfallverhütungsvorschriften erlassen wurden. Als höchste richterliche und verwaltungsrechtliche Behörde wurde in Berlin das Reichsversicherungsamt errichtet. Im Jahre 1898 existierten 65 gewerbliche Berufsgenossenschaften mit zusammen 456366 pflichtigen Betrieben und 6316843 Personen, außerdem 48 landwirtschaftliche Berufsgenossenschaften mit 4654176 Betrieben und 11189071 Personen. Bis 1912 hatte sich die Zahl der Personen in 66 Berufsgenossenschaften auf 10178577 erhöht, in den 48 landwirtschaftlichen auf 17179000. Die Verwaltungskosten beliefen sich auf 18,1 und die Ausgaben auf 225,2 Millionen Mark, davon entfielen 75,5% auf Entschädigungen.

Den vorläufigen Abschluß der Versicherungsgesetzgebung bildete das Alters- und Invalidengesetz von 1889. Es war besonders dringend, da erwerbsunfähige und alte Menschen, die nichts gespart hatten, entweder von ihren Kindern oder Verwandten versorgt werden mußten oder der Armenpflege anheimfielen. Der Versicherungszwang wurde auf sämtliche Lohnarbeiter – d. h. Arbeiter, Gehilfen, Handelsgehilfen, Gesellen, Lehrlinge, Seeleute, Dienstboten, Betriebsbeamte, Werkmeister, Techniker, Lehrer und Erzieher ab dem 16. Lebensjahr – mit einem Jahresverdienst unter 2000 Mark ausgedehnt. Die Versicherungsprämien wurden durch Einkleben von Marken in »Quittungskarten« entrichtet, und zwar durch Wochenbeiträge nach vier Lohnklassen und je zur Hälfte vom Arbeitgeber und Arbeitnehmer. Die Reichsregierung zahlte zu jeder Rente einen jährlichen Zuschuß von 50 Mark. Die eingezogenen Gelder wurden zinsbar angelegt und die Renten durch die Post ausgezahlt. Anspruch auf Invalidenrente hatten diejenigen, die fünf Beitragsjahre zu 47 Beitragswochen nachweisen konnten, sowie alle dauernd Erwerbsunfähigen, falls sie keine Unfallrente bezogen. Nach 30 Beitragsjahren erhielten Versicherte über 70 Jahre – seit 1916 über 65 Jahre – eine Alters- oder Invalidenrente. Vom 1. Januar 1891 bis 31. Dezember 1913 betrug die Zahl der festgesetzten Renten – 1913 gab es 40 Versicherungsanstalten für die Invaliden- und Altersversorgung – 2971727, von denen am 1. Januar 1914 noch 1151999 liefen. Die Invaliden- bzw. Altersrente lag 1891 bei 113,5 bzw. 124 Mark jährlich und erhöhte sich bis 1912 auf 186,9 bzw. 166,1 Mark. Der aktive Vermögensstand aller Anstalten war am 31. Dezember 1912 – bei 16099400 Versicherten, darunter 4938000 Frauen – 1929,1 Millionen Mark, während die Gesamtleistungen in diesem Jahr 205,1 und der Reichszuschuß 55,0 Millionen Mark ausmachten.

Nachdem sich Bismarck weigerte, die Arbeiterschutzgesetzgebung weiter auszudehnen, verkündete Kaiser Wilhelm II. den Februarerlaß von 1890 an Reichskanzler und Handelsminister, dem 1891 ein weiteres Gesetz folgte. In ihm wurde u. a. die Nachtarbeit von Frauen zwischen $8^1/_2$ Uhr abends und $5^1/_2$ Uhr morgens verboten und die Arbeitszeit weiblicher Beschäftigter über 16 Jahren auf elf Stunden beschränkt. Kinder unter 13 Jahren durften in Fabriken, Bergwerken etc. gar nicht mehr beschäftigt werden und zwischen 13 und 14 Jahren nur, wenn sie der gesetzlichen Schulpflicht genügt hatten.

Die Unternehmer wurden verpflichtet, Arbeitsräume, Betriebsvorrichtungen, Maschinen und Gerätschaften so einzurichten und den Betrieb so zu regeln, daß Arbeiter gegen Gefahren an Leib und Gesundheit geschützt seien. Es sollte für genügend Licht, ausreichenden Luftraum und Luftwechsel und die Beseitigung von Staub, Dünsten, Gasen, Abfällen etc. gesorgt werden. Allerdings enthielten diese Vorschriften eine dehnbare Klausel insofern, als sie nur dann durchgeführt werden *mußten*, wenn es die Natur des Betriebes erlaubte. Ferner wurden Spezialvorschriften für besonders gesundheitsgefährliche Industrien erlassen. Sonntagsarbeit wurde nur noch unter bestimmten Ausnahmebedingungen zugelassen, und die Gewerbeaufsicht wurde ausgedehnt. Wie unvollständig uns diese gesetzlichen Maßnahmen aus heutiger Sicht auch erscheinen mögen – z. B. gab es keinen Urlaubsanspruch –, für die Arbeiterschaft waren diese Regelungen ein erheblicher Fortschritt gegenüber der Situation vor der Reichsgründung.

b) Verbände, Kartelle und Syndikate

Die siebziger Jahre förderten den Trend zu industriellen und agrarischen Interessenverbänden, die nicht mehr, wie der »Kongreß Deutscher Volkswirte« oder der »Deutsche Handelstag«, eingegrenzte politische Ziele verfolgten, sondern als ausgesprochene Interessenlobby ihre politischen Einflußsphären auszuweiten versuchten. Im Jahre 1856 hatte der Unternehmer Gustav Mevissen bereits »die Vereinigung von Kapital und geistigen Kräften auf dem Gebiete der Industrie in der Form der Aktiengesellschaft«[6] gefordert, aber erst nach und nach entstanden verschiedene Unternehmerverbände, und in der Krise schlossen sich vor allem rhei-

nisch westfälische schwerindustrielle Unternehmer 1876 zu einem
Dachverband, dem »Centralverband deutscher Industrieller zur
Beförderung und Wahrung nationaler Arbeit« zusammen. Eines
seiner Ziele bestand in der Durchsetzung von Schutzzollinteres-
sen, doch daneben verstärkten sich bei seinen Anhängern national-
listische Tendenzen, was in dem Vers zum Ausdruck kam:

> »Ein fremder Nagel möge nie
> den deutschen Fleiß verwunden,
> dann wird die deutsche Industrie,
> das deutsche Volk gesunden.«[7]

Der Verband umfaßte schließlich die deutsche Eisen- und Stahl-
fabrikation, die süddeutschen und elsässischen Baumwollspinner,
die Soda-, Zucker-, Hut-, Leder- und Papierfabrikanten sowie
Zweige der Woll- und Leinenindustrie. Im Jahre 1910 zählte er 560
Einzelmitglieder und 190 Vereine und Körperschaften. 1890 entstand der »Gesamtverband deutscher Metallindustrieller«. Im Kri-
senjahr 1876 wurde auch eine »Vereinigung der Steuer- und Wirtschaftsreformer« gegründet, die landwirtschaftliche Interessen
von Groß- und Mittelbetrieben vertrat. Die deutschen Landwirte
hatten nämlich 1875 und 1876 das Phänomen kennengelernt, daß
trotz schlechter deutscher Ernten die Preise nicht gestiegen, sondern gesunken waren, weil die schnell wachsende Getreidepro-
duktion vor allem in den USA, Rußland und Österreich-Ungarn
die Weltmarktpreise herabdrückte. Außerdem fielen die Transportkosten für Getreide rapide. Von New York nach Liverpool
kostete die Fracht für einen Bushel (35,24 Liter) Getreide 1871/75
etwa 74,5 Pfennige, 1910 nur noch 12,8 Pfennige.

Neben diesen Interessenverbänden entstanden nun auch in größerem Umfang Kartelle, d. h. Zusammenschlüsse von Unternehmen des gleichen Geschäftszweiges, die durch Preis- und Produk-
tionsabsprachen die Konkurrenz auszuschalten oder zumindest zu
beschränken, also eine Art von Monopol zu errichten versuchten.
Sie unterschieden sich in Konditions- und Preiskartelle, Gebiets-
kartelle, Produktionskartelle, Gewinnbeteiligungskartelle etc., die
Ziele blieben weitgehend gleich. »Auf dem Rechtsboden der Gewerbefreiheit«, urteilte Ludwig Pohle[8], »sind so Gebilde entstanden, die tatsächlich den Zustand der Gewerbefreiheit mehr oder
weniger wieder beseitigten und an seiner Stelle Zustände schaffen,
die den im alten Zunftwesen herrschenden in mancher Beziehung
ähnlich sind.« Gab es vor der Krise bereits Weißblech-, Kohlen-

und Salzkartelle, so kartellierten sich nach 1873 auch Kohlenzechen und Roheisenwerke. Man hat sie »Kinder der Not« genannt, aber in Wirklichkeit waren und sind sie Kinder des industriellen Hochkapitalismus, eine Form der Großindustrie zur Ausschaltung des Wettbewerbs und der Profiterhöhung (vgl. etwa das Ölkartell OPEC), was ihnen allerdings nicht immer vollständig gelang. In einem Kartellzirkular hieß es: »Der Außenbleibende und seine Abnehmer, sie werden wie ein Wild gehetzt werden, denn Gnade kennen wir nicht.«[9] Nach Angaben der Reichsregierung gab es 1905 in Deutschland 385 Kartelle; davon entfielen auf die Ziegelfabrikation 132, die Eisenindustrie 62, die chemische Industrie 46, die Textilindustrie 31, die Industrie der Steine und Erden 27, die Kohlenindustrie 19, die Nahrungs- und Genußmittelindustrie 17, die Metallindustrie und die Papierindustrie je 11 und sonstige Industriezweige 19. Daneben gab es in geringerem Maße Trusts nach amerikanischem Vorbild und Syndikate[10], z. B. das 1893 gegründete rheinisch-westfälische Steinkohlensyndikat mit 98 Mitgliedern, das Kalisyndikat und den deutschen Stahlwerksverband mit 28 Mitgliedern. Kartelle, Syndikate und Trusts waren jedoch in ihren ökonomischen Zielsetzungen nicht immer erfolgreich, nicht zuletzt deshalb, weil sich in einer dynamischen Wirtschaft Gegenkräfte und neue Formen der Gewinnabschöpfung entwickeln. Die Wirklichkeit sah eher so aus: »Die Expansion und Integration der großen Konzerne, die nach der Jahrhundertwende sehr viel intensiver wurde, lag... merklich quer zur Kartellierung.«[11]

c) Konflikte im Handwerk und Gewerbe

Auch das Handwerk versuchte seine Lage zu verbessern, denn es fürchtete immer noch, von der Großindustrie verdrängt zu werden, was auch bei einigen Berufen tatsächlich der Fall war. Andererseits hatte es sich aus eigener Kraft konsolidiert, hatte die faulen Triebe abgestoßen und war in Nischen eingedrungen, die in der ersten Hälfte des 19. Jahrhunderts als handwerklicher Erwerb noch undenkbar gewesen wären, wie im Elektrizitäts- oder Installateurfach. Heinrich Bodemer, ein sächsischer Textilfabrikant, vertrat bereits 1856 die Ansicht: »Die große Industrie ist es, welche, wie der Anblick jeder Fabrikstadt es bezeugt, durch ihre unzähligen

Bedürfnisse den Gewerken aller Art Beschäftigung und Verdienst zuweist, sie mit den neuen Erfindungen und Verbesserungen bekannt macht und entweder neue Erwerbszweige hervorruft oder den schon bestehenden nützlich und dienstbar wird.«[12]

Die Gewerbeordnung von 1869/71 hatte die Innungen nur noch als private Vereine geduldet. Der 1873 gegründete »Verein selbständiger Handwerker und Fabrikanten« machte sich für die Verabschiedung der Gesetze von 1881, 1884 und 1887 stark, durch die neugegründeten Innungen wieder ein öffentlicher Rechtsstatus eingeräumt wurde, während die bestehenden sich reorganisieren sollten. Eine allgemeine deutsche Handwerkerversammlung wurde 1882 in Magdeburg einberufen, die die Einführung von Zwangsinnungen, den obligatorischen Befähigungsnachweis und die Legitimationspflicht für Gehilfen in ihr Programm aufnahm: Neben den »Allgemeinen deutschen Handwerkerbund« trat 1884 der in Berlin gegründete »Zentralausschuß vereinigter Innungsverbände«. Beide Vereinigungen richteten 1890 ein erfolgreiches Gesuch an den Kaiser, eine Enquête über die Lage der Handwerker durchzuführen.

Der Kampf um bessere Arbeitsbedingungen war eine durchgehende Erscheinung der Industrialisierung, und mit der Bildung einer Klasse von Arbeitern mit gleichen Interessen wuchs die Bereitschaft, gemeinsam Forderungen gegenüber Unternehmern durchsetzen zu wollen. Wenige Stationen sollen hier angedeutet werden, denn die Streikbewegungen verteilten sich ungleichmäßig über ganz Deutschland, hatten sehr unterschiedliche Ursachen, Ausprägungen sowie Erfolge und Mißerfolge. Der Leipziger Buchdruckerstreik von 1865 endete mit einer Lohnerhöhung der Gehilfen. Dieser Erfolg wirkte ansteckend, und Ende der sechziger Jahre streikten die Bauarbeiter in Berlin und Hamburg. Bei dem ersten großen Kohlenbergarbeiteraufstand im Waldenburger Revier in Schlesien konnten die Bergarbeiter ihre Forderungen nicht durchsetzen. Die Gewerbeordnung vom 21. Juni 1869 hatte die Koalitionsfreiheit für den Norddeutschen Bund – in Preußen waren Koalitionen vorher gänzlich verboten – stark eingeschränkt (Art. 153). Die Gewerbeordnungs-Novelle vom Jahre 1891, die den Frauen- und Jugendlichenschutz erweiterte, ließ beim Koalitionsrecht alles beim alten. Sie verpflichtete zwar die Unternehmer mit mehr als 19 Arbeitern, verbindliche Fabrikordnungen zu erlassen und sie bekanntzumachen, doch hatten die Arbeiter dabei keine Mitsprache. Streiks konnten dadurch jedoch nicht vermieden werden, und die sogenannte »Zuchthausvorlage« der Reichsregierung von 1898, in der unter bestimmten Umständen die Aufforderung zum Streik mit Zuchthaus bestraft werden sollte, wurde vom Reichstag abgelehnt. Die Streikaktivitäten und Streikerfolge waren abhängig von der Konjunktur. In den Perioden großen wirtschaftlichen Wachstums und Arbeitskräftemangels konnten Lohnforderungen eher durchgesetzt werden. Es ist deshalb nicht verwunderlich, daß die Höhepunkte der Streikaktivitäten mit den Aufschwungzyklen zusammenfallen: 1871-1874, 1888-1890, 1895-1900, 1905-1908, 1910-1912.

Die Regierung und die Industriellen konnten sich selbst mit einem sehr eingeschränkten Koalitionsrecht nur wenig anfreunden. Noch 1886 versuchte der Puttkamersche Streikerlaß zwischen einer erlaubten und einer nicht erlaubten Ausübung des Koalitionsrechts zu unterscheiden. Die Gewerkschaften entwickelten sich trotz dieser Einschränkungen zu autonomen Arbeitervertretungsorganen, vielleicht auch deshalb, weil die größten, die »freien Gewerkschaften«, der sozialdemokratischen Partei sehr nahe standen. Es ist immer wieder behauptet worden, die deutschen Gewerkschaften seien etwa gegenüber den englischen schwach gewesen, doch in den beiden Jahrzehnten vor und nach der Jahrhundertwende verdoppelten sich jeweils die gewerkschaftlichen Mitgliederzahlen, so daß im Jahre 1913 in Großbritannien 3 993 000, in Deutschland 3 835 000, in den USA 2 754 000 und in Frankreich 1 026 000 Arbeiter gewerkschaftlich organisiert waren. Von 1909-1913 beteiligten sich 536 522 Arbeiter an 2170 Streiks, und 174 179 Arbeiter wurden ausgesperrt, und es bestanden am 31. Dezember 1913 für 143 088 Betriebe mit 1 398 597 Beschäftigten 10 855 Tarifverträge.[13]

d) Die deutsche Kolonialpolitik

Die wirtschaftliche Bedeutung der deutschen Kolonialpolitik ist oft überschätzt worden. Wenn einzelne Firmen – wie dies auch im Dritten Reich der Fall war – Kapital aus den politischen Interessen des Staates schlugen, so war dies gesamtwirtschaftlich von geringem Einfluß; Idee und Wirklichkeit können weit auseinanderklaffen. Zweifellos waren in der deutschen Kolonialpolitik neben politischen auch ökonomische Motive enthalten. Das Deutsche Reich wollte der Aufteilung Afrikas nicht unbeteiligt zusehen, schien doch der Aufstieg Englands unmittelbar mit dessen Kolonien verkoppelt zu sein. Und daß Friedrich Fabris Agitationsschrift *Bedarf Deutschland der Kolonien?* auf dem Höhepunkt der Gründerkrise, 1879, erschien, war gewiß ebenfalls kein Zufall. Im Zeitalter des Imperialismus schien es nur angemessen, daß eine politische und wirtschaftliche Großmacht mit Handel, Schiffahrt, Kapital, Banken und Unternehmen überall dort Fuß zu fassen versuchte, wo es noch etwas zu erobern und zu verdienen gab.

Die Samoa-Vorlage von 1880, die der in Zahlungsschwierigkeiten geratenen Firma Godeffroy eine Reichsgarantie zusicherte, sowie die Dampfersubvention für die Neu-Guinea-Gesellschaft 1884, die den Postverkehr nach Ostasien und Australien sichern sollte, wurden noch vom Reichstag abgelehnt. Am 26. Juni 1884 erklärte jedoch Reichskanzler Bismarck im Reichstag, daß kaufmännische Unternehmen in ihrer freien Entwicklung auch gegen andere europäische Mächte im Ausland zu schützen seien. Als der Bremer Kaufmann Lüderitz in Südwestafrika die schwarz-weiß-rote deutsche Fahne zum Zeichen der Besitzergreifung hißte, begann ein nicht viel mehr als drei Jahrzehnte währendes deutsches Kolonialsystem mit brutalen Kriegen, etwa gegen die Hottentotten und die Herero, und den Attitüden einer weißen Herrenrasse, das politisch und ökonomisch eher einem unkoordinierten Aktivismus als besonnener Planung entsprach. Nach wenigen Jahren standen unter zentralisierter reichsdeutscher Verwaltung die sogenannten »Schutzgebiete« Deutsch-Südwestafrika, Kamerun, Togoland, Ostafrika und einige Südseeinseln in und um Neu-Guinea. Die Karolinen, die Marianen und die Palauinseln wurden 1899 für 25 Millionen Pesetas Spanien abgekauft, 1900 wurde von Deutsch-Samoa Besitz ergriffen und 1898 das Kiautschougebiet mit dem Hafen Tsingtau von China auf 99 Jahre gepachtet. Insgesamt umfaßten die Kolonialgebiete 2657204 Quadratkilometer, d. h. fast die fünffache Größe des Deutschen Reichs mit allerdings nur etwa 11 Millionen Bevölkerung. Im Jahre 1913 befanden sich in den deutschen Kolonialgebieten 28846 Weiße, darunter 23952 Deutsche. Was uns bis heute von der Kolonialpolitik erhalten blieb, ist die Insel Helgoland, die 1890 in einem Abkommen mit England – das Bismarck heftig ablehnte – gegen das Sultanat Witu und die Rechte auf die Insel Sansibar ausgetauscht wurde!

Der geringe ökonomische Erfolg ist kaum auf die relativ kurze Kolonialperiode zurückzuführen, sondern eher auf interne Entwicklungsschwierigkeiten in den Kolonialgebieten und auf verwaltungsmäßige Fehlentscheidungen. Die klimatisch, bevölkerungsmäßig und ökonomisch so unterschiedlichen Gebiete konnten weder mit deutscher Gründlichkeit noch mit einer kapitalistischen Ausbeutermentalität profitabel gemacht werden. In Südwestafrika z.B. waren lediglich Farmen über 5000 Hektar für die Viehwirtschaft lohnend, aber nur wenige Deutsche wurden von dem feuchtheißen Klima und den hohen Anlagekosten angelockt; die südwestafrikanische Gesamtausfuhr von Diamanten und Kupfer erreichte von 1903 bis 1912 den Wert von 3,9 Millionen Mark. Die Kosten für die Errichtung und Erhaltung der tropischen Plantagen in Ostafrika, Kamerun und Togo, den Anbau von Baumwolle, Kautschuk, Kopra und Sisalhanf, von Kaffee, Kakao, Erdnüssen und Ölpalmen, von Bau-, Nutz- und Edelholz, lagen meist weit über dem Ertrag, so daß man diese Produkte auf dem Weltmarkt billiger hätte einkaufen können. Eine Unabhängigkeit Deutschlands von anderen überseeischen, tropischen und subtropischen Kolonialwaren wurde nicht im entferntesten erreicht.

e) Interessengegensätze zwischen Industrie und Landwirtschaft

Seit 1890 läßt sich ein grundsätzlicher Wandel innerhalb der deutschen Industrie erkennen, der mit dem vielumstrittenen Terminus »Organisierter Kapitalismus«[14] bezeichnet worden ist. Seine wesentlichen Merkmale lassen sich mit einer industriellen Konzentration und mit der vermehrten Bildung von Interessenorganisationen umschreiben. Die sichtbare Dominanz der Industrie innerhalb der Volkswirtschaft läßt sich etwa daran erkennen, daß im Jahre 1890 der Wert der Industrieerzeugung (ohne Handwerk) 6,9, der der Landwirtschaft 5,1 Milliarden Mark betrug. Zwar trat nicht ein, was die Sozialdemokratie noch im Erfurter Programm 1891 verkündete, nämlich der Untergang der Klein- und die Monopolherrschaft der Großbetriebe bzw. die Umwandlung der Produktionsmittel in gesellschaftliche und der Warenproduktion in eine sozialistische Arbeiterdiktatur etc., doch der Drang nach Konzentration hielt an. Innerhalb der Industrie waren es vor allem der

Bergbau, das Hüttenwesen und die Chemieindustrie, die Zusammenschlüsse und Kartellabsprachen im großen anstrebten, in der Landwirtschaft der »Deutsche Bauernbund« von 1885, vor allem aber der 1893 gegründete »Bund der Landwirte«. Dieser Bund entfaltete eine umfangreiche Wirkungstätigkeit, die von politischen Intrigen bis zur erneuten Zollerhöhung bei Getreide reichte, obwohl die Weizen- und Roggenzölle bis 1887 auf 50 Mark pro Tonne heraufgesetzt worden waren. Er begründete seine Aktivitäten damit, daß bereits Bismarck bei der Vorlage der Zoll- und Tarifreform im Reichstag am 2. Mai 1879 gesagt hatte, wenn die Getreidepreise zurückgingen, »so geht dabei nicht bloß die Landwirtschaft zu Grunde, dabei geht der preußische Staat, das Deutsche Reich zu Grunde«.[15]

Das Roggen- und Eisen-Kartell von 1879 fiel Anfang der neunziger Jahre auseinander, als Industrielle im zyklischen Tief eine Senkung der Getreidezölle forderten, um ihre Exportchancen zu verbessern. Wir müssen in diesem Zusammenhang jedoch noch folgendes berücksichtigen: »Im Kartellrecht unterschied sich das deutsche Kaiserreich deutlich von den westeuropäischen Staaten und von Amerika: Während in den Vereinigten Staaten Kartellabsprachen – wenn auch ziemlich wirkungslos – verboten waren und in Großbritannien und Frankreich rechtsunwirksam blieben, so daß ihre Einhaltung nicht eingeklagt werden konnte, stand den deutschen Kartellen und Syndikaten der Rechtsweg offen, um ihre Mitglieder zu ›disziplinieren‹.«[16] Das Auseinanderbrechen der Ehe von Roggen und Eisen war deshalb eher darin begründet, daß Frankreich, das lange Zeit ein kompliziertes Netz von Meistbegünstigungsverträgen aufrechterhalten hatte, nach 1890 zur Hochschutzpolitik und Doppeltarif übergegangen war. Schon damals führte Deutschland 40% seiner Industrierohstoffe und 30% seiner Nahrungsmittel ein, sein Export bestand zu 70% aus preisempfindlichen Gütern, d. h., sein Spielraum in der Handelspolitik war eingeengt, wollte es keinen weltweiten Handelskrieg und ein erhöhtes Handelsbilanzdefizit riskieren. Die Caprivische Handelsvertragspolitik kam diesen Forderungen nach sinkenden Agrarzöllen entgegen, wobei sie als »Schutz der nationalen Arbeit« nun Zollabbau, Belebung von Kapital- und Arbeitsmarkt, Reduzierung der Lebenshaltungskosten, Erhöhung des Warenexports und Verminderung der Auswanderung propagierte. Das war eine Rechnung ohne die Großagrarier, die den politischen Kurs lange

Zeit bestimmt hatten und nicht bereit waren, sich das Ruder aus der Hand nehmen zu lassen. Max Weber äußerte sich dazu 1897 in einer Entgegnung zu dem Referat Karl Oldenbergs auf dem Evangelisch-sozialen Kongreß in Leipzig: »Wir sind Freihändler gewesen, so lange es die Großgrundbesitzer in Preußen waren, so lange das Wort galt, welches ein solcher sprach: ›ich bin konservativ und deshalb bin ich Freihändler‹; und wir sind Schutzzöllner geworden in dem Augenblick, als gewisse Erscheinungen den Großgrundbesitzer veranlaßten, schutzzöllnerisch zu werden.«[17]

Der neue Reichskanzler Georg Leo von Caprivi versuchte von dem System des autonomen Tarifs und den Meistbegünstigungsverträgen zugunsten eines die mitteleuropäische Zollunion anstrebenden Systems bilateraler Verträge mit verschiedenen Differentialzöllen loszukommen, um der Industrie bei ihrem Ausfuhrrückgang – die Getreidezölle wurden auf 35 Mark gesenkt, die Industriezölle beibehalten – in der Krise entgegenzukommen. Das eigentliche Ziel waren langfristige Handelsverträge mit Tarifbindung, da Frankreich, die USA, Rußland und Österreich-Ungarn eher protektionistischen Maßnahmen zuneigten. Der Reichskanzler sagte bei der ersten Beratung der Zoll- und Handelsverträge mit Österreich-Ungarn, Italien und Belgien am 10. Dezember 1891: »Wir müssen exportieren: entweder wir exportieren Waren oder wir exportieren Menschen. Mit dieser steigenden Bevölkerung ohne eine gleichmäßig zunehmende Industrie sind wir nicht in der Lage, weiter zu leben«[18], was für die deutsche Landwirtschaft wie ein Schlachtruf klingen mußte. Handelsverträge mit Belgien, Italien, der Schweiz und Österreich-Ungarn wurden auf zwölf Jahre festgelegt. Der Zollkrieg mit Rußland hielt an, ja im Juli 1891 wurde ein neuer Tarif erlassen, das Deutsche Reich wandte Kampfzollparagraphen an, worauf wiederum Rußland den Tarif um 50% erhöhte. Erst im März 1894 konnte ein Handelsvertrag auf zehn Jahre abgeschlossen werden, der Rußland die gleiche Meistbegünstigung wie den USA gewährte. Die deutsche Landwirtschaft münzte ihre Unzufriedenheit mit diesen Verträgen in heftige Reichstagsopposition um, was schließlich im Oktober 1894 zum Rücktritt Caprivis führte, dem Fürst Chlodwig zu Hohenlohe-Schillingsfürst folgte. Den künstlichen Gegensatz, ob Deutschland Agrarstaat bleiben oder Industriestaat werden solle, hatten die politischen Agrarier ausgespielt. Die Würfel waren längst gefallen, was auch bei nüchterner Betrachtung bald erkannt wurde.

Die Caprivischen Handelsverträge, schrieb Bernhard Harms 1914, waren »*in erster Linie für Industrie und Handel von fruchtbringender Bedeutung*«, aber sie haben auch »mittelbar die bäuerliche Wirtschaft gekräftigt, d. h. deren Absatzgebiet und Produktionssphäre erweitert«.[19]

7. Kapitel
Aufstieg zur Weltmacht
(1895-1914)

Einige Jahre nach dem von der Reichsführung entfesselten und mit allen militärischen Mitteln ausgefochtenen Ersten Weltkrieg schrieb ein deutscher Wirtschaftshistoriker: »Der Wille zur Macht ist, wie die Weltgeschichte auf jedem ihrer Blätter ohne Ausnahme lehrt, jedem politischen Gebilde im Umkreise anderer eigen. Aber es wäre verkehrt, ihn in Deutschland von gleicher Heftigkeit und Ausschließlichkeit anzunehmen wie in England, dessen Bürger sich als gottbegnadete Rasse moralisch allen Völkern überlegen wähnen, oder wie in den Vereinigten Staaten, deren Bewohner glauben, daß sie, vermöge ihrer Regierungsformen, ein solches Übergewicht im geschichtlichen Werden besitzen, daß sich alle anderen Länder dieser ethischen Macht zu beugen hätten, oder wie Frankreich, das sich in Ruhmessucht so verzehrt, daß jeder andere Staat ihm nur Mittel zu diesem Zweck erscheint, oder endlich wie in der russischen Intelligenz, die rückblickend auf die Ausdehnung ihres Machtgebietes während der letzten 200 Jahre den ›morschen Westen‹ als eine ebenso sichere Beute beanspruchte, wie den ganzen asiatischen Erdteil.«[1] Deutschland hätte, vor allem aufgrund seiner geographischen Lage, abgeschnitten vom Weltmeer und allseits beneidet und gehaßt wegen seiner wirtschaftlichen Erfolge, diese Imperialismen in einem Verteidigungskrieg abwehren wollen. Wie war es möglich, daß der industrielle Nachzügler Deutschland zu der führenden Wirtschaftsmacht in Europa aufsteigen konnte?

a) Der Konjunkturaufschwung seit 1895

Mitte der neunziger Jahre setzte sowohl weltwirtschaftlich als auch für die deutsche Industrie ein starker Aufschwung ein, der mit geringen Unterbrechungen bis 1914 anhielt. Zwar unterlag bereits seit dem Ausscheiden Bismarcks 1890 die deutsche Wirtschaftspolitik einigen Veränderungen, doch wurde sie durch den starken Aufschwung vor neue Herausforderungen gestellt. Nach der Schätzung Karl Helfferichs[2] verdreifachte sich die industrielle Leistung der deutschen Volkswirtschaft im letzten Vierteljahrhundert vor 1913. »Die Aufschwungsspanne 1895 bis 1913 kann als ein einziger großer Aufschwung angesehen werden, der 1901/02 und 1908/09 durch kurze Stockungen unterbrochen war.«[3]

Der Trend bei der relativen Stagnation der landwirtschaftlichen und der starken Vermehrung der industriellen Erwerbsbevölkerung war nicht konjunkturell bedingt. Selbst wenn wir berücksichtigen, daß die Gewerbezählungen von 1882, 1895 und 1907 nicht exakt miteinander zu vergleichen sind und sich bei genauerer Abgrenzung einige Verschiebungen ergeben, so steht doch fest: Nach der Berufszählung im Deutschen Reich von 1907 waren 28,6% der Erwerbstätigen in der Landwirtschaft beschäftigt, während Industrie, Handel und Verkehr 56,2% stellten. Noch deutlicher wird die rapide Industrialisierung an den absoluten Ziffern des Außenhandels. Von 1895 bis 1913 erhöhte sich die Einfuhr von 4246 auf 10770, die Ausfuhr von 3424 auf 10096 Millionen Mark. Man kann in der Tat sagen, daß das »Hineinwachsen der deutschen Industrie in den weltwirtschaftlichen Verband eines der wichtigsten Merkmale«[4] dieser Zeit gewesen ist. Doch dieser schnelle Wandel rief auch Ängste hervor, selbst unter Wissenschaftlern. Karl Oldenberg, ein bekannter Ökonom, schrieb 1897: »Deutschland treibt als Industriestaat in die künftige Knechtschaft einer wirtschaftlichen Staatengruppe.«[5]

Regional gesehen gab es einige beachtenswerte Verschiebungen. Zwar dominierten immer noch die alten Industrieregionen, die bereits 1871 führend gewesen waren, nämlich Rheinland, Westfalen, Schlesien, Sachsen und Elsaß-Lothringen, doch die aufstrebende Tendenz neuer hielt an: Hessen, Baden, Württemberg, Bayern holten gewaltig auf. Selbst die früher fast rein agrarischen Gebiete zeichneten sich durch stärkere industrielle Ansätze aus, so die Provinz Hessen, Hannover, Schleswig-Holstein und teilweise Ost- und Westpreußen. Wenn wir den Gewerbebesatz, d. h. die Zahl der industriell Erwerbstätigen pro 100 Einwohner, einiger deutscher Staaten, Regionen und des Deutschen Reiches insgesamt im Jahre 1907 miteinander vergleichen, dann wird bereits schemenhaft sichtbar, was in den folgenden Branchenanalysen sehr viel differenzierter herausgearbeitet wird. 1907 lag der Gewerbebesatz im Königreich Sachsen bei 34,3 (1./1.)[6], im Rheinland bei 26,3 (2./3.), in Baden bei 25,4 (4./4.), in Westfalen bei 24,4 (3./5.), im Deutschen Reich bei 23,1 (7./6.), in Württemberg bei 22,1 (5./2!), in Preußen bei 21,8 (8./7.), in Hessen bei 21,6 (6./9.) und in Bayern bei 20,4 (8./8).[7] Die industrielle Konzentration in den Städten erreichte ungekannte Ausmaße. Altona, Augsburg, Berlin, Bremen, Chemnitz, Frankfurt am Main, Hamburg, Hannover, Ludwigshafen am Rhein, Magdeburg, München und Nürnberg wurden zu typischen Industriestädten.

Die industriell am stärksten gewandelten Industrieregionen Deutschlands waren die beiden Königreiche Sachsen und Württemberg. Sachsen, die industrielle Werkstatt Deutschlands, entwickelte aus der Textilindustrie, die bis in die siebziger Jahre stark handgewerblich betrieben wurde, eine Maschinen-, Metall-, Instrumente- und Apparateindustrie, die sich immer stärker spezialisierte. 1911 gab es in Sachsen 30623 Fabriken mit 757518 Arbeitern, davon 147 mit mehr als 500 Arbeitern. Württemberg war ohne natürliche Ressourcen – wie Steinkohle oder Eisenerz – auf einen langen Industrialisierungspfad verwiesen, den es durch risikofreudige Unternehmer der Klein- und Mittelindustrie, durch staatliche Gewerbeförderung und durch Anwendung neuer Techniken etc. – vor allem der Elektrizität – zu einer mittelbetrieblichen Autobahn ausbaute. Metall-, Messer-, Uhren-, Trikot- und Korsettindustrie, chirurgische Instrumente, Kassenschränke, Linoleum, Bettfedern, Konserven, Chemikalien, Kraftfahrzeuge, Holzmöbel, Klaviere, Harmonikas, Stiefel, Briefordner, Eierteigwaren etc., die mittelbetriebliche Spezialisierung war ein erfolgreiches Gegenstück zur Schwerindustrie. Während die sächsische Industrie nach 1945 stark demontiert und sozialisiert wurde, konnte Württemberg fast nahtlos an Erreichtes anknüpfen und sich somit zu der industriell führenden Region der Bundesrepublik entwickeln. Diese historischen Vorbedingungen regionalen Wachstums und Wohlstands etwa in (Baden-)Württemberg oder in Hessen werden heute von Ökonomen wie Politikern, die sich natürlich gerne mit Lorbeeren des Erfolges schmücken möchten, bei der Diskussion um das Süd-Nord-Gefälle leicht übersehen. Es trifft jedoch zu, »daß wirtschaftliches Gefälle zumeist auf langfristigen ökonomischen Entwicklungen beruht, die oft ins frühe 19. Jahrhundert zurückreichen«.[8]

Das Vierteljahrhundert vor 1914 weist markante Auf- und Abschwünge auf, wenn auch die Periode 1895-1914 insgesamt exzeptionelle ökonomische Wachstumsraten im 19. Jahrhundert verzeichnete. Preise, Gewinne, Zinsen und Löhne stiegen während dieser Periode fast kontinuierlich an. K. Helfferich schrieb 1913: »Das deutsche Volkseinkommen beträgt heute rund 43 Milliarden Mark jährlich, gegen 23-25 Milliarden Mark um das Jahr 1895... Das deutsche Volksvermögen beträgt heute mehr als 300 Milliarden Mark, gegen rund 200 Milliarden Mark um die Mitte der 90er Jahre des vorigen Jahrhunderts.«[9] Andere Schätzungen liegen noch erheblich höher. Das Durchschnittseinkommen in Preußen erhöhte sich zwischen 1896 und 1914 von 884 auf 1334 Mark, d. h. um 50,9%. Die Konjunktur erlebte 1888 bis 1890 ein kräftiges Hoch, brach aber ziemlich abrupt nach dem Zusammenbruch des englischen Hauses Baring Brothers & Co. und der Mac Kinley Bill in den USA, die sich gegen deutsche Ausfuhren richtete, ab. Die Krise dauerte bis 1895, dann schlossen sich 4 1/2 Jahre Hochkonjunktur an, die mit einem Preissturz im Sommer 1900 zum Stillstand kam. Man kann fast sagen: »Der lange Aufschwung bis 1900 findet seinesgleichen tatsächlich nur im Gründerboom.«[10] Waren 1894 insgesamt 92 Aktiengesellschaften mit 88 Millionen Mark Kapital gegründet worden, so betrug der jährliche Durchschnitt von 1895 bis 1899 258 Neugründungen mit einem Gesamtkapital von 1908 Millionen Mark. Vom Winter 1902/03 bis zum Herbst 1907 tendierte die Konjunktur nach oben, bis der nordamerikanische Kupfer- und Bankkrach auch die deutsche Industrie in Mitleidenschaft zog. Von 1907 auf 1908 stiegen die Konkurse von 9855 auf 11 571 mit Konkursforderungen von etwa 311 Millionen Mark und die Arbeitslosigkeit der Gewerkschaftsmitglieder im Jahresdurchschnitt von 1,6 auf 2,9%. Die Eisen-, Maschinen-, Automobil-, Textil-, Elektro- und Bauindustrie verzeichneten die schwersten Rückschläge, die allerdings bereits 1909 weitgehend überwunden waren. Der Export wies in dem Jahrfünft vor 1914 neue Rekorde auf, und die Inlandsnachfrage wurde durch militärische Rüstung angetrieben. In den 24 Jahren seit 1888 wechselten sich 15 fette mit 9 mageren Jahren ab.

b) Handels-, Zoll- und Steuergesetzgebung

Deutlich schlugen sich diese ökonomischen Veränderungen auch in der Gesetzgebung nieder. Das Handelsgesetzbuch wurde 1897 in wichtigen Teilen, z.B. dem Agenturwesen, den Aktiengesellschaften, dem Lagergeschäft, den Handlungsgehilfen und Lehrlingen, ergänzt. Den Kleingewerbetreibenden wurde durch die Gründung von Handwerkskammern eine Berufsvertretung geschaffen. Sie bestanden zur Hälfte aus Innungs- und Gewerbevereinsmitgliedern und einem Staatskommissar. Die Kammern übernahmen als Aufgaben, das Lehrlingswesen zu regeln und zu überwachen, Gutachten, Mitteilungen und Jahresberichte zu erstatten, Prüfungsausschüsse zur Abnahme der Gesellenprüfung zu bilden etc. Der kleine Befähigungsnachweis etwa wurde durch die Gesetzgebung von 1908 eingeführt. Danach durften Lehrlinge nur von Personen über 24 Jahren mit bestandener Meisterprüfung ausgebildet werden. Zwangsinnungen durften wieder errichtet, aber auf Antrag der Beteiligten auch wieder aufgelöst werden. Diese Maßnahme war nicht mehr zeitgemäß. Zehn Jahre nach Erlaß des Gesetzes, 1907, standen 3447 obligatorischen 8548 freie Innungen gegenüber. Am Beginn des neuen Jahrhunderts stand die Einführung des Bürgerlichen Gesetzbuches, an dem 20 Jahre lang gearbeitet worden war. Damit wurde in der deutschen Verkehrswirtschaft für alle Staaten ein Einheitsrecht geschaffen, auch wenn es nicht in allen Paragraphen dem aktuellen Stand entsprach.

Die Zölle wurden während des gesamten Zeitraums der Konjunktur und dem Bedarf des Reichs angepaßt. Die Erhebung der Einkommens-, Vermögens- und Erbschaftssteuern war den Einzelstaaten vorbehalten. Die Bismarckschen Zollgesetze von 1879, 1885 und 1887 wie die vielen Senkungen bzw. Erhöhungen von Biersteuern, Tabaksteuern, Branntwein- und Zuckersteuern, Stempelabgaben etc. konnten langfristig weder den partikularistischen und egoistischen Interessen noch den budgetrechtlichen Grundsätzen gerecht werden. Im Jahre 1906 versuchte man mit einer »großen Finanzreform« den Reichsetat zu bilanzieren. Tabaksteuer und der Quittungsstempel wurden aufgehoben, Brau- und Frachturkundensteuer, Automobil- und Tantièmensteuer, Erbschaft- und Zigarettensteuer wurden neu eingeführt, das Ortsporto erhöht. Bereits 1909 ersann man die Leuchtmittel- und Zündmittelsteuer, erhöhte die Bierabgabe, die Scheck-, Stempel- und Schaumweinsteuer, 1911 belegte man Grundstücke und Häuser mit einer Wertzuwachssteuer, ab 1913 erhob man einen Wehrbeitrag. Zu diesem Zeitpunkt verteilten sich die Reichseinnahmen auf 33 Rubriken. Alle diese Verbrauch-, Verkehr-, Vermögen- und

Aufwandsteuern waren von geringer Ergiebigkeit, ihr Anteil am Gesamtaufkommen betrug 1913 8%. Vermögensteuern wurden in den deutschen Staaten zu sehr unterschiedlichen Zeitpunkten eingeführt; zuerst in Hamburg und Bremen. In Preußen gab es sie seit 1893 als Ergänzungssteuer zur Einkommensteuer, Hessen und Braunschweig übernahmen diese Steuer 1899, Sachsen 1902 und Oldenburg 1906, während Baden am 1. Januar 1908 eine Vermögensteuer in Kraft setzte. Nachlaßsteuern wurden vor dem Ersten Weltkrieg nicht eingeführt. Diese Gesetze konnten die zunehmende Verschuldung des Reiches nicht abwenden, die 1913 insgesamt[11] 5017 Millionen Mark betrug, während die Reichs- und Länderhaushalte vor dem Krieg mit 22 Milliarden Mark verschuldet waren.

Das preußische Einkommensteuergesetz von 1891 kann als wegweisende Steuerreform unter dem Finanzminister Johannes von Miquel angesehen werden. Die Besteuerung erfolgte nach subjektiver Leistungsfähigkeit, und das Steueraufkommen wurde mit dem Sozialprodukt verkoppelt, wie es dem Industriestaat angemessen war. Einkommen unter 3000 Mark wurden von den Behörden veranlagt – wobei Einkommen unter 900 Mark steuerfrei blieben –, höhere unterlagen der Deklarationspflicht. Es gab eine mäßige Progression von 0,6 bis 4% bei Einkommen über 900000 Mark jährlich. Die Reichen wurden zwar noch immer bevorteilt, aber das Gesetz brachte mehr Durchsichtigkeit und damit auch in Ansätzen eine Steuergerechtigkeit. Andere deutsche Staaten übernahmen dieses Steuersystem, so daß in den letzten Jahren vor Kriegsausbruch der Anteil der Einkommensteuer am Staatssteueraufkommen in Sachsen 76%, in Preußen 72%, in Hessen 60%, in Württemberg 46%, in Baden 45% und in Bayern 40% betrug.

Die Handelspolitik wurde drei Jahre nach dem Sturz des Reichskanzlers »ohn' Ar und Halm«, Caprivi, einer erneuten Revision unterzogen. Die einzelnen industriellen Branchen versuchten einen möglichst starken Einfluß auf die Wirtschaftspolitik zu gewinnen, wie etwa der seit 1897 bestehende Handelsvertragsverein. Sein Ziel war, durch die Errichtung einer Zentralstelle für die Vorbereitung von Handelsverträgen eine freihändlerische Politik zu fördern, um der chemischen Industrie auf Auslandsmärkten größere Anteile zu sichern. Im Jahre 1897 wurde ein wirtschaftlicher Ausschuß zur Begutachtung wirtschaftspolitischer Maßnahmen im Reichsamt des Inneren zusammengerufen, der aus 30 Vertretern der Landwirtschaft, der Industrie und des Handels bestand. In 100 Sitzungen wurden 2000 Sachverständige befragt, um ein neues Zollgesetz mit schutzzöllnerischen Tarifen, vor allem bei den Agrarzöllen, vorzubereiten, das nach Ablauf der Caprivi-Verträge Grundlage neuer Verhandlungen sein sollte. Am 25. Dezember 1902 wurde der Regierungsentwurf des heftig umkämpften und kritisierten Zollgesetzes unter Reichskanzler von Bülow vom Reichstag angenommen. In 19 Abschnitten wurden 946 Zollsätze mit vielen Unterabteilungen, d. h. fast alle Waren, aufgeführt; die hochschutzzöllnerische Tendenz war eindeutig zu erkennen. Die Weizen- und Roggenzölle wurden auf 55 Mark je Tonne heraufgesetzt, die Industriezölle etwa auf dem alten Niveau belassen. Um das Zollgesetz (die sog. lex Trimborn) nicht zu sehr als reine Bevorteilung der Großagrarier erscheinen zu lassen, setzte der Reichstag durch, daß erstens den Gemeinden verboten wurde, den Oktroi auf Getreide, Mehl, Fleisch, Fett etc. zu erheben, wodurch angeblich die städtischen Verbraucher begünstigt wurden. Zweitens sollten die Zollerträge bei Weizen, Roggen, Mehl und Fleisch, wenn sie über den Durchschnitt der Zolleinnahmen pro Kopf der Bevölkerung von 1898 bis 1903 stiegen, der Witwen- und Waisenpensionskasse der Arbeiterversicherung zugeführt werden. Beide Maßnahmen blieben wirkungslos, die städtischen Preise für Lebensmittel gingen nicht entsprechend zurück, und Überschüsse bei den Zöllen wurden – bei steigender Bevölkerung – nicht erzielt. Neue Verträge auf der Grundlage dieses Zollgesetzes sind bis 1906 mit allen wichtigen Handelspartnern, mit Italien, Belgien, Rußland, Rumänien, der Schweiz, Serbien, Österreich-Ungarn, Bulgarien, Schweden, Portugal und Japan, abgeschlossen worden, die bis zum Kriegsausbruch – ja eigentlich bis 1917 – die deutsche Handelspolitik bestimmten. Während des Ersten Weltkriegs wurden im Kampf gegen die Blockade die meisten Agrar- und Rohstoffzölle beseitigt und eine Vielzahl von Ein- und Ausfuhrverboten erlassen.

c) Die Verbreiterung des Wohlstands

Das Leben wurde in dem letzten Konjunkturzyklus vor dem Ersten Weltkrieg in jeder Hinsicht üppiger. Im weiteren Kontext hat man dies neuerdings »Feudalisierung des Bürgertums« genannt; der Begriff ist umstritten, doch zweifellos entwickelten sich neue Wohlstandsformen. Industrielle und Bankiers, die es sich leisten konnten, ließen sich – oft geschmacklose – Repräsentationsvillen erbauen. Kaufhäuser und Banken, aber auch Fabriken und Mietshäuser wuchsen ins Überdimensionale. Es war wie ein Rausch der Megalomanie, der Prunksucht. Afrikanische Jagdtrophäen, chinesische Vasen, gotische Möbel, ein indischer Buddha, japanische Bronzen, persische Teppiche oder venezianische Gläser sollten Wohlstand repräsentieren. Adolph Wagner sagte dazu kurz vor dem Ersten Weltkrieg: »Plutokratie gerade der Oberklasse, maßloser Luxus und Genußsucht, hier wie von da aus schon durch Beispiel nachwirkend in den anderen Klassen, wirtschaftliche Übermacht und beherrschende Gewalt, auch Übermut in vielen Kreisen und vollends an den Spitzen der modernen Geld-, Bank-, Börsen-, Handels-, Industriekreise, sind ohne hinlänglich retardierende Gewichte fast stärker als sonst in ganz Europa, selbst als in England, Frankreich, Belgien zu einer hypertrophischen Entfaltung gekommen, ähnlich, wenn auch noch schwächer, wie in Nordamerika.«[12] Eine neue Art von Mittelstand erwuchs im Kaiserreich aus den Angestellten, den *white collar-workers*. Durch Kleidung, teilweise auch durch Verdienst, vor allem aber in ihrer Lebenshaltung und -weise wollten sie sich von der Arbeiterschaft abheben und distanzieren. Im Jahre 1882 wurden in der Industrie 99076 Angestellte gezählt, 1907 waren es bereits 686007. Die Kaufmännischen Verbände wiesen Ende 1912 unter ihren Mitgliedern 533917 Angestellte auf, die Technikerverbände 132049.

Der Verbrauch an allen Lebensgütern stieg seit Beginn des 20. Jahrhunderts stark an, auch wenn er nicht klassen- und schichtspezifisch nachweisbar ist. Waren um die Mitte des Jahrhunderts Kaffee, Tee, Kakao, Südfrüchte oder türkischer Tabak nur den oberen Schichten vorbehalten, so wurden sie nach 1900 Allgemeingut. Der Zuckerverbrauch erhöhte sich von 6 kg pro Kopf 1870/76 auf 17,1 kg 1907/08, ähnlich war es bei Kaffee oder ausländischen Gewürzen. 1872/73 wurden 78 l Bier pro Kopf getrunken, 1899/1903 waren es bereits 123,4 l, wobei Bayern mit 246 l im Jahre 1911 den Reichsdurchschnitt um mehr als das Doppelte übertraf. Insgesamt wurden damals in Deutschland fast 70 Millionen Hektoliter Bier konsumiert. Der Fleischverbrauch, ein guter Indikator für das Wohlstandsniveau westlicher Industriegesellschaften, stieg von

17,3 kg 1816 auf 52,3 kg pro Kopf 1912. Der Wandel der Ernährungsgewohnheiten in dieser Periode wird etwa auch darin sichtbar, daß sich der Reisverbrauch pro Kopf von 1836/40-1906/10 mehr als vervierzehnfachte, allerdings mit 2,58 kg gegenüber 153,1 kg Roggen und 702,2 kg Kartoffeln pro Kopf 1913/14 noch sehr gering war.[13]

Nicht nur der Verbrauch von Nahrungsgütern erlebte eine erstaunliche Zunahme. Konnte man um 1815 kaum ein Buch auslesen, ohne mehrmals mit der Lichtputzschere die Talgkerzen bearbeitet zu haben (was Johann Wolfgang von Goethe zu dem Vers veranlaßte: »Wüßt' nicht, was sie Besseres erfinden könnten, Als wenn die Lichter ohne Putzen brennten«), so war knapp hundert Jahre später das elektrische Licht weit verbreitet, zumindest in den Großstädten. Zeitungen, Theater, Kino, Konzerte gab es beinahe in jeder Kleinstadt, und Klaviere, Fahrräder und Uhren wurden zu Requisiten vieler Haushalte. Das jährliche Familienphoto oder die Schreibmaschine im Büro wurden ebenso zu Selbstverständlichkeiten wie Wasserleitungen und -klosett, Gaskocher und Roßhaarmatratzen. Trotzdem war die Kluft zwischen Reich und Arm noch unüberbrückbar. Gymnasiumsbesuch, Eisenbahnfahrten erster Klasse, Urlaub an der Nord- und Ostsee oder gar der Besitz eines Autos waren einer sehr schmalen Schicht vorbehalten.

Der Kampf um die Verteilung des wachsenden industriellen Kuchens wurde härter, denn die Landwirtschaft spürte den Verdrängungsdruck seitens der Industrie. In dem Jahrzehnt nach 1886 waren die Weizen- und Roggenpreise weiter gefallen, es gab eine Überproduktion von Zucker, Hanf und Flachs; Tabak und Hopfen waren ohnehin in einer Krise. Fleisch, Geflügel, Milch, Eier, Butter, Obst und Gemüse erfreuten sich steigender Nachfrage und Preise, doch dies waren nur zum geringen Teil ostelbische Produkte. Der Bund der Landwirte, in einen Zentralverband, Provinzial- und Kreisverbände gegliedert, verstärkte seine Parteipolitik. Den Anstoß dazu hatte ein Artikel des Generalpächters Ruprecht-Ransern vom 21. Dezember 1892 in dem illustrierten Fachblatt für rationelle Viehhaltung, Milchwirtschaft und Futterbau »Landwirthschaftliche Tierzucht« in Bunzlau gegeben, in dem es hieß: »Wir müssen aus den Statuten unserer landwirtschaftlichen Vereine den Paragraphen streichen, daß keine Politik getrieben werden darf, denn wir müssen Politik und zwar Interessenpolitik treiben; haben wir doch den Mut, den Namen ›Agrarier‹, den die landwirtschaftsfeindliche Presse uns so oft unberechtigt gegeben hat, nun mit Recht zu tragen; denn nur dadurch, daß wir rücksichtslose und ungeschminkte Interessenpolitik treiben, kann vielleicht die Existenz der heutigen Landwirte, die mit verschwindenden Ausnahmen aus Geschlechtern hervorgegangen, die sich von Alters her mit der Bewirtschaftung der Scholle befaßt haben, gerettet werden.«[14] Die Mitgliederzahlen des Bundes der Landwirte stiegen rasch an; 1895 hatte der Bund 188000, 1908 290000 Mitglieder. Seine wichtigsten Forderungen waren höherer Zollschutz, steuerliche Entlastung, Sicherung gegen Verschuldung und gegen den Kontraktbruch ländlicher Arbeiter. Der 1909 gegründete Bauernbund, der als politischer Widerpart zum Bund der Landwirte auftreten wollte, konnte diesem nur wenig schaden.

Die antiindustriellen, antidemokratischen Kampfziele des Bundes der Landwirte konnten von Industrie und Handel auf Dauer nicht tatenlos hingenommen werden. Um ihrer Ablehnung der Forderungen des Bundes politischen Ausdruck zu verleihen, gründeten sie am 12. Juni 1909 den Hansabund für Gewerbe, Handel und Industrie, der nach zwei Jahren 250000 Mitglieder – darunter 70000 Unternehmer und 180000 Angestellte – und 625 Ortsgruppen zählte. Der Hansabund versuchte durch Vorträge, Veröffentlichungen und Presseberichte die ungerechtfertigte politische Macht des Bundes der Landwirte darzustellen und ihr entgegenzutreten. Der Stein des Anstoßes war der Vorschlag, die Reichssteuern durch eine Erbschaftssteuer zu erweitern, die natürlich den Großgrundbesitz belastet hätte, während der Bund der Landwirte Umsatzsteuern verlangte, die vorwiegend von der Industrie getragen werden mußten. Allerdings war die Wirksamkeit des Hansabundes nicht von langer Dauer, denn am 1. Juli 1911, dem Tag des Ausbruchs der zweiten Marokkokrise, zog sich die Großindustrie aus dem Bund zurück, nachdem der Vorsitzende des Direktoriums des Zentralverbandes deutscher Industrieller, Roetger, kurz zuvor beim ersten Hansatag einen Bruch herbeigeführt hatte.

d) Das industrielle »Überholen« Englands

Die ökonomische Strategie Deutschlands bestand in dem Ein- oder Überholen Englands als Wirtschaftsmacht und in dem Aufbau einer deutschen Kriegsflotte, die so stark sein sollte, »daß sie allen einzelnen feindlichen Staaten gegenüber eine achtungsgebietende Macht ist«.[15] Kurz nach Ausbruch des Ersten Weltkriegs, am 2. September 1914, schrieb ein guter Kenner der deutschen Handelsschiffahrt: »Die Geschichte wird es einst als die denkwürdigste Tat, als ein unbestreitbares Verdienst unseres Kaisers anerkennen, daß er mit dem Wahn, Preußen-Deutschlands natürliche Stärke liege allein in der Landmacht, endgültig gebrochen hat. Er hat dem deutschen Staat wieder die Aufgaben auf See zugewiesen, die seit den Tagen der deutschen Hanse vernachlässigt worden sind. Und er hat auch die Männer gefunden, die mit echt deutscher methodischer Gründlichkeit und Ausdauer an den Aufbau der Flotte gingen. Beim Ausbruch des Weltkrieges besaß Deutschland dank dem Organisationstalent eines Tirpitz die zweitstärkste Kriegsflotte der Welt, mit einem Offizierkorps und einer Mannschaft, brennend vor Kampflust und Eifer, zu zeigen, was sie gelernt haben.«[16] Um dieses Ziel zu erreichen, mußte sich das Reich verschulden, ja man kann sagen, »daß der wichtigste Anstoß zu der gewaltigen Schuldensteigerung vom Auf- bzw. Ausbau der Kriegsflotte ausging«.[17] Politisches Weltmachtgebaren verband sich hier besonders klar mit ökonomischen Interessenlagen. Das Reich besaß jedoch keinen direkten Zugriff auf die Einkommensteuern der Einzelstaaten, deshalb entwickelte sich eine Diskrepanz zwischen industriellem Wachstum und den Einnahmen des Reiches.

Daß Deutschland, wenn auch wesentlich durch seine regionalen Industriezentren, eine wirtschaftliche Weltmacht geworden war, wird in der immer stärkeren Konzentration der Großbetriebe schlaglichtartig sichtbar. Im Jahre 1907 gab es 21 782 Betriebe mit 51-200, 4875 mit 201-1000 und 548 mit über 1000 Beschäftigten. Von der Gesamtbeschäftigtenzahl mit 5 180 331 Personen waren 39,3% in der ersten, 36,1% in der zweiten und 24,6% in der dritten Kategorie beschäftigt. Bei den angewandten Pferdekräften – insgesamt 5 887 483 PS – war das Verhältnis 29,9:32,1:38,9%, beim Einsatz von elektrischem Strom in Kilowatt verbrauchten die Betriebe über 1000 Beschäftigte 41,7% des gesamten Stromverbrauchs von 1 048 123 Kilowatt. Die folgende Feststellung Karl Lärmers vermag jedoch nicht das komplizierte Beziehungsgeflecht zu erfassen, weil sie *eine* Erscheinung überbewertet: »Wenn es Deutschland bis zum Ausbruch des ersten Weltkriegs gelang, nach den USA zum größten industriellen Produzenten aufzusteigen, so wesentlich durch die Schaffung stabiler Monopole.«[18]

Das Ein- und Überholen Englands wurde auf verschiedenen Gebieten erzielt, von denen nur einige kurz erwähnt werden sollen. Die Produktion von Stein- und Braunkohlen erhöhte sich zwischen 1886 und 1911 von 73,7 auf 218,1 Millionen Tonnen; Belgien förderte im letztgenannten Jahr 35,5, Frankreich 97,5 und England 272,6 Millionen Tonnen. Die deutsche Kaliförderung lag 1888 bei 1,2 und wuchs bis 1912 auf über 10 Millionen Tonnen. 1913 gab es in Deutschland 313 Hochöfen, die größten von ihnen waren 30 m hoch und erzeugten 65 000 Tonnen Roheisen jährlich. Die deutsche Roheisenproduktion steigerte sich bis 1912 auf 17,85 Millionen Tonnen gegenüber England mit 9,03, USA mit 30,2, Frankreich mit 4,87, Rußland mit 4,20 und Belgien mit 2,30 Millionen Tonnen. Beim Eisenerz war Deutschland allerdings auf eine erhebliche Einfuhr angewiesen, denn es förderte im Jahre 1911 29,9 Millionen Tonnen und mußte 9,8 Millionen Tonnen einführen.

Nach dem großen sächsischen Textilarbeiterstreik im Jahre 1904 breiteten sich Unternehmerverbände rasch über das ganze Reich aus. Hatte es im Jahre 1900 nach dem Reichsarbeitsblatt erst 19 Reichs-, 58 Landes- und Bezirks- und 121 Ortsverbände gegeben, so zählte die Statistik 13 Jahre später 109 Reichs-, 494 Landes- und Bezirks- und 2692 Ortsvereinigungen. Insgesamt umfaßten die Verbände 145 207 Unternehmen mit 4 641 361 Arbeitern. Das Kampfmittel der Unternehmer, die sich in Arbeitgeberverbänden zusammengeschlossen hatten, war die Aussperrung der Arbeiter bei erhöhten Lohnforderungen, Streikdrohungen oder teilweisen Ausständen.

Die Gewerkschaften im Kaiserreich haben zwar wesentlich dazu beigetragen, die Lebenshaltung der Lohnarbeiter zu verbessern, aber sie bildeten kein geschlossenes machtpolitisches Gegengewicht zu den Unternehmerverbänden. Zum einen waren sie zersplittert; Freie (sozialdemokratische), Hirsch-Dunckersche sowie Christliche und »Gelbe«, d. h. unternehmerfreundliche Gewerkschaften, standen sich oft feindselig gegenüber. 1891 zählten die Freien 277 659, 1900 680 427 und 1912 2 553 162 Mitglieder, dagegen betrug 1912 die Zahl der Hirsch-Dunckerschen 109 225, die der Christlichen 344 687. Die meisten Gewerkschaften waren als Berufsgemeinschaften über ganz Deutschland verbreitet, und das Vermögen aller Gewerkschaften wuchs von 425 845 Mark 1891 auf 99 956 186 Mark 1912, von denen seit 1907 Überschüsse gewinnbringend angelegt wurden.

Wissenschaft und Bildung wurden zu Grundsäulen des industriellen Fortschritts, der immer stärker auf die wissenschaftliche Durchdringung und Grundlagenforschung angewiesen war. Die Gründung der Kaiser-Wilhelm-Gesellschaft (heute Max-Planck-Gesellschaft) war ein sichtbarer Ausdruck der Wertschätzung naturwissenschaftlich-technischer Verfahrensweisen. Die Zahl der Volksschulen hat sich in Preußen zwischen 1871 und 1911 von 33130 auf 38684 vermehrt, d. h., auf einen Lehrer kamen 1911 noch 56,3 Schulkinder; die Analphabetenrate lag 1913 in Deutschland bei 0,4 Promille, in Frankreich betrug sie 30, in Italien 306 Promille. Die klassische altphilologische oder humanistische höhere Schulbildung wurde zurückgedrängt zugunsten naturwissenschaftlicher Fächer. Die Zahl der Studenten auf den Universitäten hatte sich zwischen 1869 und 1914 vervierenhalbfacht (60095). Daneben boten elf Hochschulen für Technik, vier für Landwirtschaft, drei für Bergbau und Forstwesen praktisch-wissenschaftlichen Unterricht, sechs Handelshochschulen bildeten den Nachwuchs für die mittlere Führungsebene in Wirtschaft und Verwaltung aus. Eine Vielfalt von gewerblichen Fortbildungsschulen, z. B. 1914 in Preußen 2564 mit einer Schülerzahl von 455937, erweiterte das Bildungsangebot. Fast jede Branche hatte eigene Fachschulen, wie etwa die Textil- oder Metallindustrie, und immer mehr Betriebe richteten Lehrlingswerkstätten zur Ausbildung ihres Facharbeiternachwuchses ein. Eigene Forschungslaboratorien, etwa in der Chemieindustrie, waren keine Seltenheit mehr, und auch die staatlichen Ausgaben für medizinische, chemische, biologische oder physikalische Forschungsanstalten stiegen an. Allein für die Universitäten gaben im Jahre 1914 Preußen 26,7, Bayern 5,2, Sachsen 5,1 und Württemberg 1,1 Millionen Mark aus. Diese objektiv großartigen, das Zeitalter prägenden wissenschaftlich-technischen Errungenschaften erzeugten eine »Wirtschaftsgesinnung« des nationalen Chauvinismus, die ausländisches Mißtrauen hervorrufen mußte.[19]

Teil II

Ökonomische Strukturwandlungen in den Sektoren
(1815-1914)

Vorbemerkungen

Wirtschafts- und Sozialgeschichte kann auf ganz unterschiedliche Art und Weise analysiert, erfaßt und geschrieben werden. Je nachdem, welche erkenntnisleitenden Interessen wir haben, welche Fragestellungen oder Problemlösungen uns besonders wichtig erscheinen, wie weit die Forschung die verschiedenen Themenbereiche aufgearbeitet hat, werden sich andere Schwerpunkte ergeben. Der gesamtgesellschaftliche Modernisierungsprozeß, wie er uns im Deutschland des 19. Jahrhunderts in seinen unendlich vielen Facetten entgegentritt, kann dadurch strukturiert werden, daß wir ihm ein theoretisches Raster überstülpen. Dies kann ein Stufenmodell sein, wie es die Historischen Schulen der Nationalökonomie von Friedrich List bis Werner Sombart bevorzugten, oder die modernen Wachstums- und Konjunkturtheorien, die Knut Borchardt und Reinhard Spree bei ihren Analysen zugrunde legten, bis hin zu den »Säkulartheorien« Max Webers, die in den Dimensionen Herrschaft, Wirtschaft und Kultur die Verschränkungen von Wirkungsfaktoren zu erfassen suchen, wie dies neuerdings Hans-Ulrich Wehler in seiner *Deutschen Gesellschaftsgeschichte* aspektreich entfaltet hat.

Nachdem ich im ersten Teil dieses Überblicks die Grundzüge der ökonomischen Entwicklung und die wirtschaftspolitischen Rahmenbedingungen chronologisch skizziert habe, weil es mir wichtig erscheint, den Stellenwert und die Einflüsse unterschiedlicher staatlicher Entscheidungen und Maßnahmen auf den Industrialisierungsprozeß vor und nach der Reichsgründung herauszuarbeiten, sollen ein paar Vorbemerkungen zum zweiten Teil die Struktur des weiteren Aufbaus und seine Intentionen erhellen. Es ging und geht mir vor allem um die Erklärung und Darstellung des Problems, warum und wie das zersplitterte Deutschland, der industrielle Nachzügler, bis zum Ersten Weltkrieg zur führenden europäischen Wirtschaftsmacht aufsteigen konnte. Um darüber Genaueres auszusagen, scheint mir weder das Nationalstaatskonzept noch die Messung anhand von Größen der volkswirtschaftlichen Gesamtrechnung hinreichend. Ohne hier in eine theoretische Diskussion der operationalen Parameter einzutreten, möchte ich zwei Gegenstandsbereiche umreißen, die für den Aufbau bestimmend waren: erstens die Regional- und zweitens die Faktorenanalyse.

Wenn man im Vorgriff der Ergebnisse zu konstatieren bereit ist, daß Industrialisierung ein regionales Phänomen darstellt, daß nur auf regionaler Basis die Ursachen, Wirkungsmechanismen und Folgen Industrieller Revolutionen adäquat zu erfassen sind, dann ist die Klärung und Definition des Begriffs »Region« unerläßlich. Eine vergleichende regionale Wirtschafts- und Sozialgeschichte Deutschlands im 19. Jahrhundert ist jedoch erst von Erfolg gekrönt, wenn man bei der Festlegung und Verwendung einer solchen Definition bestimmte Homogenitätskriterien zugrunde legt. Um es auf einen kurzen, hoffentlich nicht ganz unverständlichen, Nenner zu bringen. Region heißt hier: ein Territorium von einer festgelegten Größe, einer meßbaren Ausstattung mit agrarischen und gewerblichen Gütern sowie einer ihrer Größe angemessenen Bevölkerungszahl. Städte wären demnach zu klein und etwa ganz Preußen zu groß als »Region«. Solche Regionen lassen sich in Deutschland empirisch oder analytisch bilden, und ihre Strukturwandlungen können in einem zeitlichen Kontinuum miteinander verglichen werden.

Die Industrialisierungsfaktoren, über die verschiedene Regionen verfügen, können nicht nur sehr unterschiedlich sein, sie sind auch während des Ablaufs der Industriellen Revolution starken Wandlungen unterworfen. Um es an einem Beispiel zu verdeutlichen: Der Faktor Steinkohlenvorkommen war zu Beginn der Industrialisierung – wenn ergänzende Faktoren vorhanden waren – für regionales Wirtschaftswachstum von entscheidender Bedeutung; im Laufe des 19. und erst recht im 20. Jahrhundert konnte er durch andere Faktoren substituiert werden. Führende (Früh-)Industrieregionen können somit im Industrialisierungsprozeß relativ zurückfallen, während vorher rückständige Regionen bei der Jagd nach großem wirtschaftlichen Wachstum auf- und überholen können. Der Vergleich des Ruhrgebiets mit Württemberg in den letzten 150 Jahren führt uns diese Faktoren- und Wohlstandsverlagerung nahezu idealtypisch vor Augen. Die Gliederung in den folgenden Kapiteln kann deshalb als ein Faktorenschema angesehen werden, wobei die Reihenfolge gegenüber dem analytischen Gewicht der Faktoren beim regionalen Wirtschaftswachstum sekundär ist.

Es muß nicht besonders hervorgehoben werden, daß in einem solchen relativ kurzen Überblick die beiden Gegenstandsbereiche auch nicht annähernd in ihren multifunktionalen Aspekten analysiert werden können. Als heuristische Leitfäden vermögen sie m. E. den *regionalen* Industrialisierungsprozeß besser zu strukturieren und vielleicht auch die regionalen Ungleichheiten oder Disparitäten im Rahmen der Strukturbedingungen und Entwicklungsprozesse der deutschen Volkswirtschaft erklären zu helfen. Es bleibt dem Leser überlassen, ob er diesen Perspektivenwechsel als interessant und/oder für künftige wirtschafts- und sozialhistorische Forschungen erkenntnisfördernd ansieht. Wer sich stärker für die gesamtstaatlichen Wandlungen der deutschen Industrie interessiert, findet darüber in Handbüchern oder allgemeinen Darstellungen Material.

8. *Kapitel*
Die Bevölkerung

Bevölkerung ist eine Zentralkategorie der Volkswirtschaft, denn die meisten politischen, ökonomischen und sozialen Veränderungen lösen direkt oder indirekt Wandlungsimpulse in der Bevölkerung aus. Ob bestimmte Gesetze beschlossen werden, Industriezweige wachsen oder schrumpfen bzw. soziale Bewegungen sich entfalten, immer ist die Bevölkerung mehr oder weniger stark davon betroffen. Dies gilt ganz besonders für die regionale deutsche Bevölkerungsentwicklung im 19. Jahrhundert, die nahezu seismographisch auf die Umbrüche im Modernisierungsprozeß reagierte. In der deutschen Wirtschafts- und Sozialgeschichte sind wohl wenige Bereiche gründlicher erforscht und statistisch erfaßt worden als die Bewegung der Bevölkerung und ihre Komponenten. Deshalb möchte ich mich in diesem Kapitel darauf beschränken, einige Grundtendenzen nachzuzeichnen, wobei die Ursachen der Bevölkerungsveränderungen keineswegs ausgelotet werden.[1]

Die Bevölkerungsentwicklung in Deutschland wurde während der Industriellen Revolution von so vielen unterschiedlichen Faktoren beeinflußt, daß es vorläufig genügen mag, einige wichtige davon aufzulisten. Dazu gehören die Veränderungen im generativen Verhalten, die Wandlungen in der Alters- und Familienstruktur, in der Geburtlichkeit und Sterblichkeit; außerdem die pull- und push-Effekte der Städte und des Landes, die Einflüsse von Binnenwanderung, Auswanderung und Mobilität, nicht zuletzt von den regionalen oder religiösen Unterschieden. Millionen von Menschen mit ihren Hoffnungen, Ängsten, Wünschen, Erwartungen und Enttäuschungen reagierten auf ökonomischen, politischen und sozialen Wandel in sehr unterschiedlicher Weise, aber im statistischen Durchschnitt lassen sich ähnliche Verhaltensweisen erkennen und herausfiltern. Die Industrielle Revolution hat die deutsche Bevölkerung grundlegend umgestaltet; und hier wird einigen Veränderungen in der Bevölkerungsstruktur, in Ansätzen auch den Ursachen und Folgen nachgegangen. Diese Darlegungen mögen den Rahmen bilden, in den die jeweiligen Branchenanalysen hineingestellt werden.

a) Bevölkerungswachstum und Nahrungsspielraum

Im Jahre 1816 lebten auf dem späteren Reichsterritorium 24,83 Millionen Menschen, das waren 45,9 Einwohner pro km²; bis 1914 hatte sich die Bevölkerung auf 67,81 Millionen (125,4 E/km²) vermehrt, das waren etwa 15% der europäischen und vier Prozent der Weltbevölkerung. Die Bevölkerungsdichten im Jahre 1910 lagen in Belgien bei 252, in Großbritannien bei 177 und in Frankreich bei 74 Einwohnern pro km². Die merkantilistische Bevölkerungspolitik, die in einer großen Bevölkerung den Reichtum eines Landes sah, hatte nicht im entferntesten das Wachstum der Industriebevölkerung vorwegnehmen können. Wie wichtig eine große Bevölkerungszahl für einen industrialisierten Staat ist, läßt sich leicht daraus ersehen, daß ein ausreichendes Arbeitskräfteangebot auf der einen und ein entsprechendes Nachfragepotential auf der anderen Seite wesentliche Begleiterscheinungen aller Industriellen Revolutionen gewesen sind. Bevölkerungsvermehrung ohne entsprechende Industrialisierung führte und führt jedoch meist zu Verelendung, Hungerkatastrophen und Seuchen, was uns heute in einigen Entwicklungsländern nur allzu deutlich und dramatisch vor Augen geführt wird. In der Mitte des 19. Jahrhunderts wurden an eine staatliche Bevölkerungspolitik folgende Anforderungen gerichtet: »Eine Regierung, welche Gewerbefreiheit gestatten und daneben die Unfreiheit des Bodens bestehen lassen wollte, d. h. also die Production der Gegenstände für Wohnung, Kleidung etc. begünstigen, dagegen die der Gegenstände der Ernährung beeinträchtigen, würde im Großen ebenso falsch handeln, als es eine Behörde im Kleinen thut, welche Marktfreiheit für die Gewerbserzeugnisse gestattet, nicht aber auch für die landwirthschaftlichen.«[2]

Wie sehr sich die Bevölkerung in Deutschland regional unterschied, im Ausgangsjahr 1816 ebenso wie in der Entwicklungstendenz bis 1910, geht aus Tabelle 1 deutlich hervor. Um nur einige Tendenzen anzudeuten, denn die Ursachen der verschiedenartigen Verläufe sind von vielerlei Faktoren abhängig: Außer den Stadtstaaten erreichte 1816 kein deutscher Bundesstaat eine Bevölkerungsdichte von 100 Einwohnern pro km² (E/km²), 1871 waren es sechs, 1910 lagen nur noch die überwiegenden Agrarstaaten unter dieser Marke, besonders Mecklenburg, Oldenburg und Waldeck. Sobald wir Preußen regional nach Provinzen untergliedern, ergibt

Tabelle 1: Bevölkerungswachstum der deutschen Bundesstaaten 1816–1910
– geordnet nach der Flächengröße des Gebietsstandes vom 1. 12. 1910 –

Staaten	Fläche in km²	Bevölkerung			Einwohner pro km²			Zunahme in %
		1816	1871	1910	1816	1871	1910	1816–1910
Preußen[1]	348 780	13 708 978	24 689 252	40 165 219	39,3	70,8	115,2	193,0
Bayern	75 870	3 607 036	4 863 450	6 887 291	47,5	64,1	90,8	90,9
Württemberg	19 507	1 410 684	1 818 539	2 437 574	72,3	93,2	125,0	72,8
Baden	15 070	1 005 899	1 461 562	2 142 833	66,8	97,0	142,2	113,0
Sachsen	14 993	1 194 010	2 556 244	4 806 661	79,6	170,5	320,6	302,6
Elsaß-Lothringen	14 522	1 280 664	1 549 738	1 874 014	88,2	106,7	129,1	46,3
Mecklenburg-Schwerin	13 127	308 166	557 897	639 958	23,5	42,5	48,8	107,7
Hessen	7 688	561 671	852 894	1 282 051	73,1	110,9	166,8	128,3
Oldenburg	6 429	234 484	316 640	483 042	36,5	49,3	75,1	106,0
Braunschweig	3 672	225 723	311 764	494 339	61,5	84,9	134,6	119,0
Sachsen-Weimar	3 610	192 881	286 183	417 149	53,4	79,3	115,6	116,3
Mecklenburg-Strelitz	2 930	71 764	96 982	106 442	24,5	33,1	36,3	48,3
Sachsen-Meiningen	2 468	120 641	187 957	278 762	48,9	76,2	113,0	131,1
Anhalt	2 299	120 453	203 437	331 128	52,4	88,5	144,0	174,9
Sachsen-Coburg-Gotha	1 977	112 068	174 339	257 177	56,7	88,2	130,1	129,5
Sachsen-Altenburg	1 324	95 968	142 122	216 128	72,5	107,3	163,2	125,2
Lippe	1 215	80 728	111 135	150 937	66,4	91,5	124,2	87,0
Waldeck	1 121	52 557	56 224	61 707	46,9	50,2	55,1	17,4

Staaten	Fläche in km²	Bevölkerung			Einwohner pro km²			Zunahme in %
		1816	1871	1910	1816	1871	1910	1816–1910
Schwarzburg-Rudolstadt	941	54 100	75 523	100 702	57,5	80,3	107,0	86,1
Schwarzburg-Sondershausen	862	45 125	67 191	89 917	52,4	78,0	104,3	99,3
Reuß, jüngere Linie	827	59 654	89 032	152 752	72,1	107,7	184,7	156,1
Hamburg	415	153 955	338 974	1 014 664	371,0	816,8	2 445,0	559,1
Schaumburg-Lippe	340	26 337	32 059	46 652	77,5	94,3	137,2	77,1
Reuß, ältere Linie	316	23 023	45 094	72 769	72,9	142,7	230,3	216,1
Lübeck	298	36 653	52 158	116 599	123,0	175,0	391,3	218,1
Bremen	256	50 174	122 402	299 526	196,0	478,1	1 170,0	497,0
Deutsches Reich²	540 858	24 833 396	41 058 792	64 925 993	45,9	75,9	120,0	161,5

Quelle: Statistisches Jahrbuch für das Deutsche Reich, 33. Jg., 1912, S. 2f.

Anmerkungen:
1 Aus Platzgründen sind die verschiedenen preußischen Provinzen nicht angeführt, obwohl fast jede jede größer und für die Bevölkerungsbewegung wichtiger war als viele Kleinstaaten. In der Quelle sind diese Angaben leicht aufzufinden.
2 Bei den einzelnen Bevölkerungsangaben sind die Gebietsveränderungen zwischen 1816 und 1910 berücksichtigt.

sich ein differenzierteres Bild, das den Grad der Industrialisierung erkennen läßt. Die am dichtesten bevölkerten Provinzen 1910 waren das Rheinland mit 263,7, Westfalen mit 204,0, Schlesien mit 129,6 und Sachsen mit 122,3 E/km²; die am geringsten bevölkerten Provinzen waren Posen mit 72,4, Westpreußen mit 66,7, Pommern mit 57,0 und Ostpreußen mit 55,8 E/km². Regionale Industrialisierung hatte sich im Laufe eines Jahrhunderts in einer gewaltigen Zunahme der Bevölkerungszahl und der Bevölkerungsdichte niedergeschlagen, und die Industrieregionen mit den schnell wachsenden Städten profitierten davon im doppelten Sinne: eine hohe Geburtenrate verband sich mit einer starken Zuwanderung, vor allem aus den agrarischen Regionen.

Die Malthussche Bevölkerungstheorie, nach der die Bevölkerung in geometrischer, die Zunahme der Nahrungsmittel jedoch nur in arithmetischer Progression anwachsen, hat, abgesehen von ihren merkwürdigen Vorschlägen zur Lösung des Problems, das pessimistische Gespenst der Übervölkerung verbreitet. Nachdem die deutsche Bevölkerung zwischen 1816 und 1830 um 4,68 Millionen Menschen zugenommen hatte, bei gleichzeitiger Krise in der Landwirtschaft und Stagnation in den Gewerben, glaubte man deshalb Ehebeschränkungen einführen zu müssen. Hannover, Kurhessen und Hessen, die thüringischen Staaten, Baden, Württemberg und Bayern erließen Heiratsbestimmungen, die das Recht der Verehelichung an Bürgerrecht, Nahrungsstand, Geld- oder Grundbesitz bzw. Anstellung im Staats- oder Gemeindedienst knüpften. Ein Professor der Medizin und Chirurgie an der Universität Halle-Wittenberg schlug 1827 weisen und gerechten Regierungen den Erlaß eines Gesetzes vor, daß nur solche Menschen ein Kind zeugen dürften, die nachweisen könnten, daß sie dieses Kind bis zu dessen eigener Arbeitsfähigkeit zu ernähren und erziehen in der Lage sein würden. Um aber zu verhindern, daß Jugendliche vor der Ehe Geschlechtsverkehr hätten, ersann er sich folgende abstrusen Maßnahmen: »man infibulire sämmtliche männliche Dienstbothen, Gesellen und Lehrlinge in den Städten und auf dem Lande, und gestatte ihnen die Ehe nicht eher, als bis sie im Stande sind, außer sich, auch Frau und Kinder ernähren zu können, halte sie unter strenger medicinal-polizeylicher Aufsicht durch öftere und unvermuthete Visitationen, wegen heimlicher Eröffnung der metallischen Versiegelung, und wende im Uebertretungsfalle, die angezeigten Strafen ohne alle Ausnahme ernstlich an.«[3] Die lange

Tradition der Bevormundung der »Untertanen« war noch so stark und lebendig, daß nur wenige Staatsbürokratien – wie die preußische – daran glaubten, daß die Freiheit des Bürgers eher imstande sei, Lösungen für dieses Problem zu finden, etwa die Auswanderung.

Die Malthussche Lehre oder der Malthusianismus – in England bestand seit 1877 eine Malthusian League, und vom 27. bis 30. Mai 1980 fand in Paris ein *Colloquium on Malthus* statt – hat immer von neuem Ökonomen und Politiker, Bevölkerungswissenschaftler und Armenvereine, Soziologen und Pfarrer im 19. und 20. Jahrhundert beschäftigt, die Literatur dazu füllt Bibliotheken. Die Inhalte der Lehre sollen und können hier nicht nachgezeichnet werden; statt dessen will ich zwei Stimmen zu Wort kommen lassen, die das Spektrum der positiven und negativen Stellungnahmen im Verlauf eines Jahrhunderts umreißen. Die erste stammt aus dem Jahre 1876 von einem damals bekannten Agrikulturchemiker, Adolf Mayer: »Wachsen nun naturgemäß mit jedem begehrlichen Kindermund auch zwei neue Hände empor, die mit der Zeit Theil nehmen können an der nationalen Arbeit, so gilt ein Gleiches doch nicht für den ewig unveränderlichen Arbeitsvorrath, den uns die Natur bietet. Ein Feld, von dem sich nun Menschen nähren müssen, gibt vielleicht Arbeitsthieren keine Nahrung mehr. Eine größere Anzahl von Menschen muß auf derselben Grundfläche mit Aufwand von verhältnismäßig mehr Mühe das begrenzte Quantum von Sonnenstrahlen auszunutzen suchen, und in alle übrigen Arbeitsschätze der Natur theilen sich jene zu immer kleineren Quoten. Diese ehernen Gesetze der Natur sind nun einmal nicht mit aller Kritelei über engherzigen Malthusianismus wegzuleugnen.«[4] Die zweite Stellungnahme entstammt einer der gründlichsten Studien der Vereinten Nationen über die Faktoren und Folgen der Bevölkerungsentwicklung aus dem Jahre 1973: »Malthus beobachtete Bedingungen in verschiedenen Gesellschaften und Staaten, um seine These zu untermauern, und er schloß aus seinen Betrachtungen, daß die Menschheitsgeschichte seine grundlegenden Ansichten bestätigte. Trotzdem übersah Malthus die Tatsache, was er durch eine objektivere Betrachtungsweise und eine weniger restriktive Interpretation hätte vermeiden können, daß sein Schema nicht unausweichlich war, wie schon damals die Erfahrung von Staaten, die im Prozeß oder am Beginn der Industriellen Revolution standen, deutlich machte.«[5] Wir können die Lehre Malthus' und die heftigen Auseinandersetzungen um das Für und Wider nur verstehen, wenn wir uns bewußtmachen, in welchen Engpaß die fortgeschrittenen europäischen Gesellschaften zwischen 1750 und 1850 hineingeraten waren, denn für die ständig wachsende Bevölkerung waren noch keineswegs ausreichende industrielle Arbeitsmöglichkeiten geschaffen worden, und jede Agrarkrise wuchs sich zum Überlebensdrama aus.

b) Eheschließungen, Geburten und Sterbefälle

Die strukturellen Veränderungen einer Bevölkerung schlagen sich sowohl im Heiratsalter als auch in der Geschlechterproportion nieder, die im 19. Jahrhundert ziemlich ausgeglichen war, während sie heute in der Bundesrepublik wie in der DDR aufgrund zweier Weltkriege starke Verzerrungen aufweist. Ähnliches gilt von den Eheschließungsziffern, die sich während des vorigen Jahrhunderts nur unwesentlich gesenkt haben (vgl. Tab. 2). Eheschließungen sind ein guter Indikator für das Auf und Ab wirtschaftlicher Konjunkturen und politischer Krisen, denn die Festlegung des Heiratszeitpunkts war in vielen Fällen abhängig von kurzfristigen ökonomischen Überlegungen. Schon im Jahre 1852 stellte der Statistiker Ernst Engel fest: »Die Zahl der Verehelichungen eines Landes ist ein sehr getreuer Ausdruck der Hoffnungen und Erwartungen, welche die größere Masse der Bevölkerung von der Zukunft hat, und man kann deshalb die Schwankungen, welche sich in der Zahl der jährlichen Trauungen bemerkbar machen, mit um so größerem Rechte für ein sicheres Barometer des öffentlichen Wohles halten.«[6] Ganz im Unterschied zu heute bedeutete die Entscheidung zur Ehe ein hohes Risiko, denn Kinder waren im 19. Jahrhundert eine wesentliche soziale Absicherung für das Alter. Wenn also die Frau im Kindbett oder der Mann relativ früh starb – die Lebenserwartung war ohnehin nicht sehr hoch –, konnte für den zurückgebliebenen Partner die Altersversorgung gefährdet sein, es sei denn, er war jung und aktiv genug, um in absehbarer Zeit wieder zu heiraten. Wenn Kinder im jugendlichen Alter starben, was ebenfalls häufig vorkam, war die Katastrophe möglicherweise noch größer, denn Kinder mußten nicht selten zum Lebensunterhalt beitragen, d. h., bei dem frühen Tod eines Kindes waren gerade die oft kinderrei-

Die Bevölkerungsbewegung im Deutschen Reich 1817-1914

| Jahr | Mittlere Bevölkerung in 1000 | Anzahl der ... auf je 1000 Einw. | | | Geburtenüberschuß auf 1000 Einwohner | Prozentuale Wachtumsraten (zwischen den Jahresangaben) |
		Eheschließungen	Lebendgeborene	Gestorbene (ohne Totgeb.)		
1817	25 009	9,7	39,5	27,0	+ 12,5	–
1820	26 101	9,0	39,9	24,4	+ 15,5	4,30
1825	27 930	8,5	39,1	24,5	+ 14,6	6,80
1830	29 392	7,7	35,5	27,4	+ 8,1	5,13
1835	30 802	8,3	36,4	26,2	+ 10,2	4,70
1840	32 621	8,1	36,4	26,5	+ 9,9	5,77
1845	34 290	8,1	37,3	25,3	+ 12,0	5,05
1850	35 312	8,5	37,2	25,6	+ 11,6	2,94
1855	36 138	7,0	32,2	28,1	+ 4,1	2,31
1860	37 611	8,0	36,4	23,2	+ 13,2	4,03
1865	39 548	9,0	37,6	27,6	+ 10,0	5,04
1870	40 804	7,7	38,5	27,4	+ 11,1	3,14
1875	42 510	9,1	40,6	27,6	+ 13,0	4,12
1880	45 093	7,5	37,6	26,0	+ 11,6	5,94
1885	46 705	7,9	37,0	25,7	+ 11,4	3,53
1890	49 239	8,0	35,7	24,4	+ 11,4	5,31
1895	52 001	8,0	36,1	22,1	+ 13,9	5,48
1900	56 046	8,5	35,6	22,1	+ 13,6	7,55
1905	60 314	8,1	33,0	19,8	+ 13,2	7,39
1910	64 568	7,7	29,8	16,2	+ 13,6	6,87
1914	67 790	6,8	26,8	19,0	+ 7,8	4,90

Quellen: W. Fischer, J. Krengel, J. Wietog, *Sozialgeschichtliches Arbeitsbuch I. Materialien zur Statistik des Deutschen Bundes 1815-1870,* München 1982, Tab. 4, S. 26 ff.; G. Hohorst, J. Kocka, G. A. Ritter, *Sozialgeschichtliches Arbeitsbuch. Materialien zur Statistik des Kaiserreichs 1870-1914,* München 1975, Tab. 4, S. 27 ff.

chen Unterschichtenfamilien mit der Ernährung und Versorgung weiterer minderjähriger Kinder belastet. In einer Zeit, die einem schnellen Wandel unterworfen war, konnten Ehepartner nicht langfristig vorausplanen, sie konnten auch nicht testen, wie frucht- oder unfruchtbar beide waren. Die einzig realistische Entscheidung, eine Ehe einzugehen oder sie aufzuschieben, war die aktuelle ökonomische Situation. Deshalb sanken die Eheschließungen bei Konjunkturkrisen oder in Kriegen mehr oder weniger stark ab, und sobald es wieder günstiger aussah, wurden sie nachgeholt.

Die Veränderungen bei den Geburten waren im 19. Jahrhundert nicht nur viel größer als bei den Eheschließungen, sondern die Schwankungen bei der Geburtenhäufigkeit hatten sehr komplexe Ursachen, auf die hier nicht im einzelnen eingegangen werden kann. Auf ein merkwürdiges Paradox sei allerdings hingewiesen, das bereits dem Stammvater aller Ökonomen, Adam Smith, im 18. Jahrhundert auffiel: »Armut ermutigt zweifellos nicht zur Heirat, sie hält aber auch nicht immer davon ab. Ja, sie scheint sogar Kinderreichtum zu begünstigen.«[7] Und der oben zitierte Engel, dem wir eine Vielzahl wichtiger ökonomischer Einsichten verdanken, versuchte die Ausgaben für die Kindererziehung genau zu berechnen, wobei er Smith dahingehend ergänzte: »Der bekannten Thatsache, daß die vorzugsweise mit physischer Kraft Arbeitenden mehr Kinder haben als die Geistesarbeiter, liegt also gleichzeitig eine wirthschaftliche Ursache zu Grunde.«[8] In der zweiten Hälfte des 19. Jahrhunderts begann sich jedoch in Deutschland – zeitlich früher oder später auch in anderen europäischen Staaten – eine Bevölkerungsentwicklung durchzusetzen, die in der Wissenschaft als »Demographischer Übergang« bezeichnet wird. Damit ist ein Prozeß gemeint, in dessen Verlauf, auch wieder regional unterschiedlich, die Geburtenquoten, die bis nach der Reichsgründung zwischen 35 und 40 Lebendgeborenen auf 1000 Einwohner schwankten, kontinuierlich abnahmen. Viele Ursachen waren dafür verantwortlich; die Wanderungen vom Land in die Städte, Angleichung bzw. Übernahme sozialer Verhaltensmuster von den Oberschichten, Veränderungen in den Heiratsgewohnheiten, die Zunahme der Frauenarbeit, der Rückgang des kirchlichen Einflusses, sexuelle Verhütungsmethoden und die Reduzierung der Notwendigkeit, Kinder als Alterssicherung zu erzeugen, um nur die wichtigsten zu nennen. In den verschiedenen Staaten bzw. Regionen des Deutschen Reiches können erhebliche Differenzen festgestellt werden, je nachdem, ob es sich um industrielle oder agrarische Regionen handelt, ob wir nach Beamten-, Angestellten- und Arbeiterfamilien unterscheiden oder ob protestantische bzw. katholische Familien untersucht werden. Die Durchschnittszahlen sagen deshalb nicht genügend darüber aus, auf welche speziellen Ursachen die regionalen und familiären Verschiedenheiten bei den Geburten zurückzuführen sind. Kamen 1872 im Reich auf 1000 Frauen im Alter bis zu 50 Jahren 298 eheliche Geburten, so sank diese Zahl bis 1910/11 auf 201. Preußen, Baden, Bayern und Württemberg lagen in beiden Jahren über diesem Durchschnitt, Hessen und Sachsen darunter. In den Großstädten waren die Geburten noch stärker zurückgegangen. So wies z. B. Hamburg 1910/11 131 eheliche Geburten auf, in Berlin waren es nur noch 111 auf 1000 Frauen bis 50 Jahre. Im Kaiserreich verstärkte sich der Trend zum »Zweikinderhaushalt«, wie er sich schon früher in Frankreich abgezeichnet hatte, d. h., er kann nicht ursächlich mit der rapiden deutschen Industrialisierung verknüpft werden. Nach 1949 hat sich vielmehr in beiden deutschen Staaten dieser Trend noch verschärft, obwohl sich politisch wie ökonomisch unterschiedliche Systeme entwickelten.

Die Gestorbenen im 19. Jahrhundert weisen einen ähnlichen fallenden Trend wie die Geburten auf, der etwas einfacher zu erklären ist. Es hat sich nämlich gerade in der zweiten Hälfte des Jahrhunderts aufgrund besserer medizinischer Kenntnisse und Versorgung eine starke Reduzierung der Säuglings- und Kindersterblichkeit bemerkbar gemacht, die wesentlich dazu beitrug, die durchschnittlichen Gestorbenenziffern zu senken. Die Sterbewahrscheinlichkeit von Kindern vom 1. bis 9. Lebensjahr hat sich im Kaiserreich um mehr als 50% vermindert. Dies führte zu einer größeren Lebenserwartung, die auch noch dadurch zunahm, daß allgemein das Wohlstandsniveau anstieg. Betrug sie, die Lebenserwartung, 1816/60 bei Männern im Durchschnitt 26,5 und bei Frauen 28,7 Jahre, so erhöhte sie sich bis 1901/10 bei ersteren auf 44,8 Jahre, und Frauen wurden nun sogar 4 1/2 Jahre älter als Männer. Natürlich gab es regional und schichtspezifisch erhebliche Unterschiede, doch das auffallendste Merkmal war eine deutliche Reduzierung der Sterbewahrscheinlichkeit in fast allen Altersklassen, auch bei den über 65jährigen. So erfreulich diese Entwicklung für die Menschen selbst war, problemlos war sie nicht. Ohne eine ausreichende Altersversorgung gerieten ältere und kranke Menschen in Abhängigkeit, die eine große soziale und psychische Belastung darstellen konnte. Wenn dann die eigenen Kinder vielleicht noch ausgewandert waren, konnte das verlängerte Leben ein Dahinvegetieren an oder unter der Grenze des Existenzminimums sein. Schon deswegen war die Bismarcksche Sozialgesetzgebung eine großartige Initialzündung, was wir aus heutiger Sicht noch deutlicher erkennen können, wenn wir die USA oder Japan zum Vergleich heranziehen.

Über die Todes*zahlen* im 19. Jahrhundert besitzen wir eine sehr viel genauere Kenntnis als über die Todes*ursachen*. Im Kaiserreich gab es eine Verordnung, in der es im §13 hieß: »Die Leichenbestattungsscheine sind mindestens zehn Jahre im bezirksärztlichen Archive aufzubewahren und dürfen erst nach Ablauf dieser Frist vernichtet werden.« Doch damit war das Problem ja noch keineswegs gelöst, denn die meisten Todesursachen konnten entweder nicht ermittelt werden oder wurden nicht aufgezeichnet. Um 1875 stellte der Präsident des königlich sächsischen Landesmedizinalkollegs, Geh. Med.-Rat Reinhard, fest, daß in den Städten höchstens 60-70%, auf dem platten Lande dagegen nur 30-40% der Todesursachen ärztlich konstatiert würden. Allerdings hielt er dies nicht für sehr gravierend, »da weitaus die meisten Fälle, bei denen die Todesursache nicht ärztlich beglaubigt ist, Kinder unter einem Jahre und alte Leute betreffen, mithin Fälle, in denen oft auch der Arzt, wenn er nur als Todtenschauer zugerufen wird, nicht die richtige Todesursache ermitteln wird«.[9] Wie schwierig es für die Ärzte sein mußte, die richtige Todesursache festzustellen, geht allein daraus hervor, daß es eine Tabelle mit über 100 Todesursachen gab, die gewöhnliche und ungewöhnliche Krankheiten enthielt wie Wechselfieber, Wuth- bzw. Rotzkrankheit, Entzündung des Gehirns und seiner Häute, Veitstanz, Entzündung des Herzbeutels und des Herzens, Steinkrankheit oder Carbunkel. Selbst die besten Hausärzte waren wohl überfordert, wenn sie mit den damaligen medizinischen Mitteln eine entsprechende Entscheidung zu fällen hatten. Die Begeisterung für die Statistik und ihre scheinbare Genauigkeit scheint sehr viel größer gewesen zu sein als die Zuverlässigkeit der tatsächlichen Ergebnisse.

c) Land-Stadt-Wanderung und Städtewachstum

Die Land-Stadt-Wanderung ist ein durchgehender Zug der Industrialisierung, solange die soziale, ökonomische und kulturelle Ausstrahlung großer Städte anhielt. In den Städten mit ihrer oft hohen Konzentration an Industriebetrieben gab es in Hochkonjunkturen sowohl für Handwerksgesellen als auch für Landarbeiter gute Verdienstmöglichkeiten, und junge Mädchen kamen nicht selten in Haushalten gehobener Schichten unter. Die Industriestädte erschienen den Landbewohnern als ein Markt des Reichtums, in dem man sich bedienen konnte. Und in wirtschaftlichen Blütezeiten war diese Vorstellung nicht einmal falsch; starke Nachfrage nach Arbeitskräften und höhere Löhne zogen Hunderttausende vom Land in die Städte. Die Schattenseiten waren allerdings wenig vermarktbar: Schlafgängertum bzw. kleine und teure Wohnungen, lange Wege zur Fabrik, Anonymität in den sozialen Beziehungen waren die Regel. Um 1900 kamen auf ein bewohntes Haus in Schöneberg 67,1 Personen, und in den Mietskasernen vieler großstädtischer Industriebezirke wurden immer mehr Menschen zusammengepfercht mit den entsprechenden gesundheitlichen und sittlichen Folgen. In Wirtschaftskrisen stieg die Arbeitslosigkeit schnell an, doch die Rückkehr aufs Land war meist verbaut, die sozialen Kosten der »Landflucht« waren selten bedacht worden. Wenn Wilhelm Heinrich Riehl die Ansicht vertrat: »Es ist darum gut, wenn viele nachgeborene Bauernsöhne zum Gewerbestand übergehen, weil solchergestalt dem Stadtvolk neue Nervenkraft zugeführt, die Landgemeinde selbst aber vor übermäßig zersplitterten Gütern und der damit untrennbar verbundenen, die Nerven abschwächenden Kartoffelexistenz bewahrt wird«[10], so war dies eher Wunschdenken als Realität. Trotz aller dieser Schwierigkeiten konnte das Problem der Übervölkerung auf dem Land dort nicht gelöst werden, da sich die Schere der Erwerbstätigkeit im ländlichen Bereich nur in wenigen Regionen öffnete. Die Binnenwanderung in die scheinbar ins Unermeßliche wachsenden Industriestädte und -regionen war neben der Auswanderung ein Beschäftigungsventil, das für Hunderttausende offenstand. Das Entstehen einer durch ähnliche Interessen und Ansprüche verbundenen Arbeiterschaft und Arbeiterklasse wäre ohne diese Wanderungsbewegung kaum vorstellbar.

Allein in dem Jahrfünft nach 1885 haben etwa 840 000 Menschen der Landwirtschaft den Rücken gekehrt, um, wenn sie nicht nach Übersee auswanderten, in den großen Städten Berlin, Hamburg oder München, in Rheinland und Westfalen oder im Königreich Sachsen Arbeit zu finden. Diese Massenwanderung hat sich in jüngster Zeit auf ähnliche Weise zweimal wiederholt: zuerst nach 1945, als Millionen von Flüchtlingen nach Westen zogen und fast zu jeder Arbeit bereit waren, um nur zu überleben; dann seit den sechziger Jahren dieses Jahrhunderts, als »Gastarbeiter« aus der Türkei, Griechenland, Italien u. a. aus unterentwickelten ländlichen Gebieten in die hochindustrialisierte Bundesrepublik kamen, um ein – wenigstens konsummäßig – besseres Leben zu führen. »Der Prozeß, damals wie heute, bedeutete für die Einwanderer, die schlechtesten, schwierigsten und unangenehmsten Arbeiten zu übernehmen, während die Eingesessenen in bessere Positionen aufsteigen konnten.«[11] Ostdeutschland verlor von 1885 bis 1907 865 107 Personen der Geburtsbevölkerung, Mitteldeutschland 177 438, Süddeutschland 38 191. Die »Gewinner« waren das Rheinland mit 356 000 Zugewanderten, die Stadt Hamburg mit 316 000 und Westfalen mit 288 000 Zugängen. Es waren meistens Männer und Frauen im besten Arbeitsalter, darunter viele Polen, die die soziale Struktur in den Regierungsbezirken Arnsberg und Düsseldorf mitprägten.

Unter den fremdsprachigen nationalen Minderheiten, die 1871 6,6% der Reichsbevölkerung stellten, waren 2,4 Millionen Polen, 200 000 französischsprachige Elsässer und Lothringer, 80 000 Dänen und 60 000 Litauer. Zur »Germanisierung« der polnischsprachigen Gebiete Ostpreußens wurde 1886 eine Ansiedlungskommission eingesetzt, und die preußische Regierung erließ 1908 ein Enteignungsgesetz, damit für 50 Millionen Mark polnische Güter bis zu einer Gesamtfläche von 70 000 ha gekauft und an deutsche Siedler weitergegeben werden konnten. Insgesamt wurden zwischen 1886 und 1911 394 398 ha Land für die Ansiedlung von 150 000 deutschen Bauern in 450 neuen Dörfern, darunter 112 116 ha aus polnischem Besitz, angekauft. Diese sogenannte »Ostmarkenpolitik« sah in der Zunahme der Polen in Deutschland, die 1910 auf 3,7 Millionen angewachsen waren, eine politische Gefahr, die es mit allen Mitteln zu verhindern gelte. Ein solches Mittel waren Verordnungen, daß die polnische – seit 1878 auch die dänische – Sprache nicht mehr als Unterrichtssprache erlaubt war; Deutsch wurde seit 1876 zur alleinigen Geschäfts- und Amtssprache erhoben. Die Polen versuchten sich gegen diese Diskriminierung von Minderheiten zu wehren, so gut es ging, und gründeten 1892 eine »Polnische Sozialistische Partei in Preußen«. Zehn Jahre später schlossen sich die katholischen und nationalpolnisch orientierten Bergleute im Ruhrgebiet zu einer »Polnischen Berufsvereinigung« zusammen, doch die antipolnische Stimmung in der preußischdeutschen Politik war zu stark. So schrieb Bernhard Fürst von Bülow, von 1900 bis 1909 Reichskanzler und preußischer Ministerpräsident, kurz vor dem Ersten Weltkrieg: »Der Kampf um den Boden, der seinem Wesen nach ein Kampf um die ausreichende

Tabelle 3: Wachstum der deutschen Großstädte 1875-1910
(Städte mit mehr als 200000 Einwohnern 1910)

Stadt	1875	1890	1910	Wachstums-raten (in %)
Berlin	966 859	1 587 794	2 071 257	114,3
Bremen	102 532	125 684	217 437	112,1
Breslau	239 050	335 186	512 105	114,2
Charlottenburg	25 847	76 859	305 978	1083,8
Chemnitz	78 209	138 954	287 807	268,0
Dortmund	57 742	89 663	214 226	271,0
Dresden	197 295	276 522	548 308	177,9
Düsseldorf	80 695	144 642	358 728	344,6
Duisburg	37 380	59 285	229 438	513,8
Essen-Ruhr	54 790	78 706	294 653	437,8
Frankfurt a. M.	103 136	179 985	414 576	302,0
Hamburg	264 675	323 923	931 035	251,8
Hannover	106 677	163 593	302 375	183,5
Kiel	37 246	69 172	211 627	468,2
Köln	135 371	281 681	516 527	281,6
Königsberg	122 636	161 666	245 994	100,6
Leipzig	127 387	295 025	589 850	363,0
Magdeburg	87 925	202 234	279 629	218,0
München	193 024	349 024	596 467	209,0
Nürnberg	91 018	142 590	333 142	266,0
Stettin	80 972	116 228	236 113	191,6
Stuttgart	107 273	139 817	286 218	166,8
22 Städte	3 297 739	5 338 233	9 983 490	202,7

Quelle: G. Hohorst, J. Kocka, G. A. Ritter, *Sozialgeschichtliches Arbeitsbuch. Materialien zur Statistik des Kaiserreichs 1870-1914,* München 1975, S. 45. Eigene Berechnungen.

Durchsetzung des Ostlandes mit deutschen Menschen ist, wird immer das A und O unserer nationaldeutschen Politik im Osten sein. Der Kampf um deutsche Kultur und Bildung, vor allem um die deutsche Sprache, muß ihm zur Seite stehen.«[12]

Das Wachstum der deutschen Großstädte ist eine der sichtbarsten Veränderungen im Bevölkerungsgefüge Deutschlands, wie Tabelle 3 deutlich ausweist. Zwar überragte die Reichshauptstadt Berlin alle anderen, doch die föderalistische Struktur der deutschen Staaten ließ kein Paris, London, New York oder Tokio zu.

Die Zahl der Städte mit mehr als 10000 Einwohnern vermehrte sich von 271 1875 auf 576 1910; außerdem gab es 223 Mittelstädte von 20000 bis 100000 Einwohnern und einer Gesamtbevölkerung von 8677955 Menschen. In diesem Jahr, 1910, wohnten in 48 Großstädten (über 100000 Einwohner) 13823348 Menschen, d. h. 21,3% der Gesamtbevölkerung. Die Verstädterung Deutschlands (60%) um 1910 wurde bei gleich großen Flächenstaaten in Europa nur noch von England übertroffen, während die Stadtbevölkerung in Frankreich bei 43% und die der USA bei 33% lag. Im Jahre 1910 lebten 12 Millionen mehr Menschen in Großstädten als zur Zeit der Reichsgründung, »das entsprach der Hälfte der gesamten Bevölkerungsvermehrung«.[13] Industrieanballungen, Verwaltungszentren, Handels- und Bankplätze, kulturelle und soziale Hauptstadtfunktion, Eisenbahnknotenpunkte, dies waren die wesentlichen Triebkräfte des städtischen Wachstums, die sich gegenseitig verstärkten. Eine größere Arbeiterschaft vergrößerte die Nachfrage nach Konsumgütern, aber auch die nach Vergnügungen und Unterhaltung, so daß neue Angebote mit noch mehr Menschen geschaffen werden mußten bzw. sich selbst schufen. Das großstädtische Leben führte gleichermaßen zu einer Nivellierung der regionalen Sonderheiten in Sprache, Kultur, Sitten und Tradition. Die Bevölkerung der Städte wurde teilweise umgewälzt, wie es dann noch einmal nach 1945 eintrat. In München lebten z. B. im Jahre 1900 nur noch 36,1%, die in der Stadt geboren waren. Es war ein ständiges Kommen und Gehen, vom Land in die Städte, von Städten zu Städten, in den Städten von Wohnung zu Wohnung. »1911 betrug in 78 Städten über 50000 Einwohner die Zahl der Zugezogenen 2532932, die der Fortgezogenen 2401937.«[14]

Die Städte mit ihrer sozialen Differenzierung in Unternehmer, Kaufleute, Bankiers, Handwerker, Beamte, Angestellte, Arbeiter, Dienstboten etc. entwickelten sich zunehmend zu Dienstleistungszentren. Der Bau von Gas- und Elektrizitätswerken, von Eisen- und Straßenbahnen, von Straßen, Friedhöfen, Kanalisationen, Wassertürmen, Lagerplätzen, Häfen, Schulen, Krankenhäusern, Schwimmbädern, öffentlichen Spielplätzen und Theatern etc. verschlang erhebliche Summen und zwang zur Schuldenaufnahme. Der Finanzbedarf aller kommunalen Körperschaften soll 1907 im Deutschen Reich 3130 Millionen Mark betragen haben und die Schuldenlast der Gemeinden 6,5 Milliarden Mark. Im gleichen Jahr verzeichneten die Städte mit über 100000 Einwohnern Schulden in Höhe von 5 295,7 Millionen Mark. Der städtische Bodenbesitz wurde 1914 auf 50 Milliarden Mark geschätzt, das sind 12,5% des deutschen Volksvermögens, der Berlins soll von 1830 (17 Millionen Mark) auf fünf Milliarden Mark 1912 angestiegen sein.

d) Auswanderung und Erwerbstätigkeit

Dem Entschluß zur Auswanderung können verschiedene Motive zugrunde liegen: ökonomische, politische, religiöse und soziale. In unterschiedlicher Stärke sind sie allesamt während des hier behandelten Zeitraums aufgetreten. Die Einzelstaaten konnten Auswanderungen behindern oder fördern, je nachdem, ob sie eine Übervölkerung befürchteten oder eine Bevölkerungszunahme befürworteten. So wurde z. B. im Kurfürstentum Sachen am 21. August 1764, also nach dem Siebenjährigen Krieg, ein Mandat erlassen, in dem die Verleitung zur Auswanderung mit hohen Strafen bedroht wurde. Sollten Einheimische und Fremde es wagen, »besonders die Grund-Besitzer in Städten und auf dem Lande, Fabricanten, Manufacturiers, Künstler, Kauf- und Handels-Leute, zum Wegziehen in auswärtige Lande« anzustiften, zu verleiten oder einfach zu bewegen, dann wurde selbst die Beihilfe mit Zuchthaus bis zu zehn Jahren bestraft. Eine Anzeige dieses »Unwesens« wurde jedoch mit 50 bis 200 Talern belohnt. Im Wiederholungsfall sah sich der sächsische Staat gezwungen, daß der oder die Übeltäter »mit dem Strange vom Leben zum Tode gebracht werden«.[15] Der feudale Obrigkeitsstaat hat noch lange geglaubt, er solle und müsse seinen Bürgern vorschreiben, ob sie ihre Heimat verlassen und auswandern dürfen, was viele sozialistische Staaten noch heute praktizieren. Im folgenden soll die ökonomisch motivierte Auswanderung in dem Jahrhundert nach 1815 nachgezeichnet werden, denn sie spiegelt vor allem wirtschaftliche Zyklen wider.

Die Vereinigten Staaten von Amerika mit ihrer riesigen, damals noch weitgehend unerschlossenen Landmasse waren schon im 18. Jahrhundert Ziel Tausender von Deutschen gewesen. Nach dem Erntedesaster von 1816/17 brachen in verschiedenen Gegenden Deutschlands Hungersnöte aus, und Ausfuhrverbote einzelner Staaten führten dazu, daß etwa im badischen Oberland, in der Eifel, im Erzgebirge und in Schlesien Baumrinden und Wiesenkräuter als Nahrungsmittel dienten. Die Rumfordtschen Suppenanstalten zur Versorgung der Hungerleidenden wurden in Baden, Württemberg oder Sachsen zur festen Einrichtung. Der Auswanderungsstrom nahm zwei Richtungen, nach Rußland und Polen oder nach Holland und Amerika. Am 17. Juni 1817 sollen 5000 Württemberger auf ihrem Fußmarsch nach Rußland bei Neuburg übernachtet haben. Familien aus Speyer, denen auf der Krim ein Dorf in Aussicht gestellt worden war, fanden nach unsäglichen Reiseanstrengungen nur einen Pfahl vor, wo sie sich ansiedeln sollten. Einwanderer in Polen erhielten statt des versprochenen Landes Arbeit in neuerrichteten Fabriken zugewiesen. Wer in die USA wollte, mußte entweder Geld besitzen oder etwas zu verkaufen haben. Die Reise nach Amsterdam auf dem Rhein war nicht umsonst – viele gingen zu Fuß und zogen ihre Habe auf einem Karren mit –, und entweder mußte man sich dort oft betrügerischen Agenten anvertrauen oder sich die Kosten der Überfahrt durch sklavenähnliche Arbeit verdienen. Viele Berichte deuten darauf hin, ohne daß wir genaue Zahlen besitzen, daß die Sterblichkeit sowohl in den Seestädten als auch auf den Schiffen während der Überfahrt sehr hoch war. »In der Zeit von 1815 bis 1835 sind mehr als 400000 Menschen aus Deutschland ausgewandert, ein Zeichen für die Labilität der sozialen (und in geringerem Maße auch der politischen) Verhältnisse.«[16]

Die Hungerkrise seit Mitte der vierziger Jahre, die sich daran anschließende gewerbliche Krise mit Tausenden von Arbeitslosen, die Niederschlagung der Revolution und die politische Reaktion ließen bei vielen Menschen den Entschluß zur Auswanderung reifen. In die Vereinigten Staaten sind von 1830 bis 1840 152454 Deutsche (ohne Österreicher) eingewandert, im folgenden Jahrzehnt waren es bereits 434626. Das Jahrfünft seit 1850 verzeichnete die größte Auswanderungswelle des Jahrhunderts. Das gelobte Land schien unerschöpflich und unbegrenzt, mit allen Reichtümern gesegnet und jedem zugänglich, der mit eigenen Händen die Wohlstandsleiter zu erklimmen bereit war. Dies hielt nicht an. 1857 wanderten über Bremen und Hamburg 81014 Personen in die USA aus, 1858 42976, 1859 35235, und nach Ausbruch des amerikanischen Bürgerkrieges lag der jährliche Durchschnitt bei 38880. Nach Kriegsende – 1862 wurde das Gesetz zum unentgeltlichen Erwerb von 360 acre Land verabschiedet – stiegen die Zahlen allerdings erheblich an. Ein Grund dafür mag gewesen sein, daß man sich der dreijährigen militärischen Dienstpflicht, die in allen neuerworbenen preußischen Provinzen nach 1867 eingeführt worden war, durch die »Flucht« in die amerikanische Freiheit entziehen wollte. Die industriellen Rückwirkungen dieser Auswanderungen auf Deutschland waren gewiß geringer als die positiven Impulse auf die amerikanische Wirtschaft, und die Deutschen neigten ohnehin stark zur Integration in den amerikanischen Schmelztiegel. Es wurde behauptet, »daß die erste Generation der Auswanderer noch Deutsch spricht, die zweite es noch gerade versteht, und daß die Enkel zu Stockamerikanern geworden sind«.[17] Deutsche Ankömmlinge in den USA – auch über Belgien, England, Frankreich und Holland und für das Fiskaljahr 1. Oktober bis 30. September – erreichten zwischen 1866 und 1869 den jährlichen Durchschnitt von 124 294 Personen (vgl. Tab. 4).

Nach dem wirtschaftlichen Aufschwung in Deutschland seit 1895 ging auch die Zahl der Auswanderer stark zurück. Waren es zwischen 1865 und 1894 fast drei Millionen Deutsche – allein 864 000 in den vier Jahren nach 1880 –, die nach Übersee auswanderten, so reduzierten der Stopp der freien Landzuteilung in den USA, die Aufhebung der Sozialistengesetze sowie die allgemeine Verbesserung des Lebensstandards die Auswanderungsbereitschaft. 1894 wanderten noch 40 964 aus, 1900 waren es 22 309, davon 19 703 oder 88,3 % in die USA, 548 nach Afrika, 474 in das übrige Amerika, 364 nach Brasilien, 196 nach Australien und 178 nach Asien.

Bevölkerung im ökonomischen Sinn ist zum großen Teil Erwerbsbevölkerung. Am Schluß dieses Kapitels sollen deshalb ein paar Bemerkungen zu deren Verteilung gemacht werden. Die branchenspezifische Erwerbstätigkeit in Deutschland über einen längeren Zeitraum zu erfassen ist ein schwieriges Unterfangen. Im Unterschied etwa zu den USA, die seit 1790 einen Zensus in zehnjährigem Abstand durchführen, sind für das Kaiserreich eigentlich nur drei Gewerbezählungen miteinander vergleichbar: 1882, 1895 und 1907. Die Statistik unterschied 1907 16 größere industrielle Gruppen, deren beschäftigungsmäßig stärkste folgende waren: Baugewerbe, Bekleidungsgewerbe, Industrie der Nahrungs- und Genußmittel, der Maschinen, Instrumente und Apparate, Textilindustrie, Metallverarbeitung, Bergbau, Hütten- und Salinenwesen, Industrie der Steine und Erden, der Holz- und Schutzstoffe. Die verschiedenen Branchen werden später separat behandelt, weshalb es hier genügt, die Veränderung der volkswirtschaftlichen

Tabelle 4:
Deutsche überseeische Auswanderung 1820-1914 (in 1000)

Periode	Insgesamt	Nach den USA	Nach anderen Ländern	In ‰ der Bevölkerung
1820–1824	9,8	·	·	0,38
1825–1829	12,7	·	·	0,46
1830–1834	51,1	34,9[1]	3,5[1]	1,79
1835–1839	94,0	85,4	8,6	3,13
1840–1844	110,5	100,5	10,0	3,47
1845–1849	308,3	285,0	23,3	9,22
1850–1854	728,2	654,2	74,0	21,26
1855–1859	372,0	321,8	50,2	10,63
1860–1864	225,8	204,2	21,6	6,17
1865–1869	542,5	519,5	23,0	14,10
1870–1874	484,7	450,9	33,8	11,85
1875–1879	146,4	120,0	26,4	3,37
1880–1884	864,3	797,9	66,4	19,01
1885–1889	498,2	455,6	42,6	10,41
1890–1894	462,2	428,8	33,4	9,20
1895–1899	142,5	120,2	22,3	2,65
1900–1904	140,8	128,6	12,2	2,44
1905–1909	135,7	123,5	12,2	2,19
1910–1914	104,4	84,1	20,3	1,58

Quellen: W. Fischer u. a., *Sozialgeschichtliches Arbeitsbuch I*, München 1982, Tab. 10, S. 34f.; G. Hohorst u. a., *Sozialgeschichtliches Arbeitsbuch*, München 1975, Tab. 9, S. 38f.

Anmerkung:
1 Von 1832 bis 1834.

Struktur an der Zahl der Gewerbebetriebe und der Zahl der darin Beschäftigten zu umreißen. Von 1875 bis 1907 hat sich die Zahl der Betriebe von 3 230 311 auf 2 086 368 verringert, während die Zahl der Beschäftigten auf 10 852 873 (1907) angestiegen ist, das bedeutet eine Zunahme seit 1882 um 82,9%. Nach der letzten Gewerbezählung vor dem Ersten Weltkrieg waren von allen Erwerbstätigen 29,5% (89,6)[18] in Kleinbetrieben bis 5 Personen, 25% (9,0) in Mittelbetrieben von 6-50 Personen und 45,5% (1,4) in Großbetrieben mit mehr als 51 Personen beschäftigt. 1907 gab es z.B. im Berg- und Hüttenwesen »nur« 4 220 Betriebe mit allerdings 879 600 Beschäftigten, und im Bekleidungsgewerbe waren in 680 140 Betrieben 1 305 871 Personen tätig. In anderen Gewerbezweigen der deutschen Industrie können wir dagegen einen Trend zum Großbetrieb erkennen, der sich zwischen 1895 und 1907 stärker ausprägte. Die Zahl der Kleinbetriebe ging zurück, hielt aber etwa die Zahl der Beschäftigten, um 3,2 Millionen, während die Entwicklung bei allen anderen Betriebsgrößen ganz anders verläuft: starke Zunahme der Betriebe bei unterschiedlich starkem Wachstum der Beschäftigtenzahlen.

Auf einen vielumstrittenen Aspekt soll hier noch kurz hingewiesen werden, nämlich den Einfluß der Industrialisierung auf das Handwerk. Das Handwerk wurde durch die Industrie keineswegs verdrängt, denn 1907 existierten noch 987 403 Alleinbetriebe, von denen zwar ein Teil zur absterbenden Hausindustrie zählte, dem Leinen-, Woll-, Baumwoll- und Seidengewerbe, der Drechslerei, Schlosserei und Strohflechterei sowie der Anfertigung von Nägeln, Strumpfwaren und Uhren, aber diese zählten 1907 »nur« insgesamt 315 620 Betriebe. Die deutsche Reichsbevölkerung wuchs von 1882 bis 1907 um 33% an, die Zahl der Beschäftigten in der Industrie stieg im gleichen Zeitraum um 183%! Die Großbetriebe, die ihrer Zahl nach sehr gering waren, aber fast die Hälfte aller industriell Beschäftigten aufwiesen, verwandten 1907 73,9% der gesamten in der deutschen Industrie benutzten Dampf-PS und 77% der elektrischen Kraft. Wir können somit zum Schluß dieses Kapitels sagen, daß die starke Bevölkerungszunahme in Deutschland während eines langen Zeitraumes alle Bereiche der deutschen Volkswirtschaft und Gesellschaft beeinflußt hat, zwar in sehr unterschiedlichem Maße, aber nie losgelöst von den Wirkungen, die von der Industriellen Revolution ausgegangen sind.

9. Kapitel
Die Landwirtschaft

a) Guts- und Grundherrschaft

Das Revolutionäre der Industriellen Revolution wird allzu oft mit den Gewerben und Industrien verkoppelt, doch auch die deutsche Landwirtschaft, wenn auch auf andere Art, hat einen umwälzenden Wandlungsprozeß durchgemacht. Dies wird schon daraus deutlich, daß einige Formen der Feudalherrschaft zu Beginn des 19. Jahrhunderts noch weitgehend erhalten waren. Im Jahre 1804 wurden etwa 80% der Bewohner Preußens der Landwirtschaft zugerechnet, in Deutschland lebten um 1815 60-70% der Bevölkerung auf dem Lande, ja selbst die kleineren Städte hatten noch ein dörfliches Gepräge. In Preußen dominierte als ländliche Rechtsverfassung die sogenannte Gutsherrschaft, vor allem in Ost- und Westpreußen, in Pommern, Schlesien und Brandenburg, außer der Altmark. Sie war ebenfalls noch gültig in Mecklenburg, Schleswig-Holstein und der Oberlausitz. Dies bedeutete vor allem, daß die Bauern vom Rittergutsbesitzer abhängig waren. Bauern und ländliche Bewohner waren erbuntertänig, d. h., sie durften ohne Erlaubnis des Gutsherrn die Scholle, auf der sie arbeiteten, nicht verlassen. Sie mußten Abgaben entrichten, Frondienste leisten, sowohl als Handarbeit als auch mit Pferde- oder Ochsengespannen, und ihre Kinder waren zu mehrjährigem Gesindedienst auf dem Gutshof verpflichtet. Wollte der Bauer heiraten, dann hatte er die Erlaubnis des Gutsherrn einzuholen, der ebenso die Macht hatte, die niedere Gerichtsbarkeit, das sogenannte Patrimonialrecht, über ihn auszuüben. Dieses über Jahrhunderte entwickelte System – nach dem Dreißigjährigen Krieg mit seinen starken Menschenverlusten war es noch verschärft worden – bedeutete für die Mehrzahl der Menschen rechtliche Unfreiheit, ja teilweise eine Art Leibeigenschaft.

In Mittel- und Südwestdeutschland war die sogenannte Grundherrschaft verbreitet. Sie belastete den Bauern in geringerem Maße, obwohl der Grundherr weiterhin das Obereigentum am Bauernhof beibehielt. Es war dort aber in gewissen Grenzen ein Verkauf, eine Verschuldung und auch eine Teilung des Bauerngutes, die sogenannte Erbteilung, möglich. Die Abgaben, gerichts- und grundherrliche Leistungen, Grundzinsen und Zehnten, waren jedoch ähnlich drückend wie in der Gutsherrschaft. Ein anderes bäuerliches Recht, das sogenannte Anerbenrecht, war in manchen Gebieten Deutschlands, vor allem in Sachsen, Thüringen und Baden, seit der ersten Hälfte des 19. Jahrhunderts üblich. Es bezeichnet die weniger elitäre Form der Unteilbarkeit der Güter, d. h., das älteste oder jüngste Kind des Bauern übernahm den Hof, natürlich wieder nur mit Genehmigung des Grundherrn. Es mußte die übrigen Kinder abfinden; diese sogenannte »Abmeierung« wurde durch ein Gericht ausgesprochen. Im Meierrecht, vor allem in Nordwestdeutschland, war der Bauer persönlich frei, es konnte nur sein, daß beim Tode die Hälfte seines beweglichen Vermögens an den Gutsherrn fiel, oder die Kinder mußten beim Verlassen des Hofes einen Freikauf zahlen. Wer den Hof übernahm, hatte eine Abgabe, den Weinkauf oder Eheschatz, zu entrichten. Die Patrimonialgerichtsbarkeit galt jedoch auch hier. Nach 1870 hat sich das oben erwähnte Anerbenrecht in vielen Staaten und Regionen gesetzlich eingebürgert: in Baden (1888), in Brandenburg (1882), in Bremen (1876), in Hannover (1880/84), in Kassel (1887), in Lauenburg (1881), in Lübeck (1879), in Mecklenburg-Schwerin (1869/72), in Oldenburg (1873), in Schaumburg-Lippe (1870), in Schlesien (1884), in Schleswig-Holstein (1886), in Westfalen (1882). Generell läßt sich sagen, daß es eine Vielzahl verschiedener bäuerlicher Rechte in den einzelnen deutschen Gebieten gab, deren wesentliches gemeinsames Merkmal jedoch Unfreiheit und Abhängigkeit war.[1]

Unter diesen Umständen konnte sich schwerlich eine produktive Landwirtschaft entwickeln. Dem Bauern, eingeengt in ein Korsett von Verpflichtungen und Abgaben, fehlte jeglicher Anreiz zu größerer Produktion – Subsistenzwirtschaft war die Folge. Und er verrichtete die Arbeit auf den Gutshöfen nur widerwillig und schlecht, was zu ständigen Auseinandersetzungen führte. Die Feldbestellung bediente sich scheinbar altbewährter Methoden, die ebenso wie die Dreifelderwirtschaft, die Karl der Große eingeführt hatte, über das Mittelalter nicht weit hinausgekommen waren. Bereits im 18. Jahrhundert hatte die Dreifelderwirtschaft zu Engpässen und unhaltbaren Zuständen geführt, denn außer dem Getreideland – wovon ein Drittel Brache blieb – mußten große

Weiden zur Viehnahrung gehalten werden, die eigentlich wegen der stark wachsenden Bevölkerung in Ackerland hätten verwandelt werden müssen. Im Sommer boten die Brach- und Stoppelweiden noch etwas Abhilfe, aber im Winter fehlte Heu, und man ernährte die Kühe mit Stroh. Aus dieser Zeit hat sich der Ausdruck »Schwanzvieh« erhalten, das heißt, die Kühe waren im Winter so schwach geworden, daß man sie im Frühsommer mit dem Schwanz auf eine Schleife und dann auf die Weide zog, weil sie selbst nicht mehr aufstehen und sich bewegen konnten. Dieser Zustand erzeugte einen Teufelskreis, denn die Dreifelderwirtschaft lieferte zuwenig Futter, was eine geringe Viehhaltung und damit eine ungenügende Düngerproduktion zur Folge hatte. Aus diesen Gründen konnten die Erträge nicht gesteigert werden. Eine ebenso einfache wie geniale Idee verwirklichte Johann Christian Schubart (1734-1787) – als ursprünglicher Leinenweber 1784 geadelt zu Edler von Kleefeld –, indem er das Brachfeld mit Kopfklee, Luzernen und Kartoffeln bepflanzte und damit dem Futterkräuterbau zum Durchbruch verhalf. Wegen Behinderungen durch eine zwar eingeschränkte, aber nicht beseitigte Feudalwirtschaft, wegen des Flurzwangs und der Weiderechte setzten sich die Sommerstallfütterung des Rindviehs und die sogenannte Fruchtwechselwirtschaft nicht gleich durch, aber es war ein Weg gewiesen, der seit Beginn des 19. Jahrhunderts immer stärker begangen wurde.

b) Die Agrarreformen

Die verheerende Niederlage Preußens 1806, das auf die Provinzen Ost- und Westpreußen, Schlesien, Pommern – außer Vorpommern – und die westlich der Elbe gelegenen Teile der Mark Brandenburg reduziert wurde, löste grundlegende, die sogenannten Stein-Hardenbergschen Reformen aus. Am 9. Oktober 1807 erließ Friedrich Wilhelm III. das »Edikt, den erleichterten Besitz und den freien Gebrauch des Grundeigentums sowie die persönlichen Verhältnisse der Landbewohner betreffend«.[2] Darin hieß es: »Mit dem Martinitage Ein tausend Acht hundert und Zehn hört alle Guts- und Untertänigkeit in Unseren sämtlichen Staaten auf. Nach dem Martinitage 1810 gibt es nur freie Leute.« Große Worte, aber Papier ist ja bekanntlich geduldig. Dieses Gesetz sah zum einen vor, daß jedem Einwohner das Recht zustehe, Güter zu erwerben, gleichgültig, ob sie adeliger, bäuerlicher oder bürgerlicher Art seien. Auf der anderen Seite sollten alle Beschränkungen der Berufswahl beseitigt werden, d. h., auch den Bauern sollte es freistehen, ein bürgerliches Gewerbe zu betreiben. Teilung und partielle Veräußerung sowie die Zusammenlegung mehrerer Bauerngüter wurden gestattet. Neue Untertänigkeitsverhältnisse konnten nicht mehr geschaffen werden, bei Bauern mit erblichem und eigenem Besitz hörte dies mit dem Tage der Verordnung auf. Alle übrige Gutsuntertänigkeit sollte 1810 wegfallen. Das war ein revolutionärer Akt, eine richtige »Bauernbefreiung«.

Der Adel war allerdings nicht so geduldig und formierte seinen Widerstand gegen diese Agrarreform »von oben« – sein politischer Einfluß war ungebrochen. Außerdem war strittig, ob die Bauern wirklich Besitzer ihres Landes waren, rechtlich waren es die meisten nicht, doch das Feudalrecht war längst überholt. So wurde am 14. September 1811 ein weiteres Edikt über die gutsherrlich-bäuerlichen Verhältnisse erlassen, das vorsah, daß Bauern mit erblichem Besitz ein Drittel, mit nicht-erblichem Besitz die Hälfte ihres Grundbesitzes an den Gutsherrn abtreten konnten, wonach alle Abgaben, Dienste und Verpflichtungen wegfallen sollten. Einmal auf dem Vormarsch, hatte es der Landadel nach dem für Preußen siegreichen Ausgang der Befreiungskriege relativ leicht durchzusetzen, daß nach einer Deklaration von 1816 nur solche Bauerngüter, die den Inhaber ernähren konnten und in den Steuerzuschlägen als bäuerlicher Besitz katastriert waren, der obigen Regelung unterstanden. Damit war ein großer Teil der Landbesitzer ausgeschlossen, deren Grundstücke der Gutsherr einziehen und die Besitzer von der Scholle vertreiben durfte. Zur Abwicklung dieser Neuregelung wurden im Jahre 1817 Generalkommissionen und Revisionskollegien eingesetzt. Für Bauern mit »gutem« Besitzrecht, d. h. Eigentümer, Erbzinsleute und Erbpächter, wurde 1820 eine Ablösungsordnung erlassen, nach der die Leistungen und Abgaben in eine Geldrente verwandelt wurden, deren 25facher Kapitalbetrag an den Gutsherrn gezahlt werden mußte. Schließlich wurden am 7. Juli 1821 Gesetze über die Gemeinheitsteilung und Ablösung der Dienste erlassen. Erstere hoben im wesentlichen die gemeinschaftlichen Nutzungsrechte an Grundstücken, die Berechtigung zum Weiden, Holz- und Streuholen etc. auf und überließen die Bewirtschaftung der Grundstücke den Eigentümern. Das Gesetz über die Dienstablösung diente zur Feststellung des

Wertes der bäuerlichen Abgaben und Dienste gegenüber dem Gutsherrn, die in Land oder Geld an diesen gezahlt werden mußten. Die gutsherrliche Gerichtsbarkeit in den ostpreußischen Provinzen wurde erst nach der Revolution von 1848/49 beseitigt.

Es ist hier nicht der Ort, die Agrarreformen im Detail zu beschreiben, die Literatur darüber füllt Bibliotheken. Zwei Dinge sind für unsere Überlegungen wichtig. Zum einen bildeten und bilden Agrarreformen eine notwendige Voraussetzung zur Industrialisierung, sie sind »die conditio sine qua non für die Fortschritte in den anderen Sektoren«.[3] Dies wird schnell einsichtig, wenn man bedenkt, daß die Flureinteilung durch zerstreut liegende oder weit vom Hof entfernte kleine Grundstücke äußerst unökonomisch war und damit der »Industrialisierung« der Landwirtschaft zähen Widerstand entgegensetzte. Mittlere Bauerngüter waren oft in zwei- bis dreihundert Einzelparzellen aufgeteilt, und es gab etwa in der Rheinprovinz »Wiesen von der Größe eines Bettuchs«.[4] Andererseits sind die Agrarreformen in verschiedenen deutschen Staaten – ja selbst innerhalb Preußens – unterschiedlich durchgeführt worden, was sich auch in den Ergebnissen niederschlug. Je nachdem, zu welchem Zeitpunkt die Reformen eingeleitet wurden, in welcher Zeitdauer sie abgeschlossen waren, welcher rechtliche Zustand der Agrarverfassung vorherrschte, variieren die Reformen. Die Aufhebung der Leibeigenschaft (Eigenbehörigkeit) und der Guts- bzw. Grunduntertänigkeit erfolgte in Bayern 1808, in Nassau 1812, in Württemberg 1817, in Hessen-Darmstadt, Baden und Mecklenburg 1820 und in Kurhessen 1831. Das Königreich Sachsen, das 1832 Reformgesetze erließ, verband diese Maßnahme mit der Errichtung einer Landrentenbank, einer staatlichen Clearingstelle für die finanziellen Transaktionen zwischen Berechtigten und Verpflichteten, die in fast allen anderen deutschen Staaten übernommen wurde.

Eines der wichtigsten Resultate der Agrarreformen für die spätere Industrialisierung Deutschlands war die Möglichkeit der Einführung rationeller Wirtschaftssysteme, der Kommerzialisierung. Ich stimme deshalb nicht mit Sombart überein, der behauptet, daß sich »in der äußeren Struktur der deutschen Landwirtschaft während des verflossenen Jahrhunderts überhaupt so gut wie gar nichts verändert hat«.[5] Gleichgültig, ob wir einen kausalen Zusammenhang zwischen Bevölkerungswachstum und Ernährungslage annehmen, die wachsende Bevölkerung hätte nicht mit den Erträgen einer Dreifelder-Landwirtschaft ernährt werden können. Die pessimistischen Prognosen Thomas Malthus', daß sich die Bevölkerung geometrisch, d. h. um das Zwei-, Vier-, Acht- usw. fache vermehrt, während die landwirtschaftliche Produktion nur arithmetisch, d. h. um das Ein-, Zwei-, Drei- usw. fache zunehme, basierten weitgehend darauf, daß es immer mehr Menschen gebe, die notgedrungen verhungern müßten. Aus diesem Teufelskreis schien es kein Entrinnen zu geben.

c) Veränderung der Nutzflächen, Betriebsgrößen und Beschäftigten

Die landwirtschaftliche Nutzfläche hat sich in der ersten Hälfte des 19. Jahrhunderts stark, danach aber weniger verändert, als dies aufgrund der Ertragssteigerungen anzunehmen wäre. Nachdem die Brache in das Acker- oder Weideland integriert worden war und die Gemeinheitsweiden intensiv bearbeitet wurden, kam fast nur noch die Kultivierung von Ödland und Wald dafür in Frage. Der Zugewinn durch Kultivierungen wurde weitgehend aufgehoben durch die Vergrößerung der Städte und den Landbedarf beim Eisenbahn- und Straßenbau. Henning [6] schätzt, daß sich zwischen 1800 und 1850 die Ackerfläche in Deutschland durch Einbeziehung der Brachen, Meliorationen, Kultivierung von Gemeinheiten und Waldrodungen von etwa 13 auf 25 Millionen ha fast verdoppelt hat. Die Gesamtfläche der gebundenen Großgüter (Landfideikommisse, d. h. Unverkäuflichkeit und Unteilbarkeit der Güter) in Preußen, vor allem jedoch in Ostpreußen und Schlesien, ist von 2 102 000 ha 1895 über 2 239 180 ha 1906 auf 2 449 225 ha 1912 gewachsen. Immer mehr Güter gingen in den Besitz von wohlhabenden Familien über, die ihr Vermögen nicht in der Landwirtschaft selbst gewonnen hatten. Um dies zu reduzieren, wurde 1913 in Preußen ein Gesetzentwurf eingebracht, daß der Fideikommiß nur Gütern gewährt werden sollte, die 30 Jahre im Besitz der Familie gewesen sind. Von der Reichsfläche bestanden 1900 27,7% aus Wald, vor allem in den mittelgebirglichen Lagen. Baden verfügte mit 36,5% der Gesamtfläche über den relativ größten Waldbesitz, es folgten Bayern mit 31,6%, Hessen mit 31,1%, Württemberg mit 30,4%, Sachsen mit 25,1% und Preußen mit 23,7%.

Die Betriebsgrößenstruktur hat sich im Kaiserreich nicht mehr stark verändert. 1907 stellten die Betriebe unter zwei Hektar mit 58,9% (1883: 58,0%) den Hauptanteil, allerdings verfügten sie lediglich über 5,4% (1882: 5,7%) der landwirtschaftlich genutzten Fläche. Dabei muß berücksichtigt werden, daß von den Zwergbetrieben unter 0,5 ha – 1907: 36,3% – 96% nebengewerblich betrieben wurden, d. h. ein Resultat der Grundstücksteilungen waren und nicht mehr zur Ernährung einer Familie ausreichten. Der Vorteil davon war, daß 1907 mehr als eine Million Industriearbeiter und unselbständige Personen ein Stück Gartenland besaßen, auf dem sie einen Teil ihres Nahrungsbedarfes selbst erzeugen konnten. Die mittelgroßen Betriebe von 2-100 ha umfaßten 40,7% der Zahl, 72,4% der Fläche (1882: 41,5:69,9%). Die Großbetriebe über 100 ha stellten nur 0,4% (1882: 0,5%) aller Betriebe, verfügten aber über 22,2% (1882: 24,4%) der landwirtschaftlich genutzten Fläche.

Im Laufe des 19. Jahrhunderts hat es keinen absoluten Rückgang der Beschäftigtenzahlen in der deutschen Landwirtschaft gegeben, obwohl nach der Statistik die Zahl der landwirtschaftlich Erwerbstätigen zwischen 1895 und 1907 sowohl absolut, aber besonders relativ zurückging. Die absoluten Zahlen müssen wir allerdings mit Skepsis betrachten, denn sie verdecken wahrscheinlich, daß durch die Abwanderung ehemals landwirtschaftlich Beschäftigter in die Industrie sowie durch den Rückgang der häuslichen Dienstboten die Struktur der deutschen Landwirtschaft erheblich verändert worden ist. Erfaßte und nicht erfaßte mithelfende Familienangehörige, vor allem Frauen, waren gezwungen, den ländlichen Arbeitskräftemangel auszugleichen. So stieg z.B. die Zahl der nebenberuflich landwirtschaftlich Tätigen von 1895 bis 1907 um 1952985 Personen, während sie in den vorhergegangenen 13 Jahren abgenommen hatte. Wir können aus diesen und anderen Gründen Fischer zustimmen, der für ganz Deutschland konstatiert: »Da die Zahl der in der Landwirtschaft Tätigen noch immer leicht anstieg, konnte die Arbeitsproduktivität nicht so schnell wachsen wie die Bodenproduktivität, d. h., ein beträchtlicher Teil des Produktionsanstiegs kam noch immer durch den Einsatz von mehr Arbeitskräften, nicht durch höheren Kapitaleinsatz oder technischen Fortschritt zustande«[7], obwohl es regional gewiß erhebliche Unterschiede gegeben hat, über die wir trotz der umfangreichen Landwirtschaftsliteratur leider noch viel zuwenig wissen.

d) Ansätze zur Rationalisierung der Landwirtschaft

Ein rationeller Landwirtschaftsbetrieb benötigte zwei Dinge: Kapital und genügend Land. Ersteres war zwar bei den Guts- und Grundbesitzern durch die Ablösungskapitalien in reichlichem Maß vorhanden, nicht aber bei der Masse der Bauern. Die Agrarkrise der zwanziger Jahre des 19. Jahrhunderts verschlimmerte deren Lage noch, so daß viele ihren Grundbesitz zu einem geringen Preis verkaufen mußten. Die Folge davon war eine wachsende Landarbeiterschaft, die später in die Industrie abwanderte oder nach Übersee auswanderte. Rationalisierung war aber auch verbunden mit einer verbesserten Landtechnik, doch der rentable Einsatz von Maschinen setzte eine bestimmte Größe des Bauerngutes voraus. Wo wie im linksrheinischen Preußen, in Hessen, der Rheinpfalz, in Bayern und Württemberg Erbteilung vorherrschte, reichten die Grundstücke bald nicht mehr zur Ernährung einer Familie aus. »So besaßen im Eisenacher Oberlande 230 Besitzer der Gemeinde Wiesenthal 935 ha Land, das in 13 197 Parzellen lag. In Bärenbach im Regierungsbezirk Koblenz teilten sich 130 Eigentümer mit 429 ha Land in 5116 Parzellen«![8] Wenn es für diese »Bauern« an nebengewerblichen Arbeitsmöglichkeiten fehlte, nahm die Not trotz Agrarreform erschreckende Ausmaße an – als einziges Ventil blieb die Auswanderung.

Die rationelle Umgestaltung der deutschen Landwirtschaft ist nicht nur auf Agrarreformen, sondern in nicht geringem Maße auf das Wirken bedeutender Agrarwissenschaftler zurückzuführen. Dies ist vor allem deswegen erwähnenswert, weil die wissenschaftliche oder kapitalistische Durchdringung des Landbaus auf natürliche Vorurteile des Bauern stieß, der besser als alle Theoretiker zu wissen glaubte, wie er seinen Boden am geeignetsten zu bearbeiten habe. Es ist deshalb nicht verwunderlich, daß Albrecht Daniel Thaer (1752-1828), der unermüdliche Propagandist einer rationellen Landwirtschaftslehre, zuerst auf Abneigung und Widerstand stieß. Sein Hauptwerk, *Grundsätze der rationellen Landwirthschaft* (1809-1812), beruhte auf Erfahrungen, die er in England und auf der Domäne Möglin, wo er eine Landwirtschaftsakademie einrichtete, seit 1804 gemacht und wissenschaftlich verarbeitet hatte. Er vertrat den Vorrang des höchsten nachhaltigen Reinertrags, der die Beseitigung aller Beschränkungen voraussetzte und den Ackerbau mit Fruchtwechsel und die Viehhaltung mit dauernder Stallfütterung zusammenlegte. Landwirte sollten nicht mehr nur Bauern sein, sondern rechnende Kaufleute, die ihre Güter rationell und mit Profit bewirtschafteten. In seiner Tradition steht eine Vielzahl hervorragender Agrarökonomen, ohne die die Erfolge in der deutschen Landwirtschaft nicht hätten erreicht werden können. Um nur einige zu nennen: Theodor Reuning (1807-1876), der als Generalsekretär der landwirtschaftlichen Vereine im Königreich Sachsen vielfältige Impulse gab; Johann Nepomuk Schwerz (1759-1843), der die landwirtschaftliche Akademie in Hohenheim gründete; Johann Heinrich von Thünen (1783-1850), der in *Der isolierte Staat in Beziehung auf Landwirthschaft und Nationalökonomie* (1826) den Einfluß der Transportkosten auf die Betriebsweise untersuchte (die »Thünenschen Ringe«) und deren wachsende Intensität als Voraussetzung für erleichterte Verkaufsmöglichkeiten ansah; Johann Gottlieb Koppe (1782 bis 1863), der seit 1811 in Möglin lehrte und 1837 in Kienitz eine Runkelrübenzuckerfabrik anlegte. Interessant ist, daß Koppe sich als Greis gegen die Liebigsche Lehre wandte, waren doch die neuen Forschungen Justus von Liebigs (1803-1873), der in seinem Werk *Die Chemie in ihrer Anwendung auf Agrikultur und Physiologie* (1840) eine Mineraltheorie aufstellte und damit die Grundlage dafür schuf, daß die Agrikulturchemie Eingang in die Landwirtschaft fand, der krönende Abschluß dieser vielfältigen Bemühungen zur Hebung der deutschen Landwirtschaft in der ersten Hälfte des 19. Jahrhunderts. Es war Liebig, der gleichsam »die Chemie in den Sattel gehoben hat«.[9] Ohne chemische Düngung hätten die Produktionserträge keineswegs in ausreichendem Maße gesteigert werden können. Heute sind wir in dieser Hinsicht vorsichtiger geworden, aber das 19. Jahrhundert konnte ohne diese Hilfsmittel nicht auskommen.

Die Verbreitung wissenschaftlicher Kenntnisse konnte nicht nur durch Bücher erfolgen. Auch Universitäten, landwirtschaftliche Vereine und Genossenschaften hatten hier wichtige Transmissionsfunktionen zu erfüllen. In allen größeren deutschen Staaten oder Regionen wurden deshalb entweder landwirtschaftliche Gesellschaften gegründet – so 1762 im thüringischen Weißensee, 1764 in Celle und Leipzig, 1772 in Breslau – oder Lehrinstitute eingerichtet – 1803 in Weihenstephan, 1818 in Hohenheim, 1818 in Idstein, 1826 in Jena, 1829 in Tharandt, 1831 in Darmstadt, 1835 in Eldena, 1842 in Regenwalde, 1847 in Proskau, 1847 in Poppelsdorf, 1851 in Weende bei Göttingen, 1858 in Waldau –, wo Schüler neben der praktischen Unterweisung an einem theoretischen Unterricht teilnahmen. Die größere Komplexität und »Akademisierung« der Landwirtschaft führte dazu, daß landwirtschaftliche Institute den Universitäten angegliedert wurden, wie in Breslau, Gießen, Göttingen, Halle, Jena, Kiel und Königsberg. Im Jahre 1908 bestanden 3224 ländliche Fortbildungsschulen und 43 Landwirtschaftsschulen, während die Ackerbauschulen mit ihrem zweijährigen Kursus von 279 Winterschulen verdrängt wurden. Daneben gab es 200 niedere Fachschulen, die Kurse für Baum- und Gartenbau, Haus- und Hufbeschlag, Molkerei, Obst-, Wein- und Wiesenbau anboten. Die landwirtschaftlichen Vereine und Genossenschaften stellten sich folgende Aufgaben: Sie berieten ihre Mitglieder in landwirtschaftlichen Fragen, halfen in Notsituationen oder bewilligten kurz- und langfristige Kredite zur Schuldentilgung, sie zentralisierten den Einkauf von Futtermitteln, Kunstdünger, Saatgut etc. Als Friedrich Wilhelm Raiffeisen (1818-1888) im Hungerjahr 1846/47 begann, einen Konsumverein zur Beschaffung von Brot und Getreide zu gründen, lagen diesem Verhalten vor allem Motive der christlichen Nächstenliebe zugrunde. Es bestand jedoch ein Bedürfnis, daß Spar- und Darlehnskassen den Sparern ihre kleinen Einlagen in Form von Darlehen nutzbar machten. Deshalb breitete sich die Genossenschaftsbewegung nicht nur schnell aus, zuerst in den kleinbäuerlichen Dörfern Westdeutschlands, sondern die Aufgabenbereiche wurden immer weiter ausgedehnt. Bei Erlaß eines Genossenschaftsgesetzes 1889 bestanden 3006, Ende 1913 27675 Genossenschaften mit etwa 2,5 Millionen Mitgliedern. Um 1914 bestanden 50 verschiedene Verbände mit genossenschaftlichem Prinzip, wie Brau-, Brennerei-, Konsum-, Magazin-, Maschinenbeschaffungs-, Meierei-, Produktiv-, Rohstoff-, Saatgutverteilungs-, Schlacht-, Verkaufs-, Wareneinkaufs-, Weide-, Werk-, Winzer-, Wohnungs- oder Zuchtviehgenossenschaften. Hier erfolgte der Zusammenschluß im »Allgemeinen Verband der deutschen landwirtschaftlichen Genossenschaften«, im »Generalverband ländlicher Genossenschaften für Deutschland (Raiffeisen-Organisation)« und schließlich im »Reichsverband der deutschen landwirtschaftlichen Genossenschaften«.

Der zunehmenden Verschuldung der Bauerngüter mußte auf andere Art und Weise entgegengewirkt werden. Zwar gab es die preußischen »Landschaften« – seit 1818 auch in Mecklenburg, seit

1825 in Hannover und Württemberg, seit 1844 in Sachsen und seit 1862 in Braunschweig und Schleswig-Holstein etc. – sowie Rentenbanken und kommunale Kreditinstitute, die Hypotheken zur Verfügung stellten, doch mit dem Aufschwung stieg auch der Zinsfuß. Nach dem Vorbild des 1852 gegründeten Pariser Crédit foncier entstanden 1858 in Leipzig die Allgemeine Deutsche Kreditanstalt, 1862 die Frankfurter Hypothekenbank, 1863 die Erste Preußische Hypotheken-Aktiengesellschaft, und 1864 erhielt die Bayerische Hypotheken- und Wechselbank in München das Recht der Pfandbriefausgabe. Die Zahl der Hypotheken-Aktienbanken stieg bis 1908 auf 38 mit einem Aktienkapital von 752 Millionen und einer Pfandbriefausgabe von 9,2 Milliarden Mark.

1872 entstand der Deutsche Landwirtschaftsrat, in dem die einzelstaatlichen Vereine in einem Zentralverband zusammengefaßt wurden. Dessen Aufgabe war es, die landwirtschaftlichen Interessen der in ihm vereinigten bundesstaatlichen Vertretungen auf der Ebene des Deutschen Reichs zu vertreten. Die von den Hauptvereinen, den Landwirtschaftskammern, gewählten 74 Mitglieder tagten einmal jährlich in Berlin, und Kaiser Wilhelm II. nahm später an ihren Beratungen persönlich teil. Dem Deutschen Landwirtschaftsrat wurden nach und nach weitere Aufgaben übertragen, wie der Kontakt mit dem internationalen Landwirtschaftsinstitut in Rom, die Leitung von wissenschaftlichen Forschungen und Versuchen sowie die Berichterstattung über Preise etc. Max Eyth (1836-1906) war Mitbegründer der Deutschen Landwirtschafts-Gesellschaft (DLG), die nach dem Vorbild der Royal Agricultural Society of England die technische Entwicklung der deutschen Landwirtschaft vorantreiben wollte und ab 1885 einen erheblichen politischen Einfluß gewann. 20 Jahre später, 1905, hatte sie 14700 Mitglieder und förderte intensiv durch die Herausgabe eines Jahrbuchs und jährlich wiederkehrende Wanderausstellungen die Modernisierung der deutschen Landwirtschaft. Der Bund der Landwirte, eine »grandiose *Organisation*«[10], etablierte sich am 18. Februar 1893 in Berlin und führte sogleich einen politischen Kampf um landwirtschaftliche Interessen, zuerst gegen die Caprivischen Handelsverträge, die angeblich die Landwirtschaft benachteiligten. Er forderte höheren Zollschutz, Steuerbegünstigungen, Einführung der Doppelwährung, Revision der Arbeiterschutzgesetzgebung etc. Seit 1894 entstanden in Preußen und später auch in anderen Staaten Landwirtschaftskammern.

e) Die landwirtschaftliche Produktion

Das Grundanliegen aller Landwirtschaft ist die Produktion von Nahrungsmitteln zur Ernährung der Bauern und dann auch der nichtlandwirtschaftlichen Bevölkerung. Sie ist deshalb so alt wie die Menschheit, selbst wenn wir ein ursprüngliches Sammler- und Jägerdasein annehmen. Solange jedoch die Bevölkerung über eine längere Periode nicht gravierend zunahm, genügend Land zum Bebauen vorhanden war und die Entfaltung der (städtischen) Gewerbe sich in Grenzen hielt, war kein Anlaß zu grundlegenden Wandlungen vorhanden. In Deutschland haben sich regional recht unterschiedliche Strukturen der Bauernwirtschaften herausgebildet; grob gesagt, Großgrundbesitz östlich der Elbe, großbäuerliche Wirtschaften in Schleswig-Holstein, Hannover, Westfalen, Oldenburg und Braunschweig, mittlere und kleinere Güter in Sachsen, dem Rheinland, Baden, Württemberg und Elsaß-Lothringen und den übrigen Regionen. Deutschland war ein Bauernland, »in das in einzelnen Teilen stärkere Beimischungen von Großgrundbesitz eingesprengt sind; im ganzen ist es doch nicht ein Viertel der Fläche, die diesem gehört, wenn wir ihn bei 100 ha, gerade ein Fünftel, wenn wir ihn bei 200 ha und ein Zehntel, wenn wir ihn bei 500 ha anfangen lassen«.[11]

Die eineinhalb Jahrzehnte nach 1815 waren für die deutsche Landwirtschaft insgesamt eine Durststrecke, wenn auch von Staat zu Staat und von Region zu Region verschieden. Die englischen Kornzölle stoppten weitgehend den Export der ostpreußischen Agrarier. Lag die Ausfuhr von preußischem Getreide nach Großbritannien bereits 1814 mit 186 200 Quarters niedrig, so brach sie 1815 mit 19 400 Quarters fast völlig zusammen.[12] Die Erweiterung des Getreideanbaus während der Kontinentalsperre hatte nicht nur in England, sondern auch in Frankreich, Schweden, Spanien, Holland und Italien zum Rückgang der Preise bis auf die Hälfte und zum Sinken der Güterpreise geführt. Seit dieser Zeit bahnte sich eine allmähliche Umschichtung vom rein adeligen zum bürgerlichen Gutsbesitz in den östlichen Provinzen Preußens an. In den achtziger Jahren waren dort von den 11 015 Gutsbesitzern 7086, d. h. 64,3 %, bürgerlich. Sombart fragt in diesem Zusammenhang danach, warum sich keine einzige landwirtschaftliche Aktiengesellschaft herausgebildet hätte, und kommt, abgesehen von der Unsicherheit der Ernten, den niedrigen Profitraten und der geringeren Steigerung der Produktivität im Vergleich mit der Industrie, zu dem etwas merkwürdigen Ergebnis: »Erleben wir es doch, daß eingefleischte Geldmänner, selbst jüdischer Rasse, wenn sie ein Rittergut erwerben und Landwirtschaft betreiben, gleichsam weich werden, die schroffen Grundsätze kapitalistischer Geschäftsführung abmildern.«[13]

In den dreißiger und vierziger Jahren erlebte die deutsche Landwirtschaft eine Konjunktur, die allgemein zu einer verbesserten Dreifelderwirtschaft und zum Abbau der Brache führte. Immer mehr Hülsenfrüchte, Kartoffeln, Rotklee und Rüben wurden angepflanzt. Während zu Anfang des Jahrhunderts die Brache noch etwa ein Drittel des circa 21 Millionen Hektar Ackerlandes betrug, verminderte sie sich bis 1850 auf ungefähr 15%. Die Aufhebung der Kornzölle und steigende Getreidepreise begünstigten auch wieder den Export aus Ost- und Westpreußen. In Holstein wurde die Rinder- und Pferdezucht erweitert, und die größere Nachfrage nach Butter und Käse ermöglichte vielen holsteinischen Bauern einen ansehnlichen Wohlstand. Sachsen, dessen Nahrungsmitteleinfuhren durch eine schnell wachsende Bevölkerung und veränderte Ernährungsgewohnheiten stark anstiegen, bot einen günstigen Absatzmarkt. Es veränderte sich aber auch die Zusammensetzung des Bauerntums, denn nun entwickelte sich eine ländliche Lohnarbeiterschicht, die als Wanderarbeiter – Sachsen- und Hollandgänger sind die bekanntesten – für einige Monate im Jahr oder auch für ein oder zwei Jahre ihr spärliches Brot verdienten.

Nach Überwindung der Kartoffelkrankheit und den durch die Revolution 1848/49 verursachten Störungen geriet die deutsche Landwirtschaft wie die Industrie in einen Wachstumsstrom. Gegenüber 1841/50 stiegen die Preise in Preußen im Jahrzehnt 1851/60 für Weizen um 20,6%, für Roggen um 25,6%, für Gerste um 21,3% und für Hafer um 8,9%. Zwar sanken sie für Weizen und Roggen im folgenden Jahrzehnt wieder, doch der Preisanstieg für Gerste und Hafer hielt an. Gleichzeitig nahm die Verschuldung vieler großer und mittlerer Güter zu. Dies beschleunigte sowohl die Ausdehnung der Anbaufläche als auch die Steigerung der Flächenerträge bei allen Getreidearten sowie vor allem bei Kartoffeln, wie aus Tabelle 5 leicht abzulesen ist. Der Kartoffelanbau erzielte außerdem einen immer höheren Nährwertertrag pro Flächeneinheit, weswegen sich sein Anteil am Ackerland von 1,5% 1800 auf

Tabelle 5: Produktion von Getreide und Kartoffeln in Preußen und Deutschland[1] 1810–1912 (in 10000 t)

Jahr	Weizen	in %[2]	Roggen	in %[2]	Gerste	in %[2]	Hafer	in %[2]	Kartoffeln	in %[2]	Summe
1810	39,2	7,1	179,8	32,4	89,5	16,1	154,1	27,7	93,0	16,7	555,6
1822	45,6	6,1	204,5	27,5	96,5	13,0	169,8	22,8	228,0	30,6	744,4
1831	56,2	5,5	243,7	24,0	105,6	10,4	191,6	18,8	420,5	41,3	1 017,5
1840	68,2	5,3	285,7	22,0	112,9	8,7	214,2	16,5	617,0	47,5	1 298,0
1852	81,8	5,5	301,7	20,2	104,0	7,0	183,2	12,3	820,9	55,0	1 491,6
1861	94,0	5,8	359,2	22,2	122,4	7,5	220,3	13,6	825,7	50,9	1 621,6
1873	275,7	6,7	730,0	17,8	236,7	5,8	494,1	12,1	2 356,0	57,6	4 092,5
1882	293,2	6,2	817,9	17,3	285,6	6,0	602,8	12,7	2 733,6	57,8	4 735,1
1891	273,3	6,3	641,2	14,7	318,0	7,3	698,0	16,0	2 431,9	55,7	4 362,4
1900	383,2	6,1	857,5	13,6	300,6	4,8	709,2	11,2	4 059,2	64,3	6 309,7
1912	435,3	5,6	1 159,6	14,8	348,2	4,4	851,1	10,9	5 023,0	64,3	7 817,2

Quelle: H. W. Graf Finck von Finckenstein, *Die Entwicklung der Landwirtschaft in Preußen und Deutschland 1800–1930*, Würzburg 1960, S. 313–328; eigene Berechnungen.

Anmerkungen:

1 Vor 1873 Preußen in dem entsprechenden Gebietsumfang, nach 1873 das Deutsche Reich.

2 Prozentuale Anteile an der Summe.

13,6% 1913 erhöhte. Die Kartoffel wurde »zu einer der tragenden Säulen der Ernährungswirtschaft«.[14]

Die deutsche Landwirtschaft hat während der »Großen Depression« alles versucht, die sinkenden Preise durch erhöhten Zollschutz weitgehend zu kompensieren. Von 1868/69 bis 1891/92 sanken in Preußen die Preise für Weizen um 19%, für Roggen, Gerste um 10 und für Hafer um 11%. Die Kongresse deutscher Landwirte und der deutsche Landwirtschaftsrat sprachen sich für immer stärkere Schutzmaßregeln aus. Der Reichstag stimmte 1885 als Gegenmaßnahme gegen österreichische Zollerhöhungen für eine Erhöhung des Zolles auf Weizen, Roggen und Malz auf 30, Mühlenfabrikate auf 50 Mark pro Tonne, Hafer, Gerste, Hülsenfrüchte und Buchweizen auf 20 Mark pro Tonne. Zwei Jahre später, nachdem die USA und Rußland ihre Exporte weiter gesteigert hatten, wurde der Schutzzoll für Weizen und Roggen auf 50, für Hafer auf 40 und für Gerste auf 22,50 Mark erhöht. Seit dem Jahre 1894 wurden sogenannte Einfuhrscheine, eine Art Exportprämie, ausgegeben. Vereinfacht gesagt bedeutete dies: Bei der Ausfuhr von Weizen, Roggen, Hafer, Hülsenfrüchten, Gerste, Raps, Rübsaat und Mühlenfabrikaten, sofern sie 500 kg je Getreideart überschritt, wurde der Zoll durch einen Einfuhrschein vergütet. Die ostpreußischen Agrarier konnten somit in Königsberg, Danzig und Stettin ihren Getreideüberschuß zu Weltmarktpreisen ausführen, die Masse der Verbraucher mußte jedoch die Zeche bezahlen. Die Maximalzölle nach 1902 beliefen sich auf 70 bzw. 75 Mark je Tonne bei Roggen, Gerste, Hafer bzw. Weizen, d. h. etwa 30% der Großhandelspreise bei den einzelnen Getreidearten. Die Zölle für Tiere und tierische Produkte wurden – bis auf die Freihandelsära und die Caprivi-Zeit – ebenfalls sukzessive angehoben. Sie lagen bei Schweinen um 1819/21 bei 0,20 Mark, nach dem 1. März 1906 bei 18 Mark je 100 kg Lebendgewicht, während sie bei anderen Tierarten noch erheblich höher lagen. 1891 wurden 3371 dz Weizen, 1342 dz Roggen, 3729 dz Hafer und 38 982 dz Gerste ausgeführt, 1904 lagen die Werte bei 330 483 t Weizen, 359 871 t Roggen, 290 124 t Hafer und 42 685 t Gerste, 1912 bei 811 673 t Roggen, 507 481 t Weizen, 496 706 t Hafer, 53 386 t Gerste und 346 379 t Mehl. Diese Zahlen sind auf den ersten Blick beeindruckend und scheinen die Maßnahmen zu rechtfertigen, gemessen an der Einfuhr belief sich 1913 der Gesamtexport der vier wichtigsten Getreidearten allerdings nur auf 32,2% dem Gewicht und 34,6%

dem Wert nach. Es war also nicht der Fall, daß die deutsche Landwirtschaft »ihre *vaterländischen* Aufgaben der möglichst selbständigen Ernährung unseres Volkes immer vollkommener zu erfüllen«[15] in der Lage gewesen wäre, worum sich ja auch die nationalsozialistische Autarkiepolitik vergeblich bemühte. Rechnen wir noch den ungeheuren Bedarf an Eiern, Fleisch, Obst, Fellen und Häuten, Wolle, Holz etc. hinzu, so kommt man für die Zeit vor dem Krieg zu dem Ergebnis, »daß die deutsche Volkswirtschaft heute schon auf einer zwei- bis dreimal so großen Bodenfläche ruht, als sie das Deutsche Reich mit seinen Grenzen umspannt«.[16]

Im Jahre 1913 wurden an Feldfrüchten 9 575 680 t eingeführt. Der Anteil der Ölfrüchte daran betrug 18,2 %, der von Weizen 26,6 % und der von Gerste 33,8 %, während 2 168 797 t, davon allein 43,1 % Roggen, zur Ausfuhr kamen. Dies hatte einen einfachen Grund: »Die Kosten für den Transport auf leistungsfähigen Überseedampfern sanken so tief, daß sie die Eisenbahnfrachten innerhalb Deutschlands, wenn sie über mehr als 400 km gingen, unterboten.«[17] Ein Vergleich der Gesamterträge und der Hektarerträge in europäischen und überseeischen Staaten um 1912, wie er in Tabelle 6 zusammengestellt ist, macht zwei Entwicklungen deutlich: Erstens gab es Weizenkonsumländer, wie Frankreich, Italien, Kanada und die USA, sowie Roggenkonsumländer, vor allem Deutschland, aber offenbar auch Rußland, das einen großen Teil seiner Weizenernte exportierte. Die deutschen Konsumenten ernährten sich stark mit Roggenbrot, denn die Gesamterträge liegen weit über allen bevölkerungs- und flächenmäßig vergleichbaren Staaten. Die Kartoffelerträge weisen eine noch erheblich größere Diskrepanz auf, ein deutliches Zeichen dafür, daß die deutsche Landwirtschaftspolitik ökonomische Strukturanpassungen lange Zeit verhindert hatte. Zweitens sind die Unterschiede in den Hektarerträgen frappierend. Die höchsten Hektarerträge weisen durchgehend jene Staaten auf, die unter dem Druck der Nahrungsmittel*importe* alles daransetzten, durch Einsatz von Dünger und Landmaschinen möglichst viel aus dem Boden zu erwirtschaften. Die USA und Rußland mit ihren riesigen Anbauflächen weisen nur ein Drittel der europäischen Getreideerträge auf.

Die Kartoffel (»Erdbirne«) wurde in Deutschland erst im 18. Jahrhundert allgemein bekannt, erreichte aber wegen ihrer leichten

Tabelle 6: Gesamterträge und Hektarerträge in verschiedenen Staaten der Welt um 1912

Jahr	Staat[1]	Weizen		Roggen		Gerste		Hafer		Kartoffeln		Summe[4]	Rang[5]
		a[2]	b[3]	a[2]	b[3]	a[2]	b[3]	a[2]	b[3]	a[2]	b[3]		
1912	Belgien	417,7	26,0	541,4	20,6	92,6	27,1	509,3	19,4	3 306,2	211,0	4 867,2	1
1912	Niederlande	142,2	24,6	397,0	17,4	71,1	26,7	218,5	15,8	3 006,5	174,4	3 835,3	2
1913	Deutschland	4 656,0	23,6	12 222,4	19,1	3 673,3	22,2	9 714,0	21,9	54 121,1	158,6	84 386,8	4
1913	Schweiz	143,5	22,0	55,6	19,2	9,9	19,1	75,3	23,1	860,4	155,3	1 146,7	5
1913	England[6]	1 446,6	21,0	.	.	1 147,5	18,2	1 327,7	16,6	2 941,9	164,4	6 863,7	3
1912	Schweden	212,2	20,9	586,1	14,6	308,2	17,1	1 273,9	16,1	1 529,6	100,1	3 910,0	9
1912	Österreich	1 895,3	15,0	2 974,8	14,6	1 706,6	16,0	2 430,1	13,0	12 541,6	100,2	21 548,4	8
1913	Japan	710,2	14,4	1 026,2	15,2	1 148,1	19,4	75,5	16,9	686,7	100,5	3 646,7	7
1913	Kanada	6 306,3	14,1	58,4	12,1	1 052,0	16,1	6 240,8	14,8	2 137,6	111,6	15 795,1	6
1912	Frankreich	9 099,2	13,8	1 238,2	10,3	1 101,4	14,5	5 154,2	12,9	15 025,2	96,1	31 618,2	11
1913	Italien	5 835,2	12,2	142,0	11,4	235,2	9,4	631,0	12,5	1 797,2	61,5	8 640,6	13
1913	USA[7]	20 776,0	10,2	1 051,1	10,2	3 879,6	12,8	16 282,6	10,5	9 022,7	60,8	51 012,0	14
1913	Rußland[8]	22 803,6	9,1	24 688,4	8,5	12 140,4	9,9	16 048,2	9,4	34 688,0	74,4	110 386,6	12
1912	Spanien	2 987,8	7,7	479,3	6,1	1 306,2	9,8	334,4	6,5	2 553,5	99,0	7 641,2	10

Quelle: Statistisches Jahrbuch für das Deutsche Reich, 35. Jg., Berlin 1914, S. 20*f.; eigene Berechnungen.

Anmerkungen:
1 Geordnet nach der Höhe der Hektarerträge von Weizen.
2 Gesamterträge in 1 000 t.
3 Hektarerträge in dz = 100 kg.
4 Summe der Gesamterträge von Weizen, Roggen, Gerste, Hafer und Kartoffeln.
5 Errechneter Rang für die durchschnittlichen Hektarerträge aller vier Getreidearten.
6 Und Wales.
7 Ohne Alaska.
8 Europäischer Teil mit Nord-Kaukasien.

Anbauweise und des großen Nährwerts eine schnelle Verbreitung. »Die Voraussetzungen für den Siegeszug der Kartoffel wurden aber erst durch die Sprengung der Dreifelderwirtschaft zu Beginn des 19. Jahrhunderts geschaffen«[18], d. h., die Benutzung der Brache ermöglichte eine starke Ausdehnung der Kartoffelanbaufläche, ohne daß der Getreidebau wesentlich beeinträchtigt wurde. Die Kartoffel konnte fast auf beliebigen Böden und in jedem Klima, auf Feldern wie in Gärten, auf dem Land und in den Städten angebaut werden und lieferte hohe Erträge. Vielfältige Verwendungsmöglichkeiten, wie z. B. zur menschlichen Nahrung – die Deutschen sind noch heute weltweit die größten Kartoffelkonsumenten –, zur Erzeugung von Kartoffelschnaps oder als Viehfutter, machten sie zusätzlich attraktiv. Im 19. Jahrhundert ist die Kartoffelanbaufläche um etwa das Zehnfache, die Erträge sind noch stärker gesteigert worden (vgl. Tab. 5). Die Ernährung mit Kartoffeln, gerade in Notzeiten, war so verbreitet, daß der Vers aufkam: »Kartoffeln in der Früh, zum Mittag in der Brüh, des Abends mitsamt dem Kleid – Kartoffeln in Ewigkeit.«

Der Zuckerrübenanbau und die industrielle Verarbeitung der Rüben entwickelten sich im 19. Jahrhundert zu einer engen Verzahnung von Landwirtschaft und Industrie. Nachdem der Berliner Apotheker Andreas Sigismund Marggraf 1747 in seiner Schrift *Chymische Versuche, einen wahren Zucker aus verschiedenen Pflanzen, die in unseren Ländern wachsen, zu ziehen* den Zuckergehalt von Runkelrüben festgestellt hatte, gründete sein Schüler Karl Achard Ende des Jahrhunderts, 1798, die erste Rübenzuckerfabrik auf dem schlesischen Gut Cunern. In Baden und in der Magdeburger Gegend wurden ebenfalls Zuckerrüben angepflanzt, doch die Einfuhr billigen indischen Rohrzuckers nach 1815 machte diese Versuche unrentabel, denn die Zuckerrüben enthielten zu dieser Zeit lediglich 4 bis 5% Zucker.

Der Zoll von fünf Talern pro Zentner im Zollverein änderte die Lage, und der Zuckerrübenanbau begann in den 1830er Jahren im großen Maßstab. Im Jahre 1837 erzeugten 122 Fabriken 28000 Zentner Rohzucker, im Jahre 1886/87 waren es 456, 1908/09 342 Fabriken, die 971000 bzw. 2300000 t Rohzucker herstellten. Mit dieser großen Zunahme ging ein verstärkter Anbau einher, der sich in weniger als 50 Jahren von 26000 t Rüben (1836/37) auf 10 Millionen t (1884/85) erhöhte, obwohl der Anteil des dazu verwendeten Ackerlandes nur bei etwa zwei Prozent lag. Es wurden sehr schnell widerstandsfähigere und zuckerreichere Züchtungen vorangetrieben, so daß bald Rüben mit 15–18% Zuckergehalt geerntet wurden. Während man 1840 etwa 20 Zentner Rüben für einen Zentner Zucker benötigte, waren es zu Beginn des Kaiserreichs die Hälfte und 1910/11 nur noch 6,08 Zentner. Deutschland stieg von einem Zuckerimport- zu einem Zuckerexportland auf und erzeugte 1884 43% des gesamten Weltrübenzuckers. Die preußische Provinz Sachsen entwickelte sich zum Hauptgebiet des Zuckerrübenanbaus. 1851/52 waren dort 102 Fabriken vorhanden, während auf Schlesien 47, auf Anhalt 21 und auf Braunschweig acht entfielen, daneben einige in Schleswig-Holstein und Hannover. Im Jahre 1903 wurden die Ausfuhrprämien durch eine internationale Zuckerkonvention beseitigt, und gleichzeitig senkte Deutschland die Steuer von 20 auf 14 Mark pro Doppelzentner. Der deutsche Zuckerverbrauch lag damals eigentümlicherweise unter dem vergleichbarer Staaten. In England wurden vor dem Ersten Weltkrieg 41,8 kg Zucker pro Kopf der Bevölkerung konsumiert, in den USA 37,9 kg, dagegen in Deutschland 19,1, in Belgien 14,5 und in Österreich nur 11,2 kg pro Kopf.

f) Düngung, Mechanisierung und Viehwirtschaft

Eine intensive Landwirtschaft entzieht dem Boden mehr Nährstoffe, vor allem Phosphorsäure und Kalk, Kohlensäure und Stickstoff, die auf irgendeine Art und Weise ersetzt werden müssen, sollen die Ernteerträge nicht zurückgehen. Das Nächstliegende im frühen 19. Jahrhundert war die Verwendung und Vermehrung von natürlichem Dünger. Mehr Dünger konnte durch die Ausdehnung der Tierhaltung beschafft werden. Gegen die Nutzung menschlicher Exkremente, die sich in den Städten häuften und deren hygienischen Zustand nicht gerade verbesserten, gab es eine ästhetische Abneigung, und die »chemische« Düngung, so sehr sie auch von W. A. Lampadius, J. Liebig u. a. empfohlen wurde, war den meisten Bauern lange Zeit zu »unnatürlich«. Ernst Engel sah klar voraus, daß die landwirtschaftliche Produktivität nur durch »die künstliche Düngung und die Drainage«[19] gesteigert werden konnte, aber den Landwirten schien dies mit dem *Wesen* der Landwirtschaft unvereinbar. Nur allmählich setzten sich Guano, Chilesalpeter, Knochenmehl und Düngesalz durch. Erst seitdem in den siebziger Jahren der Import von Nahrungsmitteln stark zunahm, verbreitete sich auch die Bereitschaft zur chemischen Düngung. Wir können die Erhöhung der Kapitalintensität in der Landwirtschaft an der Verbrauchszunahme von Düngestoffen messen. In der Höhe des Düngerverbrauchs zeigt sich der wohl gravierendste Unterschied zu den extensiven russischen und amerikanischen landwirtschaftlichen Betriebssystemen, die wegen des Überflusses an und der Jungfräulichkeit des Bodens einen viel geringeren Einsatz von Dünger und Bodenverarbeitung benötigten. In Deutschland rechnete man am Ende unserer Periode, daß fast 40% der gesamten Gestehungskosten beim Getreideanbau auf die Düngung entfielen. Im Jahre 1913 wurden im Vergleich zu 1890 70 Millionen Doppelzentner (dz) mehr Handelsdünger verwendet, der Verbrauch von Chilesalpeter verdoppelte sich, der von Superphosphat stieg um das Vierfache, der Verbrauch von Thomasmehl von vier auf 22, von schwefelsaurem Ammoniak von 0,6 auf vier Millionen dz. 1913 soll der Wert dieser künstlichen Düngemittel 573 Millionen Mark betragen haben. Seit 1910 traf es zu, daß die Produktion von synthetischem Ammoniak nach dem Haber-Bosch-Verfahren »alle anderen Arten der Herstellung von Luftstickstoffdüngemitteln weit übertreffen sollte«.[20]

Die Mechanisierung der Landwirtschaft machte in Deutschland im Vergleich zu England und den USA nur langsame Fortschritte. Noch in den siebziger Jahren waren Pflug, Egge, Walze und Kultivator die wichtigsten Ackergeräte, vielleicht weil sich gerade der Pflugbau in den führenden Firmen von Heinrich Ferdinand Eckert (1819-1875) in Berlin, Rudolf Sack (1824-1900) in Leipzig-Plagwitz, Heinrich Lanz (1838-1905) in Mannheim u. a. sehr verfeinert hatte. Erst als ein Arbeitskräftemangel immer mehr Frauen zwang, als mithelfende oder hauptberuflich Tätige in der Landwirtschaft zu arbeiten, ergab sich zwangsläufig eine starke Zunahme der Mechanisierung. Die Zahl der einfachen Dreschmaschinen stieg zwischen 1895 und 1907 von 596 869 auf 947 003, die der Dampfdreschmaschinen von 259 364 auf 488 867, die der Dampfpflüge von 1696 auf 2995, die der Sämaschinen von 169 465 auf 290 039 und die der Mähmaschinen von 35 084 auf 301 325. Im Jahre 1907 waren Großbetriebe über 100 ha zu 97,4%, Mittelbetriebe von 20-100 ha zu 92,8% und jene von 5-20 ha zu 72,5% mit mindestens zwölf Maschinenarten ausgestattet.

Wachsende Bevölkerung, Wandel der Ernährungsgewohnheiten, stärkere landwirtschaftliche Spezialisierung und eine allmähliche Steigerung der Arbeitsverdienste haben dazu geführt, daß der Fleischkonsum der Deutschen kontinuierlich zunahm. Bevor wir einige Zahlen betrachten, sei jedoch auf einen eigenartigen Umstand hingewiesen: die Schweinefleischpreise lagen während des gesamten hier behandelten Zeitraums höher als die Rindfleischpreise. Der höhere Nährwert des Schweinefleisches wurde offenbar in weiten Kreisen erkannt, d. h., das fette Fleisch deckte besser den Kalorienbedarf der körperlich hart arbeitenden Menschen, aber es hielt die notwendige Versorgung mit Proteinen auf einem niedrigen Niveau. Im Jahre 1913 gab es neben Schweinen, Rindern und Schafen noch ungefähr 72,9 Millionen Hühner, 6,6 Millionen Gänse und 2,3 Millionen Enten, die zusätzlich 84713 t Geflügelfleisch lieferten.[21] Im Durchschnitt von zehn preußischen Städten lag der Preis für Rindfleisch pro kg 1831/40 bei 57 Pfennig und erhöhte sich bis 1861/70 auf 86 Pfennig, während die entsprechende Preissteigerung bei Schweinefleisch 41 Pfennig betrug, d. h. von 74 auf 115 Pfennig kletterte. Schweinefleisch war somit etwa um die Hälfte teurer als Rindfleisch, was uns so befremdend erscheint, daß es moderne Autoren nicht wahrhaben wollen.

Die Entwicklung der Viehbestände weist ein recht unterschiedliches Bild auf, obwohl allgemein gilt, daß die Zahl der gehaltenen Tiere und die Leistung vergrößert worden sind. Die gravierendsten Veränderungen im Laufe des Jahrhunderts sind bei den Schweinen und Schafen aufgetreten; die Rindviehhaltung hat stark zugenommen (vgl. Tab. 7). Der starke Rückgang bei den Schafen ist auf zwei Faktoren zurückzuführen. Erstens nahm die Schafhaltung seit den sechziger Jahren immer mehr ab, weil australische und argentinische Wolle, billiger im Preis und besser in der Qualität, die deutsche Wolle verdrängte. Zweitens bestand in Deutschland – im Gegensatz etwa zu Großbritannien – eine Abneigung gegen den stärkeren Konsum von Schaffleisch, so daß es nicht zu einer vermehrten Haltung von Fleischschafen kam. Umgekehrt verlief die Entwicklung bei der Schweinehaltung, die sich in jeder Hinsicht ausweitete und eine rasante Zunahme aufwies. Die Stückzahlen haben sich zwischen 1816 und 1913 um 628% vermehrt. Diese Zahl berücksichtigt allerdings nicht die Tatsache, daß viele private Haushalte auf dem Land – wie dies heute noch in der DDR der Fall ist – ein Schwein hielten und es oft mit Haushaltsabfällen fütterten. Außerdem ging das Durchschnittsalter der schlachtrei-

Tabelle 7: Entwicklung der Viehbestände in Deutschland 1816-1913 (in 1000 Stück bzw. 10000 t)

Jahr	Pferde in 1000	in %[2]	Rindvieh in 1000	in %[2]	Schweine in 1000	in %[2]	Schafe in 1000	in %[2]	Summe[1] in 1000	Summe[4] in 10000 t	Zunahme in %
1816	2 346	7,4	9 619	30,3	3 527	11,1	15 725	49,5	31 776	142,8	
1833	2 664	6,7	11 318	28,3	4 425	11,1	20 842	52,0	40 058	196,8[5]	37,8
1840			13 100		5 400		26 600		.³	229,9	16,8
1853	2 735	5,7	13 376	27,9	5 297	11,0	25 117	52,4	47 962	257,3[6]	11,9
1861	3 194	5,9	14 999	27,5	6 463	11,9	28 017	51,4	54 491	292,5	13,7
1873	3 552	6,6	15 777	29,3	7 124	13,3	24 999	46,5	53 772	841,0	[11]
1883	3 523	7,0	15 787	31,4	9 206	18,3	19 190	38,1	50 347	949,0[7]	12,8
1892	3 836	7,6	17 556	34,9	12 174	24,3	13 190	27,1	50 248	1 110,6[8]	17,0
1900	4 195	7,9	18 946	35,8	16 807	31,8	9 693	18,3	52 908	1 283,9	15,6
1907	4 345	7,5	20 631	35,4	22 147	38,0	7 704	13,2	58 361	1 438,7[9]	12,1
1913	4 558	7,6	20 994	34,8	25 659	42,6	5 521	9,2	60 280	1 483,3[10]	3,1

Quellen: E. Bittermann, *Die landwirtschaftliche Produktion in Deutschland 1800-1950*, Halle 1956, S. 42; H. W. Graf Finck von Finckenstein, *Die Entwicklung der Landwirtschaft in Preußen und Deutschland 1800-1930*, Würzburg 1960, S. 364-374; eigene Berechnungen.

Anmerkungen:

1 Summe der Viehbestände einschließlich Ziegen.
2 Prozentuale Anteile an der Summe einschließlich Ziegen, deshalb addieren sich die Prozente nicht auf 100.
3 Keine Angaben für Pferde und Ziegen, deshalb keine Umrechnungen.
4 Summe von Pferden, Rindern, Schafen und Schweinen. Vor 1873 für Preußen, ab 1873 für das Deutsche Reich.
5 Für das Jahr 1834. 6 Für das Jahr 1853. 7 Für das Jahr 1882.
8 Für das Jahr 1891. 9 Für das Jahr 1906. 10 Für das Jahr 1912.
11 Nicht berechnet, da Wechsel von Preußen zum Deutschen Reich.

fen Schweine ständig zurück, was selbst bei gleichbleibender Viehhaltung einen größeren Umschlag bei den Schlachtereien bedeutete. Der Rinderbestand nahm zwar, gemessen pro 100 Einwohner, ab, dies wurde jedoch ausgeglichen durch eine Steigerung der Produktion je Tiereinheit. Die Milchleistung je Kuh erhöhte sich bis 1913 auf etwa 2200 l jährlich, und das durchschnittliche Schlachtgewicht des Rindviehs stieg auf 250 kg, der Schweine auf 90 kg, dagegen der Schafe nur auf 23 kg. Nicht uninteressant ist, daß sich der Pferdebestand trotz starker Mechanisierung noch im 20. Jahrhundert vor dem Ersten Weltkrieg erhöht hat, vor allem weil das Militär im Jahre 1913 etwa 160000 »Dienstpferde« hielt und Stadt- wie Reitpferde zunahmen.[22]

Der durchschnittliche Fleischkonsum einer Bevölkerung ist noch heute – wenn wir z. B. die Bundesrepublik und die UdSSR vergleichen – ein geeigneter Gradmesser sowohl für das Wohlstandsniveau eines Volkes als auch für die Intensität der landwirtschaftlichen Viehhaltung, da etwa das Vier- bis Sechsfache an Futter verfüttert werden muß, um den gleichen Nährwert wie beim Getreidekonsum zu erhalten. Zu Beginn des 19. Jahrhunderts lag der deutsche Fleischverbrauch pro Kopf bei ungefähr 20 kg, aber in den ärmeren bzw. Arbeiterfamilien war Fleisch die Ausnahme, eine sonn- oder feiertägliche Besonderheit. Dies änderte sich seit den achtziger Jahren erheblich, denn nun vergrößerte sich der Fleischverbrauch einer stark wachsenden Bevölkerung auf 52 kg pro Person im Jahre 1913 oder 3498000 t. Der Anteil der Fleischarten am Gesamtverzehr spiegelt deutlich die Präferenzen der deutschen Konsumenten wider, denn Rind- und Kalbfleisch gingen von 43% 1872 auf 33% 1913 zurück, Schaf- und Ziegenfleisch von 12 auf zwei Prozent, während sich der Anteil von Schweinefleisch im gleichen Zeitraum von 45 auf 65% erhöhte.

10. Kapitel
Die Textilindustrie

Die Entwicklung der deutschen Textilindustrie im 19. Jahrhundert war eng mit zwei traditionellen Zweigen der Volkswirtschaft verbunden: dem Handwerk und der Landwirtschaft. Es ist deshalb nur ansatzweise möglich, die Veränderungen in dieser Branche in ihren vielfältigen Aspekten hier zu erfassen. Neben den Hauptprodukten Leinen, Wolle, Baumwolle und Seide, die grundsätzlich drei Verarbeitungsstufen durchliefen, nämlich die Spinnerei, die Weberei und die Veredelung, gab es nämlich eine Reihe textiler Spezialfertigungen, wie Stickerei und Strickerei, Wirkerei und Häkelei, Spitzen- und Posamentenfabrikation, um nur die wichtigsten zu nennen. Sie alle beschränkten sich nicht auf *eine* Garnsorte. Außerdem gab es für die meisten Textilien Bleichereien, Druckereien und Färbereien als Formen der Veredelung, die entweder als eigener Gewerbezweig existierten oder in Fabriken integriert waren. Vor 1815 war der größte Teil der nicht-agrarischen Erwerbstätigen im Textilgewerbe tätig, sei es im Handwerk oder in den Manufakturen. Zu dieser Zeit wurden auch noch zehn oder mehr Spinner benötigt, um einen einzigen Weber voll zu beschäftigen, während die englischen Spinnmaschinen die Arbeitsleistung eines Spinners um das Hundertfache übertrafen. Daher wird verständlich, daß man in Preußen in der zweiten Hälfte des 18. Jahrhunderts, als ein Garnmangel auftrat, Soldaten und Strafgefangene spinnen ließ und sogenannte Spinnerkolonien einrichtete. Der Bedarf an Kleidung war in nördlichen Breiten zu allen Zeiten vorhanden, auch wenn sie noch so dürftig war. Dieterici[1] hielt es zwar für »notorisch, wie *arm* in Bezug auf tuchne Bekleidung das Landvolk, d. h. die Masse der Nation, vor 1806 gewesen. Der Tuchrock des Bauern mußte viele Jahre aushalten und oft erschienen Knechte und Tagelöhner im strengsten Winter bei dem Gutsherrn und im Gerichtstermin im leinenen Kittel«, trotzdem war ein in- und ausländischer Absatz vorhanden und ermöglichte Bauern oft ein kleines Nebeneinkommen.

a) Die Leinenindustrie

Das deutsche Leinengewerbe hatte sich in den Jahrhunderten vor der Industriellen Revolution so stark entwickelt, daß am Ende des 18. Jahrhunderts nicht nur die gewerbliche Textilproduktion von Handleinen dominiert wurde, sondern Leinen ebenfalls ein bedeutender Faktor im Außenhandel war. Leinen aus der Oberlausitz, aus Schlesien, Schwaben und Westfalen besaß nicht nur in ganz Europa hohes Ansehen, es wurde auch über Bremen, Hamburg und Amsterdam nach fast allen Erdteilen exportiert. Allein die schlesische Ausfuhr soll am Ende des Jahrhunderts 45 Millionen Mark betragen haben. Die Zahl der Leinenweber in Schlesien betrug 1790 fast 50000, die Zahl der Webstühle 28700, d. h., mehr als 10% der schlesischen Bevölkerung verdienten ihren Lebensunterhalt mit Flachsgarn- und Leinenproduktion. Es war ebenfalls in Schlesien, nämlich durch die Gebrüder Alberti in Waldenburg, daß 1816 die sechs Jahre früher in Paris eingeführte mechanische Flachsspinnerei zur Anwendung kam. Allerdings geriet das deutsche Leinengewerbe insgesamt nach 1815 in eine schwere Krise, die teilweise durch das starke Aufkommen der Baumwolle verursacht wurde. Zwar wurde bereits 1810 die erste Flachsspinnmaschine in Deutschland eingesetzt, doch 1837 waren wegen technischer Schwierigkeiten nicht mehr als fünf mechanische Spinnereien mit 10300 Spindeln vorhanden.

Im Jahre 1816 gab es in ganz Preußen 43045 gehende Webstühle für Leinen und nur 12690 für Baumwolle und Halbbaumwolle. Fünfzehn Jahre später hatten sich erstere um 17% auf 35668 reduziert, während letztere um mehr als das Doppelte (25464) angestiegen waren. Der Hauptgrund für den Niedergang des Leinengewerbes bestand jedoch im starren Festhalten an Handspinnerei und Handweberei. In Belgien, England und Irland war zu dieser Zeit die Leinenspinnerei bereits weitgehend mechanisiert. Natürlich wurde von dieser Krise auch der Flachs*anbau* betroffen, der ja den Rohstoff liefern mußte. So sehr man sich auch bemühte, den Flachsanbau wieder zu heben, so erhöhten sich doch ständig die Einfuhren aus Österreich und Rußland.

Es soll hier kurz auf eine Eigentümlichkeit des deutschen Leinengewerbes hingewiesen werden, die das Verständnis der eigentlichen Ursachen der Industrialisierung erschwert. Moderne Forschungsrichtungen, wie etwa das Konzept der »Proto-Industrialisierung«, stützen sich vor allem auf Leinwandproduzenten in ländlichen Gebieten und deren überregionalen Absatz, um scheinbare Wurzeln der Industrialisierung freilegen zu können. Dieser Ansatz erscheint mir wenig überzeugend bzw. zu unausgereift. Man muß nämlich bedenken, daß Leinwandspinner ihre Tätigkeit überwiegend entweder als bäuerliche Nebenbeschäftigung oder im Dienste eines Grundherrn verrichteten, während die Weber meistens hauptberuflich tätig waren. Dies hat schon Gustav Schmoller zu der Auffassung verleitet, jeder Spinner sei ein »selbständiger Unternehmer, Eigenthümer des von ihm verarbeiteten Rohstoffs«[2] gewesen, während sie tatsächlich in vielfältigen Abhängigkeitsbeziehungen von Verlegern, Kaufleuten sowie städtischen Leinwandmärkten oder Kapital standen. Dadurch unterschieden sie sich, ebenso wie die Weber, stark von industriellen Unternehmern. Und je mehr sich das Leinengewerbe »industrialisierte«, um so mehr trennte sich die agrarische von der gewerblichen Produktion. Maschinell erzeugte Flachsgarne wurden zunehmend in den Zollverein importiert: 1875/79 lag die Einfuhr im jährlichen Durchschnitt bei 227048 Zentnern bzw. um das Sechsfache höher als drei Jahrzehnte früher. Gleichzeitig wurde die Anbaufläche für Flachs drastisch reduziert, von etwa 250000 ha (1850) auf 34000 ha um 1900. Das Resultat war das allmähliche Absterben der Handspinner.

Regional können wir vor Beginn der Industrialisierung mehrere kleinere oder größere Zentren unterscheiden, die sich durch überörtlichen Absatz auszeichneten. Im nordwestlichen Deutschland waren dies vor allem in Westfalen die Gebiete um Bielefeld, Münster und Osnabrück, in Ost- und Mitteldeutschland Schlesien und Böhmen, die Oberlausitz und Westsachsen, in Süddeutschland die Schwäbische Alb und das Bodenseegebiet, in denen die Leinwanderzeugung und der -export Schwerpunkte besaßen. Grundlegende Veränderungen auf dem Weltmarkt an der Wende vom 18. zum 19. Jahrhundert, verstärkt durch den amerikanischen Unabhängigkeitskrieg, die Koalitionskriege gegen Frankreich, die Napoleonischen Kriege und die Kontinentalsperre, bedeuteten den Todesstoß für das deutsche Leinwandgewerbe, was sehr viel Aufmerksamkeit in der Literatur erregte. Waren um 1800 noch 55% aller Weber in der Leinenproduktion beschäftigt, so war deren Anteil 50 Jahre später auf 31,8% gesunken, während 34,8% der Weber in der Produktion von Baumwolltextilien arbeiteten. Die Leinwandspinnerei geriet zusätzlich unter den Konkurrenzdruck der mechanischen

Spinnereien, die viel feineres Garn herstellen konnten. Zwar hatte man in Bielefeld die Zeichen der Zeit erkannt, doch gab es in ganz Preußen 1839 erst elf Maschinenspinnereien, davon allein fünf mit 14 476 Spindeln in Schlesien.

Die Ernte- und Gewerbekrise seit Mitte der vierziger Jahre traf die Leinwandspinner besonders hart, da ihnen die Umstellung nicht gelungen war und die Baumwollindustrie rasante Fortschritte machte. Im Eulengebirge führte Auftrags- und Arbeitslosigkeit vor der Revolutionszeit zum Ruin dieses Gewerbes, den auch Geldspenden und Notstandsarbeiten nicht abwenden konnten. In Schlesien soll es 1850 noch 100 000 Weber und Spinner gegeben haben, deren Lohn mehr als kläglich war. Im Jahre 1852 waren in Schlesien zehn Maschinengarn-Spinnereien mit 40 988 Spindeln und 2 855 Arbeitern vorhanden. Dies bedeutete seit 1846 einen Rückgang von 23% bei den Spinnereien, 5% bei den Spindeln und 3% bei den Arbeitern. Zur gleichen Zeit gab es im Regierungsbezirk Oppeln nicht eine einzige mechanische Spinnerei, und die staatliche Förderung des Flachsanbaus und der Flachsaufbereitung durch Prämien und Zuschüsse war nicht mehr als ein Tropfen auf den heißen Stein. Im Handelsvertrag mit Österreich 1853 wurde vereinbart, daß österreichisches Leinenhandgarn zollfrei eingeführt werden konnte, worauf die Einfuhr von 2 000 Zentnern 1853 auf 81 000 Zentner »hochschnellte«. Zwar erhöhten sich zwischen 1846 und 1875 die Maschinenspindeln für Leinen um das Fünffache auf 260 797, doch in Großbritannien waren es etwa um die gleiche Zeit 1 807 860, in Österreich-Ungarn 398 000 sowie in Belgien und Frankreich je 320 000 Spindeln. Die regionale Verteilung der deutschen Flachsgarn-Spinnereien 1861 zeigt Tabelle 8.

Die Leinwandweberei war zu Beginn des 19. Jahrhunderts technologisch noch rückständiger als die -spinnerei, vor allem in Schlesien. Zwar wurden im Deutschen Zollverein die Weber geschützt, doch Belgien, England, Österreich, Rußland und Spanien errichteten entweder Zollmauern oder beförderten die eigene Leinwandindustrie in dem Bestreben zu mechanisieren. Der Niedergang dieses Gewerbes führte einerseits zur Verschlechterung der Produkte, andererseits zur Verfälschung der Ware mit Baumwolle. Die staatliche Beaufsichtigung mit Schein und Stempelung wurde 1827 zwar wieder aufgenommen, aber es fehlte an entsprechenden Nachfrageimpulsen zur Produktionssteigerung und Modernisierung und natürlich an Kapital. Russische Leinenexporte zu nied-

Tabelle 8: Regionale Verteilung der Flachsgarn-Spinnereien
im Zollverein 1861

Staat	Zahl der Spinnereien	Zahl der Feinspindeln	Garnproduktion in Zentnern	Prozentanteile der Summe		
	1	2	3	Sp. 1	Sp. 2	Sp. 3
Preußen	21	106 508	159 762	55,3	78,0	78,0
Sachsen	3	13 308	19 962	7,9	9,8	9,8
Württemberg	3	5 896	8 844	7,9	4,3	4,3
Bayern	5	4 192	6 288	13,2	3,1	3,1
Hannover	3	3 304	4 956	7,9	2,4	2,4
Baden	1	2 000	3 000	2,6	1,5	1,5
Braunschweig	1	1 000	1 500	2,6	0,7	0,7
Oldenburg	1	284	426	2,6	0,2	0,2
Summe	38	136 492	204 738	100,0	100,0	100,0

Quelle: H. Blumberg, *Ein Beitrag zur Geschichte der deutschen Leinenindustrie von 1834 bis 1870,* in: Mottek/Blumberg/Wutzmer/Becker, *Studien zur Geschichte der industriellen Revolution in Deutschland,* Berlin 1960, S. 80; eigene Berechnungen.

rigsten Preisen aufgrund der reichlichen Flachs- und Hanfproduktion und der sehr geringen Löhne wie Lebenshaltungskosten der Landbevölkerung drangen immer stärker in deutsche Absatzmärkte ein. Dadurch gerieten die deutschen Leinwandweber in noch größere Abhängigkeit von Verlegern, deren sie sich in Schlesien mit einem gewaltsamen Aufruhr entledigen zu können glaubten. Der Tagesverdienst eines Webers war auf 2 1/2 bis 3 Silbergroschen bei 16stündiger Arbeitszeit gesunken, d. h., er war unter das Existenzminimum gefallen, und Hunger, Verschuldung und neue Abhängigkeit waren die Folgen. Trotzdem war dies nicht die »Grundlage der brutalsten Ausbeutung der Weber, die bis zu ihrer physischen Vernichtung führte«[3], denn erstens waren die meisten Leinenweber selbständig und damit auch mitverantwortlich dafür, daß sie einen absterbenden Gewerbezweig nicht aufgeben wollten. Zweitens übersahen sie, daß die Krise ihren Höhepunkt zwar in den vierziger Jahren hatte, aber im Grunde zu einer Dauerkrise wurde. Die Feststellung, daß noch im 19. Jahrhundert »die Hauptmenge deutscher Exportleinen, das heißt ungefähr 70 Prozent, von de jure selbständigen Spinnern und Webern im Kaufsystem und nicht im Verlag hervorgebracht wurde«[4], sollte jedoch nicht dahingehend interpretiert werden, hier lägen Ansätze zu einem industriellen Gewerbe vor. Die Profite aus dem Leinenhandel wurden nicht an den Produktionsstätten, sondern in Berlin und Breslau, in Bremen und Hamburg gemacht. Dies macht verständlich, warum etwa schlesische Leinenhändler nur in seltenen Fällen industrielle Unternehmer werden konnten.

Die Gewerbestatistik von 1861 wies 370970 in ländlicher Nebenbeschäftigung genutzte Webstühle auf, von Hausindustriellen und Handwerksmeistern wurden 120229 gewerbsmäßig betrieben. Außerdem gab es 302 Fabriken mit 350 Maschinenstühlen, 2678 Handstühlen und 4802 Arbeitern. Gewerbsmäßig wurden 1861 300 Millionen Ellen, durch häusliche Nebenarbeit 50 Millionen produziert, die Ausfuhr von gebleichter und gefärbter Leinwand ging von 59851 Zentnern 1842 auf 20057 Zentner 1861 zurück. Der Rückgang der Baumwollausfuhr während des amerikanischen Bürgerkriegs bescherte der Leinenindustrie eine kurze Blüte, doch danach wurde der Niedergang, besonders der Nebenbetriebe, unaufhaltsam. Im deutsch-französischen Krieg 1870/71 entwickelte sich noch einmal eine Nachfrage nach Militär- und Lazarettleinen, aber 1875 gab es im Deutschen Reich nicht mehr als 7100 Maschinenstühle für Leinen, davon 4894 in Preußen. Die verlagsmäßig betriebene Handweberei behauptete sich zäh wegen der geringen Produktionskosten, verhinderte damit aber einen schnelleren Übergang zur maschinellen Leinenproduktion, die 1877 lediglich 20% der gesamten Leinenproduktion ausmachte. Nach der »Reichsenquête für die Baumwoll- und Leinen-Industrie« von 1878/79 konnte sich der Verband deutscher Leinen-Industrieller, der sich als Vertreter der »nationalsten deutschen Industrie«[5] bezeichnete, mit seinen Schutzzollforderungen durchsetzen, d. h., es wurde ein gestaffelter Zoll von 3 bis 12 Mark pro Doppelzentner Leinengarn eingeführt. Doch selbst weitere Zollerhöhungen konnten den Niedergang der deutschen Leinenindustrie nicht aufhalten. 1882 gab es noch 29266 Nebenbetriebe und 72393 Hauptbetriebe, bis 1907 hatten sich die Hauptbetriebe auf 14720 verringert. Die Einfuhr von Flachs- und Flachswerggarn belief sich 1908 auf 20348000 Mark – die Ausfuhr betrug lediglich 2,5% davon –, während Flachsgewebe und Flachswerg im gleichen Jahr für 10974000 Mark aus- und für 3932000 Mark eingeführt wurden. Im Jahre 1914 waren nur noch etwa 70000 Personen in der Leinenindustrie beschäftigt, und der Prozentanteil an der Ausfuhr des Deutschen Reiches war auf knapp ein Prozent zurückgegangen. Zwischen 1880 und 1913 war die Produktion von Leinengarn um 40%, die von Leinengeweben um etwa 18% gesunken. Das Leinwandgewerbe hatte sich in der Industrialisierung überlebt und wird heute allmählich wiederentdeckt.

b) Die Wollindustrie

Die Herstellung und Verarbeitung von Wolle entwickelte sich ebenfalls aus einem landwirtschaftlichen Gewerbe, der Schafzucht. Das Hausschaf wird seit undenklichen Zeiten gezüchtet und diente, wie bereits in der Bibel erwähnt, nicht nur der Woll-, sondern auch der Fleischherstellung; das Fell wurde außerdem zu Leder verarbeitet. Diese vielfältige Verwendbarkeit und die einfache Haltung wurden überdies dadurch gefördert, daß viele Schafe vor Ablauf des ersten Jahres geschlechtsreif sind und bis zum zehnten Jahr fruchtbar bleiben können. Es kann hier nicht auf die Vielfalt der Schafrassen eingegangen werden, denn fast jede Region entwickelte eine eigene Schafzucht. So gab es etwa die Heideschafe in der Lüneburger und Bremer Heide, die Heidschnucken im Süden Oldenburgs und in Ostfriesland, Niederungs- oder Marschschafe im Küstengebiet der Nord- und Ostsee. Es existierten die verschiedensten Arten von schweizer, italienischen oder französischen Bergschafen, von bayerischen, hannoverischen oder pommerischen Landschafen, Rhön- oder Eifelschafen, hessische, lippische, Franken- oder Bamberger Schafe usw. Grob gesagt liegen die Vorzüge von Wolle darin: Schafhaare weisen gegenüber Hanf oder Flachs eine größere Elastizität und Geschmeidigkeit auf, d. h., Wollgewebe sind angenehmer beim Tragen und wärmen außerdem besser. Andererseits gilt: »Bei Wollwaren handelt es sich um relativ langlebige Konsumtionsmittel und darüber hinaus um solche, die sowohl teuer sind als auch in gewissem Umfange nicht zu den lebensnotwendigsten Verbrauchsgütern zählen. Der Umfang der Konsumtion der Wollwaren hängt deshalb in hohem Maße von der Preisentwicklung der lebensnotwendigen Güter – der Nahrungmittel – ab.«[6] Er hängt auch davon ab, wie sich die Wollgewerbe regional verteilen, denn Schafe sind ursprünglich Höhentiere, d. h., sie suchen ihre Nahrung auch dort, wo sonst wenig angepflanzt werden kann.

Einen wichtigen Einschnitt im deutschen Wollgewerbe markierte die Einführung des kurzwolligen spanischen Landschafes, des Merinos. Mit dieser Maßnahme wurden merkantilistische Vorstellungen durchbrochen. Noch 1719 erließ Preußen z. B. ein Wollausfuhrverbot; England – das am 3. Juni 1824 das Wollausfuhrverbot von 1622 aufhob – und die Niederlande hatten schon lange vorher spanische Wolle importiert. In Preußen wurden Zuwiderhandlungen gegen das Verbot mit Konfiszierung der Ware und einem Taler pro Pfund Strafe belegt; Wollhändler und Juden hatten mit der Todesstrafe zu rechnen.

Nach dem Siebenjährigen Krieg, 1765, schenkte der spanische König Karl III. der sächsischen Regierung 128 Schafe und 92 Widder dieser Rasse, die weitergezüchtet oder mit einheimischen Landschafen gekreuzt wurden. Um 1803 schätzte man die Zahl dieser Merinoschafe allein im Kurfürstentum Sachsen auf ungefähr zwei Millionen Stück. In Preußen gab es 1801 insgesamt 10 394 428 Schafe aller Arten, 30 Jahre später waren es 5 301 385 halbveredelte Schafe, 4 053 047 Landschafe und 2 397 171 Merinos. Die preußischen Merinos nahmen erheblich schneller zu als die übrigen Schafe. Zwischen 1816 und 1831 betrug die Zunahme der Merinos 233,3% – in Ostpreußen sogar 1 739,4% –, während die Zahl aller anderen Schafe nur um 24% anstieg. Die größere Nachfrage nach Wollgeweben seit Anfang des 19. Jahrhunderts führte dazu, daß einerseits immer mehr Schafe auf Weideflächen getrieben wurden, um die Erzeugung hochfeiner und deshalb teurer Wolle zu fördern, andererseits die Wollindustrie sich stärker in die Städte verlagerte und sich somit von der landwirtschaftlichen Basis trennte. Trotzdem wies Deutschland zu dieser Zeit »noch keine Wollindustrie in dem heutigen Sinne dieses Wortes auf. Keine einzige Dampfmaschine steht in ihrem Dienste und keine Spur von modernem, wissenschaftlichem Verfahren ist zu bemerken. Sie ist ein Handwerk im Großen.«[7]

Die Spinnerei machte einen Prozeß der Diversifikation durch, in Streichgarnspinnerei für die Tuchfabrikation, in Kammgarnspinnerei für feinere, weiche Stoffe. Fast während des ganzen 19. Jahrhunderts besaß die deutsche Wollspinnerei Zentren in Preußen und Sachsen, trotzdem nahm die Rohwolleinfuhr aus Österreich, Rußland und schließlich Australien ständig zu. Der Zollverein hatte bis 1840 mehr Rohwolle aus- als eingeführt, und zur Zeit der Reichsgründung lag der Selbstversorgungsanteil noch relativ hoch, dagegen wurden 1913 nur 10% des Rohwollbedarfs in Deutschland erzeugt. Dem Rückgang der Schafe in Deutschland von über 28 Millionen um 1860 auf etwa 9,7 Millionen um die Jahrhundertwende stand eine nicht so starke Verringerung der Wollproduktion von 345 850 dz 1864 auf 165 000 dz 1900 gegenüber, da die Kreuzung mit Fleischschafen eine gröbere und schwerere Wolle ergab. Das Schurgewicht pro Schaf erhöhte sich im gleichen Zeitraum von zwei auf vier Pfund. Während jedoch 1832/39 der jährliche Ausfuhrüberschuß bei 30 269 Zentnern lag, wurden 1896/1900 im jährlichen Durchschnitt 1 652 216 Zentner ein- und nur 90 939 (gegenüber 178 171 Zentnern im Jahre 1836) ausgeführt.[8] Eine stärkere regionale Differenzierung, wobei es statistisch sehr schwierig ist, Spinnerei und Weberei exakt zu trennen, läßt um die Mitte des 19. Jahrhunderts sieben Gebiete hervortreten, in denen fast zwei Drittel der Erwerbstätigen in der Wollindustrie beschäftigt waren.[9] Die wichtigsten davon sind die mittelsächsisch-vogtländisch-ostthüringische Region mit den Kerngebieten in und um Chemnitz, Glauchau und Zwickau, im Vogtland Altenburg, Gera, Greiz, Schleiz und Plauen, d. h. die Staaten Sachsen, Sachsen-Altenburg und Reuß ältere und jüngere Linie, die an Bedeutung und Vielseitigkeit führend waren. Daneben besaß die Oberlausitz mit dem niederschlesischen Kreis Görlitz und den sächsischen Amtshauptmannschaften Bautzen und Zittau sowie dem Amtsbezirk Großenhain einiges Gewicht. In der Mark Brandenburg entwickelten sich die Niederlausitz mit den Kreisen Guben, Kottbus, Krossen, Luckau, Sortau und Spremberg sowie der Raum um Berlin zu einer bedeutenden Tuchindustrieregion. Im Raum Aachen-Düren, vor allem in den Kreisen Aachen, Düren, Eupen und Monschau, wurden überwiegend Wolltuche hergestellt, während im Bergischen Land um Elberfeld-Barmen und Lennep die Band- und Tuchweberei blühte, ebenso an der Ruhr in Kettwig, Mülheim und Werden sowie in den Kreisen Bochum, Solingen und Wipperfürth. Wir können also sagen, daß die deutsche Wollindustrie sich im märkischen, sächsischen und thüringischen Raum konzentrierte, während im Westen um Aachen und im Bergischen Land ein weiteres Zentrum vorhanden war. Auffallend ist, daß der süddeutsche Raum relativ bedeutungslos war; Bayern hatte in Oberfranken (Augsburg) und im rheinpfälzischen Kreis Neustadt einige Standorte, Württemberg im mittleren Neckargebiet, am Rande der Alb und im Nordschwarzwald.

Großbetriebliche Wollwebereien wie in England gab es um 1815 in Deutschland gar nicht, trotzdem konnte im Zollverein der Bedarf an Webstoffen fast gänzlich aus der einheimischen Produktion gedeckt werden. Zwar waren um die Jahrhundertwende einige englische Spinnmaschinen in Sachsen und Berlin aufgestellt worden, und die Gebrüder Cockerill siedelten sich 1807/08 im Aachener Raum an, doch die Mechanisierung der Wollindustrie ging nur schleppend voran, die handwerkliche Produktion dominierte. Die regionalen Zentren lagen in Preußen in den Provinzen Rheinland, Brandenburg, Sachsen und Schlesien; in Sachsen im Vogtland und in der Lausitz; in Württemberg in Böblingen, Calw, Eßlingen, Göppingen, Ludwigsburg, Metzingen, Nürtingen, Reutlingen und Tübingen sowie in Bayern in Oberfranken, der Rheinpfalz, in Augsburg, Memmingen und München. In Hannover, Kurhessen und dem Großherzogtum Hessen hatte sich in einigen Städten Tuchweberei angesiedelt, während man etwa in Baden im Jahre 1829 lediglich 147 Tuchmachermeister mit 187 Gehilfen zählte. Ende der fünfziger Jahre heißt es in einem Bericht: »Die Lebens-Basis des Weber-Geschäfts ruht durchweg in den Händen der reicheren Fabrikanten und Kaufleute, sie regieren mit merkantilistischem Scepter alle der Zunft angehörigen Mitglieder, in ihrem Willen liegt es, dem Meister Arbeit zu geben und den Verdienst für die gefertigte Arbeit nach seiner Elle und Gunst ihm zuzumessen.«[10] Die wachsende internationale Konkurrenz nach der Gründerkrise erzwang eine Mechanisierung, erst danach nahm der Einsatz von Selfactorspinnmaschinen und Jacquardwebstühlen rapide zu, wenn auch regional sehr unterschiedlich. 1875 liefen im Aachener Raum 23% aller Spinnmaschinen mit Selfactorspindeln, im Zwickauer Bezirk waren es 62%. Im selben Jahr wurden im Regierungsbezirk Aachen 16,9% aller Jacquardstühle gegenüber 43% in der Kreishauptmannschaft Zwickau maschinell betrieben. Und bei dem Einsatz von Dampfmaschinen ist das Verhältnis zwischen den Bezirken Aachen und Zwickau 174 Maschinen mit 5271 PS zu 270 Dampfmaschinen mit 6080 PS.

Im Jahre 1861 wurden in Deutschland 1067 Tuchfabriken mit 2592 Maschinen- und 11818 Handstühlen gezählt, daneben gab es 622 Webereien mit 3655 Maschinen- und 9068 Handstühlen sowie 67343 gewerbsmäßig betriebene Wollstühle, d. h., die handwerkliche und hausindustrielle Betriebsweise war noch stark vertreten. Regional verteilt entfielen knapp 50% der »Fabriken« auf Preu-

Tabelle 9: Regionale Verteilung der Wollwebstühle und
Streichgarnspinnereien im Zollverein 1846 und 1861

Staat bzw. Region[1]	Zahl der Webstühle		Zahl der Spinnereien		Zahl der Feinspindeln	
	1846	1861	1846	1861	1846	1861
Preußen	22967	37720	2148	1111	419523	650947
-Brandenburg	5338	12718	663	441	136545	229048
-Rheinland	9717	12456	170	208	138444	259132
-Schlesien	3034	4476	244	79	49323	61945
-Sachsen	2750	2867	338	262	52157	75630
Sachsen	13741	17379	172	332	78953	303397
Thüringen	4101	10283	41	92	15852	40994
Bayern	3189	2656	66	43	22801	17310
Württemberg[2]	2570	1841	59	59	33973	41191
Hannover	1150	1646	–	37	–	11245
Kurhessen	610	852	32	24	8535	10269
Baden	346	599	12	16	3240	5080
Ghzt. Hessen	299	351	14	20	3810	5460
Anhalt	749	172		21		17151
Braunschweig	–	119	–	1	–	508
Zollverein[3]	48662	73742	2588	1774	588447	1110272

Quelle: H. Blumberg, Die deutsche Textilindustrie in der industriellen Revolution, Berlin 1965, S. 388, S. 400f.

Anmerkungen:
1 Geordnet nach der Zahl der Webstühle in den einzelnen Staaten im Jahre 1861.,
2 Für das Jahr 1852.
3 Einschließlich Hannover.

ßen, 13,4% auf Bayern, 12,6% auf Sachsen, 7% auf Württemberg, etwa 5% auf Kurhessen und das Großherzogtum Hessen und lediglich knapp ein Prozent auf Baden. Bei den Maschinenstühlen stellte Preußen fast drei Viertel, Sachsen fast 20%, während die anderen Staaten überwiegend Handstühle aufwiesen. Die regionale Verteilung der Wollwebstühle und Streichgarnspinnereien bzw. -spindeln ergibt wiederum ein anderes Bild (vgl. Tab. 9). Hier zwangen technische Neuerungen den Kleinbetrieb nach und nach zur Aufgabe, da der ständig größer werdende Kapitalstock zur Anschaffung von Borst-, Rauh-, Scher- und Waschmaschinen, von dampfbetriebenen Pressen etc. nicht mehr aufgebracht werden konnte. Die Konzentration auf technisch modern ausgestattete

Betriebe mit überwiegend mechanischen Webstühlen hielt im Kaiserreich an, so daß die Mechanisierung der Wollweberei in den achtziger Jahren weitgehend abgeschlossen war. Nach der Gewerbezählung von 1907 wurden zwei Drittel der deutschen Wolltucherzeugung in Fabriken mit vertikaler Konzentration hergestellt, während sich die Wollkämmerei und Kammgarnspinnerei 1912 auf 26 Betriebe mit 3372 Kammstühlen regional stärker verteilte. Zum größten Unternehmen entwickelte sich die Norddeutsche Wollkämmerei und Kammgarnspinnerei AG (Nordwolle) in Delmenhorst. Die Ausfuhr von Wollwaren steigerte sich von 119,2 Millionen Mark 1880 auf 351,2 Millionen 1905. Trotzdem ging die relative Bedeutung der Wollindustrie zurück, vor allem in den Regionen Mittelschlesien, Oberfranken und Westthüringen, wo man zu lange an haus- und kleingewerblicher Weberei festgehalten hatte, während die Beschäftigtenzahlen dort anstiegen, wie etwa in Blumenthal, Delmenhorst, Hannover, Leipzig und dem Oberelsaß, wo sich Kämmerei und Spinnerei produktionstechnisch und fabrikmäßig am weitesten entwickelt hatten.

c) Die Baumwollindustrie

Die Baumwollindustrie wurde in den Industrialisierungsprozeß hineingerissen, obwohl sie sich bereits seit dem 14. Jahrhundert in Ulm, Augsburg, Regensburg, Nürnberg, Zwickau und Chemnitz angesiedelt hatte, allerdings vor allem als Barchentweberei, d. h. einer Mischung aus Baumwoll- und Leinengarn. Mit der Erfindung der Schnellschütze, der »Jenny«- und der Flügelspindel-Spinnmaschine sowie des mechanischen Webstuhls – alle in England zwischen 1738 und 1785 – begann das Zeitalter des Fabriksystems und damit eine produktionsmäßige Umwälzung, die »zuerst England, dann den europäischen Kontinent und Amerika ergriff und die wirtschaftlichen Verhältnisse der Welt verschob«.[11] Die Baumwolle erlebte im 19. Jahrhundert ihren großen Siegeslauf, weshalb ihr quantitativ etwas gründlicher nachgegangen werden soll. Dies ist ja eigentümlich genug, hätten doch noch bis zur Jahrhundertmitte viele Sachkundige dem Leinen oder der Wolle den Vorzug gegeben, denn für sie konnte der Rohstoff von der eigenen Landwirtschaft erzeugt werden, während man bei der Baumwolle in ständige und so gefürchtete Abhängigkeit vom Import geriet. Nur ein nationalistisch verblendeter Philosoph wie J. G. Fichte träumte von einem echt deutschen Ersatz für Baumwolle und verlangte, »daß ein schließender nördlicher Staat die Einfuhr der indischen, levantischen, maltesischen Baumwolle untersagte, ohne uns doch der baumwollenen Zeuge zu berauben. Aber tragen nicht mehrere Grasarten, Stauden, Bäume in unseren Klimaten eine wohl ebenso feine und durch Kultur noch sehr zu veredelnde Wolle?«[12]

Zwei Jahre nachdem der Elberfelder Kaufmann Johann Gottfried Brügelmann 1783 bei Ratingen im Bergischen Land die erste mechanische Baumwollspinnerei Deutschlands errichtete, die er nach Arkwrights britischem Vorbild »Cromford«[13] nannte, wurde in England die erste *Dampfmaschine* in einer Baumwollspinnerei eingesetzt. Darüber wird leicht vergessen, daß noch Mitte des 18. Jahrhunderts der Baumwollverbrauch der Schweiz, die sich der färbe- und textiltechnischen Fortschritte Frankreichs, der Niederlande und des Elsaß bediente, auf gleicher Höhe wie der englische lag, wo erst 1774 die Baumwolldruckerei völlig freigegeben wurde. Um 1800 wies England einen Verbrauch an Baumwolle von 41,8 Millionen Pfund gegenüber 108,6 Millionen Pfund Leinen und 109,6 Millionen Pfund Wolle auf. Erst nachdem Eli Whitney 1793 in den USA die Entkörnungsmaschine erfunden hatte und der Massenanbau von Baumwolle in den Südstaaten begann, eroberte sich die englische Baumwollindustrie den vordersten Platz.

Die ersten baumwollenen Spinnereien hatten sich während der Kontinentalsperre, geschützt vor der englischen Übermacht, vor allem in Sachsen, im Rheinland und in Westfalen ausgebreitet, konnten aber danach der englischen Konkurrenz nur teilweise standhalten. In Sachsen liefen um 1800 über 2000 Jennymaschinen, 1814 gab es insgesamt 283 713 Mulespindeln, davon 61,4% im erzgebirgischen und 36,8% im vogtländischen Kreis, jedoch nur 7546 Waterspindeln. Nach Gründung des Deutschen Zollvereins beschleunigte sich die Mechanisierung in Baden, Württemberg und Bayern, wo kapitalkräftige Unternehmer – zum Teil aus der Schweiz und dem Elsaß – von den niedrigen Arbeitslöhnen profitierten. Die Zahl der Spindeln im Zollverein des Jahres 1840 betrug 658 358, davon entfielen 56,3% auf Sachsen, 23,3% auf Preußen, 6,1% auf Bayern, 5,8% auf Baden und 5 Prozent auf Württemberg. Diese Staaten waren jedoch noch weit entfernt von den industriellen Verhältnissen in Manchester, auch wenn sich die Einfuhr von roher Baumwolle in den Zollverein von 155156 Zentnern 1834 auf 340969 im Jahre 1845 erhöhte. Ein Jahr später betrug die Gesamtbeschäftigtenzahl in der zollvereinsländischen Baumwollverarbeitung 215977.

Die Baumwollspinnereien siedelten sich in der ersten Hälfte des 19. Jahrhunderts meistens an Flußläufen an, aus denen sie ihre Antriebsenergie erhielten. Erst relativ spät setzte sich die Dampfmaschine als Antriebskraft durch und veränderte die Standortgebundenheit dieses Gewerbezweiges. Die Zahl der Spinnereien nahm daraufhin zugunsten der Beschäftigtenzahl ab. Noch 1857 machte der Kaufmann Joseph Schaller den Versuch, eine Baumwollspinnerei an der Hohen Mark in Oberursel durch Turbinenenergie an einem Flußlauf, dem Urselbach, langfristig zu begründen. Mit einem sehr hohen Aktienkapital von drei Millionen Gulden, genügend billigen Arbeitskräften aus den Nachbardörfern, von denen 120 Männer und Frauen 1860 in der Fabrik arbeiteten, und einem großen Optimismus erhielt er nicht nur die Konzession der nassauischen Landesregierung, sondern ebenfalls die Unterstützung Frankfurter Bank- und Handelshäuser sowie der Nassauischen Landesbank. In seinem Konzessions- und Kapitalbeteiligungsgesuch an die Landesregierung vom 29. März 1855 heißt es: »Im ganzen Gebiet des Gewerbelebens gibt es keine interessantere und großartigere Erscheinung als die junge Baumwollindustrie, welche sich seit einem halben Jahrhundert zu einer riesenhaften Größe emporgeschwungen und, neben ihrer älteren würdigen Schwester, der Eisenindustrie, den ersten Platz in der produzierenden und konsumierenden bürgerlichen Gesellschaft eingenommen hat.«[14] Diese Spinnerei galt als die größte Fabrik im Herzogtum Nassau, und der Unternehmer Schaller war davon überzeugt, daß sie wegen der »vortrefflichen Wasserkräfte« und des »im Vergleich mit den Arbeitskräften anderer Spinnereien und Webereien niedrigen Lohns« der englischen Konkurrenz standhalten könnte; trotzdem ging sie noch vor dem Jahrhundertende unter.

1898 gab es in 187 Orten Deutschlands Baumwollspinnereien, allerdings besaßen nur 16 Orte mehr als 100000 Spindeln: vier in Sachsen, je drei in Oberfranken, im Oberelsaß und im Westmünsterland, zwei am linken Niederrhein und einer in Augsburg. Der Anteil von Selfactor-Spindeln, die am Ende unseres Untersuchungszeitraums gegenüber Water- bzw. Ringspindeln technologisch zurückstanden, entwickelte sich in verschiedenen deutschen

Staaten sehr unterschiedlich. Hatten Bayern, Baden als auch Elsaß-Lothringen deren Anteil am gesamten Spindelbestand bis 1875 auf durchschnittlich über 90% gesteigert, so lag Preußen im gleichen Jahr bei 56,3 und Sachsen bei 48,0%. 1913 wiesen Württemberg (66,8)[15], Baden (66,1) und Preußen (63,3) etwa ein Drittel, Bayern (53,8) und Elsaß-Lothringen (52,5) knapp die Hälfte, dagegen Sachsen (19,3) 80% an Selfactor-Spindeln auf. Die typische Textilregion Deutschlands, Sachsen, war technologisch in der bedeutendsten Textilbranche so rückständig, daß ihr starker Beschäftigtenanteil lediglich Ausdruck von Lohngefällen sein kann.

Die technischen Verbesserungen, die Englands führende Stellung begründet hatten, wurden zunehmend in Deutschland übernommen. Wasser- und dampfgetriebene Spinnereien verdrängten die Handspinnereien, die z. B. in Rheinland und Westfalen zwischen 1843 und 1861 von 120 auf 43 zurückgingen. Die Spindelzahlen nahmen in allen größeren deutschen Staaten rasant zu (vgl. Tab. 10). 1852 überschritten sie mit 1 045 000 die Millionengrenze, lagen 1887 bei über fünf Millionen und 1909 bei 10 162 872. Entsprechend nahmen auch die Garnproduktion, die 1800 bei 93 t gelegen hatte, und die Produktion pro Spindel von 5,1 kg (1815) auf 40,1 kg (1909) zu. Die Mechanisierung, obwohl durch Konjunkturzyklen zeitweise verzögert, hielt ungebrochen an. Die durchschnittlichen Spindelzahlen der deutschen Baumwollspinnerei lagen 1846 bei 2 397 und 1861 bei 7 280, die Zahl der Firmen erhöhte sich bis 1914 von 313 auf 348, dagegen stieg die Spindelzahl pro Betrieb auf 35 600. Die größte deutsche Spinnerei, Gerrit van Delden & Cie. in Gronau, wies 319 810 Spindeln auf, die Leipziger Baumwoll-Spinnerei AG sowie die Baumwollspinnerei am Stadtbach in Augsburg hatten je 240 000 Spindeln. Im internationalen Vergleich nahm Deutschland (10 299 597 Spindeln) Anfang 1911 (1. März) die dritte Stelle ein, hinter Großbritannien mit 53 859 247 und den USA mit 28 500 000 Spindeln, gefolgt von Rußland mit 8,6, Frankreich mit 7,2, Indien mit 6,2, Österreich-Ungarn mit 4,7, Italien mit 4,2, Japan mit 2,1, Spanien mit 1,8, der Schweiz mit 1,5 und Belgien mit 1,3 Millionen Spindeln. Auf der ganzen Erde gab es zu diesem Zeitpunkt 135 596 724 Baumwollspindeln.

Die deutsche Baumwollweberei hinkte der Spinnerei technologisch hinterher, vielleicht gerade deshalb, weil sie sich im Rahmen der Familienwirtschaft, der Lohnweberei und des Verlagssystems viel früher als die Spinnerei ausgebildet hatte. Diese Rückständig-

Tabelle 10: Regionale Verteilung der deutschen Baumwoll-Feinspindeln 1815-1913[1]

Staat / Jahr	Preußen 1	Sachsen 2	Bayern 3	Elsaß-Lothringen 4	Württemberg 5	Baden 6	Deutschland 7
1815	55 000	284 000	2 000[2]	48 000[2]	7 000	10 600	360 000
1825	60 000	300 000	2 000[3]	501 000[3]	14 500	16 000[3]	390 000
1835	95 000[4]	375 730[4]	30 000[5]	570 000[4]	33 000	37 893	580 000
1845	170 433[6]	474 998	56 533[6]	840 000[7]	27 006[6]	140 000[6]	830 000
1855	264 357	554 646	80 000[8]	1 256 000[9]	37 193[8]	138 036[8]	1 400 000
1865	519 319[13]	720 330[11]	536 825[10]	1 410 000[10]	236 862[11]	296 300[10]	2 350 000
1875	695 825	650 000	833 496	1 387 382	270 042	368 580	4 237 609
1885	894 194[12/14]	1 001 599[12]	924 312[12]	1 375 000[12]	354 548[12]	398 172[12]	5 037 825[12]
1895	1 562 588	1 489 822	1 370 339	1 465 353	551 096	437 928	6 877 126
1905	2 617 664	1 949 313	1 578 084	1 511 586	706 585	468 784	8 832 016
1913	3 911 532	2 405 931	2 309 236	1 891 450	882 998	550 436	11 951 583

Quelle: G. Kirchhain, *Das Wachstum der deutschen Baumwollindustrie im 19. Jahrhundert,* Diss. Münster 1973, S. 39-42.

Anmerkungen:

1 Einschließlich der Vigogne-Spindeln.
2 Für das Jahr 1812.
3 Für das Jahr 1827.
4 Für das Jahr 1834.
5 Für das Jahr 1837.
6 Für das Jahr 1846.
7 Für das Jahr 1844.
8 Für das Jahr 1852.
9 Für das Jahr 1859.
10 Für das Jahr 1861.
11 Für das Jahr 1862.
12 Für das Jahr 1887.
13 Für das Jahr 1867.
14 Ab diesem Jahr Preußen und übrige norddeutsche Staaten zusammengefaßt.

keit beruhte keineswegs auf Kapitalmangel, sondern es fehlte offenbar an genügend risikofreudigen Unternehmern, die Spinnerei und Weberei in einem Werk integrierten, um gegenüber englischen Fabriken konkurrenzfähig zu sein. Im Königreich Sachsen waren bereits seit der Mitte des 18. Jahrhunderts Webereien für Kattun, Piqué und Musselin entstanden, im sächsischen Mittweida sollen bereits 1790 50 mechanische Webstühle vorhanden gewesen sein. Die Strumpfwirkerei in Chemnitz erlangte Weltgeltung, aber es dauerte noch bis weit ins erste Drittel des 19. Jahrhunderts, ehe in Berlin, in der Lausitz, im Rheinland, in Schlesien, in Schwaben und in Bayern größere Betriebe errichtet wurden. In Sachsen war man bestrebt, zu feineren Stoffen und zu verbesserten Druckereien überzugehen. Im Jahre 1819 gab es in Berlin 3084, in den Regierungsbezirken Düsseldorf bzw. Breslau 2897 bzw. 2553 Baumwollwebstühle, während man in Sachsen 1831 mehr als 20000 zählte. Jedoch wurde überwiegend ausländisches Garn, vor allem die feineren Sorten, verwebt, so daß die Einfuhr von Baumwollgarn von 195728 Zentnern 1834 auf 545283 Zentner 1854 anstieg.

Nach der Gewerbezählung von 1861 betrug die kleinbetriebliche Zahl der Webstühle 151451, die von 77915 Meistern und 80387 Gehilfen bedient wurden. In 940 Fabriken waren 23491 Maschinenstühle und 13008 Handstühle vorhanden, und es wurden 34663 Personen beschäftigt. In diesem Jahr wurden 190580 Zentner Webwaren ausgeführt, d. h., die Ausfuhr hatte sich seit 1836 verdreifacht. Die Hausweberei auf Lohnbasis, nachdem auch Bleiche, Appretur, Färberei und Druckerei industriell betrieben wurden, unterlag einem langen Absterbeprozeß. Verstärkt wurde diese Entwicklung durch die sogenannte »cotton famine«, die starke Reduzierung der Einfuhren amerikanischer Rohbaumwolle seit Ausbruch des Bürgerkriegs. Deutschlands Abhängigkeit von US-Importen war geringer als die Englands – etwa 40% der deutschen Einfuhr kamen aus Indien, der Levante und Ägypten –, doch die Knappheit an Rohbaumwolle führte zu starken Preisanstiegen und damit zu einem Modernisierungsdruck. Im Jahre 1861 gab es in Deutschland 194250 Webstühle, davon 23448 Kraftstühle, d. h. etwa 12%. Bis 1913 hatte sich die Zahl der Stühle auf 343200 vermehrt, aber nun waren davon 83,3% (286003) Kraftstühle. 1875 wurden noch 93501 Baumwollwebereien als Hauptbetriebe gezählt, 20 Jahre später waren es nur noch 28997 mit 147121 Beschäftigten, von denen 108073 in 926 Betrieben mit mehr als fünf

Gehilfen tätig waren. Im Jahre 1913 waren es 851 Firmen mit durchschnittlich 336 Stühlen pro Betrieb; der größte war die Mech. Baumwoll-Spinnerei & Weberei in Augsburg mit 3673 Webstühlen und 173000 Spindeln. Von den 109 Aktiengesellschaften der Baumwollindustrie waren im gleichen Jahr 18 Webereien, 44 Spinnereien und 47 gemischte Werke (Spinnwebereien), auf letztere entfielen 47,4% der gesamten Spindelzahl in Deutschland.

Die bereits 1870 hochmechanisierte elsässische Baumwollweberei wurde zu einem Konkurrenten der deutschen, besonders der süddeutschen Baumwollweberei auf inländischen wie Exportmärkten. Sie übte somit einen Anpassungsdruck zur Mechanisierung auf alle deutschen Baumwollregionen aus, was auch nach den Zollerhöhungen von 1879 anhielt. So heißt es in einer Denkschrift zum 50jährigen Bestehen der Baumwollspinnerei Kolbermoor, daß »gerade in diesen schweren Zeiten [von 1876-1879, H. K.] nur ein technisch ganz hochstehender Betrieb konkurrenzfähig bleiben konnte«.[16] Es ist immer noch nicht genügend erforscht, aber für das Verständnis der wirtschaftlichen Entwicklung dieses Industriezweiges hochinteressant, daß sich in der regionalen Differenzierung der deutschen Baumwollindustrie »alle Regionen, mit Ausnahme der Mark Brandenburg und Thüringens, in der Industrialisierungszeit bis 1914 behauptet haben«.[17] Zwar gab es interregionale Standortverlagerungen, doch keine Region hat sich völlig neu entwickelt, was darauf schließen läßt, daß die Wachstums- und Standortfaktoren bereits zu Beginn des 19. Jahrhunderts ökonomisch ausreichten, um eine regionale Kontinuität dieses Gewerbezweiges zu gewährleisten. Noch etwas ist eigentümlich für die deutsche Baumwollindustrie. Sie erlebte keinen »Gründerboom« nach der Reichsgründung, weil es nach dem Anschluß Elsaß-Lothringens an das Deutsche Reich 1490584 mehr Baumwollfeinspindeln in Deutschland gab, das waren 56% der 1870 in den übrigen deutschen Staaten existierenden Baumwollspindeln! Die deutsche Baumwollindustrie hat zwar in technologischer und kapitalproduktiver Hinsicht alle anderen textilindustriellen Gewerbezweige weit überflügelt, trotzdem war ihre Bedeutung »für die Industrialisierung Deutschlands... geringer als im Falle Englands«.[18] Die Entwicklung der Beschäftigtenzahlen (vgl. Tab. 11) weist auf einen weiteren interessanten Aspekt hin, nämlich die Ersetzung von gelernten durch ungelernte bzw. angelernte Arbeiter und das Über-

Tabelle 11: Spindeln und Webstühle, Produktion, Beschäftigte, Wertschöpfung und Export der deutschen Baumwollspinnerei und -weberei 1815-1913

| | Baumwollspinnerei | | | | Baumwollweberei | | | | Export Baumwollwaren[18] | |
| | Zahl der Spindeln | Garn-produktion in t | Beschäftigte | Nettowert-schöpfung in Mio. Mark | Zahl der Webstühle | Waren-produktion in t | Beschäftigte | Nettowert-schöpfung in Mio. Mark | Menge in t | Wert[19] in Mio. Mark |
Jahr										
1815	373 000[2]	1 963	7 600[7]	4,10	40 000	3 600	62 200	16,2		
1825	390 000	2 499	11 900	5,05	55 000[1]	6 450[1]	82 500[1]	16,7		
1835	580 000	3 786	15 400[8]	5,31[8]	87 000[3]	14 237	130 000[9]	33,6[8]	4 120[8]	99[8]
1845	830 000	13 093	18 500[9]	9,75[9]	150 000[4]	35 225	208 000[9]	66,4[9]	4 000[9]	
1855	1 400 000	24 918	20 500[10]	16,9[10]		46 711	218 400[11]	55,7[10]	6 000[10]	203[10]
1865	2 350 000	37 128	31 900[12]	22,7[12]	194 250[5]	41 294	227 000[13]	104,6[12]	9 400[12]	
1875	4 237 609	93 613	51 100[13]	38,1[13]	226 000	101 415	227 000[13]	167,4[13]	10 250[13]	518[13]
1885	5 000 000	127 950	53 700[14]	38,0[14]	236 000[6]	134 451	228 500[15]	124,9[14]	26 900[14]	549[14]
1895	6 877 126	240 872	66 600[16]	91,4[16]	251 250	242 878	229 100[16]	167,2[16]	36 100[16]	630[16]
1905	8 832 016	350 939	78 200[17]	161,1[17]	300 560	340 559	261 500[17]	314,2[17]	53 700[17]	1 142[17]
1913	11 951 583	447 264	96 800	214,8	343 200	426 837	284 000	380,2	75 700	1 545

Quelle: G. Kirchhain, *Das Wachstum der deutschen Baumwollindustrie im 19. Jahrhundert. Eine historische Modellstudie zur empirischen Wachstumsforschung,* Diss. Münster 1973, S. 29f., 51, 68, 73, 155, 234.

Anmerkungen:

1 Für das Jahr 1823.
2 Für das Jahr 1820.
3 Für das Jahr 1834.
4 Für das Jahr 1846.
5 Für das Jahr 1861.
6 Für das Jahr 1882.
7 Für das Jahr 1810.
8 Für die Periode 1834/36 (jährlicher Durchschnitt).
9 Für die Periode 1844/48.
10 Für die Periode 1850/54.
11 Für die Periode 1859/61.
12 Für die Periode 1865/69.
13 Für die Periode 1873/77.
14 Für die Periode 1888/89.
15 Für die Periode 1880/84.
16 Für die Periode 1894/96.
17 Für die Periode 1904/06.
18 Nach 1872 nur Gewebe.
19 Bruttoproduktionswert. Der Wert des Exports schwankt um 30% ± 5%, außer den Jahren 1850/54 (14,0%) und 1873/77 (17,2%).

gewicht von Frauen. Während etwa die Nettowertschöpfung der Webereien 1913 um 77% höher lag als die der Spinnereien, beschäftigten die Webereien fast das Dreifache an Arbeitern. Um 1850 hatte das Verhältnis von Arbeitern in Spinnerei und Weberei sogar bei 1:10 gelegen, während das Verhältnis von Frauen zu Männern in der Baumwollindustrie bei 53:47 lag. Seit Mitte des Jahrhunderts weisen alle Textilerzeugnisse, allen voran jedoch die Baumwolle, ein starkes Wachstum auf, wie Tabelle 12 verdeutlicht, die die Ein- und Ausfuhren der vier Textilrohstoffe zusammenfaßt.

d) Die Seidenindustrie

Ein kurzer Blick auf die Entwicklung der Seidenindustrie soll dieses Kapitel abschließen, da Seide das edelste und wertvollste Textilprodukt ist. Der Rohstoff, die Rohseide oder Grège, wird durch Seidenraupen, die sich auf Maulbeerbäumen in Kokons verpuppen, erzeugt. Die Länge eines ununterbrochen abwickelbaren Fadens der Kokons liegt zwischen 400 und 900 m. In China bestanden die Seidenraupenzucht und der Anbau von Maulbeerbäumen seit 5000 Jahren. In Deutschland geht die Herstellung von Seidenstoffen auf die Anfänge des Textilgewerbes zurück, und unter Friedrich dem Großen wurde sie besonders gefördert und konzentrierte sich in Berlin und Krefeld, wo die Familie von der Leyen sie seit 1668 betrieb. Die aus Frankreich vertriebenen Hugenotten begründeten Seidenmanufakturen in Hessen, Württemberg und der Pfalz. 1787 betrug der Wert der in Krefeld erzeugten Seidenprodukte 716555 Taler, 1809 etwas mehr als vier Millionen Mark. Züricher und Lyoner Seide waren seit den zwanziger Jahren des 19. Jahrhunderts auf den Leipziger Messen die großen Konkurrenten, Rohseide kam jedoch überwiegend aus Italien und Österreich; 1845 wurden insgesamt 14388 Zentner Rohseide nach Deutschland eingeführt. In Krefeld wurde 1839 eine Seidenwebschule errichtet, und 1846 gab es dort 8000 Stühle, 20 Färbereien und sieben Appreturen. Steigender Wohlstand und extravagante Moden erhöhten die Nachfrage nach Seidenwaren, deren Einfuhr zwischen 1842/46 und 1860/64 von 12262 Zentnern auf 20619 Zentner anwuchs. Hatten die Krise von 1857 und die Seidenwurmkrankheit von 1859 zu einem Rückschlag geführt, so war der Aufschwung

Tabelle 12: Menge und Wert der Ein- und Ausfuhren der vier wichtigsten Textilrohmaterialien in Deutschland 1859-1910

Rohstoff	Jahr	Menge in Tonnen			Wert in Millionen Mark		
		Einfuhr	Ausfuhr	Anteil von 2:1 in %	Einfuhr	Ausfuhr	Anteil von 4:3 in %
		1	2		3	4	
Baum-wolle	1859	63 100	15 200	24,1			
	1875	154 000	39 500	25,7	203,0	52,1	25,7
	1895	328 400	45 000	13,7	231,4	29,6	12,8
	1910	471 656	90 922	19,3	601,2	87,6	14,5
Wolle	1859	16 100	6 000	37,3			
	1875	59 000	20 100	34,1	218,2	72,8	33,4
	1895	198 700	35 100	17,7	291,6	57,9	19,9
	1910	231 935	44 819	19,3	492,4	117,8	23,9
Flachs und Hanf	1859	16 200	8 200	50,5			
	1875	86 100	49 500	57,5	69,9	40,8	58,4
	1895	139 339	55 617	39,9	74,0	31,0	41,9
	1910	122 815	37 041	30,2	83,6	19,4	23,2
Seide	1859	988	81	8,2			
	1875	3 820	1 190	31,2	117,5	39,1	23,3
	1895	5 746	1 444	25,1	137,1	34,5	25,2
	1910	10 003	2 552	25,5	216,2	42,4	19,6

Quelle: A. Oppel, Die deutsche Textilindustrie. Entwicklung. Gegenwärtiger Zustand. Beziehungen zum Ausland und zur deutschen Kolonialwirtschaft, Leipzig 1912, S. 44 ff. Eigene Berechnungen.

in den sechziger Jahren um so glänzender, und während des Gründerbooms beschäftigte die rheinische Seiden- und Samtindustrie 50 000 Webstühle und 150 000 Personen. Die Seidenindustrie verbreitete sich in den Städten Berlin, Köln, Krefeld und Mülheim, während halbseidene Waren vor allem in Elberfeld, Glauchau und Meerane hergestellt wurden. Hausindustriell waren 1861 32 882 Stühle vorhanden, in 314 Fabriken gab es 1270 Maschinen- und 5392 Handstühle. Im Jahre 1875 wurden 35 810 Betriebe für Seide mit insgesamt 77 324 Beschäftigten gezählt. Nach einem leichten Aufschwung in den folgenden Jahren begann der Rückgang seit etwa 1890. Die Gewerbezählung von 1907 weist noch 9727 Hauptbetriebe mit 84 121 Beschäftigten, davon 47,4% Frauen, und Motorkräfte von 33 559 PS auf. Das Rheinland lag mit 8256 Betrieben weit an der Spitze, gefolgt von Baden (635), Sachsen (398), Brandenburg mit Berlin (270), Westfalen (194) und Elsaß-Lothringen mit 166 Betrieben und 8187 Beschäftigten. Am Ende des 19. Jahrhunderts kam die Kunstseide auf, wovon kurz vor dem Ersten Weltkrieg in 25 europäischen Fabriken etwa 5500 t im Wert von 72 Millionen Mark, etwa ein Drittel davon in Deutschland, hergestellt wurden. 1910 wurden 1028 t Seidenwaren ein- bzw. 10489 t ausgeführt, wobei der Wert 47,1 bzw. 183,4 Millionen Mark betrug.

11. Kapitel

Die Eisen- und Stahlindustrie

a) Schlesien als Sondertyp

Es ist eine der Eigentümlichkeiten der regionalen Industrialisierung Deutschlands, daß die Eisen*industrie* ihren Ausgang am äußersten südöstlichen Zipfel nahm: in Oberschlesien. Dem großgrundbesitzenden Adel wurden seit Friedrich dem Großen zur Entwicklung der oberschlesischen Eisenindustrie Konzessionen gemacht. Die »Revidirte Bergordnung« von 1766 bestätigte das Recht des Grundherrn auf Ausbeutung des Eisenerzes, erklärte allerdings die Steinkohle zum Regal, wodurch Bergwerkszehnter und staatliche Direktion in diesem Zweig des Bergbaus erhalten blieben. In keiner deutschen Industrieregion war und blieb die Verbindung von Großgrundbesitz und privatem Unternehmertum so ausgeprägt wie in Oberschlesien. Der unternehmerische Ehrgeiz der schlesischen Adeligen, sagt David S. Landes in seiner klassischen Studie *Der entfesselte Prometheus*, beschränkte sich auf Gewinne. »Für sie bedeuteten Kohle und Eisen eine Art Schatztruhe, eine unerwartete Vermehrung ihres durch Landanbau und Viehzucht erworbenen Vermögens.«[1] Namen wie Graf Guido Henckel von Donnersmarck, Graf Ballestrem, Fürst Pleß, Fürst Ratibor und Thiele-Winckler sind mit dieser Entwicklung untrennbar verbunden, stehen aber auch für Erfolg und Mißerfolg. Sagte doch bereits Immanuel Kant 1795 in seinem Traktat *Zum ewigen Frieden*: »Denn ein Edelmann ist darum nicht so fort ein *edler* Mann.«[2]

Diese technisch fortschrittliche »Montanregion« hatte drei regionale Schwerpunkte: Eisenhütten am Fluß Malapane; Blei- und Silberbergbau sowie -verhüttung bei Tarnowitz; Steinkohlenvorkommen bei Zabrze und Chorzow. Das Zusammenwirken von privatem Unternehmertum und staatlicher Förderung, letzteres personifiziert im Leiter des preußischen Berg- und Hüttendeparments Friedrich Anton von Heynitz (1725-1802) und dem Direktor des Breslauer Oberbergamtes Friedrich Wilhelm von Reden (1752-1814), vor allem aber das Vorhandensein von ausreichendem Eisenerz und von Steinkohlen innerhalb der Region führten in der zweiten Hälfte des 18. Jahrhunderts zu einer raschen Expansion. 1752 wurden die staatlichen Werke Malapane und die Kreuzburger Hütte angelegt, 1784 und 1786 die beiden Staatsbetriebe Friedrichsgrube und Friedrichshütte eröffnet. Zwei Jahre danach, 1788, wurde eine Dampfmaschine auf der fiskalischen Friedrichsgrube aufgestellt. Im Jahre 1796 führte das königliche Hüttenwerk in Gleiwitz, wo in zweijähriger Bauzeit mit Hilfe des schottischen Ingenieurs Baildon ein Kokshochofen errichtet worden war, der bald 2000 kg Roheisen täglich lieferte, die ausschließliche Koksfeuerung ein – die erste in Deutschland –, und 1804 waren in Oberschlesien 49 Hochöfen, 158 Frischfeuer, 13 Schlackenpochwerke, zwei Raffinierhämmer, ein Löschfeuer und ein Zementstahlwerk vorhanden. Zusammen erzeugten sie etwa 400000 Zentner Roheisen und 240000 Zentner Stabeisen mit einem Wert von 1475000 Talern. Diesen staatlichen Werken war trotzdem lange kein finanzieller Erfolg beschieden, vielleicht weil »preußische Technokraten die Kokshochöfen als Fremdkörper neben eine wirtschaftlich erfolgreiche herkömmliche Eisenindustrie auf Holzkohlenbasis gesetzt«[3] hatten.

b) Die regionale Streuung

Zu Beginn unserer Periode waren die Produktionsstätten der Eisenerzeugung regional weit gestreut. Sie hatten sich, wie bereits erwähnt, entweder in Mittelgebirgen und/oder an Flüssen angesiedelt. Nachdem die Eisengewinnung etwa 700 n. Chr. in der Steiermark auftauchte, verbreitete sie sich seit dem 9. Jahrhundert nach Böhmen, Sachsen und Thüringen, dem Elsaß, Harz und Niederrhein. Die Gründe für die regionale Streuung lagen erstens in der Verwendung von Wasserkraft als Antriebsenergie, zweitens in der billigen Beschaffung von Holz als Brennmaterial und drittens in der räumlichen Nähe zu Eisenerzvorkommen. Wir finden deshalb um 1820 die meisten Werke in der bayerischen Rheinpfalz, im Saargebiet, an den mittelrheinischen Nebenflüssen, im nassauischen Lahn-Dill-Gebiet, im Sauerland und Siegerland, ebenso in der Eifel, im Harz, im Thüringer Wald und im Erzgebirge. In keinem dieser kleingewerblichen Zentren hatten sich bis zur Jahrhundertmitte auch nur Ansätze zu schwerindustriellen Ballungen herausgebildet. Trotzdem konnte bis zur Gründung des Deutschen Zollvereins der billigste Anbieter von Eisen und Stahl auf dem Weltmarkt, nämlich Großbritannien, sein Steinkohleneisen nur in geringen Mengen auf dem deutschen Markt absetzen. Hierin zeigen sich typische interdependente Wechselbeziehungen von Vorreiter- und Nachfolgestaaten am Beginn der Industrialisierung. »War in Großbritannien die Eisenindustrie mit der Durchsetzung des Kokshochofens und des Puddelverfahrens – kombiniert mit Walzwerken – durch den Übergang zur *Steinkohle* als Energiespender schon zu Beginn des 19. Jahrhunderts vollständig modernisiert worden, so vollzog sich dieser Modernisierungsprozeß in größerem Maßstab in Deutschland erst seit den 1830er Jahren.«[4] Dies war nicht ausreichend, denn der Zollverein entwickelte sich seit Beginn des deutschen Eisenbahnbaus zum stärksten kontinentalen Abnehmer von Eisenbahnschienen und anderen Ausrüstungsgegenständen für den Bahnbau. Diese enorme Nachfrage nach Eisenprodukten beschleunigte zusätzlich den Wandel in der deutschen Eisenindustrie. Der »Zwang« zur Importsubstitution ließ in rascher Folge in Oberschlesien sowie im Ruhr- und Saargebiet vertikal integrierte Puddel- und Walzwerke entstehen. Außerdem versuchten viele zollvereinsländische Eisenproduzenten – wegen des fehlenden oder seit 1844 geringen Zollschutzes für Roheisen – wirtschaftliche Krisen im Sinne einer staatlichen Interventionspolitik für sich auszunutzen. Ermäßigung der Abgaben und Steuerlasten, Verbesserung des Verkehrsnetzes, Herabsetzung der Transporttarife, vor allem aber Schutz vor englischer Konkurrenz durch Zollerhöhungen, lauteten die Forderungen. Die deutsche Eisenindustrie als »kostbares nationales Kleinod« müsse geschützt und gefördert werden, damit statt des Ruins die Möglichkeit erhalten werde, »mit deutschem Eisen die deutsche Erde zu bearbeiten, mit deutschem Eisen sie zu vertheidigen und auf deutschen Eisenbahnschienen den großen Gedanken deutscher Macht und Einheit durch alle Gauen des weiten Vaterlandes zu tragen«.[5] Der 1858 gegründete »Kongress deutscher Volkswirte«[6] propagierte im Gegenzug seine Freihandelsdoktrin, denn eine Ermäßigung der Eisenzölle würde zumindest den leistungsfähigen Eisenproduzenten von Vorteil sein. Tatsächlich hatte sich in den Jahrzehnten vor der Jahrhundertmitte eine Arbeitsteilung zwischen den Roheisenproduzenten in Schottland und Belgien und den Weiterverarbeitungswerken in Rheinland und Westfalen entwickelt. Seit den fünfziger Jahren waren jedoch im Ruhrgebiet immer mehr Hochöfen errichtet worden, entweder als Ergänzung zu Puddel- und Walzwerken oder als reine Hochofenwerke. Im Jahre 1850 wurden bei einem Roheisenverbrauch im Zollverein von 324931 t 110886 t im- und 516 t exportiert; 1879 hatte sich der Verbrauch um das 6,7fache auf 2181845 t erhöht, und nun wurden mit 411343 t insgesamt 44743 t mehr ex- als importiert, d. h., der Import betrug nur noch 16,8% des Roheisenverbrauchs gegenüber 34,1% 1850.

Vor der Jahrhundertmitte war in Deutschland die Produktion von Rohstahleisen und Gußwaren zwischen 1831 und 1842 von 720477 auf 1962112 Zentner gewachsen, mit Einschluß von Stabeisen, gewalztem Eisen, Eisenblech und Eisendraht sogar auf 4315893, bis 1852 auf 8614278 Zentner. In Preußen stieg die Hochofenproduktion zwischen 1834 und 1847 aufgrund der starken Nachfrage durch den Eisenbahnbau von 2,69 auf 4,58 Millionen Zentner. Dagegen verfielen etwa in Amberg und in der Oberpfalz die einst blühenden staatlichen und privaten Eisenerzgruben, während Schlesien und das Rheinland damit begannen, eine mächtige Montanindustrie aus- und aufzubauen.

Diese Verlagerung von gewerblichen Zentren ist ein prägendes Merkmal des gesamten Industrialisierungsprozesses und führt je nach Standpunkt zu einer positiven oder negativen Einschätzung. Unsere menschliche Fähigkeit, die Zukunft exakt vorauszusehen, ist sehr begrenzt. Je größer die Veränderungen sind – und die Eisenindustrie war in einem ständigen Wandel begriffen[7] –, desto ungenauer werden die Prognosen. So schrieb Carl Pütz zwei Jahre vor der Einführung von Eisen- (und Getreide-)Zöllen: »Damit sich aber dieser Untergang [der unrentablen Hochofenanlagen, H. K.] rascher vollziehe, dem Vegetiren nicht lebensfähiger Unternehmungen bald ein Ende bereitet, und die Prüfungszeit solider Werke möglichst abgekürzt werde, begrüße ich es mit Freuden, daß heute der Staat weder mit außerordentlichen, in jedem Falle doch nur unzureichenden Mitteln der Eisenindustrie zu Hilfe kommt, noch sich in seiner Freihandelspolitik irre machen läßt.«[8]

In den beiden Jahrzehnten vor der Reichsgründung veränderte sich die deutsche Eisen- und Stahlindustrie grundlegend, und sie vollzog einen starken räumlichen Strukturwandel. Die traditionellen Standorte von Eisengruben, Eisenhütten, Hammer- und Walzwerken, die – mit Ausnahme Schlesiens – das regionale Bild der eisenschaffenden Gewerbe Deutschlands bestimmt hatten, wurden zurückgedrängt durch neue, technisch, kapital- und standortmäßig modernere Zentren. Neue Produktionstechnologien, die Nähe zu Steinkohlenvorkommen und verringerte Transportkosten von Eisenerzen bzw. Schrott bildeten wesentliche Faktoren dieses Wandels. Verwendeten z. B. 1847 von den 247 preußischen Hochöfen erst 32 Steinkohlenkoks, so war die Holzkohle bis 1870 weitgehend verdrängt. Im Vergleich dazu: in England wurde bereits um 1800 alles Roheisen in Kokshochöfen hergestellt, in Belgien waren es 1845 etwa 90%, während in Preußen 1842 noch 82% der gesamten Roheisenproduktion mit Holzkohle erblasen wurden. Ein englischer Hochofen soll um 1850 70000, ein deutscher nur 7000 Zentner Roheisen jährlich produziert haben.[9] 1857 gab es im Ruhrgebiet 30 Kokshochöfen, davon ein Drittel auf westfälischem und zwei Drittel auf rheinischem Territorium, 1873 waren es im ganzen Königreich 180 und 1871 im deutschen Zollgebiet 1871 Puddelöfen mit einer durchschnittlichen Jahresleistung von 630 t, davon 1530 in Preußen. Die Hochöfen wandelten sich ebenso, wurden höher und breiter, durch Einblasen vorgewärmter Luft (Gebläsetechnik) und durch Ausnutzen der Gichtgase konnte die Hitze gesteigert werden. Der alte Puddel- und Flammofenprozeß, d. h., Roheisen konnte durch Zuführen von Luft und durch die Technik des Puddlers in schmiedbares Eisen und Stahl umgeformt werden, behauptete sich noch lange gegenüber anderen Verfahren. Die Roheisenerzeugung des Zollvereins, zu Beginn der Periode noch weit zurück gegenüber der englischen, französischen oder belgischen, verdreifachte sich zwischen 1848 und 1857 und verfünffachte sich bis 1864. Im Jahre 1860 wurde Belgien, 1870 Frankreich eingeholt; im ersten Jahr wurden 479000 t Roheisen durch 18232 Beschäftigte erzeugt, im letzten Jahr waren es bereits 1346000 t und 19322 Beschäftigte. Der Roheisenverbrauch lag 1866/70 bei 35,4 kg pro Kopf der Bevölkerung, erhöhte sich bis 1890 auf 99,9 kg und lag 1912 bei 257,1 kg. Arthur von Studnitz konnte 1876 stolz verkünden: »Deutschland nimmt unter allen Staaten der Erde die dritte, in Europa die zweite Stelle unter den Roheisenproducenten ein. Von England trennt uns zwar noch die enorme Kluft von beiläufig 100 Millionen Centner Minderproduction, dagegen überragen wir Frankreich und das freilich territorial viel kleinere Belgien.«[10]

Ganz entscheidend für diese Fortschritte war die Entstehung

von schwerindustriellen Eisen- und Stahlregionen, vor allem im Ruhrgebiet und nach 1871 im Reichsland Elsaß-Lothringen. Das Ruhrgebiet, als eisenschaffende Region Anfang des 19. Jahrhunderts praktisch bedeutungslos, erzeugte im Jahre 1911 mehr als ein Drittel des Roheisens und mehr als die Hälfte des Stahls im deutschen Zollgebiet. Daneben konnten sich nur noch Oberschlesien, das Saargebiet, das Siegerland und Luxemburg im Wachstumsprozeß behaupten, wie Tabelle 13 zeigt. Oberschlesien verlor jedoch wegen seiner Randlage, und weil seit den achtziger Jahren Eisenerze importiert werden mußten, relativ an Bedeutung. Berlin, ein wichtiger Absatzmarkt, konnte mehr und mehr vom Ruhrgebiet versorgt werden, das nicht weiter entfernt lag und über wesentliche Standortvorteile verfügte.

Der Bedarf an Stabeisen, Schienen, Eisenblech, Eisendraht, Stahl sowie an Gußteilen erhöhte sich mit dem Eisenbahn- und Maschinenbau so rapide, daß im Jahre 1850 von einem zollvereinsländischen Stahlverbrauch in Höhe von 207 311 t 6,75 % eingeführt werden mußten, während 1871 gemessen am gesamten Verbrauch von 1 322 674 t 57,7 % exportiert wurden. Diese Entwicklung wurde nicht nur durch die Fortschritte der deutschen Stahlindustrie hervorgerufen, sondern auch durch einen internationalen kapitalistischen Verdrängungswettbewerb. So stellte z. B. die Eisen-Enquête-Kommission fest, daß 1875 die Inlandspreise für Schienen bis um 40 % über den Exportpreisen lagen. Auf die Frage: »Werden verschiedene Preise für In- und Ausländer, für näher und entfernter wohnende, für kleinere und größere Abnehmer gestellt?« antwortete der Stahlunternehmer Albert Poensgen bei der zweiten Sachverständigen-Vernehmung am 6. November 1878: »Wir berechnen, wo es wegen der Konkurrenz angängig ist, für In- und Ausländer, für größere und kleinere Abnehmer dieselben Preise. Wir haben es aber mit der englischen Konkurrenz zu thun und wenn diese stark auftritt, sind wir auch billiger. Für Grossisten berechnen wir auch billigere Preise als für die kleineren Händler, weil der Grossist seinen Bedarf direkt aus England beziehen kann, was dem kleinen nicht möglich ist, und dann auch, weil der Grossist im Allgemeinen zahlungsfähiger ist.«[11]

Die durchschnittlichen jährlichen Wachstumsraten lagen von 1879-1911 mit 6,4 % für Roheisen und 6,9 % für Stahl etwas unterhalb der Werte für die Boomperiode 1850-1879 (8,7 bzw. 7,8 %), doch auf einem sehr hohen Niveau. Großbritannien, der schärfste

Tabelle 13: Roheisen- und Stahlproduktion in Regionen des deutschen Zollgebiets 1852-1914

Jahr	Ruhrgebiet		Oberschlesien		Elsaß-Lothringen/ Luxemburg		Saargebiet		Siegerland		Zollgebiet	
	a^1	b^2	a^3	b^3	a^4	b	a^5	b^5	a^6	b^6	a	b
	in %		in %		in %		in %		in %		in Mio. Tonnen	
1852	8,7	37,8	24,4	16,2	3,0		5,4	10,6	10,1	10,6	0,26	0,28
1860	25,7	44,9	16,7	14,3	2,9		8,0	10,1	6,7	7,8	0,53	0,43
1870	29,9	54,5	16,6	14,9	9,3	9,2[7]	6,3	8,0	10,3	6,7	1,39	1,04
1880	30,0	57,1	12,3	12,9	20,3	8,1	6,2	6,7	7,9	4,7	2,73	2,02
1890	30,3	57,1	10,9	13,3	25,7	6,3	7,9	11,3	10,2	2,4	4,66	3,79
1900	33,6	58,1	8,7	10,9	29,3	6,7	6,5	10,1	7,2	3,6	8,52	7,38
1910	36,3	57,9	6,1	8,5	29,8	12,3	8,1	7,4	4,1	3,8	14,79	13,16
1914		.	5,9	9,7	29,4	7,7	6,6	11,3	4,0[8]	6,7[8]	14,41	12,32

Quelle: Bernd Martin, *Industrialisierung und regionale Entwicklung. Die Zentren der Eisen- und Stahlindustrie im Deutschen Zollgebiet, 1850-1914*, Diss. Berlin 1983, S. 340ff.
a = Roheisenproduktion; b = Stahlproduktion

Anmerkungen:
1 Die Daten beziehen sich auf den Oberbergamtsbezirk Dortmund.
2 Die Daten beziehen sich auf Rheinland und Westfalen (ohne Saargebiet und Siegerland).
3 Die Daten beziehen sich auf den Regierungsbezirk Oppeln.
4 Bis 1870 nur Luxemburg.
5 Die Daten beziehen sich auf den Regierungsbezirk Trier.
6 Bis 1880 das Gebiet des Regierungsbezirks Arnsberg, das zum Oberbergamtsbezirk Bonn gehörte. Danach eine etwas erweiterte Region.
7 Für 1872.
8 Für 1913.

Konkurrent, konnte 1893 in der Stahlproduktion, 1903 in der Roheisenproduktion überflügelt werden, vor allem wegen der höheren Produktivität der deutschen Produktionsanlagen. 1913 betrug der Anteil der USA an der Weltroheisenerzeugung 39,3 %, der des Deutschen Zollgebietes 24,1 % und der Großbritanniens 13,3 %. Immer mehr Eisen- und Stahlwerke gliederten sich Zechen an und errichteten eigene Kokereien (vertikale Konzentration), wodurch Produktions- und Transportkosten weiter gesenkt und eine größere Unabhänigkeit von den Kohlen- und Kokssyndikaten erreicht werden konnte. Kapitalkonzentrationen, Kartellierungen, Auslandsinvestitionen sowie Schutzzölle führten zu kaum noch überschaubaren Agglomerationen. Lothringer Hütten, z. B. de Wendel, der Lothringer Hütten-Verein oder die Rombacher Hüttenwerke, kauften Kohlengruben im Ruhr- und Saargebiet auf; August Thyssen baute zu Beginn des 20. Jahrhunderts ein Hochofen-, Stahl- und Walzwerk in Hagendingen[12]; die Gelsenkirchener Bergwerks-AG übernahm 1905 den Aachener Hütten-Actien-Verein mit seinen lothringischen Hochöfen und Erzfeldern, und errichtete 1908 die Adolf-Emil-Hütte in Esch. Beide Konzerne wurden von den Brüdern Adolf und Emil Kirdorf geleitet. Die Rheinischen Stahlwerke, Krupp und Hoesch planten eine Verlagerung ins Minettegebiet, aber die wirtschaftlichen Vorteile einer solchen Standortverlagerung waren zu gering. Die wägbaren und unwägbaren Verhältnisse des Industriestandortes Ruhrgebiet ließen beim Bochumer Verein, dem Hörder Verein und bei Phönix erst gar keine Gedanken an eine Verlagerung aufkommen. Die Hüttenwerke des Ruhrgebiets konzentrierten sich darauf, durch Wiederverwendung der Kokereiabgase oder Gewinnung von Nebenprodukten, wie Ammoniak, Benzol und Teer, rationeller und damit kostengünstiger zu produzieren. Im Ruhrgebiet besaßen im Jahre 1900 von den 9948 Kokshochöfen 2964, d. h. fast 30 %, Anlagen zur Nebenproduktgewinnung. Wenn man bedenkt, daß im Zollverein 1834/35 5,8 kg Eisen pro Kopf der Bevölkerung verbraucht wurden, während es 1910 im Deutschen Reich 218,5 kg waren, dann lassen sich die ungeheuren Fortschritte der deutschen Eisen- und Stahlindustrie ermessen und die Aussage aufrechterhalten, »daß alle Sphären der modernen Kultur einen eisernen Boden erhalten haben«.[13]

c) Technologische Umwälzungen

Die technologischen Veränderungen der Eisen- und Stahlindustrie im 19. Jahrhundert haben auf die deutsche Eisenindustrie wachstumsfördernd gewirkt. Man stand z. B. vor dem Problem, daß, um das aus dem Hochofen kommende Eisen, das sogenannte Roheisen, weiterverarbeiten zu können, der drei- bis sechsprozentige Kohlenstoffgehalt auf 0,6 bis ungefähr zwei Prozent reduziert werden mußte. Das Roheisen wurde entweder zu Gußwaren erster Schmelzung verarbeitet oder durch Frischprozesse und Puddelverfahren zu Schweißeisen umgewandelt, das anschließend geschmiedet oder gewalzt werden kann. Frischen und Puddeln haben jedoch, abgesehen von den speziellen handwerklichen Fähigkeiten, die dazu benötigt werden, zwei entscheidende Nachteile: Erstens sind diese Verfahren langwierig, zweitens können nur geringe Mengen verarbeitet werden. Trotzdem setzten sie sich schnell durch, weil sie qualitätsmäßig besseres Eisen lieferten. Ferdinand Remy führte das Puddelverfahren 1824 ein, Wilhelm und Eberhard Hoesch ein Jahr später, 1826 Friedrich Harkort und 1831 die Gebrüder Stumm in Neunkirchen. Dessenungeachtet konnte sich bis über die Jahrhundertmitte deutsches Holzkohleneisen – in Preußen wurden Mitte der dreißiger Jahre nur 10% des Roheisens in Kokshochöfen erschmolzen und über 30% des Schweißstahls in Puddelöfen gefrischt – gegen das billigere britische Steinkohleneisen behaupten. Dies hing mit der Anwendung brennstoffsparender Innovationen und der teilweisen Integration von Steinkohlentechnologien in die traditionelle Eisenindustrie zusammen. Es gehört zu einer der Besonderheiten der regionalen deutschen Industrialisierung, daß die quantitativ unbedeutende württembergische Eisenindustrie für die Holzkohlenhochöfen in den dreißiger Jahren das in Schottland entwickelte Neilsonsche Heißluftgebläse einsetzte und schließlich die Gichtgase zur Erhitzung der Gebläseluft verwendete. Das war ein Teil der Grundlagen für ein späteres Wachstum. In den Jahresberichten der württembergischen Handels- und Gewerbekammern des Jahres 1868 heißt es dazu: »Neben der Gewerbeindustrie nimmt die *Metallindustrie* die wichtigste Stellung in der Gesammtwirthschaft des Landes ein.«[14] Kostengünstige und rationelle Verfahren sind fast überall angewendet worden, wenn die entsprechenden Voraussetzungen vorhanden waren. Seit den zwanziger Jahren begannen zahlreiche deutsche Regionen damit, das Roheisen aus Holzkohlenhochöfen mit Steinkohle zu frischen.

Im Jahre 1856 gelang dem Engländer Henry Bessemer eine umwälzende Erfindung. Er konstruierte ein birnenförmiges Gefäß, den Konverter, in dessen Boden Löcher waren. Im geneigten Zustand wird flüssiges Roheisen in den Konverter gefüllt und mit Hilfe eines Gebläses Luft durch die Löcher geblasen, während der Konverter aufgerichtet wird. Mit einer riesigen Flamme verbrennt der Kohlenstoff im Roheisen, alle Verunreinigungen oxydierend. Sobald der gewünschte Kohlenstoffgehalt erreicht, d. h., nachdem unter Zusatz von stark kohlenstoff- und manganhaltigem Roheisen das Produkt zum Vergießen geeignet ist, kann das Gebläse abgestellt und der frische Stahl aus der Birne ausgegossen werden. Die ungeheure Bedeutung dieses Verfahrens für die Stahlherstellung wird daraus ersichtlich, daß in der Bessemer-Birne 5-10000 kg Roheisen innerhalb von 20-25 Minuten in Stahl verwandelt werden konnten, wofür man mit dem Frischen 1 1/2 Wochen, mit dem Puddeln 1 1/2 Tage benötigte.[15] Diese Revolution in der Produktionstechnik leitete die Transformation von Schweißstahl (Puddeln) zum Flußstahl (Windfrischen) ein. 1872 wurden von der gesamten Roheisenproduktion im deutschen Zollgebiet 78,7% Schweiß- und 12,5% Flußstahl hergestellt, 1889 waren die Prozentsätze etwa gleich, während 1914 die Anteile bei 79,9% Flußstahl und 2,5% Schweißeisen lagen. Die Stahlproduktion im Jahre 1905 bestand zu 92% aus Flußstahl. Der Nachteil des Bessemer-Verfahrens, besonders für Deutschland, bestand darin, daß es für phosphorhaltige Roheisensorten nicht anwendbar war. Außerdem erforderte die Anlage viel Kapital; man berechnete für zwei Birnen Anlagekosten in Höhe von etwa einer Million Mark. Trotzdem errichteten 1861 Krupp und zwei Jahre später der Hörder Bergwerks- und Hüttenverein, 1865 der Bochumer Verein Bessemeranlagen, aber erst zu Beginn der siebziger Jahre wurde dieses Verfahren in größerem Maßstab in Deutschland angewandt.

Das Fehlen phosphorarmer Erze auf dem europäischen Kontinent beschränkte erheblich die Erzeugung von Massenstahl nach dem Bessemer-Verfahren, auf jeden Fall die massenhafte Produktion von Qualitätsstahl. Das Problem mit phosphorhaltigen Erzen lösten Sidney G. Thomas und Percy C. Gilchrist im Jahre 1877 (Patent), indem sie die Bessemerbirne mit Dolomit ausfütterten und Kalk zusetzten. Dieses basische Windfrischverfahren ermöglichte nun die Verwertung ausgedehnter Minetteerzvorkommen, die Herstellung höherwertiger Stahlprodukte und die Senkung der Produktionskosten. Die Rheinischen Stahlwerke und der Hörder Verein erwarben 1879 die Patentrechte für das Deutsche Reich, de Wendel für Lothringen und Luxemburg. Während 1879 lediglich 1782 t Thomasstahl gegenüber 465 000 t Bessemerstahl hergestellt wurden, erhöhte sich die Produktion von Thomasstahl bis 1913 im deutschen Zollgebiet auf 10 629 697 t, das waren 57,2 % der gesamten Flußstahlerzeugung. Der Thomasstahl übertraf im letzten Jahr vor Kriegsausbruch die Produktion von Siemens-Martin-Stahl um 3 015 793 t, dagegen wurden nur noch 155 138 t Bessemerstahl erzeugt. Beim Frischen im Thomasverfahren bildete sich eine aus phosphorsaurem Kalk bestehende Schlacke, die Thomasschlacke, die in gemahlenem Zustand seit 1885 als Düngemittel für die Landwirtschaft eine immer größere Bedeutung erlangte.

Ein anderes System, das der Regenerativfeuerung, wurde von Friedrich Siemens und dem Franzosen Pierre Martin entwickelt. Die nach ihnen benannten Siemens-Martin-Öfen verschmolzen Roh- und Alteisen (Schrott) in einem Flammenofen unter Anwendung großer Hitze zu Flußeisen oder Flußstahl. Die Berliner Maschinenfabrik Borsig, die seit 1847 für ihre Puddel- und Walzwerke schlesische Kohlen- und Erzgruben, Kalk- und Sandsteinbrüche erworben hatte, errichtete 1868 die erste Siemens-Martin-Anlage und legte damit den Grundstein zu einem gemischten Stahlwerk. Im Jahre 1912 wurden 40,3 % der gesamten Flußeisenproduktion mit dem Siemens-Martin-Verfahren erschmolzen. Schließlich verbesserten Wilhelm Siemens, Paul Héroult und Friedrich Adam Kjellin die Anwendung von Elektrizität zur Stahlerzeugung. Vom hochwertigen Elektrostahl wurden 1911 in Deutschland 66 654 t, in den USA 29 105 t, in Österreich-Ungarn 22 867 t und in Frankreich 13 850 t hergestellt.

Auf der Grundlage dieser Techniken konnte sich in der Nähe von Kohlenrevieren die deutsche Eisenindustrie in einem vorher unvorstellbaren Maße ausdehnen. Gewaltige Unternehmen entstanden, wie z. B. in Rheinland-Westfalen der Bochumer Verein, die Gutehoffnungshütte, die Phönix AG., die Rheinischen Stahlwerke, Krupp und der Hörder Bergwerks- und Hüttenverein; in Lothringen die Rombacher Hüttenwerke, De Wendel, der Lothringer-Hütten-Verein Aumetz-Friede, die Differdinger Hochofen AG.; im Saargebiet die Dillinger Hütte, die Burbacher Hütte (Arbed), die Röchlingschen Eisen- und Stahlwerke in Völklingen sowie die Gebrüder Stumm GmbH; in Oberschlesien die Kattowitzer Bergbau- und Eisenhütten AG., die Vereinigte Königs- und Laurahütte, die Oberschlesische Eisenindustrie AG.

d) Lothringen als Wachstumsmotor

In der Gründerkrise hatte die deutsche Eisenindustrie einen schweren Stand etwa gegenüber der britischen und belgischen, die sich schon früher modernisiert hatten. Die Preise in Tonne und Mark gingen von 1873 bis Ende 1877 für Schienen und Bessemerstahl von 366 auf 128 Mark, für westfälisches Stabeisen von 270 auf 122, für Spiegeleisen von 234 auf 66, für deutsches Gießerei-Roheisen von 156 auf 60 und für ordinäres westfälisches Eisen von 120 auf 40 Mark herunter. Die deutsche Eisenindustrie festigte jedoch langfristig ihre Stellung auf dem europäischen Kontinent. Der Anteil Deutschlands an der westeuropäischen – Belgien, Frankreich, Luxemburg, Niederlande – Roheisenproduktion lag 1854 bei 14,2%, erhöhte sich bis zur Reichsgründung auf etwa 41%, um bis 1888 auf 53,5% zu steigen, während die Stahlproduktion des Deutschen Reiches im letzten Jahr zu mehr als der Hälfte von inländischen Erzeugern stammte. Betroffen von dem Verdrängungswettbewerb waren vor allem die kleineren eisenerzeugenden deutschen Regionen, wie etwa das Königreich Sachsen. Derselbe Autor, der 1876 noch den Glanz der deutschen Eisenindustrie hervorhob, mußte acht Jahre später feststellen: »Die zollfreie Einfuhr englischen Roheisens hat manchen Hochofenbetrieb im Lande zum Erliegen gebracht und dadurch auch eine Anzahl von Bergleuten zu anderer Beschäftigung genöthigt.«[16]

Die Eingliederung der lothringischen Eisenindustrie führte durch das Vorhandensein der dortigen Minetteerzfelder, die seit 1879 im großen ausgebeutet und durch das entphosphorisierende Thomasverfahren nutzbar gemacht werden konnten, zu einer Schwerpunktverlagerung der deutschen Eisen- und Stahlwerke. Die deutsche Eisenindustrie benötigte nämlich als Vorprodukte neben Steinkohlen in großen Mengen Eisenerz. Seit langem wurde es im Ruhrgebiet, in Westfalen, im oberen Lahntal, am Spessart, im Harz, in Thüringen, in Sachsen und in Oberschlesien abgebaut. Eine Vielzahl von kleinen Werken, 1848 waren es 1974 mit einer

Produktion in Höhe von 13 874 509 Zentnern, förderte es in unterschiedlicher Qualität. Man könnte es als ein Charakteristikum der Industriellen Revolution ansehen, daß recht lange kleine und große Werke nebeneinander bestanden, so auch im Bergbau. Im traditionsreichen sächsischen Erzbergbau kam es noch nach der Jahrhundertmitte vor, »daß die Eisensteinbergleute, wenn sie des Vormittags auf den Hochofengruben angefahren sind, noch eine Nachmittagsschicht auf einem von ihnen selbst aufgemachten und für eigene Rechnung betriebenen Grübchen verfahren, die sie sich dann, da sie ein Nebenverdienst ist, höchsten mit 3 Ngr. anrechnen«.[17]

Mit dem Take-off nach 1850 steigerte sich der Verbrauch und die Produktion gewaltig. Die deutsche Eisenerzausbeute stieg bis 1870 auf 4 368 100 t, dies lag jedoch weit unter dem einheimischen Verbrauch. In dieser Hinsicht war die Eingliederung Elsaß-Lothringens in das Deutsche Reich eine der Voraussetzungen zu einer riesigen Ausdehnung der deutschen Eisenindustrie, denn man schätzte allein den Eisenerzbesitz Lothringens auf 700 gegenüber 300 Millionen t im übrigen Reichsgebiet. Bis 1911 hat sich der Anteil Elsaß-Lothringens an der gesamten Eisenerzförderung Deutschlands auf fast 75 % erhöht. Dies reichte jedoch nicht aus, um den riesigen Bedarf an Eisenerzen zu decken. Im Jahre 1912 waren am Gesamtbedarf des Ruhrgebietes von 16,2 Millionen t Elsaß-Lothringen mit 22 %, Schweden und Norwegen mit 20 %, Spanien mit 19 % beteiligt, während das Siegerland und das Lahn-Dill-Gebiet nur noch 8 % stellten.[18] Eine Folge davon war die erneute regionale Verlagerung der Roheisenproduktion. Erzeugte Rheinland-Westfalen 1871 8,88, 1881 1,67, 1891 2,58, 1901 3,01 und 1913 8,21 Millionen t Roheisen, so startete Elsaß-Lothringen 1872 mit 0,22, erreichte 1881 0,31, 1891 0,64, 1901 2,90 (mit dem Saargebiet) und 1913 7,79 Millionen Tonnen. Alle anderen eisenerzfördernden oder roheisenproduzierenden deutschen Regionen fielen dagegen stark ab (vgl. Tab. 14). Zur Verarbeitung der Minette zu Roheisen wurden große Mengen Kohlen und Koks benötigt, die Lothringen nur in qualitätsmäßig unzureichendem Maße besaß. Hatte vor 1871 die Saarkohle für die lothringische Eisenindustrie noch ausgereicht, so war sie zunehmend auf Kohlelieferungen aus dem 350 km entfernten Ruhrgebiet angewiesen. Das Gesetz der Transportkosten – spezifisch schwerere Rohstoffe werden in großen Mengen eher dorthin transportiert, wo sie benötigt werden als umgekehrt,

Tabelle 14: Eisenerzförderung und Roheisenproduktion in ausgewählten deutschen Staaten und Regionen 1836-1911 (in Tonnen)

a) Eisenerzförderung

Staat/Region	1836	1856	1876	1896	1911
Preußen[1]	221 623	1 181 247	2 572 250	4 053 109	4 948 711
Bayern	.	87 010	113 541	163 503	377 662
Sachsen	17 592	31 798	11 558	.	2 045
Hessen-Darmstadt		30 000	92 062	193 484	376 171
Braunschweig	.	12 934	26 367	99 582	218 792
Elsaß-Lothringen	–	–	664 500	4 841 633	17 753 570
Deutsches Reich[2]	290 075	1 719 830	3 515 253	9 403 594	23 819 556

b) Roheisenproduktion

Rheinland-Westfalen[3]	54 035	257 276	958 303	3 576 455	6 830 945
Schlesien	31 623	95 056	231 998	617 747	963 026
Hessen-Darmstadt	4 500	10 128	18 125	39 342	808 438
Hannover[4]	4 745	7 673	102 687	173 053	–
Sachsen	5 112	13 640	7 648	.	
Bayern	13 000	33 807	36 566	79 735	290 509[5]
Württemberg	5 142	10 503	10 811	.	
Elsaß-Lothringen	–	–	198 279	919 849	4 644 306[6]
Deutsches Zollgebiet[7]	160 548	497 513	1 846 346	6 372 575	15 579 299

Quelle: H. Marchand, *Säkularstatistik der deutschen Eisenindustrie,* Essen 1939, Tab. 25 f., S. 100 ff. und Tab. 34-36, S. 114 ff.

Anmerkungen:
1 Bis 1870 untergliedert in fünf Hauptbergdistrikte, danach in fünf Oberbergamtsbezirke.
2 Ohne Luxemburg.
3 Bis 1896 einschließlich Saar- und Siegerland.
4 Einschließlich verschiedener anderer Gebietsteile.
5 Bayern, Württemberg und Thüringen.
6 Lothringen und Luxemburg.
7 Die Angaben in: *Die Produktion der deutschen Hüttenindustrie 1850-1914. Ein historisch-statistisches Quellenwerk,* bearb. von St. Jersch-Wenzel u. J. Krengel, Berlin 1984, 128 ff., weichen sowohl für die einzelnen Regionen bzw. Staaten und bei den Jahren als auch im gesamten Zollgebiet teilweise von den hier angegebenen Werten ab. Wegen der Vergleichbarkeit und Einheitlichkeit werden die Daten von Marchand benutzt, da keine gravierenden Abweichungen auftreten.

d. h. vereinfacht, Eisenerz wird zur Kohle gebracht, wie dies im Ruhrgebiet der Fall war – behielt dennoch in Lothringen seine Gültigkeit. Die Herstellung einer Tonne Roheisen erforderte nämlich drei Tonnen Minetteerze und nur eine Tonne Koks. Die lothringische Eisenindustrie verarbeitete deshalb zunehmend die eigenen Erze und versandte 1912 nur noch 15% davon nach dem Osten, vor allem nach Schlesien. 1882 wurden in Lothringen erst 1,3% Thomas-Roheisen erschmolzen, 1911 waren es 82,2%!

e) Konzentrationstendenzen

Im letzten langen Zyklus vor dem Ersten Weltkrieg, etwa 1895 bis 1913, verstärkte sich die Konzentration, es wurden weitere Verkaufsvereinigungen, Verbände, Kartelle und Syndikate in der deutschen Eisen- und Stahlindustrie gebildet, anfänglich allerdings nur auf regionaler Ebene. Bereits im Gefolge der Gründerkrise hatten sich 1882 insgesamt 16 rheinisch-westfälische und nassauische Hochofenwerke zu einer »Qualitäts-Puddeleisen-Konvention« zusammengeschlossen, doch nach zwei Jahren war sie wieder aufgelöst. Danach nahmen die Kartellbestrebungen rasch zu. Es entstanden Verbände für die Produktion und den Verkauf von Eisenbahnachsen, Eisenbahnrädern, Eisenbahnwagen sowie Grob- und Feinblechen, auch für Roheisen, Schienen, Träger, Walzdraht und Walzeisen. Ende 1886, als die Preise einen Tiefststand erreicht hatten, vereinigten sich in Düsseldorf 15 Hochofenwerke zum »Rheinisch-Westfälischen Roheisenverband für Gießerei-, Bessemer-, Thomas- und Qualitätspuddeleisen«, um Mindestpreise und Verkaufsbedingungen festzulegen. Es konnte nicht ausbleiben, daß sich wenig später, 1888, die »Koksvereinigung des Dortmunder Bezirks« gründete, die zwei Jahre später als »Westfälisches *Koks*syndikat« 98,5% des gesamten Koksabsatzes kontrollierte; 1893 das Rheinisch-Westfälische *Kohlen*syndikat, das sich 1904 mit dem Kokssyndikat zusammenschloß, worauf im 13. Kapitel näher eingegangen wird. Dies führte zu einer Verteuerung der Rohstoffpreise, die von den Hochofenwerken nur selten auf die Preise abgewälzt werden konnten. 1879 z. B. kostete eine Tonne Fettkohle ab Werk in Dortmund 4,70 Mark, im Jahre 1900 10,30 Mark, rheinisch-westfälischer Hochofenkoks im ersten Jahr pro Tonne 8,30, im letzten Jahre 17 Mark. War dies nicht Anlaß genug, um 1896 das »Rheinisch-Westfälische Roheisensyndikat« zu gründen? Ein Jahr später verband es sich mit dem Siegerländer Syndikat zum »Roheisen-Syndikat Düsseldorf«, das sich erst Ende 1908 auflöste. Laut § 3 des Syndikatsvertrages bestand eines seiner Ziele darin, den »Absatz der verschiedenen Sorten Roheisen zu regeln, den gegenseitigen verlustbringenden Wettbewerb zu beseitigen und angemessene Verkaufspreise zu erzielen«, doch durch die Konkurrenz der Außenseiter wurde dies erschwert. Während dieser Zeit gab es auch in anderen deutschen Regionen Kartellbildungen im Roheisensektor, z. B. in Lothringen, in Oberschlesien und im Siegerland, und Außenseiter, wie die Gewerkschaft Deutscher Kaiser, Hoesch, das Eisenwerk Kraft in Stettin, die Rheinischen Stahlwerke oder Thyssen. Sie machten den gemischten Werken den Absatz streitig. Im August 1910 kam es zur Gründung des Roheisen-Verbandes GmbH Essen, dem alle großen gemischten Hüttenwerke mit Ausnahme von Hoesch beitraten, doch Inlandspreise und Exportpreise klafften weit auseinander. Der Verband sah sich dadurch nicht nur wachsender Kritik aus den eigenen Reihen ausgesetzt, sondern seine Preispolitik erschien weitgehend obsolet.

Im Stahlbereich entstanden Kartelle und Syndikate noch eher, seit Anfang der sechziger Jahre, und zahlreicher, entsprechend der Vielzahl der Produkte. Die wichtigsten waren u. a. die Deutsche Schwellengemeinschaft, die Deutsche Schienengemeinschaft mit 24 Stahlwerken des Ruhr- und Saargebietes, Lothringens und Oberschlesiens sowie der Deutsche Walzwerkverband mit 67 Werken 1891; zwei Jahre später existierte er nicht mehr. Der 1895 gegründete Deutsche Halbzeugverband syndizierte fast alle großen gemischten Werke, die aus Thomas- und Siemens-Martin-Stahl Halbfabrikate erzeugten. Vor der Gründung des Stahlwerkverbandes am 29. Februar 1904 gab es 44 Kartelle in der Eisen- und Stahlindustrie, deren Effektivität allerdings nicht sehr hoch eingeschätzt werden kann. Die 27 Unternehmen des Stahlwerksverbandes in der Rechtsform einer Aktiengesellschaft kontingentierten zwar 87,5 % der deutschen Flußstahlproduktion, d. h. vor allem schwere Walzprodukte; und dieser Anteil erhöhte sich bis 1911 auf 95 %. Doch kämpfte auch dieser Verband mit Schwierigkeiten, sowohl mit der Konkurrenz der Siemens-Martin-Werke als auch mit Außenseitern wie Hoesch oder den Westfälischen Stahlwerken. Außerdem verlangten einige Firmen höhere Quoten, wie Phoenix und Thyssen bei der Verlängerung im Jahre 1912. Der Verband vermochte auch nicht zu verhindern, daß die Preise für den wichtigsten Artikel, Stabeisen, von 149 Mark/t im Jahre 1907 innerhalb der nächsten zwei Jahre auf 99 Mark/t fielen. Von einer »Monopolisierung des Marktes« konnte also keine Rede sein.

12. Kapitel
Die Maschinenbau- und Elektroindustrie

Zweifellos hat die Maschinenbauindustrie vom technologischen Standpunkt aus am stärksten die vorindustrielle handwerkliche Produktionsweise verändert. Der Siegeslauf der Dampfmaschine, von James Watt 1764 als einfache und 1782 als doppelt wirkende Maschine entwickelt, war so überzeugend, daß der *Rheinisch-Westfälische Anzeiger* 1828 schrieb: »Maschinen und überall Maschinen, dies sei unser Bestreben!«[1] Maschinen wurden offenbar als ein derart starker Eingriff in menschliche Tätigkeiten angesehen, daß noch Karl Marx, und Generationen von Wirtschafts- und Technikhistorikern sind ihm darin gefolgt, das Diktum aufstellte, die Werkzeugmaschine sei es gewesen, »wovon die industrielle Revolution im 18. Jahrhundert ausgeht«.[2] Zwischen diesen beiden Polen, Dampfmaschinen als »Mütter der Industriestädte« (A. Redgrave) auf der einen, Werkzeugmaschinen als »mechanische Ungeheuer« (K. Marx) auf der anderen Seite, hat sich auch die deutsche Maschinenbauindustrie im 19. Jahrhundert entwickelt. Ihre regionale Entfaltung soll im folgenden kurz dargestellt werden.

Auch in diesem Industriezweig war England das große Vorbild, denn dort hatten sich seit der Mitte des 18. Jahrhunderts immer mehr Erfindungen im Maschinenwesen ausgebreitet. Sie können hier gar nicht alle genannt werden, aber mit den Namen John Wilkinson, Matthew Boulton, Joseph Bramah, Henry Maudslay, Joseph Clement und Joseph Whitworth verbinden sich noch heute wichtige Neuerungen in der Werkzeug- und Werkzeugmaschinenfabrikation. Es ist gewiß kein Zufall, daß der Schweizer Mechaniker Johann Georg Bodmer, der bereits am 1. August 1809 die Maschinenfabrik St. Blasien in Baden gründete, bei Whithworth in die »Lehre« gegangen war.

Der Prozeß der zunehmenden Arbeitsteilung in diesem Fertigungszweig machte nach 1815 vor der deutschen Maschinenbauindustrie nicht halt, auch wenn wir bis zur Jahrhundertmitte noch wenig Spezialbetriebe antreffen, d. h., es wurde meistens produziert, was an Bestellungen hereinkam. Bei der Vielzahl der Verästelungen dieser Gewerbebranche können wir als Hauptgruppen

Dampf-, Verbrennungs-, Heißluft-, Wasserkraft-, Werkzeug-, Elektrizitäts-, Zerkleinerungs-, Landwirtschafts- und Mahlmaschinen unterscheiden. Oder wir gliedern die Gruppen nach dem Verwendungszweck, z. B. zum Heben und Bewegen von Lasten, zum Antrieb oder zum Bearbeiten. Maschinen wurden fast überall verwendet; im Bergbau, in der Textilindustrie, in der Landwirtschaft, im Transportwesen, in der Schiffahrt usw. und natürlich im Maschinenbau selbst. Die Palette der »Maschinen« hat sich im Laufe unserer Periode fast ins Uferlose verbreitert, und es kamen immer neue hinzu, wie Nähmaschinen, Schreibmaschinen, Fahrräder, Motorräder, Automobile oder Elektrolokomotiven. Wir dürfen auch nicht außer acht lassen, daß Maschinenfabriken nicht nur vollständige Maschinen herstellten, sondern ebenso Maschinenteile, wie Kugellager, Gleitlager, Kurbeln, Schneckengetriebe, Zahnräder etc.

a) Das Entstehen regionaler Zentren des Maschinenbaus

Die englische Maschinenindustrie besaß nach 1815, als die deutsche noch in ihren Kinderschuhen steckte, vor allem bei Textilmaschinen »Weltruf«. Doch ein wesentlicher Faktor zur Entfaltung dieses Industriezweiges war auch in Deutschland vorhanden: ein spezialisiertes Handwerk, nämlich Schlosser und Schmiede, Tischler und Zimmerleute, Uhrmacher und Instrumentenbauer. Aus diesen Handwerken rekrutierte sich ein erheblicher Teil der frühen Maschinenbauunternehmer. Als der Berg- und Hüttenfachmann Karl Friedrich Bückling 1785 die erste aus deutschem Material gefertigte Dampfmaschine auf einem Schacht bei Hettstedt im Mansfelder Land in Gang setzen wollte, versagte diese ihren Dienst ebenso wie eine englische Maschine drei Jahre später auf der schlesischen Friedrichshütte bei Tarnowitz. Zum Zusammenbau und zur Inbetriebnahme solcher Maschinen war man noch auf englische Techniker angewiesen, doch die Deutschen erwiesen sich als gelehrige Schüler, vielleicht auch deshalb, weil der Maschinenbau von Anfang an unzünftig betrieben wurde. In Oberschlesien etwa, wo 1794 die erste Dampfmaschine gebaut wurde, hatte A. F. W. Holtzhausen bis 1825 50 Stück angefertigt. Weitere Werke in anderen Regionen folgten, vor allem seit den zwanziger Jahren. Um 1815 überwog noch immer tierische und menschliche Arbeitskraft in den deutschen Fabriken, und selbst in der modernen Baumwoll-industrie bediente man sich weitgehend der Wasserkraft der Flüsse und Flüßchen zum Antrieb. In Bayern gab es 1816 sechs Dampf-maschinen, in ganz Sachsen 1825 erst drei; bis zur Jahrhundert-mitte wiesen Bayern 129, Sachsen 197 und Preußen 1444 Dampf-maschinen auf. Der Bau deutscher Dampfmaschinen erschien damals als Besonderheit. Als die »Egells'sche Eisengießerei und Maschinenfabrik« in Berlin 1825 von der Maschinenspinnerei Al-berti in Waldenburg den Auftrag erhielt, eine größere Dampfma-schine zu bauen, wurde der knapp 23 Jahre alte »Montageleiter« August Borsig, der gerade von dem Königlichen Gewerbe-Institut gekommen war, damit betraut. Die Brüder Alberti schrieben am 12. Februar 1827: »Wir Unterschriebene, Eigentümer der hiesigen Maschinenspinnerey, bezeugen hiermit, daß eine von Herrn Egells in Berlin für uns gefertigte Dampfmaschine von 28 Pferdekraft durch dessen Bevollmächtigten Herrn August Borsig zu unserer völligen Zufriedenheit hier zusammengesetzt und aufgestellt wor-den ist. Mehrere dazugehörige Teile sind hier nach seinen Rissen und unter seiner Leitung noch angefertigt, wobey derselbe von sei-ner Sachkenntnis im Maschinenfache uns zu überzeugen Gelegen-heit hatte.«[3]

Der steigende Bedarf an Antriebs- und Werkzeugmaschinen konnte allerdings nicht in Deutschland selbst befriedigt werden. Noch 1830 schrieb Friedrich Harkort im *Westfälischen Anzeiger*: »Wo besteht in den hiesigen kleinen Werkstätten eine gute Dreh-bank, ein tüchtiger Schraubenkolben, Lochmaschine, kleine Rundsäge und andere unentbehrliche Hilfswerkzeuge? Wie jäm-merlich sind unsere Schleifereien eingerichtet! Hier tut Hilfe not. Man kümmere nicht den fleißigen Arbeitern ihren spärlichen Lohn, nein, man unterstütze sie mit Belehrungen und guten Werk-zeugen, und die Gewerbe werden sich blühend entfalten.«[4]

Weil Großbritannien bis 1842 ein mehr oder weniger strikt gehandhabtes Maschinenausfuhrverbot aufrechterhielt, entwi-kelten sich in manchen deutschen Regionen einige kleinere »Fa-briken«, eigentlich eher Werkstätten, die durch Nachbau oder »Industriespionage« in englischen Fabriken diese Nachfrage aus-zunutzen versuchten. Unternehmer, Mechaniker und Staatsbe-amte »pilgerten« nach England, aber auch nach Belgien und Frankreich, erschlichen oder erkauften sich den Zugang zu Ma-schinenfabriken und fertigten dort Zeichnungen und Aufzeichnungen an. Spätere deutsche Maschinenbauer, wie Borsig, Egells, Harkort, König oder Uhlhorn, hatten England bereist und dort wichtige Erfahrungen gesammelt.

In den Anfängen des deutschen Maschinenbaus entstanden »Fabriken« aus Handwerks-, Verlags- und Manufakturbetrieben, die damit begannen, Ersatzteile für die aus England, Belgien und Frankreich importierten Textilmaschinen anzufertigen, für Spinnmaschinen ebenso wie für Webstühle oder die Appretur. Aus solchen kleinen Anfängen der Reparatur- und Ersatzteilproduktion entwickelte sich ein eigener Industriezweig, der durch Einsatz von Wasserrädern, Transmissionen und Dampfmaschinen, von Drehbänken, Bohr-, Hobel- und Schleifmaschinen die Voraussetzungen für ein eigendynamisches Wachstum schuf. Es ist kennzeichnend für die ersten Gehversuche der deutschen Maschinenbauindustrie, daß statt Maschinen, deren Import eingeschränkt war, englische Facharbeiter und Maschinenbauer nach Deutschland kamen, um die Chancen auf einem lukrativen Markt auszunutzen. Sie wurden entweder hoch entlohnt oder von der jeweiligen Regierung unterstützt, eigene Fabriken zu gründen. Der Staat kaufte ebenfalls Maschinen, die den Fabrikanten zur Verfügung ge- oder ausgestellt wurden. Der preußische Staat ließ im Jahr 1815/16 zwei Dampfmaschinen bauen und überließ sie Berliner Fabrikanten; in Sachsen kaufte die Regierung 1828 einen Webstuhl bei der Maschinenfabrik André Köchlin in Mülhausen und stellte ihn »zur Belehrung der Fabricanten« in Dresden aus. Das wohl bekannteste Beispiel eines »Technologietransfers« finden wir in den Engländern John und James Cockerill, die 1807 in Seraing bei Lüttich eine Maschinenfabrik ihres Vaters übernahmen. Von dort ging John nach Berlin, wo er 1815 eine Fabrik für Werkzeugmaschinen errichtete, die Webstühle, Appreturmaschinen und später Dampfmaschinen produzierte, und James ging 1825 nach Aachen. In einem Reisebericht aus den vierziger Jahren heißt es dazu: »Man findet in den Rheinischen und Westphälischen Fabriken viele Maschinen aus fremden Maschinenbauanstalten: der Zahl nach wie es scheint am meisten Belgische, nächst dem Englische und Französische, dann Deutsche. Unter den Belgischen sind die meisten aus den Anstalten von J. Cockerill, und Houget & Tefton zu Verviers und aus der Fabrik der Phönix-Gesellschaft zu Gent.«[5]

In der ersten Hälfte des 19. Jahrhunderts hat sich der *deutsche* Maschinenbau überwiegend aus dem Bedarf für die Textilindustrie entwickelt; der Bergbau und das Hüttenwesen gaben zusätzliche Impulse. In den regionalen Zentren Sachsen, Berlin, dem Rheinland und Oberschlesien entstanden die ersten Maschinenfabriken. Später bedeutende Maschinenfabriken, wie Egestorff, haben sich anfänglich nicht im Textilmaschinenbau betätigt, obwohl die Textilindustrie etwa in und um Hannover entwickelt war, »aber die Herstellung von Textilmaschinen hat Georg Egestorff niemals in Erwägung gezogen, und die englischen Firmen haben gerade auf diesem Gebiet noch sehr lange in Deutschland und so auch in Hannover das Feld behauptet«.[6]

Die regionale Differenzierung der deutschen Maschinenbauindustrie ging jedoch weiter. Neben den Schwerpunkten in den industriellen Regionen führten ebenso die Nähe zum Markt, günstige Transportbedingungen, billige Rohstoffzufuhr und der Bedarf an gelernten Arbeitern u. a. dazu, je größer die Betriebe wurden, daß bei Neugründungen Städte bevorzugt wurden. Die Maschinenbauindustrie, wie wir noch genauer sehen werden, wurde mehr und mehr ein städtischer Industriezweig. Man denke nur an Berlin, Magdeburg, Halle, Leipzig, Dresden, Chemnitz, Nürnberg, Augsburg, München, Köln und Aachen. Nach der Gewerbetabelle der »Fabrikationsanstalten und Fabrikunternehmungen« – worunter nicht selten Handwerksbetriebe gezählt wurden – des Zollvereins von 1846 gab es in Sachsen 232, in Preußen 131 – davon in Berlin 33 –, in Bayern 17, in Baden 14, im Großherzogtum Hessen 14, in Kurhessen vier, in Anhalt zwei und in Nassau ein Etablissement, die im Maschinenbau tätig waren, mit insgesamt 12 556 Arbeitern, d. h. einer durchschnittlichen Betriebsgröße von 30 Arbeitern.

Der industrielle Aufschwung seit den fünfziger Jahren hat in der deutschen Maschinenbauindustrie grundlegende Wandlungen hervorgerufen, sowohl was die Vermehrung der Fabriken in regionaler Hinsicht betrifft als auch in bezug auf die Verschiebung der Produktionsschwerpunkte. Laut Zollvereinsstatistik hat sich die Zahl der Maschinenfabriken »nur« von 417 im Jahre 1846 auf 665 1861 erhöht, doch die Arbeiterzahl hat sich bis 1861 (35 562) fast verdreifacht. Es ist geschätzt worden, daß zur Zeit der Reichsgründung im Deutschen Reich etwa 1400 Maschinenfabriken existierten.[7] Von einer nicht-repräsentativen Auswahl von 221 Maschinenfabriken produzierten 1871 52 Textilmaschinen (23,5%), 47 Landmaschinen und Geräte (21,3%), 46 Dampfmaschinen

(20,8%), 28 Werkzeugmaschinen (12,7%), 24 Bergwerks- und Hüttenmaschinen (10,9%), 13 Lokomotiven und Tender (5,8%), 11 Waggons (5,0%). 56 oder etwas mehr als ein Viertel der Fabriken hatten sich auf *einen* Maschinentyp spezialisiert.[8] Die produktionstechnischen Fortschritte lassen sich am deutlichsten im Werkzeugmaschinenbau nachweisen. So wurde etwa die Universaldrehbank für Spezialzwecke, wie das Abdrehen von Lokomotiv- und Waggonradsätzen, weiterentwickelt, Hobel-, Fräs- und Bohrmaschinen wurden vielfältig variiert, wie z. B. als Vertikal-, Radial-, Zylinder- und Langlochbohrmaschinen, allerdings noch nicht in Serienproduktion oder mit auswechselbaren Teilen, wie sich dies in den USA zur gleichen Zeit durchsetzte. F. Reuleaux, der 1876 auf der Weltausstellung in Philadelphia die deutschen Industrieprodukte als »billig und schlecht« bezeichnete, behauptete 1861, »daß der deutsche Maschinenbau an Güte den englischen vollständig erreicht habe«.[9] Ein wesentlicher Grund dafür war, daß sich viele Maschinenfabriken Modellschreinereien, mechanische Werkstätten und Gießereien mit Kupol-, Tiegel- und Glühöfen angliederten, um die Maschinenteile, etwa Zahnräder, selbst herstellen zu können. Von 82 preußischen Maschinenfabriken mit über 50 Arbeitern besaßen 47 eine eigene Gießerei. Die amerikanische Maschinenbauindustrie war jedoch der deutschen, bis auf den Dampfmaschinenbau, noch in vieler Hinsicht überlegen. E. Rathenau erkannte auf der Weltausstellung in Philadelphia neidlos an: »Holzbearbeitungs- und Werkzeugmaschinen für Präzisionsarbeiten, automatische Maschinen zur Herstellung von Zahnrädern, Uhren, Schrauben, Waffen, Näh- und Schreibmaschinen, feine Instrumente zum Messen, wie sie unsere Fabriken nicht einmal kannten, waren in reicher Zahl und vollendeter Ausführung vorhanden, daneben Spezialmaschinen aus fast jedem Gebiet der Industrie.«[10]

Die deutschen Maschinenbaufirmen entwickelten sich bis 1871 zu riesigen Unternehmen, wie einige Beispiele zeigen. Die Maschinenfabrik Henschel in Kassel beschäftigte 1050 Arbeiter und setzte 380 Werkzeugmaschinen und acht Dampfmaschinen mit 160 PS ein; die Maschinenfabrik J. Zimmermann in Chemnitz hatte 1300 Arbeiter; die Maschinenfabrik AG »Vulkan« in Stettin 1486 Arbeiter und 14 Dampfmaschinen mit 166 PS; die Maschinenfabrik Strousberg, vorm. Egestorff in Linden bei Hannover 2500 Arbeiter, 500 Werkzeugmaschinen und zehn Dampfmaschinen mit 200 PS;

die Maschinenfabrik R. Hartmann in Chemnitz 3250 und die Maschinenfabrik L. Schwartzkopff in Berlin sogar 7000 Arbeiter.

Betrachten wir die regionale Verteilung von 169 neugegründeten Maschinenfabriken[11] zwischen 1850 und 1870, so erkennen wir, daß sich der Trend zur städtischen Konzentration fortsetzte. 118 Fabriken oder rund 70% bevorzugten Städte als Standorte, 51 siedelten sich in ländlichen Gebieten an. Von 110 städtischen Fabriken stellte Preußen 50, davon 13 in Berlin, sieben in Halle, sechs in Magdeburg, vier in Aachen, je drei in Breslau und Düsseldorf sowie je zwei in Burscheid und Köln. In den zehn weiteren preußischen Städten, wo jeweils eine Fabrik gegründet wurde, wiesen lediglich Königsberg, Stettin und Dortmund größere Bevölkerungszahlen auf. In Sachsen war die Verteilung noch eindeutiger. Neben Chemnitz, dem »sächsischen Manchester«, mit 18, Leipzig mit zehn, Dresden mit sieben wurde nur noch in Weißenfels eine Maschinenfabrik gegründet. In Bayern mit acht neugegründeten Fabriken war die Verteilung gleichmäßiger: Augsburg, Kaiserslautern und München je zwei, Nürnberg und Würzburg je eine. Hessen verzeichnete vier Neugründungen in Offenbach und drei in Darmstadt, Baden drei in Mannheim und zwei in Karlsruhe, Württemberg wies vier neue Maschinenfabriken in Stuttgart auf. Wir können daraus entnehmen, daß sich die deutsche Maschinenbauindustrie regional immer stärker »entzerrte«, einmal, um den regionalen Besonderheiten der Nachfrage zu genügen, zum anderen, um die Abhängigkeit von Importen zu reduzieren. Dies gelang vor allem in der zweiten Hälfte der sechziger Jahre, als der Export den Import von Maschinen übertraf. 1871 wurden im Zollverein 371 032 Zentner Maschinen ausgeführt, fast ein Drittel mehr als eingeführt wurde.

b) Der Maschinenbau als Führungssektor

Das Wachstumstempo der deutschen Maschinenbauindustrie hat sich im Kaiserreich noch einmal beschleunigt, d. h., es lag über den Raten für andere Industriezweige. Das hatte vielfältige Gründe, z. B. das überdurchschnittliche Wachsen der Mittel- und Großbetriebe, die Hinwendung zur Massenproduktion, die Spezialisierung einzelner Produktionszweige und nicht zuletzt die erfolgreiche Zusammenarbeit von Wissenschaft und Technik. Trotzdem war dieser Industriezweig von einer eigenartigen Doppelgesichtigkeit gekennzeichnet, denn: »Der Maschinenbau war der letzte Produktionsbereich in der Geschichte der Industrialisierung, der große Nachfrage- und output-Steigerungen noch einmal mit extensiver Ausdehnung des Arbeitskräftebestandes und allenfalls sekundär durch Produktivitätserhöhungen bewältigte.«[12] Die Steigerung der Umsätze auch der größeren Maschinenfabriken ist deshalb wohl durch größere Arbeits- als Kapitalproduktivität erreicht worden.[13] Zum Beispiel hatten die Sächsische Maschinenfabrik, vorm. R. Hartmann in Chemnitz, im Geschäftsjahr 1913 einen Gesamtumsatz von 20,6 Millionen Mark, die Hannoversche Maschinenbau A.G., vorm. G. Egestorff 33,4, die Deutsche Maschinenfabrik A. G. (Demag) in Duisburg 40,1, die Maschinenfabrik Augsburg-Nürnberg (MAN) 99,0 und Orenstein & Koppel A. G. in Berlin 139,7 Millionen Mark Umsatz. Wir stellen aber im Maschinenbau keine derartigen Konzentrationstendenzen wie in der Eisen- und Stahlindustrie fest, was schon die Vielfalt der Produkte verhinderte. Allein in Chemnitz waren 1914 insgesamt 156 Maschinenfabriken tätig, deren Gesamtumsatz unter dem der Firma MAN lag. Die Spezialisierung im deutschen Maschinenbau ging selten so weit, daß nur noch ein Maschinentyp in Massenproduktion hergestellt wurde, sondern die meisten Fabriken untergliederten ihre Produktion in verschiedene Abteilungen, um dort verwandte Maschinenarten zu produzieren. Dazu ein illustratives Beispiel. Die Firma Ludwig Loewe & Co. A.-G. wollte 1898 bei der Übersiedelung in ein neues Werk ihr Werkzeugmaschinenprogramm vereinheitlichen und damit die Anzahl der Typen reduzieren. Abgesehen von den mehreren hundert Typen Dampfmaschinen, Sondermaschinen für Gewehrfabrikation, Dampfkessel usw. betraf dies 35 verschiedene Werkzeugmaschinen. Bis nach dem Ersten Weltkrieg wurden alle wieder hergestellt.[14] Tabelle 15 vermittelt von der geringen Spezialisierung einen Eindruck. Dies ist wohl auch die wichtigste Erklärung dafür, warum Kartellbildungen in dieser Branche so wenig Erfolg hatten. Die fortschreitende Spezialisierung bis zum Ersten Weltkrieg war trotzdem auch in diesem Industriezweig unaufhaltsam: »Während noch vor wenigen Jahrzehnten eine Fabrik eine Ehre dareinsetzte, möglichst vielerlei zu erzeugen, ›von der Gartenhacke bis zur Dampfmaschine‹, finden wir heute Spezialfabriken für Pumpen, für Turbinen, für Gewehre, für Nähmaschinen, für Fahrräder, für Dampfmaschinen, für Gas-

Tabelle 15: Produktionsstruktur deutscher Maschinenfabriken 1882-1907

Produkte	1882		1895		1907	
	Betriebe	Beschäftigte	Betriebe	Beschäftigte	Betriebe	Beschäftigte
Schiffbau	1 169	22 524	1 130	35 336	1 159	49 842
Landwirtschaftliche Maschinen und Geräte	1 622	18 604	1 266	22 952	1 862	41 514
Spinnerei- und Webereimaschinen	1 366	12 564	1 238	17 047	1 252	31 072
Eiserne Bau-Konstruktionen	58	3 632	134	10 124	387	30 036
Dampfmaschinen und Lokomotiven	229	27 855	142	29 804	262	69 513
Nähmaschinen und Nähmaschinenteile	378	8 621	327	12 544	439	20 038
Kraftfahrzeuge	–	–	–[1]	–	276	14 549
Zentralheizungsanlagen	65	1 110	130	3 052	345	9 255
Petroleum-, Benzin-, Spiritus- und Gasmotoren	–	–	–[1]	–	101	4 498
Summe	4 887	94 910	4 367	130 859	6 083	270 317

Quelle: Wladimir Woytinsky, *Die Welt in Zahlen,* 4. Buch: *Das Gewerbe,* Berlin 1926, S. 222.

Anmerkung:
1 Obwohl es bereits 1895 Automobil- und Gasmotorenwerke gegeben hat, wie etwa Daimler, Benz oder Deutz, werden sie in der Statistik nicht aufgeführt, wahrscheinlich aus Datenschutz- bzw. Geheimhaltungsgründen.

motoren oder Werkzeugmaschinen, während andere die Herstellung von Kesseln, Brücken, Panzerplatten und Kanonen wieder vornehmlich betreiben.«[15] Dem Verein Deutscher Maschinenbauanstalten gehörten 1914 lediglich 225 Firmen mit allerdings 120000 Arbeitern an. Die Sächsische Maschinenfabrik z. B. stellte Lokomotiven, Werkzeugmaschinen, Dampfmaschinen, Spinnerei- und Webereimaschinen her, die Maschinenfabrik Buckau A. G. in Magdeburg Maschinen für den Braunkohlenbergbau und die Zuckerrübenindustrie, die Elsässische Maschinenbau A. G. in Mülhausen Textil- und Werkzeugmaschinen, Lokomotiven und Bergwerksmaschinen. Im Jahre 1877 führte die Maschinen- und Bronzewarenfabrik L. A. Riedinger & Co. A. G. in Augsburg noch folgende Erzeugnisse an: Anlagen zur Verarbeitung von Tierkadavern, Brauereieinrichtungen, Dampfmaschinen, Gaserzeugungsmaschinen, Kurbelzapfendrehapparate und -drehbänke, Pumpenfabrikeinrichtungen, Schrotmühlen, Turbinen und Regler, Waggonbeleuchtungen »und vieles mehr«. Ein deutliches Zeichen für das Erstarken der deutschen Maschinenbauindustrie ist in der ständigen Vergrößerung ihres Exportanteils zu erkennen. Im Jahre 1909 waren die bedeutendsten Staaten im Maschinenbau Großbritannien (404,4:54,0)[16], Deutschland (384,4:63,5), die USA (244,2:17,7), Frankreich (48,6:141,9), Belgien (40,3:48,4), die Schweiz (39,1:25,4) und Österreich-Ungarn (20,3:77,8).

Die regionale Verteilung der deutschen Maschinenbauindustrie nach 1871 wird hauptsächlich von zwei Komponenten bestimmt: der industriellen und der des günstigen Standorts für Rohstoffe und für den Absatz. Mit industrieller Komponente ist hier gemeint, daß durch Spezialisierung regionale Schwerpunkte entstanden. Ganz deutlich wird dies etwa im Königreich Sachsen beim Textilmaschinenbau, wo teilweise bereits die Firmennamen die Produktspezialisierung kenntlich machen, wie in Chemnitz die Sächsische Webstuhlfabrik A. G. oder die Dresdner Strickmaschinenfabrik oder die Sächsische Tüllweberei A. G. Kappel. Beispiele für die zweite Komponente finden wir vor allem in den schwerindustriellen Zentren des Ruhrgebiets. Die MAN z. B. erbaute nach 1910 in Duisburg eine Maschinenwerkstätte für den Bau von Großgasmaschinen und Kränen mit einer Gießerei, weil »die Schwerindustrie in Bayern neben den eben erwähnten drückenden Lasten nicht nur für den Bezug der Rohstoffe große Frachten zu tragen (hat), sondern auch für den Versand der fertigen Erzeugnisse, da Bayern hierfür ja weitaus nicht aufnahmefähig genug ist«.[17] Die Berlin-Anhaltische Maschinenbau A.G. erwarb 1909 die Kölnische Maschinenbau A. G., um näher an den Absatzmärkten für Maschinen und Einrichtungen des Berg- und Hüttenwesens zu sein. Es ist allerdings eine Selbstverständlichkeit, daß Schiffswerften in Nord- und Ostseestädten und nicht im Binnenland errichtet wurden.

Die Produktion von Sonderwerkzeugmaschinen, wie Stirn- und Schneckenräderfräsmaschinen, Präzisionsschleifmaschinen oder Feinmeßwerkzeuge, ausgelöst durch immer höhere Anforderungen an Präzision und Gleichheit, siedelte sich dort an, wo Standort- und Absatzvorteile überwogen. Dies traf auf vor der Gründerkrise gegründete Firmen, wie Carl Schoening in Berlin oder die Naxos-Union in Frankfurt am Main, ebenso zu wie auf die Hommel-Werke in Mainz oder die Werkzeugmaschinenfabrik Hermann Pfauter in Chemnitz, die gleich seit den neunziger Jahren als Spezialunternehmen auf den Markt traten. Hatten sich in der Zeit vor der Gründerkrise Maschinenbaufabriken stärker in den Städten angesiedelt, so machte sich um die Jahrhundertwende ein Abwandern in die Vororte oder in die nähere Umgebung von Großstädten bemerkbar. Zwei Gründe waren dafür maßgebend: erstens wurden Grund und Boden in den großen Städten so knapp und teuer, daß eine Unternehmenserweiterung an räumliche und finanzielle Grenzen stieß – der ökologische Faktor war von geringerer Bedeutung; zweitens hatten sich die Transportmöglichkeiten, z. B. durch den Bau der Berliner Ringbahn, so verbessert, daß die Mobilität der Arbeitskräfte groß genug war, um nicht als limitierender Faktor zu wirken. Wir können diese Entwicklung in Berlin, Chemnitz, Düsseldorf, Frankfurt am Main, Köln, Mannheim oder München beobachten. Viele Firmen strebten an, daß neuerworbene Grundstücke Erweiterungsmöglichkeiten und möglicherweise Gleisanschluß besaßen. Der Grundbesitz der Gasmotorenfabrik Deutz – Deutz war 1888 nach Köln eingemeindet worden – betrug 1899 90 534 m², wovon fast die Hälfte (49 448 m²) bebaut war. Der Maschinenbaukonzern Orenstein & Koppel – Arthur Koppel A. G. in Berlin, der 1912 14 870 Arbeiter und Angestellte zählte, hatte in Dorstfeld bei Dortmund, in Drewitz und Spandau nur teilweise mit Fabrikanlagen bebaute Grundstücke. Die Daimler-Motoren-Gesellschaft in Stuttgart-Untertürkheim erwarb in Cannstatt wie in Marienfelde Grundstücke, die wesentlich der Er-

weiterung dienten. Und Schwartzkopff in Berlin erhielt für das
6800 m² Grundstück in der Chausseestraße 425 Mark pro m² und
kaufte in Wildau ein Gelände von 590000 m² für den Preis von 71
Pfennig pro m², d. h., obwohl sich das Terrain um das 87fache vergrößert hatte, betrug der Überschuß aus dem Verkauf noch
2471 100 Mark!

c) Der Lokomotiven- und Dampfschiffbau

Als Mitte der dreißiger Jahre der deutsche Eisenbahnbau begann,
erhielt die Maschinenbauindustrie davon starke Impulse, sowohl
was die Dampfmaschinen- als auch was die Lokomotivenproduktion betrifft. In Übigau bei Dresden wurde 1836 eine »Actien-Ma-
schinenbauanstalt« gegründet, in der die erste deutsche Lokomotive, die »Saxonia«, gebaut wurde. Ihr folgte Borsig in Berlin 1841
mit der »Beuth«, und drei Jahre später hieß es von dieser Maschinenfabrik – die in den siebziger Jahren als die »größte Lokomotiv-
fabrik der Welt« galt –, daß sie »ganz besonders auf den Bau von
Lokomotiven und allen anderen Eisenbahnarbeiten eingerichtet«[18]
sei. Stammten 1842/43 von 245 eingesetzten Lokomotiven 166 aus
England, 38 aus Deutschland, 29 aus den USA und zwölf aus Belgien, so hatte sich bis 1851 das Verhältnis grundlegend geändert:
von 1084 Lokomotiven kamen nun 679 aus Deutschland, 281 aus
England und 124 aus anderen Staaten. Trotz einer Zunahme des
Gesamtbestandes um das 5,5fache zwischen 1851 und 1871 ging
der Anteil der ausländischen Lokomotiven von 37,1 auf 3,8% zurück. Eine erfolgreiche Substitution dieser Importe konnte nur
stattfinden – siehe Tabelle 16 –, weil sich der Lokomotivenbau in
allen größeren deutschen Staaten ausbreitete. Neben dem Wettbe-
werbseffekt scheint sich hier auch ein Nord-Süd-Gefälle ausge-
wirkt zu haben, denn immer weniger nicht-preußische Staaten
waren bereit, eine Abhängigkeit von dem Zentrum des deutschen
Lokomotivenbaus, Berlin, zu akzeptieren.

Die höheren Anforderungen an Personen-, Schnell- und Güter-
zuglokomotiven und die Ausbreitung des Eisenbahnnetzes durch
Neben- und Schmalspurbahnen bis in den kleinsten Winkel und
auf die höchsten Berge führten zu einer Vielzahl von Bauarten und
Lokomotiventypen. Die Hannoversche Maschinenbau A. G. (Hanomag) bot für den in- wie ausländischen Markt 1905 mehr als 20

Lokomotivenproduktion ausgewählter deutscher Firmen

Firma	Standort	Jahr der Fertigstellung der Lokomotive[4]						
		1.	100.	500.	1000.	4000.	10000.	20000.
Borsig	Berlin	1841	1846	1854	1858	1883	1918	
Maffei	Hirschau	1841	1852	1863	1874	1915	–	
Kessler[1]	Karlsruhe	1843	1847	1868	1880	1921	–	
Egestorff	Linden	1846	1856	1870	1873	1903	1922	
MF Esslingen	Eßlingen	1847	1854	1860	1870			
Henschel	Kassel	1848	1865	1873	1879	1894	1910	1923
Wöhlert[2]	Berlin	1848	1863	1874	–	–	–	
Hartmann[3]	Chemnitz	1848	1858	1871	1878	1918		
Union-Gießerei	Königsberg	1855	1874	1889	1899			
MG »Vulcan«	Stettin	1859	1867	1873	1887			
Krauss	München	1867	1871	1875	1882			

Quellen: K. Martin, *Die Deutsche Lokomotivbauindustrie*, Diss. Münster 1913, S. 136 ff.; K. Ludwig, *Von der Maschinenbauwerkstatt zur Maschinenbaufabrik*, Diss. Freiburg 1980, S. 166; E. Metzeltin, *Die ersten deutschen Lokomotivbauer*, in: *Technikgeschichte* 24, 1935, S. 28.

Anmerkungen:
1 1852 umgewandelt in Maschinenbaugesellschaft Karlsruhe.
2 Die Firma Friedrich Wöhlert ging 1879 in Konkurs.
3 1870 umgewandelt in Sächsische Maschinenfabrik vorm. R. Hartmann.
4 In verschiedenen Quellen teilweise unterschiedliche Jahresangaben.

Lokomotiventypen an, doch eine Normierung von Einzelteilen konnte bis zum Ersten Weltkrieg nur in Ansätzen durchgeführt werden. In der Firma Orenstein & Koppel, die 1892 in Schlachtensee und sechs Jahre später in Drewitz mit dem Lokomotivenbau begonnen und 1913 die 5000ste Lok fertiggestellt hatte, wurden, um eine Massenproduktion zu ermöglichen, »die verschiedenartigsten Lokomotiventypen in eine Reihe gemeinsamer Einzelteile aufgelöst«.[19] Die Firma Borsig ging einen anderen Weg; bei einem Anteil des Lokomotivenbaus von etwa 60% an der Gesamtproduktion um 1914 wurde der Neuentwicklung, z. B. von Diesellokomotiven und Dampftriebwagen, große Aufmerksamkeit geschenkt. Am Ende unseres Betrachtungszeitraums existierten ungefähr 18 Lokomotivenbaufirmen, die pro Jahr circa 2300 große und kleine Lokomotiven herstellten. Im Jahre 1904 gab es in Deutschland 21470 Lokomotiven mit einem Anlagekapital von 985 Millionen Mark. Die regionale Verteilung der deutschen Dampfmaschinen- und Lokomotivenbauindustrie, wie sie die Gewerbezählung von 1907 ermittelt hat, basierte auf insgesamt 260 Betrieben mit 69513 Arbeitern, d. h. einer durchschnittlichen Arbeiterzahl von 267 pro Betrieb. Die meisten Betriebe entfielen auf Schleswig-Holstein mit Hamburg (37/151)[20], gefolgt vom Rheinland (27/184), Provinz Sachsen und Anhalt (27/100), Schlesien (21/338), Königreich Sachsen (19/212), Brandenburg (14/445) und Württemberg (11/257). Die Dampfmaschinenproduktion hatte sich wie der Lokomotivenbau nicht in den Zentren der Schwerindustrie entwickelt, sondern die Wahl der Produktionsorte wurde von regionalen Bedürfnissen und Standortfaktoren beeinflußt.

Der deutsche Dampfschiffbau hat sich relativ spät entwickelt. Das erste größere Segelschiff deutscher Produktion ist auf der Hamburger Werft von Reihersteig 1858 vom Stapel gelaufen. In Bremen entstand nach 1870 die Schiffbaugesellschaft H. F. Ulrich. Als die Hamburg-Amerika-Linie 1887 der Gesellschaft Vulkan in Berlin den Auftrag zum Bau des Vergnügungsschiffes Augusta Viktoria gab, existierte nicht einmal eine deutsche Schiffbauschule; sie wurde erst 1895 in Hamburg und 1908 in Kiel errichtet. In Kiel spezialisierten sich die Howaldtwerke und die von Krupp übernommene Germania-Werft, die bis 1913 78 Schiffsdieselmaschinen mit 454 Zylindern und einer Leistung von 63000 PS erbaut hatte, auf den Schiffsmaschinenbau. Staatliche Intervention und der Beginn des deutschen Kriegsflottenbaus wandelten das Bild. Nun wurde der Schiffbau in Danzig, Flensburg, Kiel, Lübeck, Rostock und Stettin vorangetrieben, vor allem durch die Firmen Vulkan, Germania, Neptun, Oderwerke und F. Schichau, während an der Nordsee in Bremerhaven, Emden, Geestemünde, Hamburg und Vegesack vor allem Blohm & Voss, Richmers und Tecklenburg verstärkt Schiffbau betrieben. Der Bau für deutsche und ausländische Rechnung belief sich 1913 auf 1345800 Tonnen.

Der Export deutscher Maschinenbauprodukte kletterte bis 1908 mit 6,8% an allen Exporten an die erste Stelle vor Baumwoll- und Wollwaren; wertmäßig hatte er sich zwischen 1872 und 1911 um mehr als das Fünfzehnfache gesteigert. Nach Kurt Doogs[21] betrug 1913 der Anteil Deutschlands am Gesamtmaschinenexport aller Staaten 29%, d. h., er übertraf die Großbritanniens und der USA.

Die größten Anteile in diesem Jahr verzeichneten (in Millionen Mark) Textilmaschinen mit 107,6, Werkzeugmaschinen mit 98,3, Kraftfahrzeuge – allein die Automobilfabriken hatten sich von 1901 bis 1910 von zwölf auf 56 vermehrt – mit 86,9, Dampflokomotiven und Tender mit 55,2, Erzeugnisse der Feinmechanik mit 47,5, landwirtschaftliche Maschinen mit 35,0 und Fahrräder mit 23,8 Millionen Mark; hinzu kamen für etwa 290,3 Millionen Mark Elektromaschinen und -produkte. Unabhängig davon blieb Deutschland in vielen Produkten, wie Revolverdrehbänke, Automaten, Fräsmaschinen, Landmaschinen u. a., von amerikanischen Lieferungen abhängig. Allein im Jahre 1913 importierte Deutschland für 5,8 Millionen Mark Metallbearbeitungsmaschinen, für 8,4 Millionen Kontrollkassen, Zähl-, Rechen- und Schreibmaschinen sowie für 17,8 Millionen Mark Mähmaschinen aus den USA.

d) Die Revolution in der Elektroindustrie

Die elektrotechnische Industrie leitete im letzten Drittel des 19. Jahrhunderts einen neuen Wachstumszyklus der deutschen Volkswirtschaft ein bzw. eine Revolution, an der die Grundlagenforschung maßgeblichen Anteil hatte. Zwar hatten Gauß und Weber bereits 1833 in Göttingen den elektrischen Telegraphen erfunden, der sich im deutschen Eisenbahnwesen in allen größeren deutschen Staaten nach 1850 rasch ausbreitete.[22] Den industriellen Durchbruch ermöglichte aber erst die Entdeckung des dynamo-elektrischen Prinzips durch Werner Siemens im Jahre 1866, das die Grundlage dafür war, daß mechanische in elektrische Energie umgewandelt werden konnte. Es ist leider hier nicht möglich, der Bedeutung dieses Industriezweiges gerade für die regionale Wirtschaftsentwicklung in Deutschland in entsprechender Weise nachzugehen, deshalb beschränke ich mich auf die wichtigsten Tendenzen. Die »stürmische Expansion«[23] des 1847 gegründeten Unternehmens Siemens & Halske, das anfänglich Nachrichten- und Meßgeräte, medizinische Apparate und Installationsmaterial herstellte, läßt sich an der Entwicklung der Belegschaftszahlen leicht ablesen. Im ersten Jahr nach der Gründung waren es 18 Beschäftigte, 30 Jahre später bereits 729, bei der Jahrhundertwende 11 426 (1901), und 1913 betrug die Siemens & Halske-Belegschaft in Deutschland 16 316 Personen. Man könnte die Elektroindustrie fast als Kind der »Großen Depression« ansehen, denn zumindest zeitlich fällt ihr erster großer Aufschwung in diese Periode. 1875 zählte man in Deutschland 81 elektrotechnische Betriebe mit 1157 Beschäftigten, 20 Jahre später waren es bereits 1326 Betriebe mit 26321 Beschäftigten.

Der entscheidende Fortschritt in der Anwendbarkeit elektrischer Energie lag auf zwei Ebenen: zum einen in der Benutzung von Wechsel- bzw. Drehstrom, zum anderen in der verlustarmen Kraftübertragung über große Entfernungen, dem Starkstrom. Die Ausbreitung des Telefons und die Einführung der elektrischen Beleuchtung seit 1880 führten zu einer neuen Gründungswelle von elektrotechnischen Unternehmen, von denen, außer Siemens & Halske, die bekanntesten die Schuckert-Werke in Nürnberg (1873 gegr.) und ein Jahrzehnt später Emil Rathenaus »Deutsche Edison-Gesellschaft für angewandte Elektrizität« (seit 1887 AEG) waren. »Wie Pilze nach einem warmen Sommerregen im Walde, so sind in den 1880er Jahren, namentlich aber in den 1890er Jahren Werke über Werke dieses Zweiges gewerblicher Tätigkeit in die Höhe geschossen, so daß heute [1912] schon Deutschland übersät ist mit dieser neuen Industrie, die vor dreißig Jahren so gut wie unbekannt war. Wie ein hungriger Wolf hat das Kapital sich über die Beute hergestürzt und sie in meist recht ansehnlichen Bissen verschlungen.«[24]

Im Jahre 1895 existierten neben acht Großunternehmen über 1300 Betriebe mit 26000 Beschäftigten. Die Elektrizitätswerke dienten noch überwiegend der Beleuchtung, erst 14% entfielen auf die Kraftanwendung, den Elektromotor. Nachrichten- und Beleuchtungstechnik waren allerdings nicht die zukunftsweisenden Sparten, sondern der elektrische Maschinenantrieb, also Turbinen und Motoren sowie die Stromerzeugung und -versorgung. Die Starkstromtechnik schuf die entscheidende Voraussetzung für den Bau stromerzeugender und stromangetriebener Maschinen, was sich in der Bildung von Großkonzernen niederschlug. Die großen Elektrizitätsgesellschaften waren »zugleich Maschinenbauanstalten, Energielieferanten und Finanzinstitute«.[25] Um die Jahrhundertwende waren die sieben größten Elektrofirmen: Siemens & Halske A.G., Berlin (1847/54,5)[26]; Elektrizitäts-Aktiengesellschaft, vorm. Schuckert & Co., Nürnberg (1873/42,0); Allgemeine Elektricitäts-Gesellschaft, Berlin (1883/60,0); Elektrizitäts-Gesellschaft Helios, Köln (1884/16,0); Elektrizitäts-Aktiengesell-

schaft, vorm. W. Lahmeyer & Co, Frankfurt a. M. (1886/10,0);
Union-Elektrizitäts-Gesellschaft, vorm. Ludwig Loewe, Berlin
(1892/24,0); Aktiengesellschaft Elektrizitätswerke, vorm. O. L.
Kummer & Co., Dresden (1894/10,0), die 1900 fallierte. In den folgenden Jahren kam es zu einer Reihe von Fusionen und Teilfusio-
nen, so daß 1910 auf Siemens und AEG 75% der deutschen
elektrotechnischen Produktion entfielen.

Das spektakuläre Ereignis anläßlich der Elektrotechnischen
Ausstellung 1891 in Frankfurt am Main, nämlich Starkstrom vom
175 km entfernten Kraftwerk Lauffen am Neckar zu übertragen,
kann als Beginn einer gewaltigen Entwicklung angesehen werden,
die heute noch nicht abgeschlossen ist. Zu Recht sagte der Vor-
standsvorsitzende der Ausstellung, Leopold Sonnemann, bei der
Abschlußfeier am 19. Oktober: »Die elektrische Industrie wird
auch infolge der Ausstellung einen großen Aufschwung nehmen.«[27] Im Jahre 1911 wurde von den insgesamt erzeugten circa
10 Millionen KW der überwiegende Teil zum Kraftantrieb benutzt. Davon entfielen rund 20% auf Hüttenwerke, 16% auf
Bergwerke, 13% auf Maschinenfabriken, sechs Prozent auf Straßenbahnen, 3,5% auf die elektrotechnische Industrie und zwei
Prozent auf die Staatsbahnen, während kurz vor der Jahrhundertwende noch etwa 86% des erzeugten Stroms zu Beleuchtungszwecken dienten. Die Stromerzeugung in Deutschland beruhte
1913 zu 63% auf der Verwendung von Steinkohlen, zu 23% auf
Braunkohlen, und nur 11% Strom wurden mit Wasserkraftwerken
erzeugt. Mittel- und Süddeutschland, die ohne Rohstoffvorkommen im Industrialisierungsprozeß lange benachteiligt waren,
konnten nun mit Hilfe von Turbinen, Talsperren und Stauweihern
ihre Wasserläufe als selbständige Kraftquellen nutzen und damit
weite Gebiete mit elektrischer Energie versorgen. Die Nutzung
der Elektrizität für industrielle und private Zwecke, auch wenn sie
sich erst gegen billigere Gasbeleuchtung durchsetzen mußte,
kannte fast keine Grenzen. Die Dynamomaschine sowie der Elektromotor verdrängten mehr und mehr die schwerfälligen, unbe-
weglichen und rußigen Dampfmaschinen. Die Feststellung des
rheinisch-westfälischen Provinzial-Tischler-Verbandes im Jahre
1913 spricht Bände: »Heute können wir die erfreuliche Tatsache
verzeichnen, daß selbst kleine Handwerksbetriebe bis zu vier Gesellen sich in steigendem Maße des maschinellen Werkzeugs bedienen, was jedem Freunde des Handwerks berechtigte Hoffnung auf

Hebung des Handwerks gegeben hat, und das haben wir ausschließlich der Elektrizität zu danken.«[28] Damals waren etwa – ohne die Motoren für elektrische Straßenbahnen – 500000 Elektromotoren mit einer Leistung von 1,9 Millionen PS in Betrieb. Die Anwendung der Elektrizität hatte auch in der Landwirtschaft durch den Bau von Überlandzentralen stark zugenommen.

Die Beleuchtung von Straßen, Fabriken und Häusern, der Antrieb von Kraft- und Arbeitsmaschinen, die Erfindung neuer elektrischer Geräte, der Bau von elektrischen Straßenbahnen – der Funke verbreitete sich bis in die kleinste Hütte. Dieser profitable Markt forderte zu Firmenneugründungen geradezu heraus, und der Aufstieg der seit 1887 bestehenden Allgemeinen Elektrizitätsgesellschaft (AEG) ist nur das spektakulärste Beispiel. Es ist auffallend, daß sich die Elektroindustrie in Berlin konzentrierte. Außer den personellen und sachlichen Firmenverbindungen, dem Kontakt zu den wichtigsten Auftraggebern, wie Post, Bahn und Militärbehörden, dem Sitz großer Banken und Forschungsinstitute, überhaupt der Funktion als Reichshauptstadt und ausgeprägtem Verkehrsknotenpunkt, kann diese Konzentration als »Ergebnis einer Kettenreaktion«[29] angesehen werden. Berlin stand nicht allein; in fast allen größeren deutschen Städten hatten sich elektrotechnische Unternehmen angesiedelt: in Aachen, Bremen, Chemnitz, Dresden, Duisburg, Essen, Frankfurt am Main, Gladbach, Hagen, Hamburg, Hannover, Kiel, Köln, Leipzig, Lüdenscheid, Mannheim, München, Nürnberg, Rheydt, Stuttgart und Wuppertal. Dies war so ausgeprägt, daß Renardy zu dem Schluß kam, »daß die Stadt und besonders die Großstadt der einzig mögliche Ort für den Aufbau der Elektroindustrie war, da hier die fast einzigen Möglichkeiten für den Absatz gegeben waren«.[30] Vor dem Ersten Weltkrieg stellten Deutschland 34,9%, die USA 28,9%, Großbritannien 16,0% und Frankreich vier Prozent der elektrotechnischen Weltproduktion, der deutsche Export betrug mit 330,6 Millionen Mark etwa ein Viertel der Produktion, und sein Anteil am Weltelektro-Export lag bei 46,4%. Von den über 97 Millionen Glühlampen, die im Jahre 1913 in Deutschland hergestellt wurden, gingen 61 Millionen in den Export.

Die deutschen Kommunen entschlossen sich erst seit Mitte der neunziger Jahre vermehrt zum Bau und Betrieb von Kraftwerken. Nicht nur der Deutsche Städtetag hatte eine abwartende Haltung empfohlen, sondern auch die Angst vor der Verringerung der Einnahmen aus dem Betrieb kommunaler Gaswerke war ein Grund für die Reserviertheit gegenüber der neuen Energie. Die zentrale Versorgung der Gemeinden mit Elektrizität lag bis zum Ersten Weltkrieg überwiegend in den Händen der privaten Elektrizitätswirtschaft. Im Jahre 1891 gab es für die öffentliche Stromversorgung 30 Elektrizitätswerke mit einer Leistung von 8000 Kilowatt (KW). Die Zahl steigerte sich bis 1913 auf 4100, doch erbrachten die Kraftwerke der Privatwirtschaft 1911 mit 6,7 Millionen KW mehr als die vierfache Leistung der kommunalen Werke. Anfänglich nur für den örtlichen Verbrauch bestimmt, entwickelten sich die Elektrizitätswerke bald zu Überlandzentralen. 1891 wurden 35 Orte mit Elektrizität versorgt, 1913 waren es 17500, d. h., etwa der Hälfte der Einwohner Deutschlands stand elektrischer Strom zur Verfügung, auch wenn die tatsächliche Nutzung erheblich darunter lag. 1925 waren ungefähr 30% aller großstädtischen Haushalte an das Stromversorgungsnetz angeschlossen.[31]

13. Kapitel
Der Kohlenbergbau und die Chemieindustrie

Der Bergbau ist einer der ältesten Gewerbezweige; wir wissen von Ägyptern und Assyrern, daß sie bereits seit 3000 vor Christus Kupferbergbau betrieben. Auf dem Gebiet des Heiligen Römischen Reiches Deutscher Nation hat er sich seit dem Mittelalter stärker entwickelt, aber er blieb weitgehend beschränkt auf den Erzbergbau – Gold, Silber, Blei, Zink, Zinn, Kupfer und Eisen –, durch den die Landesfürsten hofften, ihren Reichtum und ihre politische Macht zu vergrößern. Noch heute deuten Namen von Städten und Landschaften darauf hin, wodurch sie ihr Gepräge bekamen; Goldberg in Schlesien, Eisenstein in Bayern, Kupferberg in Oberfranken, Zinnberg in Sachsen, das Erzgebirge, das Schiefergebirge oder die Gegend um den steirischen Erzberg. Im 10. Jahrhundert wurde bei Zwickau in Sachsen und im schlesischen Waldenburg Steinkohle gefunden, doch bis zum Anfang des 19. Jahrhunderts verfügten die meisten deutschen Regionen noch über so viel billiges Holz aus den Staatsforsten, daß kein großer Bedarf entstand, Stein- und Braunkohlenlager verstärkt auszubeuten. In Oberschlesien, wo es sehr viel Holz gab, hieß es noch 1787: »So lange ein Stück Holtz in Schlesien wüchse, jetzt wolten sie wie ihre Väter, nur bey Holtz arbeiten und sich durch den Gestank der Steinkohlen ihre Gesundheit nicht verderben.«[1] Als die Nachfrage nach Eisenprodukten stieg, der holländische Schiffbau große Mengen an Holz benötigte und die Angebotsmenge an Holz an natürliche Grenzen stieß, erwies sich die Ausnutzung von Kohlevorkommen als ökonomisch sinnvoll, denn die Holzpreise stiegen ständig an.

a) Steinkohlen als wichtigster regionaler Industrialisierungsfaktor

Die deutsche und europäische Industrialisierung wäre ohne das Vorhandensein riesiger Steinkohlenfelder nicht weit gekommen. Dies wird zwar immer wieder bestritten, vor allem mit Hinweis auf die Schweiz, die in den riesigen, kaum versiegbaren Wassermengen eine Ersatzenergie besaß, doch eine regionale Betrachtungsweise zeigt zweifelsfrei, daß die stärksten Wachstumsimpulse in ·oder nahe von Regionen mit Steinkohlenvorkommen aufgetreten sind.[2] Die regionale Industrialisierung machte nämlich dort die größten Fortschritte, wo Steinkohlen in überschüssigem Maße vorhanden waren, denn wie hätten die Dampfmaschinen, die Hochöfen und schließlich die Lokomotiven denn ohne Kohle bzw. Koks beheizt werden sollen? Mit dem Ausbau der Eisenbahnen konnten Steinkohlen theoretisch an jeden beliebigen Ort gebracht werden; erst dann reduzierte sich der Vorsprung der kohlebesitzenden Regionen ein wenig, war aber immer noch wegen der Höhe der Transportkosten erheblich, wie wir später sehen werden. In unserem hochtechnisierten Zeitalter ist kaum noch vorstellbar, daß es Ende des 18. Jahrhunderts, örtlich teilweise sogar erheblich länger, üblich war, Kohlen in Säcke verpackt und auf dem Rücken von kleinen Pferden und Mauleseln in nahe gelegene Ortschaften zu bringen. Wegen des schlechten Zustands vieler Straßen, die im Sommer aufgeweicht und im Winter verschneit oder vereist waren, kann dies nicht sehr industrialisierungsfördernd gewesen sein. Die Männer, die diese Kohlentransporte vornahmen und dabei die Tiere führten, wurden »Kohlegids« (abgeleitet vom englischen »guide«) genannt.

Die Menge der geförderten und transportierten Kohlen mußte notwendigerweise gering bleiben, denn z. B. »die Hammerwerke des Herzogtums Berg, des Sauer- und des Siegener Landes, also der Hauptabsatzgebiete für die Märkischen Steinkohlen, [lagen] größtenteils in engen unzugänglichen Talschluchten, wohin ein Saumpfad oder nur bei trockener Jahreszeit fahrbarer Weg führte. Unter solchen Umständen, für welche das Zeitalter des Dampfes und des Eisens jedes Verständnis verloren hat, ließ sich allein Hilfe beim ›Kohlentreiber‹ finden, dem Manne, welcher für den Märkischen Bergbau im 18. Jahrhundert das war, was ihm der Lokomotivführer im 19. geworden ist. Der Kohlentreiber war Eigentümer eines kleinen, im Walde belegenen Kathens (westfälisch: Kotten), welcher ihm für 3 bis 4 elende Pferde dürftiges Futter lieferte. Mit diesen zog er bei Tagesanbruch zum nächstgelegenen ›Pütt‹, um hier jedem der Tiere einen mit 2 1/2 bis 3 Zentnern Kohlen gefüllten Sack auf den magern Rücken zu laden und sie dann gemeinsam mit denen seiner Nachbarn, gleich einer großen Kamel-Karawane der

Wüste, unter unzähligen Flüchen und Schlägen und bei unerhörtem Schnapskonsum den meistens mehrere Meilen entfernten Hämmern zuzutreiben, wo der Schmied ihrer wartete.«³

In England wurde mit der Erschließung von Steinkohlen aufgrund des Holzmangels viel früher begonnen als auf dem Kontinent, und man war sich des Zusammenhangs mit der Industrialisierung deutlich bewußt. So schrieb 1865 der englische Philosoph und Nationalökonom William Stanley Jevons: »Jeden Tag wird es deutlicher, daß die Kohle, die wir glücklicherweise in hervorragender Qualität und im Übermaß besitzen, die Hauptquelle der modernen materiellen Zivilisation ist.«⁴ Im Jahre 1840 lag der Anteil Großbritanniens an der Weltkohlenproduktion bei 67,0%, während es in Deutschland 7,6% waren. Das änderte sich drastisch in den folgenden 50 Jahren. Im Jahre 1912 wurden an Stein- und Braunkohlen gewonnen: in den USA 499,0, in Großbritannien und Irland 264,7, in Deutschland 255,8, in Österreich-Ungarn 42,5, in Frankreich 41,3 und in Belgien 23,0 Millionen Tonnen.

Preußens Steinkohlenproduktion überschritt im Jahre 1818 mit 1 091 889 t die Millionen-Grenze, 1850 waren es bereits über vier Millionen Tonnen. Im letzten Jahr entfielen auf das übrige Deutschland lediglich 875 766 t, davon fast 75% auf Sachsen. Gegenüber den 50 Millionen Tonnen, die Großbritannien im gleichen Jahr förderte, war Deutschlands Ausbringen verschwindend, aber mit dem Boom der fünfziger Jahre – in Preußen trat am 12. Mai 1851 das Miteigentümergesetz in Kraft, das den freien Kohlenabbau ermöglichte – stieg auch die Bedeutung der Steinkohlenproduktion. Der deutsche »Kathedersozialist« Adolph Wagner schrieb 1856: »Ohne einen ordentlichen Kohlenbergbau kann die deutsche Industrie sich nie zu der Höhe erheben, welche die der ausländischen, Kohlen besitzenden Staaten einnimmt.«⁵

Stein- und Braunkohlen besitzen ein relativ geringes spezifisches Gewicht, d. h., die Transportkosten sind hoch im Verhältnis zum Wert. Hier war England ebenfalls im Vorteil, denn seine Kohlengruben lagen entweder in Küstennähe, oder ein früh ausgebautes Kanalsystem ermöglichte den Schiffstransport. Im 13. und 14. Jahrhundert wurden Steinkohlen in London bereits zum Hausbrand verwandt. In Deutschland dagegen war noch in der zweiten Hälfte des 18. Jahrhunderts die Kohlenförderung minimal. Zum einen wegen der ungünstigen Transportkapazitäten, zum anderen aber auch, weil aufgrund des Direktionsprinzips die meisten deutschen Regierungen den Abbau zwar förderten, eine staatliche Bevormundung und Verwaltung jedoch nicht in der Lage war, sich effektiv auf die entsprechende Nachfrage einzustellen. Die staatliche Unterstützung des Steinkohlenbergbaus beruhte im übrigen weniger auf dem Prinzip wirkungsvoller Gewerbeförderung als auf der Sicherung und erwünschten Vermehrung der Abgaben, die der Bergbau an die staatliche Zehntkasse zu leisten hatte. Drei Jahre nach der Schiffbarmachung der Ruhr, am 24. Mai 1783, also noch zu Lebzeiten Friedrichs des Großen, erging eine Instruktion an das Cleve-Moeurs- und Maercksche Bergamt zu Wetter, in der es u. a. hieß: »Damit nun aber auch die zu diesen Cassen fließenden Königl. Revenues und Überschüsse von zeit zu zeit vermehrt werden, so muß das Bergamt beständig darauf rafinieren, den Bergbau in dasiger Provintz immer mehr und mehr emporzubringen und hauptsächlich sein Augenmerk darauf zu richten, den Kohlen-Absatz sowohl in als außerhalb des Landes zu erhalten und zu vermehren, jedoch aber dabey darauf rücksicht zu nehmen, daß auch für die nachkommen noch immer kohlen übrig bleiben und es denselben daran nicht fehlen möge.«[6] Preußen änderte mit dem Gesetz über Aktiengesellschaften vom 9. November 1843 und dem Miteigentümergesetz von 1851 das bestehende Direktionssystem ab und leistete damit der rationellen Erschließung der Stein- und Braunkohlen Vorschub. Das Aktiengesetz übte seine volle Wirkung allerdings erst später aus. Die Steinkohlennachfrage der Eisenindustrie und der Eisenbahnen war so groß, daß in den fünfziger und sechziger Jahren bei steigenden wie bei fallenden Preisen – nach der Krise von 1857 – die Förderung stieg, im Ruhrgebiet z. B. von 1850 bis 1870 um 608%! Das »Allgemeine Berggesetz« vom 24. Juni 1865 schließlich statuierte den Grundsatz der Bergbaufreiheit, d. h., jedem, der erfolgreich geschürft hatte, wurde das Bergwerkseigentum verliehen, gleichgültig, ob er Besitzer der darüberliegenden Erdoberfläche war oder nicht. Diese Maßnahme war deswegen unerläßlich, weil die Kapitalsummen zur Anlegung einer Grube und das Risiko, fündig zu werden, inzwischen so groß geworden waren, daß es leicht zu Fehlinvestitionen kommen konnte. Die Bergwerksabgaben wurden ebenfalls reduziert, die Aufsichtsvorschriften für die Geschäftsführung beseitigt und die staatliche Berghoheit beschränkt, die jetzt nur noch die Prüfung der Betriebspläne und die Sicherheitsvorschriften, vor allem für die

Bergleute, umfaßte. Der Einsatz neuer Technologien, z. B. Wasserhaltungsdampfmaschinen, sowie die Durchstoßung der Mergeldecke ermöglichten um die Mitte des 19. Jahrhunderts die Erschließung tiefliegender Steinkohlenvorkommen im großen Maßstab. Von den wichtigsten sechs deutschen Steinkohlenbekken, dem Aachener, dem niederrheinischen, dem westfälischen, dem Saarer, dem sächsischen und dem nieder-/oberschlesischen, wurden im Jahre 1848 von 591 Werken mit 35 502 Arbeitern 87 671 310 Zentner Steinkohlen gefördert. Bis zum Jahre 1864 hatten sich die Werke auf 670, die Arbeiter auf 99 141 und die Produktion auf 388 170 637 Zentner vermehrt. Die Braunkohle verzeichnete keinen so raschen Aufschwung, da ihre Verwendung bis zur Erfindung des Verfahrens zur Brikettherstellung eingeschränkt blieb. Die Hauptlagerstätten, meistens im Übertagebau, befanden sich bei Aachen, in der Provinz Sachsen, um Frankfurt a. d. O. und im sächsischen Zittau. 1864 gab es 868 Werke, die 124 048 358 Zentner förderten. Im Jahre 1871 wurden in Deutschland 29 573 800 t Stein- und 8 482 800 t Braunkohlen abgebaut.

b) Die Verflechtung von Steinkohlenbergbau und Eisenindustrie

Die enge Verzahnung von Steinkohlenbergbau und Eisenindustrie trat in der Entwicklung eines schwerindustriellen Komplexes im Ruhrgebiet am prägnantesten hervor. Steinkohle ist nämlich von sehr unterschiedlicher Qualität, nicht nur, was den Kohlenstoffgehalt angeht, sondern auch bezüglich der Eignung zum Verkoken, wozu man Fettkohlen benötigt. Es ist deshalb erstaunlich, wenn man die englischen oder schlesischen Verhältnisse zum Vergleich heranzieht, daß im Ruhrgebiet um 1850 der Hauptabnehmer für Koks Eisenbahnen waren, während die Hochöfen noch überwiegend mit Holzkohlen betrieben wurden. Das erste Patent für Koksherstellung ist bereits 1590 dem Dekan von York erteilt worden, und nach 1620 folgten eine Reihe weiterer Patente. Um 1640 machte der anhaltische Münzmeister Daniel Stumpfelt eine »Invention den Steinkohlen den Gestank, die Wildigkeit und Unart zu benehmen«.[7] In Deutschland begannen erste größere Versuche zur »Kohlenabschwefelung« um 1750 mit oberhessischem Lignit und acht Jahre später in einer Kokerei im saarländischen Sulzbach.

Im Ruhrgebiet und in Oberschlesien hat man mit dem Verkoken von Steinkohlen Ende des 18. Jahrhunderts begonnen, weil man feststellte, daß »ein Scheffel solcher abgeschwefelten Kohlen so viel ausgerichtet, als fünf Scheffel Holzkohlen und als drei Scheffel rohe Steinkohlen«.[8] Koks wurde jedoch weniger in den Hochöfen als beim Kupferschmelzen verwandt. In Niederschlesien stieg die Produktion bis 1826 auf 5157 t Koks, ging dann bis 1853 auf 178 t zurück, um danach steil und kontinuierlich anzusteigen (1910: 854756 t). Das Waldenburger Bergamt schrieb 1835: »Der für die Gruben so wichtige Coaks-Absatz nimmt immer mehr ab, da die Berliner Gasbeleuchtungsanstalt die Mansfeldischen Kupferhütten und die märkischen Eisenhütten mit Coaks versieht.«[9] Mit dem Übergang der Eisenbahnen zur Steinkohlenfeuerung in den fünfziger Jahren verbreitete sich gleichzeitig die Verwendung von Koks in Hüttenwerken und Gießereien. Im Ruhrgebiet wurde 1849 auf der Friedrich-Wilhelms-Hütte in Mülheim der erste Kokshochofen angeblasen. Im Jahre 1850 wurden im Ruhrgebiet 73 228 t Koks produziert, 1870 waren es 341 033 t, 1890 3 727 075 und 1909 bereits über 15 Millionen Tonnen. Es zeigt sich also ein enger Zusammenhang zwischen der Erzeugung von Steinkohlen und dem Verbrauch in der Eisen- und Stahlindustrie. Etwa 30% der Steinkohlenförderung des Ruhrgebiets wurden in diesen Industrien selbst verbraucht.

Die regionale Verteilung der Stein- und Braunkohlenvorkommen in Deutschland ist beinahe identisch mit der Ausdehnung der regionalen Zentren der Industrialisierung – zumindest bis zur Durchsetzung der Elektroenergie. Dies hatte im 19. Jahrhundert und hat noch heute weitreichende Folgen, man denke nur an die jahrzehntelangen Probleme im Ruhrgebiet oder die Abhängigkeit der DDR vom Braunkohlenbergbau zur Energieversorgung. Es waren nicht die textilindustriellen Regionen, die maßgeblich zum Durchbruch der Industrie und zum Wirtschaftswachstum beitrugen, sondern die Kohleregionen, die von der Natur zufälligerweise mit »schwarzem Gold« ausgestattet waren. In Preußen waren dies vor allem das Ruhrgebiet, Oberschlesien, das Saargebiet, Niederschlesien und das Aachener Revier. Ein quantitativer Vergleich kann die regionalen Verschiebungen der industriellen Zentren klar verdeutlichen. Im Jahre 1817 entfielen von den 997 885 t Steinkohlen, die im Königreich Preußen gefördert wurden, 41,3% auf das Ruhrgebiet, 14,8% auf Oberschlesien, 10,1% auf das Saargebiet,

18,5% auf Niederschlesien und 12,2% auf das Aachener Revier. Bis zum Jahre 1909 hatte sich die Steinkohlenproduktion Preußens um das 140fache auf fast 140 Millionen Tonnen vergrößert, dagegen waren die Anteile der entsprechenden fünf Regionen nun: 60,7:24,8:9,0:4,7:1,8%.[10] Kurz gesagt, das Ruhrgebiet und Oberschlesien waren die industriellen Gewinner, Niederschlesien und das Aachener Revier die Verlierer. Das Ruhrgebiet vergrößerte seinen Anteil auch deshalb so stark, weil neben dem hohen Verbrauch mit Rhein und Ruhr sowie den Eisenbahnlinien günstige Absatzmöglichkeiten gegeben waren. Die Einführung des »Einpfennigtarifes«, d. h., die Frachtkosten pro Zentner und Meile betrugen einen Pfennig bzw. 2,2 Pfennig pro Tonnenkilometer, führte nicht nur zur Verdrängung englischer durch oberschlesische Kohle in Berlin, sondern ermöglichte den Bezug von Steinkohlen zu niedrigen Frachtraten in verschiedenen deutschen Regionen. Schlesien deckte weitgehend den östlichen, das Ruhrgebiet den westlichen Markt ab.[11] Im übrigen Deutschland hatten zwar Meiningen, Baden, Schaumburg, die Rheinpfalz und Bayern einige Steinkohlenvorkommen, aber sie waren so gering, daß sie sich nicht zu führenden Industrieregionen entwickeln konnten. Es ist eines der häufig übersehenen Fakten der regionalen Industrialisierung Deutschlands im 19. Jahrhundert, daß Sachsen über ausreichende Stein- und Braunkohlenvorkommen verfügte, was sein Wirtschaftswachstum erheblich beschleunigte (vgl. dazu Tab. 17). Andererseits hatte Württemberg keine Stein- oder Braunkohlenvorkommen, was dessen Industrialisierungsbeginn um viele Jahrzehnte verzögerte. Mit der Elektroenergie als der fortgeschrittensten Technologie setzte allerdings ein derartiger Aufschwung ein, der sich besonders positiv auf moderne Industriezweige auswirkte, daß (Baden-)Württemberg diesen Vorsprung bis heute halten konnte.[12]

Der Wertanteil von Stein- und Braunkohle an allen Bergbauprodukten erhöhte sich ständig, was zu einer relativen Entwertung aller anderen Erze und damit zu Krisenerscheinungen in solchen Regionen führte, die jahrhundertelang Erze gefördert hatten, aber über keine Stein- oder Braunkohlenlager verfügten. Im Jahre 1857 betrug der Wertanteil von Stein- und Braunkohle an der Bergwerksproduktion des Zollvereins (mit Luxemburg) 68,4% – der Anteil der Arbeiter 56,5% –, während die Anteile von Zinkerzen bei 9,15%, von Eisenerzen bei 8,60%, von Bleierzen bei 6,15%,

Tabelle 17: Steinkohlenproduktion deutscher Staaten 1817-1910
(in Tonnen)

Jahr	Preußen	Sachsen	Bayern	Elsaß-Lothringen	Deutsches Reich[1]
1817	997 885				
1830	1 409 058				
1835	1 709 627				
1840	2 493 550				
1845	3 374 282	441 816			
1850	4 046 086	652 374	111 697		
1855	7 926 327	1 051 488	185 998		
1860	10 330 589	1 600 501	205 648	50 705	12 584 413
1865	18 592 115	2 412 580	293 029	151 186	21 794 705
1870	23 316 238	2 609 397	361 254	193 123	26 397 769
1875	33 419 299	3 061 275	457 929	385 104	37 436 368
1880	42 172 944	3 622 352	556 256	508 086	46 973 566
1885	52 879 004	4 150 525	585 577	590 739	58 320 398
1890	64 373 816	4 150 842	790 746	774 670	70 237 808
1895	72 621 509	4 435 328	973 459	990 081	79 169 276
1900	101 966 158	4 802 700	1 185 296	1 136 626	109 290 237
1905	113 000 657	4 943 007	1 317 951	1 823 679	121 298 607
1910	143 970 647	5 370 201	802 993	2 686 579	152 881 509

Quelle: Th. Schulz, *Die Entwickelung des deutschen Steinkohlenhandels unter besonderer Berücksichtigung von Ober- und Niederschlesien,* Diss. Tübingen 1911, Tab. I und III im Anhang.

Anmerkung:

1 Bis 1870 einschließlich Elsaß-Lothringen, das erst nach dem deutsch-französischen Krieg als »Reichsland« ins Deutsche Reich eingegliedert wurde.

von Silbererzen bei 3,26% und von Kupfererzen bei 1,60% lagen. In diesen Zahlen spiegeln sich zwei Faktoren: die Nachfrage und die Preisentwicklung. In den 75 Jahren vor dem Ersten Weltkrieg gab es eine fast stetig zunehmende große Nachfrage nach Stein- und später auch nach Braunkohlen, die vom deutschen Bergbau gar nicht vollständig gedeckt werden konnte. Die Vorkommen waren jedoch so mächtig, daß sie alle Erzvorkommen bei weitem in den Schatten stellten, die zwar ebenfalls benötigt wurden, aber nur mit einem immer höheren Kostenaufwand gefördert werden konnten. Das Vorhandensein riesiger Massen an Steinkohlen war, wie wir gesehen haben, eine wichtige Voraussetzung für die rapide regionale Industrialisierung Deutschlands etwa im Vergleich zu Frankreich. Die Preisentwicklung verlief dagegen zyklischer. Es mag genügen, hier zwei Regionen, das Ruhrgebiet und Oberschlesien, zu vergleichen. Im Ruhrgebiet stieg der Tonnenpreis für Steinkohle auf der Grube von 6,24 Mark 1850 auf 10,98 Mark 1874, fiel dann auf 4,62 Mark (1887) und erreichte mit leichten Schwankungen einen Preis von 10,07 Mark (1908). In Oberschlesien lag er im ersten Jahr bei 3,93 Mark, stieg auf 7,84 Mark (1874), erreichte seinen Tiefpunkt 1888 mit 3,77 Mark und kletterte danach bis 1908 auf 9,33 Mark. Die Unterschiede in den Preisen und in den Preisbewegungen wurden von vielen Faktoren beeinflußt; von der Güte der Steinkohlen, der Relation von Angebot und Nachfrage, den Abbauverhältnissen, den Löhnen, den Transportwegen und -mitteln, der Entfernung von den Verbrauchern, dem Einfluß von Syndikaten, der ausländischen Konkurrenz etc.

c) Der Einfluß der Kohlensyndikate

Die Hauptschuld an den geringen zyklischen Preisschwankungen seit den neunziger Jahren wurde der ungerechtfertigten und starren Preispolitik der Syndikate angelastet, die angeblich ihre quasi-Monopolstellung auf Kosten der Verbraucher mit allen Mitteln durchsetzten. An der Entstehung und Entwicklung eines der wichtigsten deutschen Kartelle, des rheinisch-westfälischen Kohlensyndikats, soll gezeigt werden, mit welchen Problemen dieses Syndikat zu kämpfen hatte und wie erfolgreich seine Preis- und Absatzpolitik war. Eigentlich gehen seine Anfänge in die Zeit der Gründerkrise zurück, als das übergroße Angebot an Kohlen die Preise unter die Profitgrenze drückte. Bereits nach Hochkonjunktur und Krise der fünfziger Jahre hatte sich seit 1858 der »Verein für die bergbaulichen Interessen im Oberbergamtsbezirk Dortmund« etabliert, dem 89 von insgesamt 381 Zechen beitraten, die allerdings einen Förderanteil von etwa 50% aufwiesen. Im Jahre 1877 vereinigten sich 23 Gas- und Flammenkohlezechen des Bochumer und Gelsenkirchener Bergreviers zum »Rheinisch-Westfälischen Kohlenausfuhr-Verein«, der durch Erweiterung seines Absatzgebietes die englische Kohle aus den Nord- und Ostseehäfen verdrängen wollte. Einschränkungen der Kohlenförderung zwecks Preissteigerung und Gewährung von Ausnahmetarifen der

Eisenbahnverwaltungen führten dennoch nicht zum Erfolg. Förderkonventionen der Jahre 1878, 1880, 1881, 1885 und 1886 hatten nur kurzfristige Wirkung, denn einerseits wurden Preisfestsetzungen vermieden, andererseits waren die Konventionalstrafen zu gering, um abschreckend zu wirken.

Die Krise von 1892 führte zum Zusammenschluß einzelner Zechen im Oberbergamtsbezirk Dortmund, aus dem im Februar 1893 das »Niederrheinisch-westfälische Kohlensyndikat« hervorging. Es etablierte sich als Aktiengesellschaft, der sich die Zechen vertraglich anschlossen. Deren Anteil an der Förderung des Ruhrgebiets betrug 86,7% und steigerte sich bis 1903, dem Jahr der Vertragsverlängerung, sogar auf 98,7%. Die hauptsächlichen Bestimmungen bezogen sich auf die Beseitigung »ungesunder Konkurrenz im Kohlenrevier«, d. h., die kartellierten Zechenbesitzer verpflichteten sich, die Beschlüsse über Förderung, Preise und Lieferbedingungen etc. genau einzuhalten. Die Zechenbesitzer mußten dem Syndikatsvorstand innerhalb bestimmter Fristen genaue Nachweisungen der Kohlenförderung, der Erzeugung von Koks und Briketts, von Absatz und Verbrauch etc. liefern, sie hatten also ihre Selbständigkeit verloren und waren weitgehend vom Syndikat abhängig. Den einzelnen Zechen war es nicht mehr erlaubt, Kohlen, Koks oder Briketts selbst zu verkaufen, sondern sie mußten jeden Auftrag oder jede Anfrage dem Syndikat überlassen, das die Zechenbesitzer zum Vertragsabschluß oder bei Differenzen hinzuziehen konnte. Es wurde den Mitgliedern dadurch von vornherein unmöglich gemacht, auch nur eine Tonne Kohle eigenständig zu verkaufen. Die Funktionen der Firmenleitung reduzierten sich auf das Arbeitsverhältnis und den technischen Ablauf.

Das Kohlensyndikat konnte das Produktionsquantum, das für jede Zeche bestimmt wurde, nach festgelegten Fristen herauf- oder herabsetzen, prozentual zur Beteiligungsziffer jeder Zeche. Das Syndikat kaufte die Kohlen von den Zechen zum Marktpreis und bestritt aus der Syndikatskasse, die aus Beiträgen der Zechen gespeist wurde, Ausgleichszahlungen, wenn Konkurrenten den Preis unterboten. Die Durchsetzung der Vereinbarungen machte keine Schwierigkeiten, da die Bezahlung der Zechen durch die Syndikatskasse erfolgte und diese die hohen Strafen im Falle der Zuwiderhandlung einfach einbehielt. Das rheinisch-westfälische Kohlensyndikat ist seit seiner Gründung nach Ablauf von fünf Jahren unter teilweiser Verschärfung der Vertragsbedingungen erneuert worden. Es dehnte seine Kontrolle auch auf den Kohlen*handel* aus, der sich bei Androhung schwerer Konventionalstrafen zur Einhaltung von Minimalpreisen verpflichtete. Die Neuanlegung von Schächten war nicht verboten, deshalb wurde ein wichtiges Ziel des Syndikats, die Produktionseinschränkung bei verringerter Nachfrage, nicht erreicht. August Thyssen schrieb am 18. Dezember 1902 an den Direktor der Deutschen Bank, Carl Klönne: »Die deutschen Syndikate haben in der ersten Entwicklung Gutes geleistet. Jetzt sind sie veraltet, weil sie fortgesetzt die Konkurrenz vermehren und die Selbstkosten erhöhen. Auch das Kohlen- und Kokssyndikat hat seinen Glanzpunkt erreicht und wird durch die Errichtung der zahllosen Syndikatsschächte sehr geschwächt.«[13] Aus der Sicht des Syndikats war sein Wirken erfolgreich, denn dem Verdrängungswettbewerb waren kleinere Zechen nicht mehr gewachsen und wurden nach und nach aufgekauft. Die Förderung im Ruhrgebiet stieg zwischen 1880 und 1909 um 277,2% an, die Wertsteigerung betrug im gleichen Zeitraum 721,3%, während der Syndikatspreis von Kohle zwischen 1893 und 1914 um 75% im Vergleich zu 58% in Oberschlesien anstieg. Wenn 75 Jahre später behauptet wird, daß aus der Sicht eines reibungslosen internationalen Energiemarktes, wie er angeblich seit dem Abschluß der Römischen Verträge im Jahre 1957 in Europa funktioniere, »das Rheinisch-Westfälische Kohlensyndikat als eine Vorstufe zur Europäischen Wirtschaftsgemeinschaft gelten«[14] kann, so scheint mir dies etwas weit hergeholt.

d) Der Aufstieg der chemischen Industrie zur Weltmacht

Die chemische Industrie, die sich in England vor allem aus dem Soda- und Schwefelsäurebedarf für die Textilindustrie entwickelt hatte, umfaßte bereits um 1815 eine weite Palette von Produkten, deren veränderter Bedeutung hier nicht im einzelnen nachgegangen werden kann; chemische und pharmazeutische Präparate, Düngemittel, Explosivstoffe, Farben, Öle, Seifen, Zündwaren etc. Die Entwicklung von Chemikalien stand im Zusammenhang mit der Textilindustrie, dem Bergbau, der Forst- und Landwirtschaft sowie dem Hütten- und Salinenwesen. Zu Beginn des 19. Jahrhunderts waren es vor allem die Glas-, Leder-, Metall-, Papier-, Seifen- und Textilgewerbe, die als Abnehmer chemischer Produkte auftraten. Bereits 1775 hatte die Académie des sciences in Paris einen Preis von 12000 Livres ausgesetzt, um aus Steinsalz Soda herzustellen, was Nicolas Leblanc schließlich 1789 gelang. Das Verfahren geriet jedoch in die Mühlen der Französischen Revolution und konnte sich lange nicht durchsetzen. Leblanc ereilte das tragische Schicksal vieler großer Entdecker und Erfinder der Wissenschaftsgeschichte, er beging 1806 in einem Armenhaus von St. Denis Selbstmord. Erst als englische Baumwollspinnereien seit Anfang des 19. Jahrhunderts immer mehr Soda und Chlor als Bleichmittel benötigten, vermehrten sich die Soda- und Bleichkammer-Schwefelsäurefabriken; die ersten entstanden in Liverpool und Manchester. Die neuen Verfahren und Technologien zur Erzeugung von künstlicher Soda, von Chlorkalk und Schwefelsäure seit den vierziger Jahren beeinflußten sowohl die Textilindustrie als auch die Landwirtschaft. 1774 hatte Karl Wilhelm Scheele das Chlor entdeckt, dessen bleichende Wirkung einige Jahre später von Claude Louis Berthollet erkannt wurde. Dadurch konnte die zeitraubende Rasenbleiche, die zu einem Engpaß der Produktionsausweitung nach der Mechanisierung der Textilindustrie geführt hatte, ersetzt werden. Nach Mitte des 19. Jahrhunderts wurden immer häufiger natürliche Stoffe durch synthetische verdrängt und die Düngemittelproduktion industriell betrieben. Eine Reihe von Entdeckungen, etwa des Benzols im Steinkohlenteer durch A. W. Hofmann, der Anilinprodukte durch A. Bayer und E. und O. Fischer, trug zum schnellen Fortschritt, zum Zusammenwirken von Theorie und Praxis in der deutschen Farben- und Chemieindustrie bei. Relativ früh begann die deutsche Chemieindustrie, in Instituten und Laboratorien wissenschaftliche Neuerungen zu erproben. Es dauerte nicht mehr lange, bis für die Chemie die »Epoche deutscher Hegemonie« (F. Redlich) einsetzte. Viele Chemiker widmeten sich »aus Wissensdurst der rein wissenschaftlichen Erforschung des dankbaren, schier unerschöpflichen neuen Gebietes«.[15]

Der Bergbau, Hütten- und Salinenbetriebe stellten als Nebenprodukte Chemikalien wie Alaun, Arsenik, Blaufarben, Schwefel und Vitriol her. Wir finden dies seit langem im sächsischen Erzgebirge ebenso wie in Thüringen oder in rheinischen und westfälischen Bergwerksdistrikten, in Schlesien und in der Oberpfalz. Im Grunde war es ein Nebengewerbe, das sowohl Seifen und Kerzen wie Schwefelsäure, Soda, Farben oder Ultramarin erzeugte. Es siedelte sich in der Nähe von Textilzentren an, in Sachsen, im Rheinland, in Westfalen und z. B. in Nürnberg, wo gute Färbestoffe am notwendigsten gebraucht wurden. Die Herstellung von Soda und Schwefelsäure als Basisprodukte für den Aufbau einer modernen chemischen Industrie verlagerte sich seit den fünfziger Jahren in die Städte und an die Flüsse, wo die Rohstoffversorgung einfacher und genug Wasser zur Kühlung – auch zum Ableiten der Schadstoffe – vorhanden war. Bekannte Beispiele sind die Badische Anilin- und Sodafabrik bei Ludwigshafen am Rhein, Friedrich Bayer bei Leverkusen, Leopold Casella in Frankfurt am Main, das Farbenwerk Mühlheim, Kalle & Co. bei Biebrich oder Meister Lucius und Brüning bei Höchst a. M. Die Übernahme des Leblanc-Sodaverfahrens in Deutschland und die großtechnische Schwefelsäureproduktion führten zu Neugründungen in Aachen, Buckau, Barmen, Duisburg, Heilbronn, Mannheim, Schönebeck und Worms.

Entgegen weitverbreiteter Auffassung ist das Problem der Umweltverschmutzung mindestens so alt wie die Industrialisierung, aber auch das Bewußtsein davon. Die Chemieindustrie war daran in wenig rühmlicher Weise besonders beteiligt, wie die folgende Schilderung eines kritischen Zeitzeugen von Anfang dieses Jahrhunderts überriechend vor die Nase führt: »Die Wupper hat schon manches Nachteilige erfahren, ehe sie Barmer Gebiet betritt, aber der rasche kleine Fluß bringt solche Mengen reinen Wassers von den Hügeln herunter, daß er hier noch ganz klar ist. Seine Färbung wird immer dunkler, je mehr Spinnereien er passiert, und wenn er Elberfeld erreicht, ist er schon recht schwarz, aber immer mehr Schmutz ergießt sich hinein. Jede Fabrik gibt ihr schändliches Teil dazu: rot, blau, gelb, violett, zur Abwechslung die Abwässer der Stadt und den Inhalt der Küchenausgüsse, der sich ungehindert durch die Rinnsteine der Seitenstraßen ergießt. Der Strom tritt aus der Stadt heraus als eine dicke, schleimige, tintenfarbene Flüssigkeit, und in diesem Zustand fließt er weiter durch die entzückenden Waldtäler bei Müngsten und Burg, die er mit seinem ekelerregenden Dasein verpestet. Er ist breiig von Schmutz und seine Ufer sind bedeckt mit einem Rückstand von schwarzem stinkendem Schlamm.«[16]

Die Konzentration der chemischen Industrie in der zweiten Hälfte des 19. Jahrhunderts, besonders nach der Reichsgründung, verstärkte sich im Rhein-Main-Gebiet, um Berlin, im sächsischen und ostthüringischen Raum sowie im nördlichen Rheinland. Hier lagen die günstigsten Standortvoraussetzungen für ein dynamisches Wachstum vor, sowohl bei organischen wie anorganischen Chemikalien als auch bei Düngemitteln. Da Kali-, Phosphor- und Stickstoffdünger, Explosivstoffe, Schwefelsäure und Teerfarben sowohl aus inländischen wie aus importierten Rohstoffen hergestellt wurden, relativierte sich der Standortfaktor »Montanrevier«. Von 1870 bis 1874 wurden in der chemischen Industrie 42 Gesellschaften mit 42 Millionen Mark Kapital gegründet, 1896 gab es 108 Aktiengesellschaften mit 332,9 Millionen Mark Kapital, insgesamt jedoch 10 385 Betriebe mit 115 231 Beschäftigten, davon allein 376 Großbetriebe, in denen 61,7% aller Beschäftigten tätig waren. Die Teerfarbstoffe erreichten 1904 mit 65 406 t einen Anteil von 34,3% am Export aller chemischen Stoffe, und der jährliche Wert der Teerfarben belief sich 1910 auf 300 Millionen Mark. Deutschland erzeugte sechs Siebtel der Weltproduktion aller künstlichen Farbstoffe.[17] An 60prozentiger Schwefelsäure wurden im Jahre 1908 in Deutschland 1,3 Millionen Tonnen produziert. Die Durchsetzung des Solvay-Verfahrens bei der Sodafabrikation seit den achtziger Jahren, wobei man als Ausgangsstoffe Ammoniak, Kalk, Kohle und Salz benötigte, wirkte standortbildend. Die Salzlagerstätten in Anhalt und Baden führten zur Gründung von Solvaywerken in Bernburg und Wyhlen.

In Deutschland sind die Chemie- und Düngemittelindustrie, deren Ausgangsprodukte Chilesalpeter, Kalisalze, Phosphate und Stickstoffe waren, eine enge Verbindung eingegangen. Haber führt dies darauf zurück, daß Deutschland als Nachzügler auf dem Gebiet der Industriechemie »nicht im gleichen Maße mit dem veralteten Leblanc-Verfahren belastet war und deshalb nicht mit dem gravierenden Problem der Überkapazität konfrontiert wurde, unter dem die englische Sodaindustrie litt«.[18] Hinzu kam, wie bereits erwähnt, daß die Thomasschlacke als Abfallprodukt der Stahlherstellung mit Minetteerzen in der Düngung eine wachsende Bedeutung gewann. Die reichen Kalisalzlager bei Staßfurt (Leopoldshall) in der preußischen Provinz Sachsen (Bez. Magdeburg) wurden »entsprechend der Bedeutung kalihaltiger Chemikalien für die anorganische Großchemie«[19] wichtig. Die später ausgebeuteten Lager in Anhalt, Braunschweig, Hannover und im Oberelsaß führten zu einer enormen Ausweitung der Kalidüngerproduktion. Zwar war anfänglich »die große Masse der Landwirthe noch gegen die Düngung mit Kalisalzen eingenommen«[20], doch seit den sechziger

Jahren nahm sie ständig zu. Im Steinsalzbergwerk Staßfurt wurden in den vier Jahren nach 1856 insgesamt 921 288 Doppelzentner Steinsalz gefördert. Es lag nahe, daß der Zuckerrübenanbau, dessen Erträge sich von 1861 bis 1873 etwa verdoppelten, die Nachbarschaft zum Kalidünger zur intensiveren Düngung nutzte. Bis zum Jahre 1873 war in Deutschland die Zahl der Kalifabriken auf 33 angestiegen, vor allem in Staßfurt, das bis dahin 1 129 100 t Steinsalz und 1 324 200 t Rohsalz (Karnallit) geliefert hatte. Zu dieser Zeit wurden Staßfurter Salze u. a. nach Brasilien, Ceylon, Kuba und in die USA exportiert. Die Kaliindustrie in dieser Region hatte sich derart intensiviert, daß ein guter Kenner, A. Frank, 1902 rückblickend feststellte: »Staßfurt galt als ein europäisches Kalifornien und wir hatten auch in der Industrie nahezu amerikanische Zustände.«[21] Verbilligte Frachttarife und die Verbreitung künstlicher Düngung, vor allem Stickstoff- und Phosphatdünger, führten zu einem regional weit gestreuten Absatz von Kalisalzen an die deutsche Landwirtschaft. Sie verbrauchte davon im Jahr 1890 715 000 Doppelzentner im Wert von 14,6 Millionen Mark.

Seit den neunziger Jahren gewannen Katalyse- und Elektrolyseverfahren sowie elektrometallurgische und -thermische Prozesse eine immer größere Bedeutung für die Chemieindustrie. Sie benötigten große Mengen an Energie, weshalb sie sich in der Nähe der mitteldeutschen Braunkohlenlager oder an den oberrheinischen Wasserkraftwerken ansiedelten. Neben der Alkalielektrolyse fand die Elektrizität vor allem Eingang in die Calciumcarbid- und die Luftstickstoffdünger-Industrie. Calciumcarbid, seit 1836 bekannt und seit 1892 fabrikmäßig produziert, wurde zur Herstellung von Acetylen verwandt, das zu Beleuchtungszwecken für Autos, Fahrräder und Grubenlampen diente, später auch zum Schweißen und Schneiden von Eisen. In Calciumcarbidöfen wurden mit Hilfe starker Stromzufuhr 1000 kg hochwertiger Kalk und 600 kg reine Kohle zu einer Tonne Calciumcarbid verschmolzen. Zu diesem Zweck wurden einerseits die reichen Wasserkräfte Oberbayerns und die Rheinfeldens benutzt, andererseits die Braunkohlenlager in Knapsack bei Köln und bei der Grube Ilse in der Lausitz. Es ist nicht verwunderlich, daß Deutschland um 1910 trotz entscheidender Erfindungen auf dem Gebiet elektrischer Verfahren in der elektrochemischen Industrie nicht mit Staaten mithalten konnte, die billige Energieträger, vor allem Wasser, in größeren Mengen besaßen. So produzierten Norwegen 55 000 t, Italien 35 000 t,

Frankreich, Österreich und die Schweiz je 30000 t, Schweden 10000 t und Deutschland 9000 t Calciumcarbid – in Deutschland hoffte man, Petroleum durch Acetylen ersetzen zu können. Innerhalb von 10 Jahren führte diese starke Produktionszunahme zu einem Preisverfall von etwa 350 Mark pro Tonne auf 170 Mark (1910).

Die deutsche Luftstickstoff-Industrie war angetreten, den Chilesalpeter, von dem die deutsche Landwirtschaft vor dem Ersten Weltkrieg jährlich etwa 450000 t benötigte, zu verdrängen. Der Energiebedarf war jedoch so hoch, daß Norwegen – am Rjukan und in Birkeland-Eyde – starke komparative Kostenvorteile besaß. Davon abgesehen hatte die deutsche Chemieindustrie in den Jahrzehnten vor dem Ersten Weltkrieg weltweit eine führende Position errungen. »Wenn heute die glücklichste deutsche Industrie die chemische ist«, sagte Sombart 1912, »mit der wir den Weltmarkt beherrschen wie mit keiner andern, so ist das sicherlich überwiegend der hohen Vollendung zu danken, die unsere wissenschaftliche Chemie und chemische Technologie sich errungen haben.«[22] Gerade im Hinblick darauf, daß die deutsche chemische Industrie im 20. Jahrhundert ihre Weltgeltung trotz vieler Rückschläge aufrechterhalten konnte, mußte ich mich in diesem Abschnitt bedauerlicherweise mit der Skizzierung einiger Tendenzen begnügen.

14. Kapitel
Das Transport- und Nachrichtenwesen

Es ist unschwer einzusehen, daß ein ausgebautes Transport- und Nachrichtenwesen eine wichtige Grundvoraussetzung von entwickelten Wirtschaftssystemen ist. Erinnert sei nur daran, daß vor dem Bau von Eisenbahnen der Transport von einer Tonne Kohlen durch ein Frachtfuhrwerk 40 Pfennige für 1 km kostete und daß sich bis Ende des 19. Jahrhunderts die Eisenbahntarife auf den 20. Teil verringerten. Ende des 18. Jahrhunderts dauerte eine Postreise von Leipzig nach Frankfurt am Main eine Woche und kostete 420 Mark; nicht gerechnet die Übernachtungs- und Verpflegungskosten in den Gasthöfen sowie die Trinkgelder. Diese wenigen Beispiele vermitteln eine Vorstellung von den verkehrstechnischen Veränderungen, die im Laufe eines Jahrhunderts stattfanden. Richard van der Borght drückte dies 1894 anschaulich aus: »Die gewerbliche Umwälzung hätte in den ersten Anfängen steckenbleiben müssen, wenn nicht das Verkehrswesen in seine moderne Gestalt hätte überführt werden können, und andererseits wiederum: die beispiellosen Fortschritte des 19. Jahrhunderts im Verkehrswesen wären nicht möglich, aber auch gar nicht nötig gewesen, wenn die Anwendung der Dampfkraft in der gewerblichen Produktion mit allen ihren Folgen nicht stattgefunden hätte.«[1] Güter, die in Fabriken massenhaft hergestellt, aber nicht zu einem angemessenen Preis in die entferntesten Gegenden transportiert werden können, sind nicht absetzbar. Und je mehr sich das Verkehrsvolumen vergrößerte, um so vielfältigere Kommunikationsmittel mußten entwickelt werden. Im Laufe eines Jahrhunderts verwirklichte sich eine Revolution, die alle Bereiche der Wirtschaft erfaßte.

a) Industrialisierungshemmnisse aufgrund von Transportproblemen

Um 1815 gab es zu Land drei Fortbewegungsmittel: die Füße, Pferde und die Postkutsche. Letztere war nur wohlhabenderen

Schichten vorbehalten, aber dennoch weit davon entfernt, bequem zu sein. Wilhelm von Kügelgen[2] schilderte eine solche Reise im Jahre 1818: »Zwischen Leipzig und Dresden gingen damals zwei Personenposten, die sogenannte gelbe und grüne Kutsche. Die erste dieser Gelegenheiten stieß dermaßen, daß Leib und Seele Gefahr liefen, voneinander getrennt zu werden, daher besonnene Leute die andere, etwas gelindere zu wählen pflegten. Doch war auch diese noch immer von der Art, daß man bisweilen vor Schmerz laut aufschrie, und wenn der Schwager nicht an jeder Schenke angehalten hätte, so würde man es kaum ertragen haben.« Es gab nur ganz wenige Straßen (»Chausseen«), und je nach Jahreszeit waren sie aufgeweicht oder vereist; es soll sogar vorgekommen sein, daß Postknechte im Sumpf versanken und erstickten. Natürlich waren die Wagen nicht gefedert und fuhren ziemlich langsam, etwa sechs Meilen pro Tag. Noch in den dreißiger Jahren dauerte eine Reise von Berlin nach Leipzig eineinhalb Tage, von Berlin nach Breslau vier Tage und von Berlin nach Königsberg eine Woche. Außerdem lauerten überall Gefahren, von dem Zusammenbruch der Postkutsche bis zu Raubüberfällen, weswegen es üblich war, vor großen Reisen, etwa zu Messen, ein Testament zu machen. Im Postschneckentempo lag Methode: »Die Posten und Frachtzüge sollten langsam durch ein Gebiet ziehen, damit Gastwirte und Handwerker recht viel an ihnen verdienten.«[3] Es konnte aber auch erheblich schneller gehen: So soll Napoleon 1806 in zweimal 24 Stunden in seinem »Schlafwagen« von München über Straßburg nach Paris gefahren sein, wozu der beste D-Zug 1915 noch 15 Stunden benötigte.

Sollten Güter von einem Ort zum anderen transportiert werden, so bediente man sich bei kleinen Sendungen des Postwagens, der »Posten«. Größere Transporte wurden meistens von Frachtfuhrleuten durchgeführt, die vier- bis achtspännige Planwagen benutzten, mit einem Ladegewicht von etwa 60 Zentnern. Dies war teuer und auf große Entfernungen nur für hochwertige Güter anwendbar. Der sächsische Konsul z. B. kaufte 1834 in New York für 17 1/2 Taler amerikanische Bücher, die er über Le Havre nach Sachsen bringen lassen mußte. Die Frachtkosten für die Bücherkiste betrugen 265 Taler 18 Groschen und drei Pfennige!

Nach den Befreiungskriegen begann man vor allem in Preußen, neue Chausseen zu bauen und die Postwagen erheblich zu verbessern. Die Länge der vom Preußischen Staat unterhaltenen Straßen betrug 1816 etwa 523 Meilen, die sich bis 1831 mehr als verdoppelten und bis 1862 auf 1920 Meilen staatliche und 1831 Meilen kommunale Chausseen anwuchsen. Die Gesamtlänge aller chaussierten Straßen in Preußen erhöhte sich zwischen 1837 (12888 km) und 1895 (83000 km) trotz Eisenbahn- und Kanalbau noch erheblich. Der Verkehr nahm auf den Hauptverkehrsstraßen rasch zu, weshalb Fahrordnungen erlassen werden mußten. Das Frachtfuhrgeschäft, üblicherweise recht einträglich, war in Zünften organisiert, die mit Argusaugen darüber wachten, daß keiner in den Bereich des anderen eindrang. Als der preußische Generalpostmeister Nagler 1824 nach englischem und französischem Vorbild die »Schnellposten« einführte, bedeutete dies keine Konkurrenz für das zünftische Frachtfuhrwerk. Die Reisezeit von Berlin nach Magdeburg konnte dadurch allerdings von 2 1/2 Tagen auf 15 Stunden reduziert werden.

In Deutschland gab es nicht wenige große und mittlere Flüsse; den Rhein, die Elbe, die Donau, die Weser, die Ems, die Oder und die Weichsel. Die Binnenschiffahrt war Anfang des 19. Jahrhunderts unzureichend entwickelt. Der deutsche Partikularismus verschlimmerte diesen Zustand, denn die einzelnen Uferstaaten hatten gar kein Interesse an einer Regulierung der Flußläufe, um so größeres aber an vermehrten Zolleinnahmen. Allein auf der Elbe gab es 35 Zollkontrollen, die nicht nur den fließenden Verkehr beeinträchtigten, sondern auch jeden Transport zu einem teuren Wagnis werden ließen. Auf dem »Vater« Rhein, wo es auf der Strecke von Bingen nach Koblenz allein neun Zollstellen gab, benötigte ein Marktschiff für die Strecke Mainz-Köln stromab zwei, stromauf drei Tage, und nicht mehr als 1400 Schiffe verkehrten im ganzen Jahr auf dem Rhein. Ein ausgebautes Kanalnetz fehlte völlig. Damit nicht genug: Die Zollstellen lagen je nach Landesgrenzen mal auf dem linken, mal auf dem rechten Ufer, so daß die Schiffe öfter den Strom kreuzen mußten. Dazu kamen die Stapelrechte der Städte, d. h., die Güter mußten ausgeladen und auf anderen Schiffen weitertransportiert werden – ein Monopol der Schiffergilden. Köln, Mainz, Worms und Speyer übten Stapelrechte auf dem Rhein, Trier auf der Mosel, Magdeburg auf der Elbe aus. Die Wiener Kongreßakte beseitigte diese anachronistischen Rechte wenigstens für den Rhein; Passau gab das Umladerecht erst 1842 gegen Entschädigung auf. Es gab damals immer noch selbständige, zu Zünften zusammengeschlossene Schifferhandwerker, die das Privileg besaßen, auf Treidelwegen mit der alten Technik des Treidelns (Leinzug) kleine Schiffe den Strom hinaufzuziehen.

Der Wiener Kongreß hatte zwar die Freiheit der Schiffahrt völkerrechtlich proklamiert, aber die Regelung den Uferstaaten anheimgestellt. Die deutschen Bundesstaaten einigten sich 1821 auf die Elbakte, 1823 wurde die Weserakte, 1831 die Rheinakte und 1843 die Emsakte verabschiedet, aber einige Umlade- und Gilderechte bestanden weiterhin. Die Behinderungen auf den Flüssen waren noch keinesweges alle beseitigt. Die Wasser- und Durchfuhrzölle blieben noch lange erhalten; auf dem Rhein fielen sie durch den Handelsvertrag zwischen Holland und dem Zollverein 1851 und durch ein Abkommen der deutschen Grenzländer 1866, für die Donau und die Weser 1856, für die Elbe durch den Vertrag des Norddeutschen Bundes mit Österreich 1870. Im Jahre 1819 erschien das erste Dampfschiff auf dem Rhein, 1824 fuhr ein niederländischer Dampfer den Rhein hinauf bis nach Bacharach, drei Jahre später eröffnete die preußisch-rheinische Dampfschiffahrtsgesellschaft einen regelmäßigen Verkehr zwischen Köln und Mainz, und 1830 zählte man zwölf Rheindampfer. Die bayerisch-württembergische Dampfschiffahrtsgesellschaft mit Sitz in Regensburg wurde 1838 gegründet. 1840 besaßen die größten Rheinschiffe etwa eine Ladefähigkeit von 400 t, die sich bis 1906 auf 2300 t erhöhte.

b) Fluß-, Kanal- und Seeschiffahrt

Mit der Zunahme des Gütertransports modernisierte sich ebenfalls die Schleppschiffahrt, gegen die 1848 die Treidler einen gewaltsamen Aufstand inszenierten. Im Jahre 1841 wurde eine Kölnische Dampfschleppschiffahrtsgesellschaft mit einem Aktienkapital von 1 237 500 Mark gegründet, und fünf Jahre später transportierten die Kohlenwerksbesitzer M. Stinnes und F. Haniel ihre Kohlen in eigenen Schiffen und Schleppdampfern rheinaufwärts. Um 1850 besaßen die verschiedenen Gesellschaften 25 Schleppdampfer, 192 eiserne und 400 hölzerne Lastschiffe, daneben verkehrten noch 61 deutsche Rheinsegelschiffe. Alle zusammen bewältigten im gleichen Jahr einen Güterumschlag von 1 166 300 t zu Berg und 1 152 500 t zu Tal. Die Konkurrenz des schnelleren und billigeren Eisenbahntransports machte der Rheinschiffahrt schwer zu schaffen. Lediglich die Massengüter Kohle, Eisenerze und Getreide blieben für die Schiffahrt erhalten. Die Güterversendung nach Basel auf dem Rhein versiegte 1847, drei Jahre nach dem Bau der badischen Bahn von Mannheim nach Basel, 1855 hörte sie nach Kehl auf, und bis Anfang des 20. Jahrhunderts blieb Mannheim der Endpunkt der Rheinschiffahrt. Deshalb entwickelte sich diese Stadt zu einem der bedeutendsten deutschen Umschlagplätze. Auf der Elbe wurden die Fahrrinne vertieft und die Kettenschiffahrt eingeführt, danach hob sich die Zu- und Abfuhr, die bis 1861/70 auf einen jährlichen Durchschnitt von 0,66 Millionen Tonnen anstieg. Auf Flüssen mit ungleichen Wasserständen oder Schleusen, wie Main, Lahn, Ems, Mosel, Ruhr, Lippe, Saale oder Oder, wurde die Dampfschiffahrt nach und nach ganz eingestellt.

Ende des 19., Anfang des 20. Jahrhunderts stieg in Deutschland der Transportbedarf so stark an, daß man die relativ kostengünstigen Binnenschiffahrtsmöglichkeiten nicht mehr ungenützt lassen konnte. Ein Schleppdampfer auf dem Rhein konnte etwa die Last von 13 Güterzügen befördern, die größten stählernen Schiffe hatten ein Ladegewicht von 3500 t, d. h. 250 Bahnwagen. Im Jahre 1908 betrug die Länge der schiffbaren Linien im Deutschen Reich 15 269 297 km, darunter 8 667 320 km Flüsse ohne Schleusen, Binnenseestrecken, Außenfahrwasser und Haffe, 3 313 468 km kanalisierte Flüsse und Flüsse mit Schleusen, 675 650 km Binnenseestrecken mit künstlichen Schiffahrtsstraßen und 2 612 859 km Kanäle. Die Zahl der Schiffe über zehn Tonnen Ladegewicht war zwischen 1887 und 1912 von 20 390 auf 29 533 gestiegen, während die gesamte Tragfähigkeit von 2 100 705 auf 7 394 657 t – davon allerdings 96,34% ohne eigene Triebkraft! – zugenommen hatte. In derselben Periode vermehrten sich die 127 Güterdampfschiffe mit 18 295 t auf 997 mit 117 382 t. Insgesamt belief sich der Güterverkehr auf den Binnengewässern – davon allein an Steinkohlen 27,1% – im letzten Jahr auf 93 481 057 t, das waren etwa 20% des Eisenbahntransports. Die Elbe verfrachtete 1912 auf 14 442 Schiffen mit 2 953 158 t das meiste, auf dem Rhein verkehrten nur 4389 Schiffe, die allerdings 2 325 915 t Fracht aufnahmen. Die Oder, die Weser, die Ems und die Weichsel fielen dagegen mit 4849, 663, 935 bzw. 731 Schiffen ab und beförderten 1 235 455, 183 524, 196 226 bzw. 124 195 t. Auf der Donau fuhren 1912 nur 150 Schiffe mit 79 831 t Fracht, wovon 1903 8000 t auf rumänisches Petroleum entfielen. Allgemein traf zu: »Der Hauptvorzug der Binnenwasserstraßen [aber] ist die größere Möglichkeit billigen Massenverkehrs.«[4]

Im Unterschied zu Frankreich und England, wo das Kanalsystem bereits im 18. Jahrhundert stark ausgebaut worden war, stand man in Deutschland dem Kanalbau lange Zeit skeptisch gegenüber. Der Donau-Main-Kanal (»Ludwigskanal«) wurde erst 1836-1849 gebaut, der Oberländische Kanal zwischen dem ostpreußischen Osterode und Elbing 1850 eröffnet. Erst in der Verfassung des Deutschen Reiches (Art. 54, Abs. 4) wurden alle Schiffahrtsabgaben auf deutschen Gewässern beseitigt. Der gewaltige Aufschwung des Transportwesens führte zu einer starken Zunahme des geringwertigen Massengütertransports, wie Kohlen, Steine, Holz, Erze etc., auf den Flüssen. Die Verbindung von Flüssen mit Kanälen wurde deshalb zu einer immer dringenderen Aufgabe. So entstand der Oder-Spreekanal von 1887-1891, der Dortmund-Ems-Kanal von 1886-1900, doch der Bau eines Mittellandkanals vom Rhein zur Oder, von der preußischen Regierung 1898 geplant, wurde vom Abgeordnetenhaus mit seiner agrarischen Mehrheit abgelehnt, da sich die ostelbischen Gutsbesitzer davon keine Vorteile versprachen. Eine Vorlage von 1905, die den Bau eines Kanals vom Rhein bis Hannover, eines Großschiffahrtsweges von Berlin nach Stettin, Verbesserungen der Wasserstraßen zwischen Oder und Weichsel und Regulierungen der Oder und Warthe vorsah, wurde genehmigt. Das größte Projekt war der Bau des 98,65 km langen Kaiser-Wilhelms-Kanals (heute Nord-Ostsee-Kanal), zwischen Brunsbüttel und Kiel-Holtenau, der die Nord- mit der Ostsee verband; damit konnte der gefährliche Weg durch das Skagerrak, Kattegat, den Sund und den großen Belt umgangen werden. Seine Bauzeit betrug über sieben Jahre, von 1887 bis 1895, bei 9 m Tiefe, 22 m Sohlen- und 60 m Spiegelbreite. Er wurde am 21. Juni 1895 feierlich dem Verkehr übergeben. 1914 wurde der alte Finowkanal durch einen Schiffahrtsweg Berlin-Stettin ersetzt, der Schiffe bis zu 600 t Tragfähigkeit aufnehmen konnte.

Der deutsche Seeverkehr im 18. Jahrhundert war, auch wenn er sich mit dem englischen nicht messen konnte, durchaus respektabel. Hatte der deutsche Schiffsraum an der Ostseeküste 1805 etwa 250000 und für die Nordseereederei 100000 t betragen, so brach er während der Napoleonischen Kriege und der Kontinentalsperre fast ganz zusammen. Der Bestand an Seeschiffen in den alten preußischen Provinzen sank von 1102 mit einer gesamten Ladefähigkeit von 107000 Lasten à 4000 Pfund im Jahre 1805 auf 722 Schiffe mit 7400 Lasten 1815, die Königsberger Flotte schrumpfte allein 1807/08 von 980 auf 51 Schiffe. Die Anrainerstaaten an der Ostsee – Preußen, Mecklenburg, Lübeck und Holstein – wie die an der Nordsee – Hamburg, Hannover, Bremen und Oldenburg – ließen bei Handelsverträgen mit dem Ausland deutsche Nachbarstaaten aus partikularistischer Engstirnigkeit unberücksichtigt. Es dauerte fast drei Jahrzehnte, ehe die Handelsschiffahrt wieder ihren alten Stand erreicht hatte. Nachdem in England 1846 die Kornzölle aufgehoben wurden, steigerte sich die Ostseeschiffahrt Preußens von 160000 t 1846 auf 300000 t 1849. Die Blüte war nicht von langer Dauer, da sie zu stark auf Getreidehandel ausgerichtet war. Als die USA und Rußland seit Ende der sechziger Jahre mit weit billigeren Getreidelieferungen in den deutschen Markt einbrachen, wurde der Niedergang der deutschen Ostseeflotte eingeläutet. 1873 besaß sie noch 2109 Schiffe mit 454916 t, 1900 noch 840 Schiffe mit 218750 t. Wie bei vielen wirtschaftlichen Entwicklungen des 19. Jahrhunderts erleben wir auch hier eine Gegenläufigkeit: nämlich die Geschichte eines »traurigen Dahinwelkens« in der Ostsee und die eines »glanzvollen Aufblühens«[5] in der Nordsee.

Die Seereederei Hamburgs und Bremens ist durch den transatlantischen Handel groß geworden, wobei Hamburg sich stärker auf Handelsgeschäfte, Bremen auf die Schiffahrt und die Beförderung von Auswanderern verlegte. Seit den dreißiger Jahren transportierten 30-40 deutsche Schiffe Zucker, Kaffee, Tabak, Gewürze und einige Rohstoffe aus Südamerika, während in anderer Richtung deutsche Waren und Auswanderer nach Nordamerika gebracht wurden. Die Hamburger Reederei und das Handelshaus J. C. Godeffroy & Sohn, die »Fürsten der Südsee«, hatten mit größeren Schiffen bereits Asien und Amerika angelaufen. Trotzdem war noch immer etwa die Hälfte der in Hamburg einlaufenden Schiffe englischer Nationalität. Andererseits verzeichnete die Tonnage unter hanseatischer Flagge von 1820/21 bis 1839/40 eine Steigerung von 4091 auf 42334 t, und die amerikanischen Schiffe waren aus den Hansestädten fast ganz verdrängt worden. Seit 1826 hatte der Bremer Reeder mit einer regelmäßigen Segelschiffahrt nach New York begonnen, zehn Jahre später folgte ihm R. M. Sloman in Hamburg mit vier Seglern. Die Tragfähigkeit der Segelschiffe der deutschen Handelsflotte soll 1825 300000, 1850 750000 und 1875 1650000 t betragen haben, während die der Dampfschiffe im letzten Jahr bei 333000 t lag.

Im Jahre 1847 wurde die Hamburg-Amerikanische Paketfahrt-Aktiengesellschaft (HAPAG) von August Bolten, Adolf Godeffroy, F. Laeiß, E. Merck und C. Woermann mit einem Grundkapital von 300000 Mark gegründet. Sie führte ihre Transporte noch auf vier in England gebauten Segelschiffen durch, 1855 kamen zwei Dampfschiffe dazu. Im Jahre 1850 verkehrten in Hongkong 10 Hamburger Schiffe mit 4500, 1864 315 mit 94000 t. Erst der »Norddeutsche Lloyd«, 1857 auf Initiative H. H. Meiers durch Zusammenlegung mehrerer kleinerer Gesellschaften in Bremen gebildet, begann den Frachtverkehr sogleich mit vier Dampfern. Der zunehmende Überseeverkehr nach Nord-, Mittel- und Südamerika, nach Ostasien und Australien, schließlich nach den deutschen Kolonialgebieten war profitabel, so daß neue Gesellschaften entstanden; die Hamburg-Südamerikanische 1871 und die Kosmos-Linie 1872, die Deutsch-Australische Dampfschiffahrts-Gesellschaft, die Deutsche Levante-Linie, die Deutsch-Amerikanische Petroleumgesellschaft, die Woermann-Linie, Rob. Sloman jr., die Continentale Reederei, die Hansa, die Roland-Linie, Rickmers, Neptun, die Afrika-Linie und Argo. 1913 entfielen allein auf Hapag und Lloyd 40% der gesamten Tonnage, und sie nahmen in der Weltreederei den 1. bzw. 2. Platz ein. Die Hapag verfügte 1911 über 388 Schiffe mit 1306819 BRT, der Lloyd besaß 425 Schiffe mit 889183 BRT. Es ist erstaunlich, wie lange es dauerte, ehe die Segel- durch die Dampfschiffe, hölzerne durch eiserne Schiffe verdrängt waren. Die Zahl der ein- und auslaufenden Schiffe in Bremen betrug 1869 6208, und in Hamburg steigerte sich bis 1876/80 die Zahl der Segelschiffe auf 473 mit 230691 Bruttoregistertonnen (BRT) und die der Dampfschiffe auf 110 mit 87050 BRT. 1866 verfügte der Lloyd über 20000 BRT, 1875 über mehr als 100000. 1913 besaß der Norddeutsche Lloyd 17 Superdampfer mit mehr als 10000 t, die Hamburg-Amerika-Linie 15.

Im Jahre 1869 wurde der Suezkanal eröffnet und dadurch die Seefahrt von der Nordsee nach Indien, Ostasien und Australien um 20-40 Tage verkürzt. Zwar lag der englische Anteil der passierten Schiffe 1876 bei 70%, doch 1905 durchfuhren ihn neben 4115 englischen auch 601 deutsche und 91 italienische Schiffe, 1909 betrug die englische Bruttoregister-Tonnage 13,24 Millionen, die deutsche 3,37 Millionen und die italienische 209358 t. Im Jahre 1912 betrug die Gesamttonnage der britischen Dampfer- und Seglerflotte noch über das Vierfache der deutschen und amerikanischen und sogar das 12,5fache der japanischen. Das Bild bei den acht größten Reedereien der Welt sah schon anders aus: 1. Hamburg-Amerika Linie in Hamburg (1 306 819/388)[6], 2. Norddeutscher Lloyd in Bremen (889 183/425), 3. Ellerman Lines in London (563 136/120), 4. British India Steam Navigation Co. in London (553 422/118), 5. White Star Line in Liverpool (491 200/30), 6. Alfred Holt u. Co. in Liverpool (481 537/67), 7. Furness, Withy u. Co. in West Hartlepool (429 667/108), 8. Nippon Yusen Kaisha in Tokio (360 565/106).

Die deutsche Seeschiffahrt im Kaiserreich – seit 1867 war die deutsche Flagge Schwarz-Weiß-Rot – war gekennzeichnet durch einen Rückgang der Segel- zugunsten der Dampfschiffe. Während die Zahl der Segelschiffe 1871 noch 4372 mit 900 361 Registertonnen (RT) und 34 739 Mann Besatzung (MB) betrug und es im gleichen Jahr nur 147 Dampfschiffe mit 81 994 Registertonnen und 4736 Mann waren, so hatte sich das Verhältnis bis 1913 fast umgekehrt. In diesem Jahr standen 2420 Segelschiffe mit 447 870 RT und 12 980 MB 2098 Dampfschiffen mit 4 380 348 RT und 63 713 MB gegenüber, d. h., die Tonnage der Dampfschiffe 1913 war beinahe um das Fünffache größer als die der Segelschiffe 1871. Die Schiffs*zahlen* verhielten sich in diesen beiden Jahren wie etwa 1:2, und Ende 1913 gab es immer noch weniger Dampf- als Segelschiffe. Der Rückgang der Segelschiffahrt wäre noch ausgeprägter gewesen, wenn nicht der technische Fortschritt im Schiffsbauwesen dazu beigetragen hätte, daß Vier- und Fünfmastvollschiffe und Barken aus Eisen und Stahl bis zu 10 000 t für den Überseeverkehr gebaut worden wären, von denen es 1896 25, 1905 bereits 58 Stück gab. Noch stärker machte sich der Niedergang der Ostsee- gegenüber der Nordseeschiffahrt bemerkbar. Wenn wir alle Schiffe berücksichtigen – Segelschiffe, Seeleichter und Dampfschiffe –, 1913 4850 mit 4 935 909 Bruttoregistertonnen, dann betrug im gleichen Jahr die Ostseeflotte der Zahl nach 19,6 %, der BRT nach 10,6 %. Seit Beginn des 20. Jahrhunderts fand die Dampfturbine Eingang in den deutschen Schiffbau, später auch Dieselmotoren mit Ölfeuerung. Bis zum Jahre 1913 hatte die Germania-Werft in Kiel 78 Schiffsdiesel mit 454 Zylindern und 63 000 PS erbaut. In Deutschland existierten 33 Riesendampfer mit über 10 000 t, 11 weitere waren im Bau, gegenüber 122 englischen, elf amerikanischen, 10 französischen und lediglich fünf niederländischen. 1914 gab es in

Deutschland 21 Großreeder, die im Besitz von 950 Schiffen mit mehr als 30000 t waren, in England, das 16 der 25 größten Schifffahrtsgesellschaften der Erde beheimatete, waren es 120, in den USA 12, in Frankreich 11, in Norwegen 9 und in Holland 8. Englands Dominanz im Welthandelsverkehr hielt zwar an, doch im Verkehr zwischen beiden Staaten gewann die deutsche Handelsmarine allmählich ein Übergewicht. 1911 liefen 5058 englische Schiffe mit 5 997 273 Registertonnen in deutschen Häfen ein, umgekehrt waren es 5 357 deutsche Schiffe mit 7 012 391 Registertonnen, d. h., Deutschland verschiffte mehr nach England als es von dort erhielt. Etwa bis zu diesem Zeitpunkt, 1910, hatte sich der Brutto-Raumgehalt der Dampferflotten Großbritanniens jedoch auf 17 189 989 BRT erhöht, während er in Deutschland erst bei 3 763 871, in Frankreich bei 1 345 294 und in Schweden bei 781 998 BRT lag.[7]

c) Der Eisenbahnbau als »der« Führungssektor und Integrationsbeschleuniger

Der Eisenbahnbau und -betrieb revolutionierte auf lange Sicht das Wirtschaftssystem weit über die Umgestaltung des Gütertransports hinaus – im Gegensatz zu England, wo die Industrialisierung teilweise dem Eisenbahnbau voranging. Er ist deshalb zu Recht als »Führungssektor« der deutschen Industrialisierung bezeichnet worden, denn er hat sogenannte Vorwärts- und Rückwärtskoppelungseffekte bewirkt. Nach hinten hat er z. B. den Kohlen-, Maschinen- und Holzindustrien einen ungeahnten Aufschwung ermöglicht, nach vorne hat er die Angebotspreise und die Produktivität der Eisen-, Maschinen- und Waggonbauindustrien grundlegend verändert. Diese Effekte haben die deutsche Industrie umgewälzt, und was Riesser mit Blick auf die Jahrhundertmitte sagte: »Die gewaltigen Anforderungen, welche der Bedarf der neu errichteten Eisenbahnen an Eisen, Kohlen, Schwellen, Lokomotiven, Wagen usw. stellte, konnte bei der damaligen Lage der Industrie auch nicht entfernt mit den vorhandenen Mitteln gedeckt werden«[8], war nach weniger als zwei Jahrzehnten bereits Makulatur. Trotzdem erscheint es mir mehr als fraglich, ob die Eisenbahnen als »größte produktive Tat... aller Geschichte«[9] zutreffend gewürdigt werden.

Als am 7. Dezember 1835 die sechs Kilometer lange Eisenbahnstrecke von Nürnberg nach Fürth mit einer Lokomotive des Engländers Stephenson, der »Adler«, und einem englischen Lokomotivführer eröffnet wurde – das Baukapital belief sich auf 177000 Gulden –, ahnten nur wenige, welche Auswirkungen dieses System auf die deutsche Wirtschaft haben würde. Diese Bahn war als Personenbeförderungsmittel gebaut worden, und man hatte vorher die durchschnittliche tägliche Zahl der Straßenreisenden ermittelt, um ein Maß für die Rentabilität zu bekommen. Erst im zweiten Jahr wurden einige Güter transportiert. Der Aphorismus Wilhelm Raabes: »Das Deutsche Reich ist mit der ersten Eisenbahn zwischen Nürnberg und Fürth gegründet worden«[10], geht allerdings an der politischen und ökonomischen Wirklichkeit weit vorbei. Die öffentliche Meinung war dezidiert gegen den Eisenbahnbau, weil man größte gesundheitliche Schäden für Mensch und Vieh befürchtete. Ja selbst Beuth, dieser großartige »Erzieher der preußischen Gewerbsamkeit«[11], stand dem Eisenbahnbau gleichgültig gegenüber. Die einzelstaatlichen Regierungen waren wenig gewillt, große Kapitalsummen in ein Projekt zu investieren, dessen Rentabilität sich noch nicht erwiesen hatte. Preußen, dem größten Staat, waren nicht nur durch das Staatsschuldengesetz von 1820 die Hände gebunden, es hatte auch zwischen 1816 und 1831 482,2 Meilen Staatsstraßen neu bauen lassen. Ab 1821 wurden zur Beschleunigung der Personenbeförderung Schnellposten eingeführt – der preußische Etat für den Chausseebau war von 1821 bis 1841 von 1,6 auf 9 Millionen Mark angewachsen –, und man befürchtete Verluste bei den Einnahmen aus der Personen- und Güterbeförderung, dem Postregal, den Chaussee- und Wegezöllen. Der Generalpostmeister Nagler, vom preußischen König Friedrich Wilhelm III. befragt, ob die Einführung von Eisenbahnen in Preußen nützlich und notwendig sei, antwortete: »Unsere zwölfsitzigen Postwagen fahren täglich nur einmal von Potsdam nach Berlin, und sie sind selten besetzt. Es ist kein Bedürfnis vorhanden, eine so teure und gefahrvolle Fahrgelegenheit zu schaffen. Die Eisenbahnen können und werden keinen Bestand haben.« Dem König selbst ermangelte es an Phantasie, um zu ermessen, welche Bedeutung der Eisenbahnbau erlangen würde. Er sagte: »Unser Zeitalter liebt den Dampf; alles soll Karriere gehen. Die Ruhe und Gemütlichkeit leidet aber darunter. Kann mir keine große Freude davon versprechen, ein paar Stunden früher in Berlin oder in Potsdam zu sein.«[12] Staatliches Engagement beim Eisenbahnbau wurde als Fehlinvestition angesehen. Die gesamten preußischen Staatsausgaben sind zwischen 1820 und 1866 von circa 190 auf 470 Millionen Mark angestiegen – die preußischen Nettoinvestitionen allein im Eisenbahnbau beliefen sich zwischen 1841 und 1870 auf 2010,7 Millionen Mark, was allerdings nur einem Anteil von etwa 6% am Bruttosozialprodukt entsprach.

Die verschiedenen deutschen Staaten, die durch Erteilung oder Verweigerung von Konzessionen den Eisenbahnbau kontrollieren konnten, trafen unterschiedliche Entscheidungen, ob sie Privatgesellschaften den Bau von Eisenbahnen erlaubten oder sie gleich in staatlicher Regie planten. Die ersten Linien wurden von privaten Aktiengesellschaften gebaut, sowohl von Berlin nach Potsdam, die 1838 dem Verkehr übergeben wurde, als auch die 115 km lange Fernbahn von Leipzig nach Dresden, die 1839 eingeweiht wurde. Die Staatsbahn von Braunschweig nach Wolfenbüttel wurde ebenfalls im Jahre 1838 eröffnet. Es stellte sich bald heraus, daß alle pessimistischen Vorhersagen falsch waren; die Eisenbahnen waren nicht nur schneller und bequemer, sie waren auch höchst rentabel. Friedrich List, dessen fünfjähriger USA-Aufenthalt ihn zu einem Eisenbahnenthusiasten gemacht hatte, wurde nicht müde, dieses Verkehrsmittel in den allerhöchsten Tönen zu preisen: »Was die Dampfschiffahrt für den See- und Flußverkehr, ist der Eisenbahn-Dampfwagentransport für den Landverkehr, ein Herkules in der Wiege, der die Völker erlösen wird von der Plage des Kriegs, der Theuerung und Hungersnoth, des Nationalhasses und der Arbeitslosigkeit, der Unwissenheit und des Schlendrians; der ihre Felder befruchten, ihre Werkstätte und Schachte beleben und auch den Niedrigsten unter ihnen Kraft verleihen wird, sich durch den Besuch fremder Länder zu bilden, in entfernten Gegenden Arbeit und an fernen Heilquellen und Seegestaden Wiederherstellung ihrer Gesundheit zu suchen.«[13]

Die preußische Staatsbürokratie nahm anfänglich eine ablehnende Haltung gegenüber dem Eisenbahnbau ein. Private Konzessionsgesuche für die Strecken Berlin-Hamburg und Magdeburg-Leipzig wurden abgelehnt, auch weil die Städte eine Schädigung ihrer regionalen Handelsstellung befürchteten. Aktienübernahmen oder Zinsgarantien für Privateisenbahnen wurden von der preußischen Regierung erst gar nicht in Erwägung gezogen; das hinderte in den preußischen Westprovinzen Vertreter von Bank-

und Handelskapital wie der Industrie, unter ihnen Ludolf Camphausen, David Hansemann, Friedrich Harkort oder August von der Heydt, allerdings nicht, sich energisch für die Errichtung von Eisenbahnen einzusetzen. Derselbe v. d. Heydt war dann als Minister für Handel, Gewerbe und öffentliche Arbeiten sehr besorgt, daß nur politisch einwandfreie Personen in der königlich-preußischen Eisenbahnverwaltung Dienst taten. In einem Erlaß vom 9. Februar 1852 an die königlichen Eisenbahn-Kommissariate und -Direktionen hieß es: »Die völlige Entfernung der Demokraten aus dem Eisenbahndienst sei in geordneter Weise herbeizuführen.«[14] Der Bau der Düsseldorf-Elberfelder Eisenbahn wurde am 15. März 1837 begonnen, und bis 1842 hatte sich lediglich der belgische Staat mit zwei Millionen Mark Aktien an der Rheinischen Eisenbahngesellschaft beteiligt. Die preußische Regierung versuchte, durch Erlaß eines Eisenbahngesetzes im Jahre 1838 steuernd in den Prozeß einzugreifen, das ein ausgedehntes Aufsichtsrecht über die Aktiengesellschaften, die Genehmigungspflicht für Anlage und Betrieb, ein Ankaufsrecht sowie unentgeltliche Postbeförderung vorsah. Erst 1847 entschloß sie sich zum Bau der Ostbahn nach Königsberg auf Staatskosten, weil keine Privatgesellschaft dieses Risiko eingehen wollte. Der »Vereinigte Landtag«, der aufgrund des Staatsschuldengesetzes einer Anleihe zustimmen sollte, versagte die Baugenehmigung und wurde daraufhin aufgelöst. Weitere Staatsbauten folgten, und am 29. Oktober 1879 wurde von der preußischen Regierung ein Gesetzentwurf zur Verstaatlichung fast aller Hauptbahnen vorgelegt.

In Sachsen lagen die Dinge ähnlich. Die sächsische Regierung hatte bis 1834 1760 km Staatsstraßen gebaut und wollte keinesfalls Kapital fehlinvestieren. Selbst als die Finanzdeputation der II. Kammer des Landtags am 18. April 1840 die Gefahr beschwor, daß Sachsen isoliert und die Handelsströme umgelenkt werden könnten, gab der sächsische Staat seine zurückhaltende Eisenbahnbaupolitik nicht auf. Es heißt dort: »Sachsen, umgeben von großen Staaten, im Mittelpunkte Deutschlands, hat mehr als jeder andere Staat seine volle Aufmerksamkeit dem Eisenbahnwesen zuzuwenden, denn nicht seiner günstigen Lage verdankt es die Stufe in der Handelswelt, die es jetzt behauptet, sondern der Industrie [d. h. dem Fleiß, H. K.] seiner Bewohner; es ist doch so gelegen, daß die umliegenden Staaten dasselbe ohne Schwierigkeiten von den großen Handelsstraßen isolieren vermögen.«[15] Erst als Privatgesellschaften Mitte der vierziger Jahre in finanzielle Schwierigkeiten gerieten, übernahm der sächsische Staat immer mehr Linien und baute das Netz aus.

Die süddeutschen Staaten Bayern, Württemberg und Baden konnten sich wegen unterschiedlicher Territorialinteressen nicht auf ein gemeinsames Vorgehen beim Eisenbahnbau verständigen. Bayern schuf zwar 1836 die gesetzliche Grundlage für ein bayerisches Privatbahnsystem, doch wegen der schwierigen Verhandlungen mit Sachsen wegen des Baus einer Konkurrenzbahn nach Coburg ließ es die begonnenen und geplanten Linien auf Staatskosten ausführen. Nach 1844 wurden lediglich in der bayerischen Pfalz und von der 1856 gegründeten Aktiengesellschaft der bayerischen Ostbahnen, die bis 1874 904 km Bahnnetz betrieb, noch Privatbahnen gebaut. Die württembergische Regierung glaubte, daß wegen der verkehrsgeographisch ungünstigen Lage des Staates Bahnlinien in Süddeutschland sowohl den Nord-Süd- als auch den West-Ost-Handel umlenken könnten. Ein Gesetzentwurf vom 7. März 1843 schrieb deshalb den Staatsbahnbau vor. Der Staat war davon überzeugt, besser als jede Privatgesellschaft Württemberg mit einem Eisenbahnsystem erschließen zu können. Auch in Baden vergab der Staat keine privaten Konzessionen, sondern errichtete von Anfang an ein Staatsbahnsystem. Eine Nord-Süd-Verbindung von Mannheim bis Basel war für diesen langgestreckten Flächenstaat von emiment handelspolitischer Bedeutung, doch erst das Projekt einer linksrheinischen Eisenbahn von Basel über Straßburg nach Rheinbayern und die damit verbundene Gefahr einer Handelsumlenkung führten dazu, daß die badische Regierung einen außerordentlichen Landtag einberief und den Eisenbahnbau auf Staatskosten beschloß. Engstirniger Partikularismus verhinderte, daß Baden die Linien in der allgemein akzeptierten Normalspur von 1,435 Meter baute. Die gewählte Spurbreite von 1,60 m machte den Anschluß an benachbarte Bahnen unmöglich. In den Jahren 1854/55, nachdem eine Einigung über die Verbindung der bayerischen, württembergischen und badischen Einzelnetze zustande gekommen war, rüstete Baden alle gebauten Eisenbahnlinien auf die Normalspurbreite um.

Die norddeutschen Staaten Hannover und Braunschweig bauten Eisenbahnen in staatlicher Regie. Allerdings fiel der Entschluß zur Errichtung eines hannoverischen Staatsbahnsystems erst 1841; Braunschweig hatte bereits 15 Jahre früher – in einer Denkschrift von 1824 über den Bau einer »Eisenstraße« – eine gemeinsame Linie über Hannover, Celle nach Hamburg vorgeschlagen, doch wegen der befürchteten Benachteiligung Harburgs gegenüber Hamburg lehnte die Landdrostei Hannover ab. Eine bevorstehende Einigung Braunschweigs mit Magdeburg und die Gefahr einer Eisenbahnverbindung zwischen den westlichen und östlichen Provinzen Preußens unter Umgehung von Hannover zwangen zum Umdenken. König Ernst August von Hannover soll sogar gesagt haben: »Ich will keine Eisenbahn in meinem Lande, ich will nicht, daß jeder Schuster und Schneider so rasch reisen kann wie ich.«[16] In dem am 8. September 1840 verkündeten Expropriationsgesetz der hannoverschen Regierung wurde der staatliche Eisenbahnbau mit den »finanziellen und Handels-Interessen Unseres Königreichs«[17] begründet. In Schleswig-Holstein war man an einer Eisenbahnverbindung zwischen Nord- und Ostsee stark interessiert, da die größten Warenströme zwischen den Hansestädten Hamburg und Lübeck flossen. Die dänische Regierung verweigerte diesem Projekt die Genehmigung, da sie Ertragseinbußen aus dem Sundzoll und für dänische Häfen befürchtete. Ein dänisches Eisenbahngesetz für ganz Schleswig-Holstein vom 18. Juni 1840 sah die Übernahme von einem Viertel des Aktienkapitals, unentgeltliche Überlassung von öffentlichem Grund und Boden für den Bahnbau sowie Befreiung vom Einfuhrzoll für die zum Bau verwendeten importierten Materialien für die Strecke Altona-Kiel vor, die im September 1844 in Betrieb genommen werden konnte.

Die hessischen Staaten mußten aufgrund ihrer territorialen Lage besonders befürchten, durch Eisenbahnlinien in den Nachbarstaaten vom Transitverkehr abgeschnitten zu werden. Trotzdem nahmen die Regierungen in Kurhessen, Hessen-Darmstadt – sowie in Nassau – eine abwartende und zögernde Haltung ein. Bürgerliche Kreise in Kassel richteten 1833 eine Petition an den Kurprinzen, in der sie vorschlugen, Kassel zum zentralen Kreuzungspunkt des deutschen und europäischen Eisenbahnnetzes zu machen. Der landständische Ausschuß für Handel und Gewerbe und die Ständeversammlung befürworteten ebenfalls den Bau von Eisenbahnlinien, die die Nordsee mit Süddeutschland und das Rheinland mit Leipzig – jeweils über Kassel – verbinden sollten. 1834 wurden Gelder zu Vorarbeiten bewilligt und der Eisenbahnbau auf Staatskosten beschlossen. Als die Taunusbahn von Frankfurt nach Wiesbaden auf privatkapitalistischer Basis – vor allem Frankfurter

Bankhäuser beteiligten sich – gebaut wurde, erregte dies sofort in Darmstadt die Furcht vor Isolierung. Um beim Nord-Süd-Verkehr nicht umgangen zu werden, baute Hessen-Darmstadt 1842 nach einer Einigung mit Frankfurt und Baden in staatlicher Regie die Main-Neckarbahn.

Bis zum Jahre 1846 wurden folgende Strecken – Gesamtlänge in Klammern – dem Verkehr übergeben: 1835: Nürnberg–Fürth (6,0 km); 1837: Leipzig–Althen, Althen–Gerichshain (21,0 km); 1838: Gerichshain–Machern, Dresden–Weintraube, Machern–Wurzen, Wurzen–Dahlen, Weintraube–Oberau, Potsdam–Zehlendorf, Zehlendorf–Berlin, Dahlen–Oschatz, Oschatz–Riesa, Braunschweig–Wolfenbüttel, Düsseldorf–Erkrath (139,5 km); 1839: Riesa–Oberau, Magdeburg–Schönebeck, Köln–Müngersdorf, München–Lochhausen, Schönebeck–Saale, Frankfurt–Höchst, Lochhausen–Olching, Höchst–Hattersheim, Olching–Maisach (239,6 km); 1840: Castel–Wiesbaden, Hattersheim–Castel, Nannhofen–Maisach, Saale–Cöthen, Mungersdorf–Lövenich, Cöthen–Halle, Castel–Biebrich, Vienenburg–Harzburg, Halle–Leipzig, Wolfenbüttel–Schladen, Dessau–Cöthen, Mannheim–Heidelberg, Althegnenberg–Nannhofen, Augsburg–Althegnenberg (468,9 km); 1841: Erkrath–Vohwinkel, Berlin–Jüterbogk, Coswig–Dessau, Wittenberg–Coswig, Lövenich–Aachen, Vohwinkel–Elberfeld, Jüterbogk–Wittenberg, Schladen–Vienenburg (683,4 km); 1842: Hamburg–Bergedorf, Breslau–Ohlau, Berlin–Neustadt, Ohlau–Brieg, Leipzig–Altenburg, Berlin–Frankfurt a. O., Neustadt–Angermünde (931,0 km); 1843: Heidelberg–Karlsruhe, Brieg–Oppeln, Magdeburg–Halberstadt, Wolfenbüttel–Oschersleben, Angermünde–Stettin, Aachen–Herbesthal, Hannover–Lehrte, Breslau–Freiburg, Lehrte–Peine (1311,3 km); 1844: Köln–Bonn, Altenburg–Crimmitschau, Karlsruhe–Rastatt, Rastatt–Oos, Peine–Braunschweig, Oos–Offenburg, Appenweier–Kehl, Königszelt–Schweidnitz, Nürnberg–Bamberg, Altona–Kiel, Liegnitz–Breslau, Donnauwerth–Oberhausen (1751,9 km); 1845: Elmshorn–Glückstadt, Oos–Baden, Offenburg–Freiburg, Crimmitschau–Zwickau, Neumünster–Rendsburg, Bunzlau–Liegnitz, Lehrte–Celle, Cannstatt–Untertürkheim, Oppeln–Schwientochlowitz, Untertürkheim–Obertürkheim, Dresden–Radeberg, Obertürkheim–Esslingen, Deutz–Düsseldorf, Radeberg–Bischofswerda (2142,8 km).

Das regionale deutsche Streckennetz hat sich von 239,6 km im

Jahre 1838 auf 20980,0 km 1871 vergrößert, vor allem zwischen 1850 und 1871. Im Jahre 1840 gab es in Deutschland 467,9 km Eisenbahnlinien, in den USA 5340 km, in Großbritannien 1349, in Frankreich 427 und in Belgien 334 km. Das gesamte Eisenbahnnetz im Deutschen Reich – ohne Elsaß-Lothringen – vergrößerte sich in diesem Zeitraum um 245,2%, das Wachstum in Hessen-Darmstadt betrug 508,3%, im Rheinland 419,9%, in Bayern 396,7% und in Württemberg 311,3% (vgl. Tab. 18). Seit Ende der vierziger Jahre wurden die westdeutschen mit den nord-mitteldeutschen und die südwestdeutschen mit den rheinischen Linien verbunden. Die Listsche Vorstellung von einem deutschen Eisenbahnnetz war damit nahezu verwirklicht worden.

Die Vereinheitlichung von Anlage und Ausstattung der Eisenbahnen sowie der Beförderung von Personen und Gütern hat der 1846 gegründete »Verein deutscher Eisenbahnverwaltungen« angestrebt. Die Anschlüsse nach Belgien (1843), nach Österreich (1848), nach Frankreich (1852), nach Holland (1856), nach der Schweiz (1858) und nach Rußland (1861) banden die deutschen Eisenbahnen in ein internationales Netz ein. Nichts läßt deutlicher die Aufholjagd deutscher Industrieregionen beim Eisenbahnbau erkennen als die gemeinsam vorangetriebene, zunehmende Vernetzung der Linien. Mit anderen Worten: der deutsche Partikularismus mit seinen vielfältigen politischen Engstirnigkeiten hat dazu beigetragen, daß die Konkurrenzsituation zu einem Wettlauf beim Eisenbahnbau und, wie wir bereits gesehen haben, auch bei der regionalen Industrialisierung führte.

Ende der siebziger Jahre wurde die Ansicht vertreten: »Regellos vertheilt, mit vielen kleinen und größeren Centren, die nicht immer die Schwerpunkte der Verkehre sind, bedecken die deutschen Eisenbahnen das Land, wie die Kirchthurmpolitik der Länder sie hervorrief, deutlich die Zersplitterung der großen in kleine Interessen schildernd«[18], doch war dies nur die halbe Wahrheit. Die Notwendigkeit eines länderverbindenden und (industrie-)flächendeckenden Eisenbahnsystems war längst erkannt worden. In den sechziger und siebziger Jahren wurde neben den Seitenlinien eine Vielzahl von Lokal-, Schmalspur- und Sekundärbahnen gebaut, die auch ländliche Gebiete an die Vollbahnen anschlossen. Zugegeben, es gab neben längeren und profitablen Staatsbahnstrecken auch kleinere private Nebenlinien, die sich bekämpften und schikanierten, und die Vielzahl verschiedener Frachtsätze – es gab 70

Tabelle 18: Regionale Entwicklung des Eisenbahnnetzes in Deutschland 1839-1914 (in km)

Staat/Region	1839	1850	1870	1880[1]	1890	1900	1910	1914
– Ostpreußen	–	–	836,2	988,8	1 553,5	2 219,4	2 782,3	2 964,4
– Westpreußen	–	–		847,3	1 331,1	1 617,6	2 231,8	2 376,2
– Brandenburg	26,4	642,9	1 328,7	2 414,2	2 769,1	3 457,7	4 005,0	4 240,2
– Pommern	–	109,5	580,1	1 098,7	1 421,4	1 879,7	2 275,3	2 352,4
– Posen	–	85,1	529,4	1 121,0	1 717,7	2 069,4	2 716,7	2 845,4
– Schlesien	–	646,8	1 551,3	2 703,7	3 291,8	3 940,4	4 601,7	4 785,3
– Sachsen	27,3	502,0	1 112,6	1 895,2	2 334,0	2 762,6	2 866,0	3 047,1
– Schleswig-Holstein	–	159,8	559,9	811,6	1 256,9	1 370,1	1 570,1	1 579,8
– Hannover	–	359,6	921,1	1 873,0	2 295,7	2 630,5	3 203,7	3 319,5
– Westfalen	–	342,2	947,7	1 939,3	2 245,9	2 520,3	3 277,5	3 403,5
– Hessen-Nassau[2]	14,7	352,8	773,1	1 198,2	1 505,3	1 709,5	2 057,9	2 166,0
– Rheinland	15,8	321,1	1 590,4	2 681,5	3 356,9	3 699,3	4 353,4	4 781,8
– Hohenzollern	–	–	12,0	80,6	90,7	90,7	90,7	90,7
Preußen[3] insgesamt	84,2	3 549,5	10 821,4	19 653,6	25 170,0	29 967,2	36 012,0	37 943,2
Bayern	28,0	608,8	2 756,4	4 842,7	5 530,1	6 719,8	7 988,9	8 460,6
Sachsen	115,5	436,1	1 040,8	2 041,1	2 237,6	2 447,4	2 659,9	2 678,7
Württemberg	–	250,0	1 028,2	1 437,2	1 502,6	1 617,3	1 918,5	1 998,2
Baden	–	302,6	951,4	1 316,6	1 484,3	1 779,9	2 025,3	2 114,1
Hessen	–	110,6	597,8	781,2	924,5	1 180,0	1 471,0	1 505,6
Mecklenburg[4]	–	226,2	397,8	533,0	1 207,2	1 420,5	1 452,7	1 477,5
Oldenburg	–	–	159,5	326,5	410,1	561,7	659,5	684,9

Staat/Region	1839	1850	1870	1880[1]	1890	1900	1910	1914
Braunschweig	11,9	84,0	221,5	339,1	440,4	513,7	639,2	647,8
Anhalt	–	92,1	164,9	238,8	267,9	294,8	293,9	294,1
Thüringen[5]	–	147,3	430,9	828,0	1 095,7	1 423,8	1 676,4	1 707,3
Lippe[6]	.	24,7	24,7	53,7	53,7	122,3	133,6	133,8
Elsaß-Lothringen			766,0	1 143,6	1 342,5	1 642,8	1 826,9	1 837,8
Deutsches Reich[7]	239,6	5 856,4	18 667,2	33 644,8	41 817,7	49 878,4	59 930,9	61 749,4

Quellen: G. Stürmer, *Geschichte der Eisenbahnen,* Bromberg 1872, S. 54 ff.; *Statistisches Jahrbuch für das Deutsche Reich,* I. Teil, Berlin 1907, S. 295; *Statistisches Jahrbuch für das Deutsche Reich,* XXXIII, 1912, S. 136 und XXXVII, 1916, S. 32.

Anmerkungen:

1 Ab 1880 Haupt- und Nebenbahnen.
2 Vor 1866 Kurhessen, Nassau und Frankfurt a. M.
3 Einschließlich Lauenburg und Jadegebiet.
4 Mecklenburg-Schwerin und Mecklenburg-Strelitz (ab 1870).
5 Sachsen-Weimar, Sachsen-Meiningen, Sachsen-Altenburg, Sachsen-Coburg-Gotha, Schwarzburg-Sondershausen, Schwarzburg-Rudolstadt, Reuß jüngere und Reuß ältere Linie.
6 Schaumburg-Lippe und Lippe.
7 Einschließlich Waldeck, Lübeck, Bremen und Hamburg.

selbständige Bahnverwaltungen – förderte nicht gerade die Übersichtlichkeit. Zum Jahresende 1875 betrug das ganze deutsche Streckennetz 27956 km, davon 12641 km Staatsbahnen, 3253 km Privatbahnen in Staatsbetrieb und 12062 km in privater Verwaltung. Der Bismarcksche Vorschlag von 1876, sämtliche in Deutschland vorhandenen Eisenbahnen in Reichsbesitz zu überführen, wozu er sich vom preußischen Landtag die Genehmigung zur Veräußerung der preußischen Staatsbahnen an das Deutsche Reich erteilen ließ, war vor allem darauf ausgerichtet, die Einnahmen des Reichs zu steigern. Die Staaten Baden, das rechtsrheinische Bayern, Bremen, Elsaß-Lothringen, Oldenburg, Schaumburg-Lippe und Württemberg hatten bereits ein Staatsbahnsystem. In Preußen waren 4281 km Eisenbahnen staatlich, 9183 km privat, und 2736 standen unter staatlicher Verwaltung, das waren zusammen 55,9% des deutschen Eisenbahnnetzes. Im Jahre 1887/88 lag die Rendite vom Anlagekapital der Staatseisenbahnen in Preußen bei 6,54%, in Sachsen bei fünf Prozent, in Bayern bei vier Prozent, in Baden bei 3,22% und in Württemberg bei 3,16%. Die Nettoeinnahmen der preußischen Staatsbahnen beliefen sich z. B. von 1905-1910 auf 3027 Millionen Mark, während die Steuereinnahmen im gleichen Zeitraum 2119,4 Millionen Mark betrugen. Das Reichseisenbahnprojekt kam aber wegen des Widerstands von Bayern, Württemberg und Sachsen nicht zustande, ja Bayern und Sachsen kauften sämtliche Privatbahnen – bis auf die pfälzischen, die bis zum Jahre 1904 selbständig blieben – auf, um dem Reich zuvorzukommen. Preußen hielt an der Verstaatlichung fest und erwarb seit 1879 die meisten Linien. In den folgenden drei Jahren bis 1882 hat der Staatsbesitz von 6190 km auf 15305 km zugenommen, und bis 1903 war die Verstaatlichung im wesentlichen abgeschlossen. Im Jahre 1897 schloß Preußen mit Hessen-Darmstadt einen Eisenbahngemeinschafts-Vertrag, durch den die hessische Ludwigsbahn, die oberhessischen Eisenbahnen und die hessischen Staatsnebenbahnen einer einheitlichen Betriebs-, Finanz- und Verwaltungsgemeinschaft unterstellt wurden.

Die Vereinheitlichung der Tarife im Personen- und Güterverkehr zog sich über einen sehr langen Zeitraum hin. Zuerst begann man die Güterfrachttarife nach dem Wert der Güter abzustufen, weil erkannt worden war, daß gerade die schweren, billigen Güter wie Kohle, Holz etc. ferngehalten wurden. In den fünfziger Jahren wurden einzelne Vereinbarungen benachbarter Eisenbahnverwaltungen über den Durchgangsverkehr getroffen. Eine Enquête, im Jahre 1872 veranstaltet, sollte die verschiedenen Differentialtarife ermitteln, und ein Jahr später wurde ein Reichseisenbahnamt als oberste Aufsichts- und Beschwerdeinstanz eingerichtet. 1876 kam eine Vereinbarung über gemeinsame Grundsätze bei der Tarifbildung zustande, d. h. eine Eisenbahnverkehrsordnung, durch die das Tarifwesen für Personen, Güter, Gepäck und Tiere weiter angeglichen werden konnte. Niedrige Ausnahmetarife, etwa für Rohstoffe und Lebensmittel, wurden eingeführt, die durchschnittlichen Frachtkosten waren von 5 Pfennigen 1876 auf 3,58 Pfennige 1913 gesunken. Es gab Tarifkommissionen und Fahrplankonferenzen, Vorschriften für die Abfertigung und Beförderung sowie für den Betriebs- und Sicherungsdienst. Die Abwicklung des Eisenbahnverkehrs wurde den Bedürfnissen der Hochindustrialisierung angepaßt. Seit dem 1. Mai 1907 trat ein einheitlicher Personen- und Gepäcktarif auf allen deutschen Staatseisenbahnen in Kraft.

Im Kaiserreich ist nicht nur das Streckennetz stark ausgeweitet und das Staatsbahnsystem vorangetrieben worden, sondern die deutsche Eisenbahn hat sich grundlegend modernisiert. Im Jahre 1912 existierte ein Streckennetz von 60 521 km, davon unter staatlicher Regie 34 164 km Haupt- und 22 726 km Nebenbahnen, während die privaten Nebenbahnen auf 3353,5 km und Hauptbahnen in Privatbesitz sogar auf nur 277 km zurückgegangen waren. Eine Schnellzuglokomotive beförderte im Jahre 1890 einen Zug von 110 t mit 75 km/h Geschwindigkeit, bis 1913 hatte sich die Geschwindigkeit auf etwa 100 km/h erhöht, das Zuggewicht war jedoch auf ungefähr das Vierfache gestiegen. Ebenso sind die Güterwagen vergrößert und einige Strecken – wie Berlin–Halle oder Mannheim–Heidelberg – viergleisig ausgebaut worden. Bei dem Bau von Güter- wie Personenbahnhöfen übertrafen sich die Einzelstaaten in Größe und Prunk. Allein der neue Leipziger Bahnhof hat 135 Millionen Mark gekostet. Kleine Zugeinheiten für den Nahverkehr, elektrische und auch benzolelektrische Triebwagen, Schnellzüge mit Durchgangswagen, Schlaf- und Speisewagen, Express-Luxuszüge wurden eingerichtet, um kurze und lange Reisen möglichst bequem zu machen. Auf der 670 km langen Strecke von Berlin nach München wurde nur zweimal gehalten, in Halle und Nürnberg. Es wurden auch Versuche mit elektrischen Schnellbahnen bis zu 200 km Geschwindigkeit auf den Hauptbahnen durchgeführt, sie kamen aber vor dem Weltkrieg nicht zur Ausführung.

An ein paar Zahlen über die vollspurigen deutschen Haupt- und Nebenbahnen kann die Entwicklung bis 1911 deutlich gemacht werden (die prozentuale Zunahme seit 1885 wird in Klammern hinzugefügt): Die Zahl der beförderten Personenkilometer hat sich auf 37 855 Millionen (377%) erhöht, die beförderten Tonnenkilometer auf 57 093 Millionen (225%). 1911 gab es 596 763 (238%) Gepäck- und Güterwagen, 59 857 (263%) Personenwagen, 28 088 (226%) Lokomotiven und Triebwagen, 713 187 (214%) Arbeiter, Angestellte und Beamte, das Anlagekapital betrug 17 833 (183%) Millionen Mark. Im Jahre 1912 wurden an Gütern 120,2 Millionen t Steinkohlen, 34,5 Mio. t Erden aller Art, 25,4 Mio. t Steinkohlenkoks, 18,9 Mio. t Braunkohlenbriketts, 18,6 Mio. t Eisenerze, 18,3 Mio. t Braunkohle, 6,7 Mio. t Zement, 6,0 Mio. t Steinkohlenbriketts, 5,1 Mio. t Kalk und 3,7 Mio. t andere Erze befördert. Die preußisch-hessisch-badische Bahnverwaltung war um 1909 mit 10,5 Milliarden Mark Anlagekapital der größte Eisenbahnbetrieb, gefolgt von der bayerisch-pfälzischen mit 2,15, der sächsischen mit 1,12 und der württembergischen mit 0,74 Milliarden Mark Anlagekapital.

Die Straßenbahnen waren zuerst gewissermaßen ein Ableger der Eisenbahnen für den innerstädtischen Verkehr, allerdings beschränkt auf den Personentransport. Die erste Pferdebahn wurde 1865 in Berlin in Betrieb genommen. Die Zeit der Straßenbahnen begann jedoch erst, als der Elektromotor an die Stelle von Pferden oder Dampfkraft trat, also zu Beginn der neunziger Jahre. Die erste elektrisch betriebene Straßenbahn verkehrte ab 1881 in Berlin-Lichterfelde vom Anhalter Bahnhof zur Kadettenanstalt, nachdem Werner Siemens 1879 diese auf der Berliner Gewerbeausstellung vorgestellt hatte. Zuerst wurde der Strom durch eine Mittelschiene eingespeist, doch seit 1882 bediente man sich in Charlottenburg der Leitungsmasten und Stromabnehmer auf dem Dach der Bahn. Die Bau- und Betriebskosten waren noch so hoch, daß Anfang des 20. Jahrhunderts erst 130 Städte oder Bezirke mit elektrischen Straßenbahnen versehen waren. Ende 1904 waren im Deutschen Reich insgesamt 3316 km Straßenbahnen in Betrieb, bis 1912 hatten sich die städtischen und vorstädtischen Straßenbahnen auf 4846,3 km erhöht, daneben gab es 10 871,5 km nebenbahnähnliche Kleinbahnen für den Nahverkehr. Die Bedeutung der Straßenbahnen geht auch daraus hervor, daß 1913 von der Eisenbahn 1,8 Mrd.

Fahrgäste befördert wurden, von den innerstädtischen Straßenbahnen 27,8% mehr, nämlich 2,3 Mrd. Personen.

d) Das Post-, Telegraphen- und Fernsprechwesen

Das Postwesen lag zu Beginn des 19. Jahrhunderts weitgehend in
privater Hand, und das Interesse der einzelnen Regierungen war
auf möglichst hohe Einnahmen gerichtet; in Preußen wurde die
Postverwaltung seit dem 18. Jahrhundert unter staatlicher Regie
geführt. Die deutsche Bundesakte hielt das Thurn und Taxissche
Postprivileg aufrecht, woraufhin Preußen, Bayern, Sachsen und
Württemberg ihr eigenes Postwesen organisierten. Im Jahre 1850,
als der deutsch-österreichische Postvereins-Vertrag abgeschlossen
wurde, existierten in Deutschland 16 Postverwaltungen und 31
Postgebiete. Während des Krieges von 1866 beschlagnahmte die
preußische Regierung die Thurn und Taxissche Postverwaltung,
die sich über 21 Klein- und Mittelstaaten erstreckt hatte. Der Fürst
von Taxis wurde nach dem Frieden für das alte kaiserliche Regal,
das seinen Vorfahren 1520 von Karl V. verliehen worden war, mit
drei Millionen Talern abgefunden.

Die Frankfurter Reichsverfassung hatte zwar die Reichshoheit
für das Postwesen gefordert, doch eine grundlegende Änderung
ergab sich erst nach der Errichtung des Norddeutschen Bundes
bzw. des Deutschen Reichs. Die Verfassung des Norddeutschen
Bundes (§ 48) führte in seinem Gebiet die Einheitspost ein, d. h.,
nach 1868 gab es ein einstufiges Briefporto von einem Silbergro-
schen für jeden bis 15 Gramm schweren Brief. Nach dem Zonenta-
rif in der ersten Hälfte des 19. Jahrhunderts kostete ein einfacher
Brief von Berlin nach Halberstadt 4 1/2 Groschen, von Berlin bis
Memel acht Groschen und von Danzig bis Frankfurt am Main 15
Silbergroschen. Das Posttaxgesetz von 1871 richtete überall die
Landbriefzustellung ein, für ganz Deutschland und Österreich-
Ungarn wurde ein einfacher, niedriger, bei Briefen und anderen
Briefsendungen lediglich nach dem Gewicht abgestufter Einheits-
tarif eingeführt, das Paketporto wurde verbilligt und die Geldver-
sendung erleichtert. Aufgrund der Idee und Initiative des General-
postmeisters Heinrich von Stephan (1831-1897) wurde 1874 der
Allgemeine Postverein, der Vorläufer des Weltpostvereins, in Bern
gegründet.

Tabelle 19: Deutscher Postverkehr 1887 und 1911

In Millionen Stück

	1887		1911	
	Überhaupt	Innerhalb Deutschlands	Überhaupt	Innerhalb Deutschlands
Briefe	897,8	735,2	3 215,4	2 712,8
Zeitungsnummern	624,8	607,5	2 278,7	2 222,2
Postkarten	276,6	251,4	1 871,4	1 617,2
Drucksachen	275,3[1]	218,5[1]	1 477,6	1 243,0
Pakete ohne Wertangabe	97,8	91,7	292,3	264,8
Außergewöhnliche Zeitungsbeilagen	41,3	41,3	290,7	290,7
Warenproben	20,3	11,6	103,4	67,4
Geschäftspapiere	–[2]	–[2]	25,5	20,0
Pakete, Briefe und Kästchen mit Wertangabe	12,2	10,5	13,6	10,9
Summe	2 246,1	1 967,7	9 568,6	8 449,0

Quelle: A. Sartorius von Waltershausen, *Deutsche Wirtschaftsgeschichte 1815-1914,* Jena 1923[2], S. 584.

Anmerkungen:
1 Einschließlich Geschäftspapiere.
2 Unter Drucksachen aufgeführt.

Die enorme Zunahme des Postverkehrs kann an einigen Zahlen verdeutlicht werden (vgl. Tab. 19). Deutschland hatte vor dem Ersten Weltkrieg, obwohl zwischen England und den USA 1908 das Pennyporto eingeführt wurde, den größten Briefverkehr der Welt und nach den USA die meisten Postanstalten. Die Postsendungen haben sich zwischen 1887 und 1911 mehr als vervierfacht, die Zahl der versendeten Postkarten fast versiebenfacht. Am 1. Januar 1909 wurde der Postscheckverkehr eingeführt und damit eine neue Art staatlichen Zahlungsverkehrs als Konkurrenz gegenüber den Banken. Postscheckämter wurden in Berlin, Breslau, Danzig, Frankfurt am Main, Hamburg, Hannover, Karlsruhe, Köln, Leipzig, Ludwigshafen, München, Nürnberg und Stuttgart eröffnet, auf denen Konten mit Ein- und Auszahlungen oder Überweisungen errichtet werden konnten, allerdings bereits damals ohne Zinsen. Bis 1912 stieg die Zahl der Konteninhaber auf 89 380, die Guthaben auf 180,0 Millionen und der Gesamtumsatz auf 35 534,5 Millionen Mark, davon 55,7% bargeldlos. International wurde der Überweisungsverkehr zuerst mit Österreich-Ungarn, der Schweiz, Luxemburg und 1913 auch mit Belgien ermöglicht.

Die Telegraphie diente vor allem dazu, die Nachrichtenübermittlung zu beschleunigen. Ehe der elektrische Telegraph erfunden wurde, verwendete man optische Telegraphen. In Deutschland benutzte man den ersten elektrischen Telegraphen 1844 auf der Eisenbahnstrecke Kastel–Wiesbaden–Biebrich, zwei Jahre später auf den Strecken Berlin–Potsdam und Bremen–Bremerhaven. Ein von Siemens gebauter Telegraph stellte 1847/48 die Verbindung von Berlin nach Frankfurt am Main her. Preußen machte die elektrische Telegraphie 1849 auch für Privatzwecke zugänglich. Ein Telegramm von 20 Worten kostete damals für jede Meile 1 1/2 Silbergroschen, nachts das Doppelte. Am 25. Juli 1850 schlossen sich Österreich und Preußen, Bayern und Sachsen zu einem »Deutsch-Österreichischen Telegraphenverein« zusammen, dem sich in den nächsten Jahren die übrigen deutschen Staaten sowie die Niederlande anschlossen. Einheitstarife und die Vereinheitlichung der Telegrammabfertigung lagen auch dem internationalen Telegraphenvertrag (»Welttelegraphenverein«) von 1865 in Paris zugrunde, den fast alle europäischen Staaten – außer England – unterzeichneten. Das Telegraphenwesen dehnte sich durch die Zusammenlegung von Reichspost- und Telegraphenverwaltung Mitte der siebziger Jahre weiter aus, nicht nur im Eisenbahnbereich, sondern auch bei der großstädtischen Polizei und Feuerwehr, schließlich in Hotels und Krankenhäusern sowie bei den Strom-, Gas- und Wasserversorgungsanstalten. Mit der Einführung des Fernsprechers explodierten die Möglichkeiten des öffentlichen und später auch des privaten Nachrichtenverkehrs. Der Telegraph wurde dadurch teilweise verdrängt, doch bei schriftlichen Mitteilungen erwies er sich als eine nützliche Ergänzung. Tabelle 20 zeigt die rasante Entwicklung. Die Überseetelegraphenlinien vermehrten sich von 4000 km 1888 auf 44 000 km 1913, die Gesamteinnahmen der Reichspost aus Telegraphen- und Fernsprechverkehr im gleichen Zeitraum von 26 auf 230 Millionen Mark. Im Jahr 1909 entfielen von allen beförderten Mitteilungen etwa 74% auf die Briefpost, 25% auf den Fernsprecher und ein Prozent auf

Tabelle 20: Entwicklung der Telegraphen- und Fernsprechanlagen
in Deutschland 1850-1913

Jahr	Telegraphennetz[1]		Fernsprechnetz		
	Zahl der Stationen bzw. Anstalten	Länge der Leitungen in km	Orte mit Fernsprecheinrichtung	Länge der Leitungen in km	Zahl der Sprechstellen
1850	47	3 571			
1855	148	13 382			
1860	534	31 895			
1865	1 142	59 823			
1870	2 405	81 840			
1875	4 338	132 010			
1880	8 475	213 327			
1885	11 446	252 435	155[2]	40 122[2]	25 211[2]
1890	15 380	315 703	233	82 331	51 419
1895	17 893	433 235	448	181 985	114 057
1900	20 768	424 500	14 304	716 600	247 100
1905	26 912	469 800	21 397	2 368 400	510 800
1910	35 332	1 615 800	29 736	4 182 100	907 800
1913	38 509	1 863 600	32 682	5 464 200	1 221 900

Quelle: H. A. Wessel, *Die Entwicklung des elektrischen Nachrichtenwesens in Deutschland und die rheinische Industrie. Von den Anfängen bis zum Ausbruch des Ersten Weltkrieges,* Wiesbaden 1983, S. 26, 49, 63, 78, 105, 118, 161, 285, 483, 493.

Anmerkungen:

1 Von 1850 bis 1865 die Summen von Bayern, Württemberg, Baden, Sachsen, Hannover, Mecklenburg und Preußen, danach das Deutsche Reich bzw. das Reichspostgebiet. Vor der Reichsgründung sind es Annäherungswerte.

2 Für das Jahr 1887.

den Telegraphen.[19] Ende 1904 gab es im Deutschen Reich 29 978 Telegraphenanstalten mit einer Leitungslänge von 534 100 km. Es gingen 40,22 Millionen Telegramme ein und etwas weniger aus (39,24 Mio.). Bis 1912 erhöhte sich die Zahl der Telegraphenanstalten auf 48 167 und die Zahl der eingegangenen Telegramme auf 52,27 Mio. Stück. Die drahtlose Telegraphie, von dem Italiener Marconi erfunden, von den Deutschen Slaby und Graf Arco verbessert, konnte sich während der hier behandelten Zeit trotz Anstrengungen der Gesellschaft »Telefunken« nicht im großen Maßstab durchsetzen. Anfang 1907 gelang es der Telefunkenstation

Nauen, auf eine Entfernung von über 200 km drahtlos zu telefonieren.

Selbst das Fernsprechwesen ist eine Einrichtung des 19. Jahrhunderts. Zwar kam das 1860 erfundene Telefon von Philipp Reis nicht zur Anwendung, aber die Erfindung des Schotten Graham Bell vom Jahre 1877 setzte sich schnell durch. Zuerst war das Telefon ein Ersatz für den Telegraphen, wenn die Anstellung eines geschulten Telegraphisten zu teuer war. 1880 wurde der Fernsprecher im innerstädtischen Verkehr eingeführt, seit 1894 gab es den Telefonverkehr zwischen verschiedenen Orten.

Die Expansion der Nachrichtentechnik ist an der Verbreitung des Telefons gut ablesbar. 1888 gab es 175 Orte mit 39000 Telefonapparaten in Deutschland, 1896 waren 587 Orte mit Telefonanstalten und 151100 Sprechstellen ausgerüstet, und 1913 existierten bereits 32682 Ortsanschlüsse mit 1,2 Millionen Telefonen. Von 1888 bis 1912 hat die Länge der telefonischen Leitungen von 56,4 auf 5456,6 Tausend km und die Zahl der vermittelten Gespräche von 55,6 auf 2326,7 Millionen zugenommen. Wesentlich beruhte diese starke Zunahme auf der Verwendung von Bronze- und Hartkupferdraht, unterirdischer Leitungen, besserer Mikrophone und Doppelleitungsbetrieb, d. h., die Gespräche konnten auf immer längere Entfernungen ausgedehnt werden. Seekabel gab es vor dem Krieg in der Ostsee, nach den USA, Brasilien und Westafrika, Deutschlands Anteil am Weltkabelnetz lag bei 8,3%.

Alle diese bequemen Neuerungen hatten ihr Doppelgesicht. Sie vermehrten einerseits den Kontakt und Informationsaustausch zwischen den Menschen in einem vorher nie gekannten Ausmaß, aber sie entpersönlichten und anonymisierten andererseits auch die Gesellschaft, vor allem in den Großstädten. Ein Brief, eine Postkarte oder ein Telefongespräch mochten den gleichen Informationsgehalt besitzen wie ein persönliches Gespräch, trotzdem konnten sie zu Formen der Vereinsamung führen, da sie eine Begegnung mit all ihren psychischen und verbalen An- und Entspannungen scheinbar überflüssig machten. Menschen, die sich nicht mehr begegnen, stumpfen ab gegenüber den Leiden der Mitbürger; Krieg und massenhaftes Sterben sind dann nur noch sensationsheischende Nachrichten.

Die Erfindung des Viertaktmotors durch Otto leitete eine neue Transportrevolution ein, die allerdings in Deutschland erst nach 1945 richtig zur Wirkung gelangte. Seit 1895 wurden in Deutschland Automobile industriell hergestellt, und 1907 waren 25 815 Personen- und 1211 Lastwagen vorhanden. Bis zum 1. Januar 1914 hatten sich die Autos auf 83 333, die Lastwagen auf 9739 erhöht.

In Großstädten wie Berlin etwa waren kurz vor Kriegsausbruch zur Personenbeförderung neben Autos Omnibusse, Straßenbahnen, Hoch- und Untergrundbahnen, die Stadtbahn, Droschken und Fahrräder vorhanden. Diese vielfältige Verkehrsspezialisierung wäre den Verkehrstheoretikern ein Vierteljahrhundert früher nicht nur chaotisch, sondern auch undurchführbar vorgekommen, doch die großstädtische Menschenkonzentration ermöglichte ein gedeihliches Nebeneinander dieser verschiedenartigen städtischen Beförderungsmittel.

15. Kapitel

Der Handel

Der Handel im frühen 19. Jahrhundert wurde noch überwiegend geprägt vom Kleinhandel (»Detailhandel«) auf (Wochen- und Jahr-)Märkten, die fast in jeder kleineren Stadt und sehr häufig stattfanden. Handwerker und Händler zogen in die benachbarten Städte, wenn sie etwas zu verkaufen hatten, dort trafen sie die Landbewohner, die ihrerseits Waren auf den Märkten anboten. So fand ein gegenseitiger Güteraustausch statt. Die Städte wurden mit Lebensmitteln versorgt, während die Bauern Handwerkswaren einkauften. Die Versorgung in der Zeit zwischen den Märkten übernahmen in der Stadt die Kramläden, während Hausierer von Dorf zu Dorf und von Haus zu Haus zogen und Stoffe, Leinwand, Tücher, Knöpfe, Nadeln oder Haushaltsgeräte etc. feilboten und über die neuesten Ereignisse in Stadt und Land berichteten. Die Attraktivität der Märkte war nicht nur darauf zurückzuführen, daß die städtischen Läden klein waren, eine geringe Auswahl hatten und nichts von Kundenwerbung verstanden, sondern der Markt war auch eine soziale Angelegenheit – Zeit war noch nicht Geld. Da Märkte oft im Anschluß an religiöse Feste abgehalten wurden, entwickelte sich eine neue Form der Vergnügung, die sich auf dem Land bis heute erhalten hat, die Kirmes oder Kirchweih; ein Jahrmarkt der Eitelkeiten.

Das Handwerk war noch die weit überwiegende Produktionsform, während Hausindustrie und Fabrik eine untergeordnete Rolle spielten. Die Städte waren deshalb auf die Märkte angewiesen, ehe sich die Markthallen mit ihren meist repräsentativen Bauten als Umschlagplatz großer Warenmengen durchsetzten. Die Roh- und Hilfsstoffe wurden sehr oft in den Regionen selbst hergestellt, bis auf indischen Rohrzucker, amerikanischen Tabak, russischen Hanf und natürlich Baumwolle. In den überwiegenden Fällen hatte der Krämer wie der Handwerksmeister einen Acker, der ihm einen Teil seines Lebensunterhalts gewährte. Solange die landwirtschaftliche Bevölkerung überwog, waren die Jahrmärkte Treffpunkt und Tauschplatz zugleich. Im Gegensatz zu der kleinen Zahl der Arbeiter oder Angestellten in Industrie- oder Handelsbetrieben, die täglich, wöchentlich oder monatlich Lohn und Einkommen erhielten und damit Lebensmittel und andere Gegenstände fast täglich kaufen konnten, hatte der Landwirt seine Arbeitszyklen und nur zu bestimmten Zeiten größere Einnahmen, die den Kauf von Kleidungsstücken, Geräten, Werkzeugen etc. ermöglichten. Notwendige Lebensmittel und andere Gegenstände des Verbrauchs konnte er sich auf den Wochenmärkten besorgen. Die Errichtung von ständigen Warenlagern in der Stadt war somit lange Zeit kein Bedürfnis.

a) Kleinhandel und Messen

Erst mit dem industriellen Wachstum der Städte, der Land-Stadt-Wanderung und der raschen Zunahme der Stadtbevölkerung sowie der Fabriken trat eine Änderung ein. So vergrößerte sich die Anzahl der städtischen Ladengeschäfte, während die Bedeutung – noch nicht die Zahl – der Jahrmärkte immer mehr zurückging. Erbitterter Konkurrenzkampf und massenhafte Fertigung von Industriewaren veränderten das Gesicht der Geschäfte grundlegend. »Sobald der Unternehmer die Gewalt über die Maschine verliert«, heißt es in einer Geschichte der deutschen Baumwollindustrie aus dem Jahre 1906[1], »auf derem gleichmäßigem Gang die Sicherheit des Betriebes beruht, springt als gütiger Helfer der Handel ein. Er weckt hier und da Bedürfnisse, die vorher nicht vorhanden waren und schafft dem Produzenten Abflußkanäle für die Überproduktion. Nun aber behält der Handel den Hebel der Maschine in der Hand.« Größere Auswahl, bessere Bedienung, vermehrte und geschmackvollere Auslagen, eine Vergrößerung der Schaufenster, schließlich auch Inserate, das waren einige der Neuheiten der neuen Handelsgeschäfte. Schon damals soll es vorgekommen sein, daß Ladeninhaber sogenannte »Anreißer« anstellten, die vor der Ladentür Kunden ansprechen, sie überreden und selbst mit sanfter Gewalt – wenn auch noch ohne Musik – in den Laden ziehen sollten. »Oft entspann sich zwischen den Konkurrenten ein erbitterter Kampf um den unglücklichen Kauflustigen, der, hin und hergezerrt, nicht selten mit zerrissenen Kleidern den Kampfplatz verließ.«[2] Der Volksmund bezeichnete diese Läden als »Ärmelausreißgeschäfte«.

Die nächste Stufe im Kleinhandel wurde von den Branchenge-

schäften bestimmt, die im Gegensatz zur »Gemischtwarenhand-
lung« nur Waren bestimmter Art feilboten. Es gab z. B. in den
Schnittwarengeschäften Stoffe, Leinwand, Posamente, Knöpfe,
Zwirn, Konfektionswaren und ähnliche Artikel; in sogenannten
Hausgerätegeschäften Porzellan, Glas, Gabeln, Messer und sonstige Wirtschaftsartikel; in Eisenwarenhandlungen Nägel, Schrauben, Werkzeuge, kleinere Maschinen etc.; in Kolonialwarenhand-
lungen auch Wein, Zigarren, Südfrüchte, Konserven etc. In den
Großstädten ging diese Spezialisierung noch viel weiter. Dort entstanden Handschuh-, Zigarren-, Wein-, Kaviar-, Kaffee- und Tee-
handlungen, Geschäfte für Ansichtspostkarten, Fahrräder, Fische,
Krawatten oder Seidenbänder. Besonders spezialisiert oder diffe-
renziert waren großstädtische Hauptverkehrsstraßen, wo bald
Spezialgeschäfte wie Kaisers Kaffee oder Reichards Kakaogeschäft
Ketten bildeten, die durch zentralen Einkauf, gesicherte Bezugs-
quellen und hohen Umsatz die Konkurrenten preislich unterbie-
ten konnten. Die Hausfrau mußte allerdings diesen Preisvorteil
mit größeren Wegen zu verschiedenen Geschäften erkaufen, was
bei großem Kinderreichtum und einer Unmenge von mit den Händen zu verrichtenden Hausarbeiten erheblich mehr Mühe mit sich
brachte als heute. Seit 1900 schlossen sich Kolonialwarenhändler
häufiger in Einkaufsgenossenschaften zusammen, und Rabattspar-
vereine wurden gegründet. Dies alles konnte nicht den Niedergang
des Kleingewerbes aufhalten, das der Zahl nach noch erheblich
größer war als nach dem Umsatz. Gustav Schmoller sah in dem
Aufkommen der Magazine die Hauptgefahr für den kleinen Handwerksmeister, denn »das Magazinsystem ist sehr vielfach der eigentliche Tummelplatz des modernen Schwindels und Humbugs,
ja der eigentlichen Betrügerei«.[3] Der Rückgang der Bedeutung der
Messen und Jahrmärkte für den Detailhandel beschleunigte die
Seßhaftigkeit dieser Berufsgruppe. Die Zahl der Detail- und Hau-
sierhändler nahm zuerst in den Großstädten, dann aber auch in den
Kleinstädten allmählich ab, und »die Wanderlager und Wander-
auktion haben heute ihre Blütezeit, die in die 1870er Jahre fällt,
längst hinter sich und sterben langsam aus«.[4]

Und natürlich gab es (Handels-)Messen, die wie die Jahrmärkte,
von denen sie sich anfänglich nur durch längere Dauer und größere
Zahl der Besucher unterschieden, teilweise eine jahrhundertealte
Tradition hatten. Die Entwicklung der Messen – das Wort ist ja
identisch mit der kirchlichen Messe – seit dem 13. Jahrhundert

führte dazu, daß sich an den Waren- zunehmend ein Geld- und Wechselverkehr anschloß. Vorrechte wurden gewährt, wie Meßfreiheiten und Meßprivilegien, ermäßigte Zölle und Geleitsgelder, Befreiung der Eintreibung von Verbindlichkeiten und schließlich ein Asylrecht..Den Meßstädten wurden Münzrechte und Zollerhebungsrechte verliehen, der Innungszwang wurde während der Zeit der Messe aufgehoben und freier Handel erlaubt. Die meisten Messen waren mit Belustigungen aller Art und mit der Zulassung sonst verbotener Spiele verbunden, deshalb ist es nicht erstaunlich, daß sich dort regelmäßig Großkaufleute, Verleger und Fabrikanten aus dem In- und Ausland trafen. In Leipzig fand dreimal im Jahr eine Messe statt, meistens für die Dauer von 13 Tagen, nämlich die Neujahrs-, die Oster- und die Michaelismesse, von denen jedoch die Frühjahrs- und Herbstmessen die bedeutendsten waren und sich bis auf den heutigen Tag erhalten haben. Die Vielfalt der gehandelten Waren auf den Leipziger Messen war sehr groß, aber es bildeten sich im Laufe des 19. Jahrhunderts Schwerpunkte heraus, wie der Großhandel mit Tuchen, Leder, Pelzen und Rauchwaren. Die Messen vermittelten in starkem Maße den Handel zwischen Rußland und Frankreich, Sachsen und Preußen.

Die Leipziger Messen wurden öfter Schauplatz politischer Ereignisse und ökonomischer Krisen. In einem Meßbericht der Michaelismesse, die gleichzeitig mit der »Völkerschlacht« bei Leipzig im Oktober 1813 stattfand, hieß es: »Leipzig gleicht einem einzigen großen Waffenplatze, alle Gewölbe sind geschlossen, Buden dürfen nicht aufgebaut werden, da der Marktplatz und die Straßen von unaufhörlich ab- und zuziehenden französischen Truppen eingenommen werden, auf den Plätzen lagern Franzosen, Leipzig ist von den von allen Seiten heranziehenden Verbündeten eingeschlossen.«[5] Nach dem Ende der Kontinentalsperre und der Befreiungskriege klagten 350 Zschopauer Leinenwebermeister, daß auf der Leipziger Ostermesse 1815 ihr Absatz wegen des Überangebots an englischen Baumwollprodukten so zurückgegangen sei, daß sie »mit aller Anstrengung kaum das trocken Brod bey deren Verfertigung noch verdienen«[6] könnten. Mit diesen Beispielen soll keineswegs der Eindruck erweckt werden, die Leipziger Messen hätten nicht floriert, im Gegenteil. Während des ganzen 19. Jahrhunderts standen sie überwiegend in Blüte, und 1905 gab es 2930 ausstellende Firmen, davon 2646 aus Deutschland, 206 aus Österreich-Ungarn und 78 aus dem übrigen Ausland. Die Bedeutung der Leipziger Messen für den Handel ging zurück – die Messen wurden mehr und mehr zu Musterlagern –, und in anderen Städten erwuchs eine stärkere Konkurrenz. In Frankfurt am Main wurden Kolonialwaren, Seiden-, Woll- und Baumwollfabrikate gehandelt, die vor allem aus Nord- und Süddeutschland und aus der Schweiz kamen. Auch in Braunschweig, Breslau, Danzig, Frankfurt an der Oder, Kassel, Kiel, München, Naumburg und Offenbach hatten sich Messen im 19. Jahrhundert einen festen Platz erobert.

b) Die Entstehung von Warenhäusern und der Großhandel

Die Entstehung der deutschen Warenhäuser nach den französischen Vorbildern Grand Magasin, Printemps und Bon Marché in den achtziger Jahren sorgte für ein neues Element im Handel. Zuerst waren es überwiegend Kleidungsgegenstände, die angeboten wurden, dann kamen Stoffe, Weiß- und Strumpfwaren hinterher, Schuh- und Lederwaren folgten, schließlich wurden auch Luxus-, Tischler- und Drechslerwaren, Möbel sowie Haushaltungs- und Wirtschaftsgegenstände geführt. Das Kaufhaus A. Wertheim, neben H. Tietz das bedeutendste Berliner Warenhaus, bot Anfang des 20. Jahrhunderts 65 verschiedene Warengruppen an, darunter Kolonialwaren, Konserven, frisches Gemüse, Obst und Fleisch, Eier, Wein, Zigarren, Bücher, Noten, Schreibwaren, Bilder etc. Es unterhielt in der Nähe von Potsdam eine eigene große Geflügelzucht, veranstaltete ebenso Kunstausstellungen junger, unbekannter Künstler und wurde mehr und mehr Bestandteil großstädtischen Lebens. Auf Rechnung des Hauses kauften die einzelnen Abteilungsleiter Waren ein und waren für den Umsatz verantwortlich, den sie im großen betreiben konnten. So kam es nicht nur vor, daß einzelne Fabriken allein für den Bedarf von Warenhäusern produzierten, sondern Warenhäuser kauften ganze Konkursmassen auf und setzten sie zu Billigpreisen ab. Geringe Gewinne wurden durch riesigen Kapitalumschlag wettgemacht, Käufer konnten durch Kreditgewährung gebunden, ebenso Generalunkosten eingespart werden. Dieser Praxis konnten die Kleinhändler die Vielseitigkeit des Warenangebots entgegensetzen, aber langfristig mußten sie unterliegen. Nur durch Geschäftsspezialisierung und den Ruf hoher Qualität war der Bankrott zu vermeiden. Dieser Konkurrenzdruck führte zu einer heftigen Gegenkampagne, die vom Kleinhandel ebenso wie von sozialistischen Kreisen unterstützt wurde. Die Gegner der Warenhäuser erhoben den Vorwurf, »daß sie die Angestellten ungebührlich ausbeuten, daß sie schlechte Gehälter zahlen, daß sie vorzugsweise weibliches Personal, welches billiger als männliches zu haben sei, beschäftigen, und schließlich taucht verstohlen immer noch die Verdächtigung auf, als sei die Sittlichkeit der weiblichen Angestellten im Warenhause ungewöhnlich stark gefährdet«.[7]

Die Warenhäuser lockten die Kunden mit billiger Ware an, für die sie massenhaft Reklame machten, mit Lockartikeln, Zugaben und Nebengeschäften, wie dem Verkauf von Theater-, Konzert- und Eisenbahnkarten bzw. mit Musikrestaurants. Mit der wachsenden Industriebevölkerung in den Städten vergrößerte sich auch die Zahl derjenigen, die auf solche Kaufmöglichkeiten angewiesen waren, entweder weil ihr Einkommen gering war oder weil die Anonymität des Warenhauses ihnen die soziale Deprivation ersparte, die vom Wohlhabenden gegenüber den sichtlich armen Schluckern oft genug gezeigt wurde. Zum anderen bot damals wie heute ein Kaufhaus die Gunst der ungestörten Auswahl, die Freiheit der Furcht vor dem Kaufenmüssen, sozusagen eine psychologische Oase, die dem Neuankömmling vom Lande oder dem Schüchternen besonders willkommen sein mußte. Kein Wunder, daß große Kaufhäuser wie Althoff, Barasch, Knopf, Menow, Schmoller, Tietz, Waldschmidt und Wronkler, die auch in Breslau, Dresden, Hamburg, Köln, München etc. entstanden, bald ausgedehnte auswärtige Zweigniederlassungen errichteten. Das verminderte das residenzstädtische Risiko, weil viele Waren, die in der Hauptstadt nicht mehr abgesetzt werden konnten, in den Provinzialstädten immer noch Abnehmer fanden. Die Egalisierung der Kaufgewohnheiten durch Zeitungen, Radio oder Fernsehen gab es noch nicht. Die preußische Umsatzsteuer von ein bis zwei Prozent hat die Zahl der Warenhäuser in Preußen von 109 1901 auf 73 1903 reduziert, im gleichen Jahr wurde ein Verband deutscher Waren- und Kaufhäuser gegründet. Bis 1912 war ihre Zahl wieder auf 121 angestiegen, weil die gute Konjunktur das Geschäft gehoben hatte und die Steuer teilweise auf die Lieferanten übergewälzt werden konnte. Es hatte sich wenn schon nicht eine neue Unternehmensform, so doch eine neue Verkaufsorganisation herausgebildet, die den Bedürfnissen der Massengesellschaft eher entsprach. Die Ansicht Wussows, die er nach ausführlichen Gesprächen mit dem König des Warenhauses, Oskar Tietz, aufstellte, ist jedoch nur teilweise richtig: »Es ist ein Irrtum zu behaupten, daß die *heutigen Warenhäuser* mit ihrem gemischten Betriebe eine *neue* Betriebsform seien, die *als Auswuchs des modernen Kapitalismus* bekämpft werden müsse.«[8] Darum ging es zu Anfang des 20. Jahrhunderts schon gar nicht mehr.

Versandhäuser, die aus Katalogen ausgewählte Waren auf Bestellung mit der Post an Kunden versandten, kamen ebenfalls auf. Ihr Umsatz war noch unbedeutend, während sich Konsumvereine großer Beliebtheit erfreuten. Sie beruhten auf dem Prinzip der Haftpflicht der Genossen und dem gesicherten Absatz von bar bezahlten Waren. Ihre Attraktivität speiste sich zum einen aus dem System der Rückvergütung, d. h. des Kreditierens und der Rabattgewährung, zum anderen aus der parteipolitischen Bindung; die Sozialdemokratie hatte viele Vereine gegründet. Sie konnten z. B. Kolonialwaren, Lebensmittel, Seifen, Chemikalien oder Brennstoffe in großen Mengen absetzen, allerdings nicht jeweils zu sehr günstigen Preisen, weil trotz Gewinnverzicht der Verwaltungsaufwand recht hoch lag und gesetzlich der Lebensmittelverkauf an Nichtmitglieder verboten war. In Deutschland gab es 1899 1373 Konsumvereine, deren Zahl sich bis 1912 auf 2118 mit 1753829 Mitgliedern erhöhte. Zwischen 1907 und 1911 steigerten sie ihren Umsatz von 306 auf 496 Millionen Mark.

Der Großhandel war lange Zeit auf wenige große Städte beschränkt, d. h., er war teilweise Markt- und Meßhandel. Der Engroshändler kaufte landwirtschaftliche oder handwerkliche Produkte in den Markt- und Meßorten und lagerte sie bis zum Verkauf an den Detailhandel in Magazinen. Diese Art des Zwischenhandels war umständlich und kostenträchtig. Der Großhändler mußte die Waren vom Produktionsort oder Markt über teilweise große Entfernungen transportieren und sie manchmal wochenlang lagern. Deshalb bildete sich allmählich der Kauf und Verkauf nach Proben heraus, die Waren mußten also nicht mehr zum Marktort gebracht und von dort wegtransportiert werden, sondern aufgrund von Probestücken wurden Lieferverträge über bestimmte Mengen abgeschlossen. Das Problem lag darin, daß die Qualität der Lieferungen oft weit unter der der Probe lag. Selbst wenn im Vertrag eindeutige Abmachungen getroffen worden waren, mußten zumindest lange Verzögerungen, Streitigkeiten und auch Prozesse in

Kauf genommen werden. Im Kaffeehandel versuchte man dies dadurch zu umgehen, daß etwa Brasilien nach jeder Ernte einen Durchschnittskaffee, den Santos good average, festsetzte, der aus $^2/_6$ superior, $^3/_6$ good und $^1/_6$ regular Santoskaffee zusammengestellt und weltweit als abstrakte Ware anerkannt wurde. Daneben blieben einzelne Sorten bestehen und konnten nach Probe gehandelt werden. Diese Praktiken waren ein Resultat harter Konkurrenz um den Kunden, der in der modernen Industrie immer abhängiger von Moden oder der Werbung wurde. »Mit dem Angebot von Proben oder Mustern läßt sich viel leichter ein wirksamer Angriffskrieg gegen die Kundschaft organisieren.«[9] Vielleicht ließ es sich deshalb lange nicht vermeiden, daß zwischen Produzenten und Händlern schlechte Lieferungen in betrügerischer Absicht vorkamen.

Der Terminhandel entstand aus dem Kauf nach bestimmten Typen, um die börsenmäßige Abwicklung zu vereinfachen. Nach Sombart war es unbestritten, »daß das Termingeschäft überwiegend dem Börsenspiel und nicht dem tatsächlichen Güterumsatz«[10] diente. Betrug etwa bei Kolonialwaren aus Übersee die Versendung von Proben mindestens fünf Tage, so konnte innerhalb weniger Minuten der amerikanische Produzent dem deutschen Großhändler ein Angebot machen, z. B. die Lieferung einer bestimmten Sorte Kaffee oder Tee, Zucker oder Baumwolle. Durch Börsenusancen wurden wichtige Geschäftsbedingungen, die Vertretbarkeit, die Mengeneinheit, die Lieferungsfrist, Annahme und Bezahlung der Ware, festgelegt. Bei nichterfolgter Lieferung oder bei Nichtannahme konnte der Käufer die Waren entweder für Rechnung des Kontrahenten kaufen oder für Rechnung des Verkäufers verkaufen. Daraus entstanden ein Differenzgeschäft sowie Liquidationskassen, die beiden Parteien die Abwicklung ihrer Verträge garantierten. Das Börsengesetz vom 22. Juni 1886 untersagte den börsenmäßigen Terminhandel mit Getreide und Mühlenprodukten, eine Verordnung im Jahre 1899 auch denjenigen mit Kammzug. Die für diese Termingeschäfte zuständigen Produktenbörsen entstanden in Deutschland in Hamburg für Kaffee und Tabak, in Bremen für Tabak, Baumwolle und Reis, in Magdeburg für Zucker, in Berlin und Mannheim für Getreide, in Leipzig für Kammzeug. Allgemeine Produktenbörsen, an denen von Getreide über Kartoffeln und Spiritus bis zu Eisen gehandelt wurde, gab es in Berlin, Breslau, Danzig, Dresden, Leipzig, Frankfurt am Main, Königsberg, Köln, Stettin und Stuttgart. Der Kaffeeimport Hamburgs steigerte sich von 930774 dz im jährlichen Durchschnitt 1881/90 auf 2156058 dz jährlich 1901/10, allerdings läßt sich aufgrund dieser Zahlen der Anteil des Terminhandels nicht feststellen.

Die hauptsächliche Veränderung, die mit den neuen Methoden des Großhandels einherging, war die Uniformierung der Waren. In der Massenkonfektion kam dies am deutlichsten zum Ausdruck. Die Gewinner waren die kleinen Leute, die sich nun ebenfalls einen Anzug kaufen konnten. Das Zurückdrängen bzw. der relative Rückgang der handwerklichen Fertigung und die Zunahme industrieller Massenproduktion führten zu einem neuen Beruf: dem Reisenden. »Die Freigabe des ›Reisens‹ war daher eine der bedeutsamsten wirtschaftlichen Errungenschaften, die der Zollverein mit sich brachte; denn erst die Institution des Geschäftsreisenden hat die neue Organisation des Handels in den meisten Branchen ermöglicht.«[11] Tausende von festangestellten Firmenagenten reisten Monat für Monat und Jahr für Jahr mit ihren Musterkoffern durch die Städte, um zungenfertig bei den Detailhändlern Aufträge für ihre Firmen und Produkte zu erhalten. Das war der Anfang einer Marketingstrategie, von Überzeugen und Überreden, von Abwerbung der Konkurrenz, von Bestechung und falschen Versprechungen.

Die Gewerbestatistik von 1907 verzeichnete 42073 Betriebe im Warenhandel von 6 bis 50 Personen mit insgesamt 483915 Beschäftigten und 1146 Großbetriebe mit mehr als 50 Beschäftigten. Als Großhändler können die 54 Geschäfte in Getreide, Bau- und Nutzholz, Metallen, Häuten, Fellen, Leder, Lumpen und Knochen gerechnet werden, die anderen waren eher Detailhändler. Die Industrie versuchte durch Kommissionäre und Agenten in dieses Geschäft einzudringen, indem sie z. B. Autos, Motorräder oder landwirtschaftliche Maschinen direkt an die Kunden verkaufte. Selbst Bierbrauereien gingen dazu über, ihr Bier in selbsterbauten Bierpalästen auszuschenken und damit den Großhandel zu umgehen. Ausländische Unternehmer legten in größeren Städten Musterlager an, versandten massenweise Kataloge mit der Post oder schickten Reisende mit Musterbüchern über Land, was den Großhandel weiter bedrängte. Bei der Einfuhr von Rohstoffen und Lebensmitteln, wie dem Hamburger Kaffee- oder dem Bremer Baumwollgeschäft, wo Kauf- und Verkaufstechniken oft wechselten, blieb ihm ein Betätigungsfeld erhalten. So lag die Einfuhr von Baumwolle aus den USA, Ägypten und Indien, von Wolle aus Argentinien, Australien und Südafrika noch in den Händen der Großhändler. Dagegen wurden Obst- und Fleischwaren oder Petroleum aus den USA, Südfrüchte aus Italien, Salpeter aus Chile direkt an Kleinhändler in deutschen Städten oder auf dem Land ausgeliefert. Die überseeischen Großhändler verloren somit nach und nach ihre zeitweise unangetastete soziale Vorrangstellung, wenn auch seltener ihr Ansehen und ihren Reichtum wie die Buddenbrooks. Sie mußten sich der neuen, industriellen Zeit anpassen, die weitgehend unabhängig von Tradition und Stand auf eine Maxime eingeschworen war: wirtschaftlicher Erfolg!

c) Die Veränderungen beim Im- und Export

Über die Struktur des Ein- und Ausfuhrhandels oder, wie wir heute sagen, des Im- und Exports sind wir bis in das späte 19. Jahrhundert viel schlechter unterrichtet, als dies der Bedeutung der deutschen Wirtschaft entspricht. Zwar hatte dieser Handel in der ersten Hälfte des 19. Jahrhunderts eine einfache Struktur, weil die Verkehrsmittel noch gar nicht so weit entwickelt waren, um die produzierten Waren kostengünstig in die verschiedenen Regionen transportieren zu können. Trotzdem nahm Deutschland an der Wende vom 18. zum 19. Jahrhundert »wenn auch keine hervorragende, so doch eine durchaus beachtliche Position im Welthandel ein«[12], wenn wir überhaupt für diese Zeit den Begriff »Welthandel« akzeptieren wollen. Ohne genaue Zahlen zu besitzen, können wir für den Beginn des 19. Jahrhunderts feststellen, daß zu den Waren, die trotz hoher Transportkosten importiert wurden, Pelze und Tee aus Rußland, Tabak und Zucker aus Nordamerika und Westindien, Wein aus Frankreich, Portugal und Spanien, Südfrüchte, Seide und Olivenöl aus Italien, Gewürze aus dem fernen Orient gehörten. Die Ausfuhr bestand vor allem aus Getreide, Bauholz, Wolle und Leinwand, die über die Ostseehäfen Elbing, Lübeck, Rostock, Stettin, Stralsund und Königsberg in fast alle Erdteile versandt wurden. Bremen und Hamburg waren ein Umschlagplatz nicht nur für ganz Europa, sondern auch für Nord-, Mittel- und Südamerika. In Hamburg kamen 1815 vier Schiffe aus Brasilien an, »im Jahre 1820 liefen nicht weniger als 56 Schiffe aus

Brasilien ein«[13], und 1824 waren es sogar 137 Schiffe.

Die Abwicklung des steigenden Handelsvolumens konnte nicht mehr durch merkantilistische Handelskompagnien, wie die Preußische Seehandlung, allein durchgeführt werden. Eine privatkapitalistische Initiative von Jacob Aders gab den Impuls, daß 1821 die Rheinisch-Westindische Kompagnie in Elberfeld als Aktiengesellschaft mit 44 Teilnehmern und einem Kapital von einer Million Talern gegründet wurde. Sie stellte sich zur Aufgabe, deutsche Waren, vor allem schlesische und sächsische Leinenwaren, im Ausland abzusetzen. »Die erste Fahrt organisierte diese Gesellschaft im September 1821 von Hamburg nach Port au Prince. Die Ladung des dazu benutzten Hamburger Frachtschiffes Triton bestand überwiegend aus Textilien, Eisenwaren, Leder, Hüten, Glas, Schreibwaren, Kölnisch Wasser, Viktualien etc., was einem Wert von 124200 preußischen Talern entsprach. Davon entfielen Warenwerte in Höhe von 81000 Talern auf die preußischen Provinzen Rheinland, Westfalen und Schlesien, 30000 Taler auf Sachsen, 6500 Taler auf Hannover, 4300 Taler auf Hessen, 900 Taler auf Bayern und 1500 Taler auf Böhmen.«[14] Bis 1826 wurden für $5^1/_3$ Millionen Taler Güter konsigniert, aber nach der Handelskrise stockte der Absatz nach Westindien, Brasilien und Argentinien derart, daß die Kompagnie 1831 liquidieren mußte. Solche Versuche wurden fortgesetzt, denn Anfang September 1822 reichte der sächsische Kaufmann Johann G. Hoyer ein Gesuch bei der Landesregierung zur Gründung einer »Elb-Westindischen See-Handlungs-Compagnie« ein, die am 28. August 1823 ins Leben trat. Diese für einen Binnenstaat wie Sachsen nicht ganz passende Gesellschaft fand nicht genügend private Geldgeber, die das vorgesehene Aktienkapital in Höhe von 500000 Talern zeichneten, so daß schließlich das Königshaus sich bis 1828 mit 100 Aktien à 500 Taler beteiligte. Das Direktorium der Gesellschaft stellte sich in einer Eingabe vom 8. April 1825 zur Aufgabe, »unsern Fabriken eine ausgedehnte Thätigkeit, unserer Industrie einen ehrenvollen Platz im Welthandel und unseren Kapitalien eine nutzreiche Anlegung zu sichern«.[15] Im Jahre 1827 wurden sogar für 830000 Taler Gewerbeprodukte nach Übersee exportiert, bald darauf brach die Gesellschaft zusammen, und die Aktienanteile konnten höchstens zur Hälfte zurückgezahlt werden. Nicht viel besser erging es einer 1825 in Schlesien errichteten westindischen Gesellschaft, die anfänglich Mehl nach Südamerika verschiffte, aber ebenfalls die welt-

weiten Auswirkungen der Handelskrise von 1826/28 nicht überlebte.

In der Zeit zwischen 1825 und 1831, also vor Begründung des
Deutschen Zollvereins, wies die Handelsstatistik an Eingang, Ausgang und Durchfuhr entsprechend den ökonomischen Stagna-
tionstendenzen keine besondere Steigerung auf. Der Warenver-
kehr der wichtigsten Gewerbegüter stieg um 43,8% an, von
8 563 120 auf 12 313 340 Zentner. Der Getreidehandel – die preußischen Getreideausfuhren waren nach Walther G. Hoffmann ein
Stimulus zur Industrialisierung[16] – wuchs bis 1831 um 21% auf
10 479 894 Zentner, was für einen Staat in der frühindustriellen
Phase nicht gerade sehr bedeutend war. Selbst die Textilindustrie
konnte in dem Jahrzehnt 1821/31 den Verbrauch an Rohbaumwolle nicht steigern, die einheimische Wollproduktion kam in den
drei Jahren 1826/28 auf magere 696 384 Zentner. Das Fehlen einer
Erzeugungs- und Verbrauchsstatistik macht allerdings eine genaue
Einschätzung unmöglich. Wenn wir als einen Indikator für Produktion (und Verbrauch) den Gewerbesteuerertrag heranziehen,
so stieg er in Preußen zwischen 1824 und 1831 von 1 652 551 auf
2 019 615 Taler; über 100 000 Taler wiesen 1831 nur acht Städte auf:
Breslau, Düsseldorf, Berlin, Liegnitz, Potsdam, Magdeburg, Mer-
seburg und Frankfurt an der Oder, d. h., im späteren Industrie-
schwerpunkt, dem Rheinland, gab es gerade eine Stadt, die 144 698
Taler Gewerbesteuer zahlte.

Seit 1834, dem Beginn des Zollvereins, ermöglicht die Zollvereinsstatistik einen zwar lückenhaften, aber etwas besseren Einblick
in die Ein- und Ausfuhren. Wie immer man den ökonomischen
Einfluß des Zollvereins beurteilt, nach 1834 hat sich der Warenhandel stark gesteigert. Betrugen 1834 der Wert der Einfuhr 105,94
Millionen Taler bzw. 4,5 Mark pro Kopf der Bevölkerung und die
Ausfuhr 143,62 Millionen Taler bzw. 6,1 Taler pro Kopf, so wuchs
die Ein- bzw. Ausfuhr in den nächsten 20 Jahren auf 269,12 bzw.
334,19 Millionen Taler. Im Jahre 1860 lag der Einfuhrwert bei
365,06 Millionen bzw. 10,9 Talern pro Kopf, der der Ausfuhr bei
466,39 Millionen bzw. 13,8 Talern pro Kopf. Der Außenhandels-
überschuß ist in den drei Jahrzehnten von 37,68 (1834) über 65,07
(1845) auf 101,33 (1860) Millionen Taler angewachsen (vgl. dazu
Tab. 21). Deutschland wandelte sich immer stärker von einem agrarischen zu einem industriell durchwachsenen Land, auch wenn es
uns nicht möglich ist, anhand der Außenhandelszahlen die regio-

Tabelle 21: Außenhandel des Deutschen Zollvereins 1837-1871

Jahr	Import Export in Millionen Mark		Import pro Kopf in Mark	Export pro Kopf in Mark	Ex-/Import Überschuß in Mio. Mark
1834	318	431	13,5	18,3	113
1837	409	470	15,9	18,0	61
1840	502	549	19,2	20,7	47
1843	636	490	22,2	17,1	− 146
1846	664	512	22,5	17,4	− 152
1849	546	514	18,3	17,3	− 32
1852	589	555	19,2	18,3	− 34
1855	947	926	29,1	28,2	− 21
1858	695	1 052	28,8	31,5	87
1861	1 206	1 062	34,8	30,6	− 144
1864	1 081	1 131	30,5	31,9	50
1867	1 917	1 622	52,4	44,4	− 295
1871	2 875	2 564	70,0	62,5	− 311

Quelle: Gerhard Bondi, *Deutschlands Außenhandel 1815-1870,* Berlin 1958, S. 145; eigene Berechnungen.

nale Differenzierung zu verdeutlichen. Nach der Zollvereinsstatistik betrug im Jahre 1860 die Summe der Einfuhren 358,8 Millionen Taler, die der Ausfuhren 460,5 Millionen Taler. Den größten Anteil bei den Einfuhren hatten die Rohstoffe mit 37,5%, gefolgt von Lebensmitteln mit 28,6%, Halbfabrikaten mit 24,2% und Fabrikaten mit 9,7%. Bei der Ausfuhr stellten die Fabrikate, vor allem baumwollene, wollene, seidene und leinene Waren, fertige Kleider, Kupfer- und Messinggegenstände, Eisen-, Stahl-, Holz-, Kurz- und Glaswaren, Instrumente, Papier, Steingut und Porzellan, bereits 51,9%, Lebensmittel, d. h. Getreide, Wein, Branntwein und Mühlenfabrikate, 19,6%, Rohstoffe 16,2% und Halbfabrikate 11,7%. Diese Fortschritte im Handelsverkehr haben die Freihändler in ihren Argumenten gegen jeglichen Schutzzoll unterstützt. Es schien die Zeit gekommen, da Deutschland sich so weit entwickelt hatte, daß es England auf den Weltmärkten entgegentreten konnte. Die englische Wirtschaftspolitik unter Gladstone, die auf alle Ein- und Ausfuhrverbote, auf Industrie-, Rohstoff- und Lebensmittelzölle verzichtet hatte und nur noch reine Finanzzölle kannte, wurde den deutschen Nationalökonomen zum Vorbild. Übersehen wurde dabei, daß die komparativen Kostenvorteile der englischen Industrie noch erheblich waren, daß ihre Fabriken und Maschinen einen großen technologischen Vorsprung aufwiesen, daß London das Kapital- und Geldzentrum der Welt war und daß das britische Kolonialimperium eine Welthandelsflotte von größtem Ausmaß rechtfertigte. Die Schutzzollpolitik des Reichs nach der Gründerkrise könnte den Handel zwar begünstigt haben, was sich etwa in der Erhöhung des Zollertrags niederschlug – er lag im Jahre 1878 bei 2,62 Mark pro Kopf der Bevölkerung, stieg bis 1880 auf 4,08 und bis 1890 auf 7,86 Mark pro Kopf –, dahinter verbirgt sich aber vor allem eine enorme Zunahme der wirtschaftlichen Aktivitäten. Von 1880 bis 1885 stieg die Einfuhr von Erz von 659 250 auf 1 041 647 t, von Chemikalien von 421 779 auf 622 644 t, von Textilien von 342 521 auf 461 172 t. Die Einfuhr im Spezialhandel hatte sich von 2,8 Milliarden Mark 1880 auf 4,2 Milliarden Mark 1890 erhöht, die Ausfuhr war wegen der sinkenden Weltmarktpreise etwa konstant geblieben.

Es braucht theoretisch nicht untermauert zu werden, daß eine wachsende Volkswirtschaft wie die deutsche ihren Ein- und Ausfuhrhandel ständig vergrößerte. Der Handel bewegte sich beinahe gleichlaufend mit den Zyklen der Konjunktur, d. h., nach 1895 stieg er steil an, gefolgt von einem zweijährigen Rückschlag, um nach 1903, unterbrochen durch die Krise von 1907, wieder zuzunehmen. Verschiebungen traten dagegen antizyklisch auf, vor allem in absoluten Größen. Im späten Kaiserreich hat es eine heftige Diskussion darüber gegeben, ob Deutschland im Vergleich zur ersten Hälfte des 19. Jahrhunderts in der Industrie eine »fallende Exportquote«[17] aufwies. Diese Frage bleibt hier unberücksichtigt. Der Trend zur stärkeren industriellen Rohstoffeinfuhr, Einfuhr von Lebensmitteln und Futtermitteln für Tiere sowie die Diversifikation der Ausfuhr auf immer mehr Verarbeitungsprodukte hielten jedoch an. Die passive Handelsbilanz verstärkte sich, was allerdings unbedenklich war, da Deutschland genügend Überschüsse in der Anlage von Auslandskapital erwirtschaftete. Importiert wurden 1912 Rohstoffe für über 6064 Millionen Mark, vor allem Baumwolle, Schafwolle, Rohkupfer, Häute, Eisenerze, Kautschuk, Rohseide, Tabakblätter, Jute, Flachs, Zinn, Erdöl etc. Bei den Nahrungsmitteln standen Gerste und Weizen an der Spitze, aber auch Kaffee, Kakao, Tee, Tabak und Südfrüchte verzeichneten hohe Einfuhrwerte. Die Ausfuhren an Fertigwaren (1912: 5993

Millionen Mark) übertrafen die Einfuhren um mehr als das Dreifache an Wert, vor allem Maschinen und Eisenwaren, aber auch Baumwoll-, Woll- und Seidenwaren, Kleider und Lederwaren, zunehmend auch Chemieprodukte. An Rohstoffen waren es vor allem Steinkohlen, die ein Exportprodukt darstellten, aber auch Anilin- und Teerfarbstoffe, Kupfer, Zucker, Koks, Kinderspielzeug und Roggen wurden ausgeführt.

Von 1906 bis 1913 stieg die Einfuhr im deutschen Spezialhandel, d. h. ohne Edelmetalle, von 8021,9 auf 10770,3 Millionen Mark, die Ausfuhr von 6359,0 auf 10096,5 Millionen Mark. Der Aufschwung seit 1910 ist bei der Ausfuhr mit 35,1% besonders markant, während die Einfuhr bis 1913 um 20,6% anstieg, so daß man beinahe von einer »Industrialisierung der Handelsströme«[18] sprechen könnte. Während die Anteile der Gesamteinfuhr von zwölf Tarifvertragsstaaten zwischen 1901 und 1913 von 37,4 auf 33,3% zurückgingen, erhöhte sich die Ausfuhr leicht von 37,6 auf 41,4%. Die Einfuhr aus den Meistbegünstigungsstaaten stieg während des gleichen Zeitraums um zwei Prozent auf 57,7% an der Gesamteinfuhr, während der Prozentanteil der Gesamtausfuhr bis 1913 um vier Prozentpunkte auf 51,5% sank. Die englischen und amerikanischen Einfuhren gingen relativ zurück – absolut stiegen sie um 800 Millionen Mark –, dagegen nahmen sie aus den Staaten Ägypten, Argentinien, Australien, Britisch-Afrika, Britisch-Indien, Chile, Kanada, Niederländisch-Indien und der Türkei zu. In den letzten fünf Jahren vor dem Krieg – 1909-1913 – wiesen die Ausfuhranteile eine frappierende Stabilität auf. Fertigwaren verharrten auf dem gleichen hohen Niveau, nämlich bei 63,3%, Rohstoffe sanken um 0,5 auf 15,0%, Halbfertigwaren stiegen um 0,3 auf 11,3%, ebenso wie Nahrungs- und Genußmittel, die 1913 bei 10,3% lagen. Es prägte sich für die weltwirtschaftliche Situation Deutschlands immer stärker eine Tendenz aus: »daß der Import an Rohstoffen und Nahrungsmitteln mit Industrieprodukten bezahlt«[19] wurde.

Ein ganz anderes Bild zeigt sich, wenn wir einen längeren Zeitraum und die Ein- und Ausfuhren in die fünf Erdteile betrachten (vgl. Tab. 22). Ähnlich wie heutzutage die Bundesrepublik mit Westeuropa fast zwei Drittel ihres Handels abwickelt, so das Kaiserreich mit Europa. Die Einfuhr verschob sich mit der Zeit stark zugunsten Amerikas, das 1912 mehr als ein Viertel aller Einfuhren – nämlich für 1586 Millionen Mark – stellte, gefolgt von Rußland,

Tabelle 22: Deutsche Ein- und Ausfuhren von/nach fünf Erdteilen
1889 und 1912

	1889		1912	
Erdteile	Einfuhr %	Ausfuhr %	Einfuhr %	Ausfuhr %
Europa	79,5	77,1	56,2	75,4
Amerika	15,6	18,9	27,0	16,7
Asien	3,1	2,6	9,4	4,8
Afrika	0,9	0,7	4,5	2,1
Australien und Polynesien	0,9	0,7	2,9	1,0
Summe	100,0	100,0	100,0	100,0

Quelle: A. Sartorius von Waltershausen, *Deutsche Wirtschaftsgeschichte 1815-1914,* Jena 1923², S. 423.

Großbritannien, Österreich-Ungarn, Frankreich und Britisch-Indien. Die USA lieferten vor allem Baumwolle, Kupfer, Schweineschmalz, Weizen, Felle und Erdöl; Rußland Gerste, Nadelholz, Weizen, Kleie, Eier und Flachs; Großbritannien Steinkohlen, Baumwollgarn, Wollengarn und Heringe; Österreich-Ungarn Eier, Braunkohlen, Nadelholz und Gerste; Frankreich Kammzug aus Wolle, Felle für Pelzwerk, Wein und Rohseide; Britisch-Indien Jute, Reis, Gerste, Baumwolle und Rindshäute. Die deutschen Exporte in außereuropäische Länder haben sich zwischen 1889 und 1912 von 743,5 auf 2201,8 Millionen Mark gesteigert. Die wichtigsten Ausfuhrstaaten für Deutschland vor dem Krieg waren Großbritannien mit 1161 Millionen Mark, Österreich-Ungarn, Rußland, Frankreich, die USA, die Niederlande, Belgien, die Schweiz und Italien. Die Umschichtungen im Welthandel gingen fast vollständig zu Lasten Großbritanniens, das 1867/68 noch 24%, 1912 nur noch 16,6% des gesamten Welthandels innehatte, während der deutsche Export dorthin von 20,7% – oder 673 Millionen Mark – 1893 auf 13% 1912 zurückging. 1868 entfielen 53,6% aller in der Welt geförderten Steinkohlen auf England, 1912 waren es noch 24,8% oder 264,6 Millionen t, während die USA im gleichen Jahr etwa 450 Millionen t Steinkohlen und Deutschland fast je 176 Millionen t Stein- sowie Braunkohlen förderten. Selbst beim Rohbaumwollkonsum fiel England relativ zurück, denn

1860/61 wurde dort noch die Hälfte der gesamten Weltbaumwollernte verarbeitet, 1895 waren es unter 30%. Unterschieden nach Warenarten errangen 1913 die höchsten Anteile bei der deutschen Einfuhr: Baumwolle, Weizen, Schafwolle, Gerste, Kupfer, Rindshäute, Eisenerze, Kaffee; bei der deutschen Ausfuhr waren es: Maschinen, Eisenwaren, Baumwoll- und Wollwaren, Zucker, Papier, seidene und chemische Produkte. Nach Japan exportierte Deutschland 1912 für 110,6 Millionen Mark, das waren 26,3% der Gesamtausfuhr nach Asien, vor allem Kammgarn aus Wolle, schmiedbares Eisen in Stäben und Teerfarbstoffe. Im Jahre 1910 war das Verhältnis Import zu Export in Millionen Mark: Großbritannien 11723 : 8784, Deutschland 8934 : 7475, USA 6396 : 7182. Hätten die engen Verknüpfungen Deutschlands in die Weltwirtschaft verhindern können oder müssen, wenn ein weniger autoritäres und stärker demokratisches Regierungssystem etabliert gewesen wäre, daß aus dieser ins Riesenhafte gewachsenen Wirtschaft der Drang nach Weltherrschaft emporstieg? Diese hypothetische Frage kann hier nicht beantwortet werden, aber sie verweist auf das schwierige Spannungsverhältnis von Politik und Industrialisierung.

16. Kapitel
Geld und Banken

Kapital zur Gründung oder zum Ausbau gewerblicher Unternehmen wurde am Anfang des 19. Jahrhunderts in Deutschland weitgehend aus privaten Quellen oder Ersparnissen aufgebracht. Einen Geld- und Kredithandel oder Banken im heutigen Sinne gab es zu Beginn unserer Epoche nur in Ansätzen. Neben der Übernahme und Unterbringung von Staatsanleihen – wegen der verwirrenden Münzverhältnisse in verschiedenen deutschen Staaten nur einem kleinen Kreis vorbehalten – spielte nur noch der Geldwechsel eine ansehnliche Rolle. Der Kapitalbedarf von Handwerk, Handel und Gewerbe war meistens gering, Grund und Boden nur wenig beleihungsfähig, und es fehlte an einer einheitlichen Gesetzgebung, um Geldforderungen durchsetzen zu können. Nach 1815 war der landwirtschaftliche Immobiliarkredit bedeutend, dagegen das Diskont- und Lombardgeschäft noch kaum vorhanden. In den größeren bzw. Handelsstädten, wie Augsburg, Berlin, Frankfurt am Main, Hamburg und Nürnberg, bestand ein Wechselhandel, gab es einige Girobanken, selbst eine Banknotenausgabe, doch alles in recht bescheidenem Maße.

a) Die Rückständigkeit des Bankwesens bis 1850

Die Entwicklung des deutschen Bankwesens in der ersten Hälfte des 19. Jahrhunderts ist von mangelnder Konzentration und fehlender Kapitalnachfrage gekennzeichnet. Die Abwicklung von Geldgeschäften wurde von Kaufleuten und Privatbankiers durchgeführt.[1] Einige Bankfirmen, wie die Rothschilds und Bethmanns in Frankfurt am Main, S. Bleichröder und I. sowie A. Mendelsohn in Berlin, Frege & Co. in Leipzig, A. Oppenheim in Köln, das Bankhaus Parish in Hamburg, legten zwar durch Emissionen von und Spekulationen mit Staatspapieren sowie durch Handel mit Wechseln und Geldumtausch in europäischen und außereuropäischen Staaten den Grundstock zu großen Gewinnen, gesamtwirtschaftlich spielten ihre Umsätze jedoch keine sehr große Rolle.

Abraham Oppenheim z. B. war an der am 12. November 1852 mit einem Kapital von 60 Millionen Francs gegründeten Société générale de Crédit mobilier und an der Darmstädter Bank beteiligt. Das Geschäft mit Staatspapieren war privaten Bankhäusern viel sicherer als das mit industriellen Unternehmungen, die nicht selten illiquid wurden und nichts mehr zurückzahlen konnten. Am Ende des hier behandelten Zeitraums existierten als bedeutende Privatbankiers noch Mendelsohn & Co. sowie S. Bleichröder in Berlin, M. M. Warburg in Hamburg, Speyer Ellisen in Frankfurt am Main und Merck, Fink & Co. in München. Sie waren jedoch im Laufe der Zeit gezwungen, sich in ihrer Geschäftsführung den Aktienbanken anzupassen. Der Wechselhandel war bis 1866/70 in Frankfurt am Main konzentriert, in geringerem Maße in Augsburg. Die einst blühenden süddeutschen Handelsstädte Nürnberg und Augsburg hatten viel von ihrem Glanz eingebüßt.

Die Errichtung von Aktien- bzw. Effektenbanken wurde durch eine restriktive Gesetzgebung der meisten deutschen Staaten lange verzögert. Die Effektenbörse besaß zwar zu Anfang des 19. Jahrhunderts die Fungibilität (Vertretbarkeit) in Gold- und Silberbarren, in fremden Münzen, Wechseln, fremden Banknoten, Papiergeld und Effekten, so daß ein Königsberger Kaufmann durchaus zehn Aktien der Preußischen Seehandlung in Berlin erwerben konnte, doch zu größeren industriellen Transaktionen war sie nicht geschaffen. Es dauerte noch bis 1896, ehe ein Reichsbörsengesetz verabschiedet wurde. Im folgenden Aufschwung stieg die Gesamtsumme der Emissionen von 1374 Millionen Mark 1895 auf 2407 Millionen Mark 1898. Im Börsenregister 1907 waren für Wertpapiere lediglich 201, für Waren 208 Personen oder deutsche Firmen verzeichnet. Zweifellos ging der Effektenbörsenverkehr an den Provinzialbörsen zurück, während er sich in Frankfurt am Main und Berlin konzentrierte, und es schien vor 1914 so, als sei »die Blütezeit der deutschen Börsen«[2] vorüber.

Die Gründung von deutschen Kreditbanken reichte in die erste Hälfte des 19. Jahrhunderts zurück, jedoch war es anfänglich keineswegs alleiniges und ausschließliches Ziel, die Industrialisierung zu fördern. Mehr aus äußerer Not als aus eigenem Antrieb war 1848 der A. Schaaffhausen'sche Bankverein in Köln mit einem Kapital von 5,2 Millionen Talern gegründet worden, nachdem das Bankhaus Abraham Schaaffhausen durch die Revolutionswirren dem Bankrott nahe war, von dem 170 Fabriken mit 40000 Arbeitern betroffen gewesen wären. Die Kontinuität dieses Bankhauses wurde gewahrt, »um die aufgrund der engen finanziellen Verflechtung mit der Industrie bestehende Gefahr einer Unterbrechung der gewerblichen Entwicklung zu vermeiden«.[3]

b) Der Aufstieg und die Dominanz der Großbanken

Die 1851 entstandene Disconto-Gesellschaft in Berlin, ab 1856 eine Kommanditgesellschaft, stellte sich zur Aufgabe, »durch Diskontierung von Wechseln oder durch bare Vorschüsse Handwerkern und kleinen Geschäftsleuten Kredit zu geben«. Diese Gesellschaft erhielt fünf Jahre nach der Gründung den Status einer wirklichen Bank mit einem Kapital von 30 Millionen Mark. Das Gründungskapital der Bank für Handel und Industrie, der Darmstädter Bank, der die Frankfurter Stadtverwaltung eine Konzession verweigerte, betrug 1853 6,8, das der Mitteldeutschen Kreditbank in Meiningen 15, das der Dresdner Bank 1872 9,6 und das der Deutschen Bank 1870 15 Millionen Mark. Zwar waren dies zunehmend größere Summen, aber gemessen am tatsächlichen Bedarf reichten sie nicht aus. Veränderte Aufgabenstellungen und neue Anforderungen an das Bankwesen nach dem Take-off schlugen sich im Selbstverständnis der Banken nieder.

Die Darmstädter Bank etwa wollte nicht »der Agiotage Vorschub leisten und das Kapital zu unproduktivem Börsenspiel« anregen, sondern »durch Anlage fremder Fonds solide und große Unternehmungen fördern«.[4] Die Wirksamkeit der Berliner Handelsgesellschaft sollte sich laut Statut vom 2. Juli 1856 auf »industrielle und landwirthschaftliche Unternehmungen, auf *Bergbau, Hüttenbetrieb, Kanal-, Chaussee-* und *Eisenbahnbauten*« erstrekken. Mit dem Aufschwung traten neue Geschäftsbereiche hinzu. Kurz vor der Reichsgründung, 1870, wollte die Deutsche Bank »die Förderung und Erleichterung der Handelsbeziehungen zwischen Deutschland, den übrigen europäischen Ländern und überseeischen Märkten« betreiben, und zwei Jahre später setzte sich die Dresdner Bank »den Betrieb des Bank- und Kommissionsgeschäfts in allen seinen Teilen« zur Aufgabe. Zwischen 1895 und 1903 lag die Zahl der industriellen Emissionen der Dresdner Bank bei 220 gegenüber 187 beim A. Schaaffhausen'schen Bankverein, 170 bei der Berliner Handelsgesellschaft, 151 bei der Disconto-Gesellschaft, 150 bei der Deutschen Bank und 148 bei der Darmstädter Bank. Die Banken, besonders die Großbanken, haben den industriellen Wachstumsprozeß gefördert, aber keineswegs beherrscht oder gesteuert, auch wenn manche Industrieunternehmen in eine Abhängigkeit von Banken bei Geschäftsfinanzierungen oder Liquiditätsengpässen gerieten. »Zur langfristigen Anlagenfinanzierung sind die Großbanken mit ihrer eigenen Kapitalkraft für die große Industrie im Zeichen guter Erträge, höherer Eigenfinanzierungsquoten und leichtem Zugang zum Kapitalmarkt immer weniger nötig gewesen.«[5] Die Zahl der Aufsichtsratsvorsitze von Bankenvertretern in Industrieunternehmen sagt über den tatsächlichen Einfluß auf ökonomische Entscheidungen relativ wenig aus.

Die regulären Bankgeschäfte, wie Kreditvermittlung, Diskontierung von Wechseln etc., hätten nicht zu dieser Ausdehnung führen können. Im Jahre 1813 wurden in Berlin lediglich 17 Wertpapiere gehandelt, daneben vierprozentige Staatsanleihen, verschiedene Pfandbriefe der Landschaften und holländische Staatsschuldverschreibungen. In Preußen wurden 1846 1100 Personen ermittelt, die sich mit Geld- und Kredithandel beschäftigten, davon 384 in Berlin. Die ungeahnte Gründertätigkeit eröffnete den Banken ganz neue Felder ihrer finanziellen Tätigkeit. Sie beteiligten sich am Gründungskapital von Aktiengesellschaften, ja sie gaben sogar Anstöße zur Errichtung neuer Betriebe. Die Darmstädter Bank etwa war maßgeblich bzw. mit beteiligt an der Gründung bzw. Umwandlung der Heilbronner Maschinenbaugesellschaft, der Kammgarnspinnerei und Weberei zu Marklissa, der Ludwigshütte bei Biedenkopf, der Maschinenfabrik und Eisengießerei Darmstadt, der Oldenburgisch-ostindischen Reederei, der Wollmanufaktur Mannheim und der Württembergischen Kattunmanufaktur. Der Schaaffhausen'sche Bankverein beteiligte sich in den Jahren 1851 und 1852 am Gründungskapital des Hörder Bergwerks- und Hüttenvereins, des Cölner Bergwerksvereins, an der Cölnischen Baumwollspinnerei und Weberei, der Cölnischen Maschinenbau-Aktiengesellschaft und der Cölnischen Rückversicherungsgesellschaft. Deutsche Aktienbanken waren auch an den gewaltigen Anleihesummen beteiligt, die das Deutsche Reich, die Bundesstaaten, die Gemeinden und Kommunalverbände sowie ausländische Staaten auflegten. Wie in der Industrie können wir von einer Diversifikation der Banken sprechen, denn der zunehmende Geld- und Kreditbedarf förderte auch im Bankwesen die Arbeitsteilung;

Noten-, Hypotheken- als auch Kreditbanken, Volksbanken, Kreditvereine oder Sparkassen deckten die örtliche, regionale, nationale oder internationale Nachfrage. Natürlich waren die Großbanken auch in der Lage, im Auslandsgeschäft mitzumischen, und sie waren es, die ihren Reichtum und ihre Macht in pompösen Bankpalästen zum Ausdruck brachten. Diese »Arbeitsteilung« förderte die Vielseitigkeit der Geschäfte, die von der Emission privater und öffentlicher Effekten, dem Kauf und Verkauf von Effekten für eigene und fremde Rechnung, dem Depositen-, Giro-, Lombard-, Diskonto-, Kontokorrent-, Rembours- und Reportgeschäft, dem Akzeptkredit, der Umwandlung privater in Aktienunternehmen bis zum Erwerb und Betrieb von Fabriken, Bergwerken, Eisenbahnen etc. reichte.

Das rapide Wachstum der Aktienbanken hat dazu geführt, daß Großbanken kleinere Banken aufsogen oder Privatbanken sich in Aktienbanken umwandelten. »Die *Leichtigkeit der Kapitalbeschaffung* aber ruft naturgemäß wieder die *Tendenz zur Kapitalvergrößerung* hervor, und zwar deshalb in immer steigendem Verhältnis, weil es sowohl auf dem Gebiete der Industrie wie des Handels und des Bankwesens ein wirtschaftliches Gesetz zu sein scheint, daß ein *doppeltes Kapital mehr als doppelte Produktion oder mehr als doppelten Umsatz ermöglicht*, und daß schon deshalb die *Tendenz zur Kapitalvergrößerung sich verstärkt mit dem Wachstum dieses Kapitals*, und somit bei größeren Kapitalien relativ weit bedeutender ist, als bei kleineren.«[6] Berlin als Reichshauptstadt wurde immer stärker zum Zentrum des deutschen (Aktien-)Bankwesens. Seit 1871 war die Darmstädter Bank, seit 1873 die Mitteldeutsche Kreditbank aus Meiningen, seit 1881 die Dresdner Bank, seit 1891 der Schaaffhausen'sche Bankverein aus Köln, seit 1898 die Kommerz- und Diskontobank aus Hamburg in Berlin vertreten. Später verlegten sie auch ihren Hauptsitz nach dorthin, denn die Entwicklung Berlins zum industriellen, kommerziellen, politischen und kulturellen Zentrum Deutschlands hielt im Kaiserreich an. Während das Aktienkapital bei allen deutschen Banken von 723,95 Millionen Mark 1885 auf 2646,6 im Jahre 1908 anstieg, erhöhte es sich bei den Berliner Banken im gleichen Zeitraum von 326,74 auf 1178 Millionen Mark.

Das Gründerfieber verschonte auch das Bankgeschäft nicht, ja es wurde von den Banken wahrscheinlich in die Höhe getrieben. Überall wurde nach neuen Anlagemöglichkeiten gesucht, um

Tabelle 23: Kapitalvermehrung deutscher Aktienbanken
mit Sitz in Berlin bis 1914

Gründungsjahr	Name der Bank	Aktienkapital bei Gründung in Mio. Mark	Aktienkapital am 1. Jan. 1914 in Mio. Mark	Zunahme (1) = 100
		(1)	(2)	(3)
1848	Schaaffhausen	15,6	145	929,5
1851	Diskonto-Gesellschaft	30,0	200	666,7
1853	Bank für Handel und Industrie	17,1	160	935,7
1856	Berliner Handelsgesellschaft	16,8	110	654,8
1856	Mitteldeutsche Kreditbank	24,0	60	250,0
1870	Deutsche Bank	15,0	200	1 333,3
1870	Kommerz- und Diskontobank	15,0	85	566,7
1872	Dresdner Bank	9,6	200	2 083,3
1881	Nationalbank für Deutschland	20,0	90	450,0

Quelle: A. Sartorius von Waltershausen, *Deutsche Wirtschaftsgeschichte 1815-1914,*
Jena 1923², S. 559; eigene Berechnungen.

schnell zu Geld zu kommen, und Spekulationen wurden angeheizt. In Berlin z. B. wurden 40 Baubanken errichtet, die angeblich die Wohnungsnot beseitigen wollten, tatsächlich aber in heftiger Konkurrenz die Grundstückspreise ansteigen ließen und damit natürlich auch die Wohnungsmieten. Der Bazillus pflanzte sich fort. Jede größere Stadt wollte mindestens eine Makler-, Wechsel- oder Diskontobank und einen Bankverein haben. Gesellschaften für Agentur-, Gewerbe-, Kassen-, Länder-, Raten-, Renten- und Report-Kapitalistenbanken wurden gegründet. Die meisten konnten sich in der Krise nicht halten und gingen im wahrsten Sinne des Wortes *bank*rott.

Die Kapitalvermehrung der neun größten Berliner Banken (vgl. Tab. 23 und 24) von 163,1 des gesamten Gründungskapitals auf 1250 Millionen Mark eingezahltes Aktienkapital am 1. Januar 1914 sowie einen Reservefonds in Höhe von 389,4 Millionen Mark verdeutlicht das Wachstum der Großbanken. Um nur zwei, allerdings

Tabelle 24: Entwicklung der deutschen Aktienbanken
von 1883 bis 1911[1]

Exklusive Noten- und Hypothekenbanken	1883	1911	Zu- nahme in %
Anzahl	71	158	122,5
Gesamtkapital	705,6 Mio. M	2 928,9 Mio. M	315,1
Reserven	90,8 Mio. M	801,7 Mio. M	782,9
Reserven vom Aktienkapital	12,9 %	27,4 %	112,4
Summe der Aktiva	1 961,7 Mio. M	16 649,8 Mio. M	748,7
Bruttogewinn	84,0 Mio. M	514,4 Mio. M	512,4
– davon aus Zinsen	35,0 Mio. M[2]	250,0 Mio. M	614,3
– davon aus Provisionen	19,9 Mio. M	134,7 Mio. M	576,9
Reingewinn	59,8 Mio. M[2]	307,4 Mio. M	414,0
Dividende	49,3 Mio. M	222,1 Mio. M	350,1
Dividende vom Aktienkapital	6,99 %	7,84 %	12,2
Abschreibungen und Reservezugang	3,2 Mio. M	41,4 Mio. M	1 193,8

Quelle: A. Sartorius von Waltershausen, *Deutsche Wirtschaftsgeschichte 1815-1914*, Jena 1923[2], S. 562; eigene Berechnungen.

Anmerkungen:
1 Mit mehr als einer Million Mark Aktienkapital.
2 Im Jahre 1884.

bedeutende Einzelfälle zu nennen: Im Jahre 1914 erhöhte die Deutsche Bank ihr Kapital auf 250, die Diskontogesellschaft ihres auf 300 Millionen Mark. Daneben bestanden 1913 von insgesamt 421 Banken im Deutschen Reich noch folgende Kreditbanken mit mindestens 50 Millionen Mark voll eingezahltem Grundkapital: die Allgemeine Deutsche Kreditanstalt in Leipzig (110 Mio. M), die Rheinische Kreditbank (95 Mio. M), der Barmer Bankverein (88,75 Mio. M), der Bergisch-Märkische Bankverein (80 Mio. M), die Essener Kreditanstalt (70 Mio. M), die Mitteldeutsche Privatbank (60 Mio. M), die Pfälzische Bank (50 Mio. M) und der Schlesische Bankverein (50 Mio. M).

c) Der Partikularismus der Notenbanken und der Niedergang Frankfurts am Main

Die von Friedrich dem Großen 1765 gegründete Königliche Bank in Berlin kann als erste deutsche Notenbank angesehen werden, doch sie war eine reine Staatsbank und stellte 1806 die Notenausgabe ein. Im Jahre 1810 traten an die Stelle der Banknoten Bankkassenscheine der reorganisierten Königlichen Bank und der Preußischen Seehandlung – ein Geld- und Bankinstitut des preußischen Staates, das durch ein Privileg vom 14. Oktober 1772 mit einem Aktienkapital von 1,2 Millionen Talern zur Belebung des Außenhandels gegründet worden war. Wegen Vereinheitlichung der Papierwährung wurden 1836 die Bankkassenscheine wieder eingezogen. In den dreißiger Jahren zirkulierten in Preußen immer noch Banknoten, die der Staat im Befreiungskrieg ausgegeben hatte. Man hielt sie für schädlich und überflüssig, deshalb wurden sie mit hohen Stempelgebühren belegt und aus dem Verkehr gezogen. Weitere Notenbanken in Deutschland waren die Ritterschaftliche Privatbank (1824)[7] in Stettin, die Bayerische Hypotheken- und Wechselbank (1835) in München, die Leipziger Bank (1839), die Anhalt-Dessauische Landesbank (1847), die Bank des Berliner Kassenvereins (1850), die Weimarische Bank (1853), die Frankfurter Bank (1854) in Frankfurt am Main, die Bank für Süddeutschland (1855) in Darmstadt, die Thüringische Bank (1855) in Sondershausen, die Kölnische Privatbank (1855), die Landgräflich Hessische Konzessionierte Landesbank (1855) in Bad Homburg, die Mitteldeutsche Kreditbank (1856) in Meiningen, die Bremer Bank (1856), die Hannoversche Bank (1856), die Gothaer Privatbank (1856), die Magdeburger Privatbank (1856), die Lübecker Privatbank (1856), die Niedersächsische Bank (1859) in Bückeburg und die Commerzbank (1859) in Lübeck. Seit den fünfziger Jahren wurden in vielen Kleinstaaten Zettelbanken konzessioniert, die allerdings wesentlich spekulativen Börsenpraktiken nachgingen.

Wegen des partikularistischen Wirrwarrs konnte es nicht ausbleiben, daß besonders kleine Banken über ihr Territorium hinausgriffen und damit Maßnahmen der mächtigeren Staaten provozierten. Als die Dessauer Privatbank mit ihren Notengeschäften auf preußisches Gebiet überzugreifen drohte, schuf die preußische Regierung 1846 die »Preußische Bank«, eine unter staatlicher Leitung und Aufsicht stehende Aktiengesellschaft, an deren Betriebskapital sie sich mit einer Million Taler beteiligte. Daraus entstand ein größeres Zentral- und Zettelbankinstitut, dessen Notenausgabe zunächst auf 15 Millionen Taler beschränkt, dann auf 21 Millionen Taler erhöht wurde, wovon ein Drittel in bar, das übrige in Wechseln, Lombardforderungen und Staatsschuldscheinen gedeckt sein mußte. Die Nachfrage nach Banknoten hielt mit dem wirtschaftlichen Aufschwung unvermindert an, so daß diese Bank 1856 ein uneingeschränktes Notenrecht erhielt und das Privatkapital auf 15 Millionen Taler erhöht wurde. In ihrer Tätigkeit eigentlich auf Preußen beschränkt, gewann die Königliche Bank seit Mitte der 1860er Jahre die Stellung einer Zentralbank für ganz Deutschland.

Frankfurt am Main war in der ersten Hälfte des 19. Jahrhunderts der wohl wichtigste Börsenplatz Deutschlands, den Hamburg und später Berlin ihm streitig machten. In einem *Topographisch-justiarischen Handbuch der sämmtlichen Deutschen Bundesstaaten* hieß es über Frankfurt im Jahre 1843: »In keiner andern Stadt Deutschlands ist der Handel mit Staatspapieren aller Art größer. Hier fixirt man gewöhnlich den Preis, und normirt sich darnach auf andern minder großen Plätzen.«[8] 60 Jahre später glaubte Sombart, die Mainmetropole sei, abgesehen von ihrer provinziellen Lage, bis 1914 deshalb ins Hintertreffen geraten, weil sich in ihrer »Bankorganisation der Übergang zur großen Aktienbank keineswegs so allgemein vollzogen hat wie in Berlin«[9], was in der zweiten Hälfte des 20. Jahrhunderts um so gründlicher nachgeholt worden ist. Österreich hatte dort in den zwei Jahren nach 1818 100 Millionen Gulden Anleihen plaziert, was man als die Geburtsstunde der Frankfurter Effektenbörse bezeichnet hat. In dieser Zeit erleben wir auch die Blüte der Privatbankiers, die gegen hohe Provision – fünf oder sechs Prozent – geldhungrige Schuldner rasch mit Kapital versorgten. So erhielt etwa das Haus Rothschild, dessen vier Brüder in London, Paris, Wien und Neapel vertreten waren, vom Landgrafen von Hessen Millionenbeträge für ein Jahrzehnt zur freien Verfügung, weil dieser vor den Franzosen flüchten mußte und das englische Geld aus dem Verkauf seiner Landeskinder zum Kriegseinsatz – wovon uns der Spruch überliefert ist: »Ab nach Kassel!« – in den Händen der Rothschilds am sichersten glaubte. Die Familie soll bis 1820 Anleihen in Höhe von 1200 Millionen Gulden abgeschlossen haben. Reiche jüdische Bankhäuser erregten bald Neid, und in der vielgelesenen Literatur machten sich antisemitische Ressentiments breit. Wilhelm Hauff schilderte 1826 in den *Mittheilungen aus den Memoiren des Satans*[10] sarkastisch die Frankfurter Börsengeschäfte der Rothschilds und Bethmanns anhand der Figur des Kaufmanns Zwerner & Komp. aus Dessau, »ein melancholischer Frosch«, der, in ein jüdisches Mädchen verliebt, mit dem Teufel paktiert, um die Aktienkurse um drei Prozent zu steigern.

Der wirtschaftliche Aufschwung seit den fünfziger Jahren erforderte riesige Kapitalmengen, die nur teilweise durch Privatbanken oder durch die wenigen Notenbanken aufgebracht werden konnten, wodurch die Gründungswelle von Aktiengesellschaften vergrößert wurde. Ein Bundesgesetz vom 27. März 1870 bestimmte, daß die Ausgabe von Banknoten bundesgesetzlicher Zustimmung bedürfe und die Banken mit Notenausgaberecht dieses nur mit Genehmigung des Bundes erweitern durften. Damit wurde der Vermehrung von Notenbanken wie der bundesstaatlichen Ausgabe von Papiergeld ein Riegel vorgeschoben, und das Reichsmünzgesetz beschränkte den dauernden Bestand an Reichskassenscheinen auf 120 Millionen Mark, alle nicht auf Reichswährung laufenden Noten wurden eingezogen. Am 31. Dezember 1874 belief sich der gesamte Notenumlauf im Deutschen Reich auf 1 325 441 699 Mark, davon waren 350 555 Noten zu einem Taler, 751 150 Taler in Fünftalerscheinen und 57 440 600 Taler zu 10 Taler; 421 110 Gulden in Fünfguldenscheinen, 40 439 200 Gulden zu 10 Guldenstücken und 5 532 725 Gulden zu 25 Gulden; schließlich noch 1 498 000 Mark zu 20 Mark. In den 33 deutschen Banken mit einem Notenausgaberecht, das entweder unbeschränkt oder auf 50 bzw. 100 Jahre festgelegt war, schwankte das Grundkapital zwischen einer und 60 Millionen Mark. Das Königreich Sachsen hatte fünf Banken mit 120 Millionen Mark Notenumlauf, Bayern eine mit 21 Millionen Mark, aber auch in den Zwergstaaten Schaumburg-Lippe – in Bückeburg – oder in Reuß jüngere Linie – in Gera – bestanden Notenbanken mit unbegrenztem Notenausgaberecht, während Hamburg gar keine, Lübeck zwei Notenbanken besaß.

d) Die Struktur und die Aufgaben der Reichsbank

Die Krise seit 1873 verlangte eine Konzentration, wenigstens aber eine größere Einheitlichkeit des deutschen Bankwesens, die mit dem Bankgesetz vom 14. März 1875 zustande kam. Danach blieben 32 regionale Privatnotenbanken erhalten, während die Preußische Bank vom Reich übernommen und zu einer deutschen Zentralnotenbank umgestaltet wurde. Nach Sombart verkörperte sie den »Typ deutscher Wirtschaft überhaupt: die Kreuzung kapitalistischen Unternehmertums mit altpreußischer Korrektheit«.[11] Die Reichsbank erstreckte ihre Wirksamkeit über das gesamte Reichsgebiet, während den Zettelbanken verboten wurde, außerhalb des Konzessionsstaates Filialen zu unterhalten oder Agenten einzusetzen. Zusätzlich wurde die Möglichkeit, sich als Gesellschafter an anderen Banken zu beteiligen bzw. Notenzahlungen in anderen als dem entsprechenden Staatsgebiet zu leisten, sehr erschwert. Daraufhin verzichteten sofort zwölf Banken auf ihr Notenprivileg, 1890 waren noch 13 in Betrieb. Die Schrumpfung hielt weiter an; in der Krise von 1900/01 brachen die Deutsche Grundschuldbank, die Dresdner Bank für Handel und Gewerbe, die Leipziger Bank, die Mecklenburg-Strelitzsche Hypothekenbank, die Pommersche Hypothekenbank und die Preußische Hypothekenaktienbank zusammen. Im Jahre 1905 waren als Notenbanken neben der Reichsbank »nur« noch die Badische Bank, die Bayerische Notenbank, die Braunschweigische Bank, die Sächsische Bank in Dresden und die Württembergische Notenbank vertreten, 1914 existierten noch die Badische, die Bayerische, die Sächsische und die Württembergische Bank. Sie hatten neben der Aufrechterhaltung hoher Reservefonds bestimmte Vorschriften, wie Deckung und Einlösung der Noten, zu erfüllen, wenn ihre Noten außerhalb des Ausgabestaates als Zahlungsmittel verwendet werden sollten. Als die Privatnotenbanken durch einen niedrigeren Diskont als die Reichsbank versuchten, einen Teil von deren Geschäften an sich zu ziehen, band eine Novelle von 1899 den Diskontsatz an den offiziellen Satz des Zentralinstituts.

Die Bankverfassung bestimmte die gesetzliche Einlösung von Geld, bis 1907 auch Talern, verbot gefährliche Geschäfte und verlangte die wöchentliche Veröffentlichung von Aktiva und Passiva. Zwar war die Ausgabe der Notenmenge unbeschränkt, aber es gab eine indirekte Kontingentierung, indem jedesmal eine fünfprozentige Steuer erhoben wurde, wenn die Zuweisungen den Barvorrat überstiegen. Damit sollten eine exzessive Kreditvergabe vermieden und bei den Privatbanken der Anreiz zu Spekulationsgeschäften eingedämmt werden. Die Aktualität dieser Gefahren wird verständlich, wenn wir uns vergegenwärtigen, daß die deutschen Kreditbanken zwischen 1885 und 1905 einen Bruttogewinn von 3680 Millionen Mark erwirtschafteten, wovon allerdings etwa ein Viertel auf Provisionen entfiel. Die Reichsbank als Aktiengesellschaft unter Leitung und Aufsicht des Staates hatte ihren Hauptsitz in Berlin, breitete sich mit ihren Filialen aber bald über das ganze Reich aus. Im Jahre 1906 gab es neben den 19 Hauptstellen 70 Bankstellen und 358 Nebenstellen, fünf Jahre später hatte sie insgesamt 488 Niederlassungen.

Die Deutsche Reichsbank ist für die wirtschaftliche Entwicklung Deutschlands von großer Bedeutung gewesen, doch sie holte als Zentralbank nur nach, was in England und Frankreich längst geschaffen worden war, die Verhinderung des Abflusses von Gold bei passiver Zahlungsbilanz durch eine durchgreifende Diskontpolitik. So heißt es in der Denkschrift zum 25jährigen Bestehen: »Die Reichsbank war bei ihrer Begründung gedacht als die Vermittlerin des Goldzuflusses und der Goldprägungen, und sie hat diese Vermittelung so vollständig übernommen, daß sie alles vom Ausland kommende und für den deutschen Geldumlauf bestimmte Gold in Barren und fremden Sorten an sich zieht, und daß sie thatsächlich der einzige Private ist, der von dem Recht der freien Goldprägung Gebrauch macht. Auf diesem Felde war es ihre Aufgabe, durch ihre Diskontpolitik den notwendigen Zufluß von Gold zu befördern.«[12] Zwar führte erst die Münzreform vom 1. Juni 1909 die Goldwährung definitiv ein, indem sie in §1 erklärte: »Im Deutschen Reiche gilt die Goldwährung. Ihre Rechnungseinheit bildet die Mark, welche in hundert Pfennige eingeteilt wird«, doch nach 1876 kaufte die Reichsbank mehr und mehr Barrengold – nach §14 des Bankgesetzes zum Preis von 1392 Mark für das Pfund fein – und ausländische Goldmünzen auf, von denen der größte Teil zur Ausprägung von Reichsgoldmünzen an die deutschen Prägeanstalten abgeliefert wurde. Es ist deshalb »etwas schwierig zu bestimmen, wann eigentlich Deutschland zur Goldwährung übergegangen ist«.[13] Die Metallreserve der Preußischen Bank bestand im Juli 1875 zu 85% aus Gold, doch der Reichsbank wurden große Mengen an Silbermünzen zum Umtausch angeboten. Von den sechs Millionen kg Silber wurden zwischen 1876 und 1878 etwa 2,9 Millionen zu Goldankäufen verwendet, bis 1900 hatte die Reichsbank für 2629 Millionen Mark Gold angekauft. »Seinen höchsten Stand erreichte der Goldvorrat der Reichsbank

Tabelle 25: Einlagen der Reichsbank 1876-1914 (in 1000 Mark)

Jahr (Ende)	Gold	Scheide-münzen	Wechsel	Lombard	Noten-umlauf	Summe von Akti-va/Passiva
1876	210 363	290 229	446 469	60 578	766 107	1 092 337
1881	179 907	334 533	451 580	109 374	859 388	1 174 591
1886	382 668	286 841	546 090	115 549	1 009 523	1 450 647
1891	599 056	302 824	571 898	138 610	1 122 530	1 687 850
1896	531 387	273 189	790 951	197 203	1 257 925	1 879 038
1901	632 159	236 342	997 913	161 439	1 465 787	2 261 421
1906	481 373	183 644	1 338 957	284 522	1 775 898	2 738 166
1911	727 760	280 078	1 792 646	117 243	2 250 564	3 262 098
1914	2 092 811	36 865	1 198 468	22 870	5 045 899	7 218 411

Quelle: Die Reichsbank 1901-1925, Berlin o. J. (1925), Tab. 5, S. 12 f.

am 7. Februar 1895 mit 799,6 Millionen Mark, während der gesamte Barvorrat am 15. Februar 1895 seinen höchsten Stand mit 1148 Millionen Mark erklomm.«[14] (Vgl. Tab. 25)

Die wesentlichen Aufgaben der Reichsbank bestanden in der Diskontierung von Wechseln, in der Anhäufung ausländischer Währung, in der Abwicklung des Giroverkehrs, im Lombardgeschäft, nicht zuletzt in der Gründung und Unterhaltung zahlreicher Filialen in allen Teilen Deutschlands, um den Geldumlauf zu regeln, Zahlungsausgleichungen zu erleichtern und das verfügbare Kapital möglichst nutzbringend anzulegen. Die Durchführung dieser Vorhaben war relativ schwierig, da gerade in der Gründerkrise zahlreiche Länder von Silber- oder Doppelwährungen zur Goldwährung übergingen und deshalb mehr Gold nachgefragt wurde, während die Goldproduktion der Welt Anfang der achtziger Jahre stark zurückgegangen war. In den ersten drei Jahren der Existenz der Reichsbank war etwa ein Viertel der ausgeprägten Goldmünzen aus dem Umlauf verschwunden, so daß die Reserven der Reichsbank im Jahre 1881 auf 151,5 Millionen Mark zusammengeschmolzen waren und die Golddeckung der Noten ein Jahr später nur noch 27,9% betrug; die Folge war eine Erhöhung des Diskontsatzes. Der Reichsbank war jedoch eine Reihe von Privilegien gegenüber anderen Notenbanken eingeräumt worden, wie Notenannahme im ganzen Reichsgebiet, Möglichkeit zur Errichtung von Filialen, Befreiung von staatlichen Einkommen- und Gewerbesteuern, Erleichterungen im Lombardverkehr, steuerfreies Notenkontingent bei Verzicht der Privatbanken; deshalb konnte sie ihre Geschäfte immer weiter ausdehnen. In den zehn Jahren nach 1885 kaufte die Reichsbank für 1,5 Milliarden Mark Gold auf, was den inländischen Goldbestand um mehr als 70% vermehrte. Im Jahre 1899 wurde das Grundkapital der Reichsbank von 120 auf 180 Millionen Mark aufgestockt, 1905 das steuerfreie Notenkontingent von ursprünglich 250000 auf 750 Millionen Mark erhöht. Ein Jahr später erhielten die Reichsbanknoten die Eigenschaft eines gesetzlichen Zahlungsmittels, und neben den 100-, 500- – seit 1901 hatte nur noch die Sächsische Bank in Dresden 500-Mark-Noten in Umlauf – und 1000-Mark-Noten wurden, nachdem die Goldreserven der Reichsbank um 40% zurückgegangen waren, auch solche von 20 und 50 Mark in den Verkehr gebracht.

Die heftigen Kontroversen um Bimetallismus oder Goldwährung, festgesetztes Wertverhältnis von Gold zu Silber und die mögliche Etablierung einer Weltwährung beschäftigten nicht nur den Reichstag, sondern beeinflußten auch die Politik der Reichsbank. Nationalistische Untertöne überlagerten dabei die sachlichen Auseinandersetzungen. Adolf H. W. von Scholz, seit 1882 preußischer Finanzminister, sagte am 21. Januar 1886 im Abgeordnetenhaus, er kenne keinen Entwurf eines bimetallischen Vertrags, »der von jedem, der sein Vaterland lieb hat, der sein Vaterland nicht verraten will, unterzeichnet werden könnte«. Und zehn Jahre später schrieb Max Schippel im sozialdemokratischen *Vorwärts*: »Die deutsche Arbeiterklasse und ihre politische Vertretung, die Sozialdemokratie, wird darum in den entbrannten Währungskämpfen immer auf seiten der Goldwährung zu finden sein.«[15] Konservative unterstützten den »Verein für internationale Doppelwährung«, gewerbliche Wirtschaft, Handelskammern und die Reichsbank favorisierten den »Verein zum Schutze der deutschen Goldwährung«, und Karl Helfferich prägte das Schlagwort von der »Silbernen Internationale«. Der Bimetallismus konnte sich gegen diese massive Front nicht durchsetzen, da der Übergang zur Goldwährung durch eine stärkere Integration der Weltwirtschaft von den internationalen Geldmärkten gefordert wurde. Nach der Einführung eines ganz Deutschland umspannenden Gironetzes für den bargeldlosen Platz- und Fernverkehr vergrößerten sich die Goldbestände der Reichsbank von 341 Millionen Mark 1876 auf

891 1906 und 1350 Millionen Mark 1913. Zwischen 1871 und Ende
März 1914 wurde die Summe von 4 515 139 900 Mark Doppelkro-
nen und 772 276 600 Mark Kronen ausgeprägt, von denen aber insgesamt 167 991 800 Mark wieder eingezogen wurden. Bei den
Zahlungsausgleichungen im Giroverkehr belief sich der einge-
zahlte Bestand am 1. Januar 1876 auf 16 Millionen und erhöhte sich
bis 1913 auf 605 Millionen Mark. Die Zahl der Girokonten ist von
3245 am 1. Januar 1877 auf 26 148 Ende 1913 angewachsen, während sich der gesamte Umsatz von 16,7 Millionen (1876) auf 189,6
Milliarden Mark vergrößerte. Die Nutzbarmachung an verfügba-
ren Kapitalien durch Diskontierung und Lombardierung gehörte
zu den Hauptaufgaben der Reichsbank. 1913 betrug das Aktivum
an Wechseln 1135,9 Millionen, an Lombardforderungen 85,4 Millionen Mark. Der Notenumlauf aller deutschen Banken belief sich
zur gleichen Zeit auf 2107 Millionen Mark, wovon allein 92,9% auf
die Zentralbank entfielen (vgl. Tab. 25).

e) Banken als Zwingburgen oder Schwungräder?

Das Deutsche Reich hat der Entwicklung von Effekten- und Kreditbanken weitgehend freien Lauf gelassen und nur durch das
Handelsgesetzbuch sowie das Börsen- und Depotgesetz von 1896
einige Einschränkungen bestimmt. Dadurch haben sich Betriebs-
formen und Geschäftsarten in eigendynamischer Weise entsprechend den industriellen Anforderungen herausgebildet, nicht immer zum Vorteil des kleinen Mannes, der die Bankpraktiken selten
durchschauen kann. Vielleicht ist es etwas übertrieben, doch auch
heute nicht ganz falsch, daß »der größte Teil der Bankklientel
Wachs in den Händen des gewandten Beraters hinter dem Ladenti-
sche der Bankstube«[16] ist.

Im Jahre 1908 brachte die Bankgesetzkommission eine Resolu-
tion ein, das Bankgesetz vom 14. März 1875 grundlegend zu än-
dern und den Reichskanzler zu ersuchen, »einen Gesetzentwurf
vorzulegen zur Bekämpfung der Gefahren, die dem Publikum
durch Banken und Bankiers erwachsen, die zur Anlage von Depo-
siten oder Spargeldern durch öffentliche oder schriftliche Aufforderungen oder durch Agenten anreizen«[17], doch der Entwurf kam
nicht einmal zur Vorlage. Dies hing teilweise auch damit zusammen, daß sich nach dem wirtschaftlichen Boom seit 1895 viele

deutsche Banken von Effekten- zu Kreditbanken wandelten. Die Bruttoeinnahmen der neun Berliner Großbanken bestanden 1913 zu 54% aus Zinsen und Wechseln, zu 32% aus Provisionen und zu 14% aus dem Effekten- und Konsortialkonto. Der Konzentration und Verzweigung des Großbankgeschäfts in Tochtergesellschaften, Filialen, Kommanditen- und Depositenkassen etc. konnten die meisten kleineren Banken nicht folgen, so daß 1908 acht Berliner Großbanken 74% des gesamten deutschen Bankkapitals kontrollierten. Im Jahre 1910 besetzten diese Banken in Aktiengesellschaften der deutschen Industrie insgesamt 800 Aufsichtsratsposten.

Die großen Banken strebten zunehmend danach, mittlere Banken sowie große Privatunternehmen zu schlucken, um noch einflußreicher zu werden. So übernahm die Dresdner Bank 1873 den Sächsischen Bankverein, 1877 die Sächsische Kreditbank, 1892 die Anglo-Deutsche Bank in Hamburg, 1895 die Bremer Bank, 1899 die Niedersächsische Bank in Bückeburg, 1904 die Deutsche Genossenschaftsbank Sörgel, Parrisius & Co. sowie Erlanger & Söhne, beide in Frankfurt am Main, 1910 die Breslauer Wechsler- und die Württembergische Landesbank; die Deutsche Bank 1896 den Frankfurter Bankverein, 1914 die Bergisch-Märkische Bank; die Diskontogesellschaft 1895 die Norddeutsche in Hamburg und Bamberger & Co. in Mainz; die Handelsgesellschaft 1891 die Internationale Bank; die Darmstädter Bank 1902 die Bank für Süddeutschland in Darmstadt, 1904 Robert Warschauer & Co. in Berlin, 1910 die Bayerische Bank für Handel und Industrie in München; der Schaaffhausen'sche Bankverein 1904 die Niederrheinische Kredit-Anstalt in Krefeld und die Westdeutsche Bank in Bonn. Dies sind nur die wichtigsten Übernahmen der Großbanken. Die Berliner Universalbanken, die »Großen Sechs«, haben bis 1911 mit ihren regionalen Partnern 116 Privat- und 45 Gesellschaftsbanken übernommen. Sombart nannte sie: »Die Zwingburgen des Kapitalismus, der in ihnen nicht als altersschwacher Greis, sondern als machtstrotzender Jüngling für Generationen und aber Generationen die Herrschaft über uns alle angetreten hat, die wir arme Hascherln sind mit unsern paar Ideen und unseren paar ›unpraktischen‹ Kenntnissen.«[18]

Die Hypothekenbanken, die anfänglich vor allem der Landwirtschaft Realkredit gewährten, dann aber auch den städtischen Grundbesitz beliehen, profitierten ebenfalls vom starken Wachstum der deutschen Industrie. Das Reichs-Hypothekenbankgesetz von 1899 legte die Ausgabe von Pfandbriefen auf den 15fachen Betrag des Grundkapitals fest. Die Beleihung des Bodenwertes konnte bis zu zwei Fünfteln, bei ländlichen Grundstücken auch bis zu zwei Dritteln der Taxe ansteigen. Die Bilanz mit Gewinn- und Verlustkonto mußte jährlich, der Status der Banken über Pfandbriefe und deren Deckung zweimal jährlich dargelegt werden, und ein Treuhänder hatte die vorschriftsmäßige Deckung der Pfandbriefe zu prüfen. Seit 1900 stand die Zahl der Hypothekenbanken bei 38, und deren Hypothekensumme stieg von 6,5 auf 11,4 Milliarden Mark 1913. »Im ganzen wirkten die Banken wie große Schwungräder. Sie initiierten die Bewegungsprozesse kaum, doch vorhandene Tendenzen beschleunigten und vergrößerten sie.«[19]

f) Das Sparkassenwesen und ausländische Kapitalanlagen

Das Sparkassenwesen hat während des ganzen 19. Jahrhunderts eine wichtige Funktion bei der Anleitung des einfachen Mannes zur Rücklage eines Spargroschens gespielt. Die ersten deutschen Spar- bzw. Leihkassen wurden im letzten Viertel des 18. Jahrhunderts gegründet: 1765 die Herzogliche Leihhauskasse in Braunschweig, 1767 im badischen Bezirk Bonndorf, 1778 in Hamburg, 1786 in Oldenburg, 1796 in Kiel und 1801 in Altona und Göttingen. Die Absichten, die zur Errichtung von Sparkassen geführt haben, werden recht deutlich in §94 der Anordnung der Sparkasse der »Kaiserlich freyen Reichsstadt Hamburg«. Dort heißt es: »Die Ersparungsklasse dieser Versorgungsanstalt ist zum Nutzen geringer fleißiger Personen beiderlei Geschlechts, als Dienstboten, Tagelöhner, Handarbeiter, Seeleute, errichtet, um ihnen Gelegenheit zu geben, auch bei Kleinigkeiten etwas zurückzulegen und ihren sauer erworbenen Not- oder Brautpfennig sicher zu einigen Zinsen belegen zu können, wobei man hoffet, daß sie diese ihnen verschaffte Bequemlichkeit sich zur Aufmunterung gereichen lassen mögen, um durch Fleiß und Sparsamkeit dem Staate nützlich und wichtig zu werden.«[20] Und im preußischen Sparkassengesetz vom 12. Dezember 1838 heißt es in Ziffer 4, daß die Einrichtung von Sparkassen »*hauptsächlich* auf das Bedürfnis der ärmeren Klasse, welcher Gelegenheit zur Anlegung kleiner Ersparnisse gegeben werden soll«, ausgerichtet werde. So oder ähnlich haben fast alle deutschen Sparkassen ihren ursprünglichen Auftrag gesehen, nämlich dem kleinen Mann die Möglichkeit zu geben, eine bescheidene Rücklage zu bilden. Diese Abgrenzung ermöglichte andererseits, »Juden, notorisch Reiche, Stiftungsalumnen«[21] vom Sparkassengeschäft satzungsgemäß auszuschließen.

Entgegen weitverbreiteter Meinung war auch die Arbeiterschaft in der Lage, geringe Beträge zu sparen, was vielen Sparkassenstatistiken zu entnehmen ist. Zwar schrieb der sozialdemokratische *Vorwärts* noch am 31. Januar 1892, »daß es nicht die arbeitenden Klassen im engeren Sinne des Wortes sind, die in die Sparkassen Geld einlegen. Bei den elenden Löhnen, die heutzutage … gezahlt werden, ist es eine reine Unmöglichkeit, daß die Massen der Arbeiter, auch wenn sie sich den äußersten Entbehrungen unterziehen und auf jeden menschlichen Komfort verzichten, irgend etwas ›ersparen‹ können«[22], doch das war schon lange mehr Ideologie als Wirklichkeit, wie Tabelle 26 ausweist. Leider haben die wenigsten Sparkassen ihre Konten nach Berufen gegliedert, doch einige Beispiele lassen klar erkennen, daß auch die Arbeiterschaft sparte. Eine Berufsstatistik der bayerischen Sparkassen ermittelte Ende 1839, daß von rund 100000 Einlegern 44,4% Arbeiter mit 34,4% der Einlagen, 33,7% Dienstboten mit 26,1%, 30,5% Kinder mit 20,1%, 25,1% »andere Personen«, d. h. Unternehmer, Beamte, freie Berufe etc., mit 45,9% sowie 10,7% Handwerksgesellen, Lehrlinge und Tagelöhner mit 7,9% der Einlagen waren. Im Jahr 1893 besaßen bei 106 erfaßten bayerischen Sparkassen 34,9% Arbeiter 31,3% der Einlagen, 32,9% Kinder und Mündlinge 21,2%, 14% Unternehmer 22,7%, 10,4% Beamte, freie Berufsarten und Berufslose 18,8% sowie 7,5% juristische Personen sechs Prozent der Einlagen.[23] Der Sparkassendirektor der Stadt Düsseldorf, Fritz Vogt, der eine Berufsstatistik der Einleger bei der Münchener Sparkasse von 1848 bis 1920 kommentierte, machte die Feststellung: »Die Leute, die sich in den zwar gediegenen, aber meist doch recht einfachen Geschäftsräumen der Sparkassen aufhalten, sind *keine* Großkaufleute, Kommerzienräte, Industrielle oder Fabrikanten, sondern schlichte Bürgersleute und Arbeiter, Beamte und Angestellte, die sich alle damit gern abfinden, daß jeder von ihnen ohne persönliche Note und Bevorzugung der Reihe nach abgefertigt wird.«[24] Diese Beispiele sind nicht nur Beleg dafür, daß Arbeiter sparten, sie verweisen auch auf im Laufe des 19. Jahrhunderts veränderte Anforderungen und Funktionen der Sparkassen.

Tabelle 26: Sparbücher, Einlagenbestand und Sparguthaben bei den deutschen Sparkassen 1830–1915

Jahr	Baden[1] a[2]	Baden b[3]	Thüringen a[2]	Thüringen b[3]	Hamburg/Bremen a[2]	Hamburg/Bremen b[3]	Sachsen a[2]	Sachsen b[3]	Hessen a[2]	Hessen b[3]	Preußen a[2]	Preußen b[3]	Württemberg a[2]	Württemberg b[3]	Mecklenburg-Schwerin a[2]	Mecklenburg-Schwerin b[3]	Bayern a[2]	Bayern b[3]	Deutsches Reich[4]
1830	.	.	.	.	8	26	.	.	0,1	0,3	.	.	.	.	.	.	.	.	.
1840	.	.	.	.	13	43	3	5	2	5	.	1	.	.	.	.	.	.	64,2
1850	.	.	.	.	22	92	5	7	3	10	2	3	.	.	.	.	.	.	163,8
1860	6	23	.	.	35	212	13	23	6	18	3	8	.	.	.	.	.	.	387,6
1870	7	35	.	.	23	101	18	46	8	31	6	20	.	.	.	33	6	10	915,2
1880	11	86	.	.	28	158	31	115	11	68	11	58	.	.	.	46	6	17	2 613,8
1890	17	148	.	.	37	225	46	167	17	119	19	110	17	67	.	66	10	33	5 137,3
1900	23	225	42	217	44	281	56	220	22	181	25	167	23	110	21	83	13	52	8 838,6
1910	31	280	52	350	56	374	66	359	23	282	32	276	31	213	22	109	15	88	16 780,6
1915	38	462	61	423	73	423	74	406	29	341	36	312	37	285	22	153	18	109	20 380,7

Quellen: H. Höpker, *Entwicklung und heutiger Stand der Sparkassen*, in: *Zeitschrift des Preußischen Statistischen Landesamts*, 63. Jg., 1923, S. 82; F. Voigt, *Der volkswirtschaftliche Sparprozeß*, Berlin 1950, S. 127f.

Anmerkungen:
1 Die Reihenfolge der Staaten von links nach rechts ist geordnet nach der Höhe der Einlagen pro Kopf der Bevölkerung (b) im Jahre 1915.
2 Sparbücher je 100 Einwohner.
3 Einlagen pro Kopf der Bevölkerung in Mark.
4 Höhe der Spareinlagen in Millionen Mark.

Nach 1815 wiesen die Sparkassen nur wenige Filialen auf und waren nur an einigen Tagen in der Woche stundenweise geöffnet, d. h., die Sparer hatten entweder weite Wege zurückzulegen, oder die Kassen waren gerade geschlossen, wenn sie ihre Pfennige oder Groschen einzahlen wollten. Daß sich dies schnell änderte, mögen einige Zahlen belegen. Um 1840 gab es 85 Sparkassen in Preußen, 31 in Sachsen, 20 in Hessen und eine in Hamburg mit insgesamt etwa 352000 Sparbüchern. 30 Jahre später existierten in Preußen 932, in Bayern 253, in Sachsen 142, in Baden 97, in Hessen 28 sowie in Hamburg und Bremen zwölf Sparkassen. Als 1878 in einer Denkschrift der Reichspost- und Telegraphenverwaltung die Idee vorgetragen wurde, Postsparkassen zu errichten und damit die Möglichkeit des Sparens in das kleinste Dorf zu verpflanzen, glichen sich nach und nach die Sparkassen den Banken immer mehr an, besonders nachdem das Scheckgesetz von 1909 die Sparkassen für scheckfähig erklärt hatte und der bargeldlose Zahlungsverkehr besser organisiert wurde. Es wurden Sparprämien gewährt, Übertragbarkeit wurde eingeführt, die monatliche durch eine tägliche Verzinsung der Spareinlagen ersetzt, auf satzungsmäßige Kündigungsfristen bei der Rückzahlung von Spareinlagen verzichtet und vieles andere mehr. Pfennig-, Jugend- und Fabriksparkassen sollten frühzeitig den Sparsinn anregen. Bis zum Jahre 1915 hatten sich die öffentlichen und privaten Sparkassen im Deutschen Reich auf 3137 vermehrt, und die Sparbücher waren auf 25,8 Millionen mit Spareinlagen von 20381 Millionen Mark angewachsen. Regional betrachtet hatte Baden im gleichen Jahr die höchsten Einlagen pro Kopf der Bevölkerung (423 Mark) und Sachsen die meisten Sparbücher (74) je 100 Einwohner, während Mecklenburg-Schwerin und Bayern in beider Hinsicht am Schluß rangierten (vgl. Tab. 26).

Ausländische Kapitalanlagen sind für einen entwickelten Industriestaat oft die einzige Möglichkeit zum Ausgleich seiner passiven Handelsbilanz. Andererseits haben Schuldnerstaaten oft gar keine Möglichkeit, Waren zu kaufen, wenn sie keine langfristigen Kredite erhalten. Dadurch werden die Exportindustrien des Gläubigerlandes begünstigt, und, wie wir dies gegenwärtig bei Entwicklungsländern in drastischer Weise erleben, es kann daraus ein Teufelskreis von Verschuldung und Abhängigkeit entstehen. Die ausländischen Kapitalanlagen bzw. Direktinvestitionen können ganz verschiedene Formen annehmen, z. B. sind deutsche Unternehmer als Kaufleute oder Kapitalgeber im Ausland tätig, besitzen

Bergwerke, Industriefirmen oder Ländereien in anderen Staaten. Deutsche Gesellschaften können Tochterunternehmen oder Filialen im Ausland errichten oder deutsches Kapital in ausländische Firmen investieren. Und Deutsche mögen auf dem ausländischen Aktien- und Effektenmarkt Geld anlegen. So haben etwa Frankfurter Bankhäuser, wie Lazarus Speyer und Ellisen, Seligmann und Settenheimer, vor und während des amerikanischen Bürgerkriegs durch Vermittlung New Yorker Niederlassungen sechsprozentige Bundesanleihen gezeichnet, oder sie erwarben danach Eisenbahnobligationen. Für die Höhe und das Ausmaß von Kapitalanlagen des Deutschen Reichs gibt es vor 1914 nur unsichere Schätzungen, denn eine Emissionsstatistik für Auslandswerte wurde noch 1908 abgelehnt, weil Sachverständige davon einen negativen Effekt für Deutschland aufgrund ausländischer Reaktionen befürchteten. Nach Schätzungen beliefen sich die deutschen Auslandskapitalien zu Beginn des 20. Jahrhunderts auf 20-25 Milliarden Mark, davon etwa 60% Effekten, d. h., im jährlichen Durchschnitt soll der Kapitalexport etwa 500 Millionen Mark betragen haben. Diese wenigen Bemerkungen über deutsche Auslandsanlagen mögen für manchen Leser recht unbefriedigend sein, hat sich doch daran eine umfangreiche Diskussion zum Imperialismus angeknüpft.[25]

Resümee
Regionen oder Nation?

Die Wirtschaftsgeschichtsschreibung der Nachkriegszeit ist in fast allen hochindustrialisierten Staaten dominiert worden von einem ökonomischen Paradigma: der Wachstums- und Konjunkturtheorie. Dies hängt u. a. mit folgendem Umstand zusammen: In der ersten Hälfte des 20. Jahrhunderts ist das theoretische Instrumentarium zur Messung und Erklärung von Wirtschaftskreisläufen so verfeinert worden, und der Völkerbund, die Vereinten Nationen oder die Organisation für wirtschaftliche Zusammenarbeit und Entwicklung (OECD) haben so viel vergleichbares statistisches Material von Nationalstaaten zusammengetragen bzw. erhoben, daß riesige Forschungsprogramme darauf aufbauen konnten. Außerdem hat der Wachstumszyklus der fünfziger und sechziger Jahre dieses Jahrhunderts die Beschäftigung mit diesem Phänomen nahegelegt. Bernhard Gahlen hat dazu kritisch angemerkt: »Die moderne Wachstumstheorie hat trotz der zahlreichen Berechnungen von Produktionsfunktionen, Typen des technischen Fortschritts, Substitutionselastizitäten etc. keine empirische Basis.«[1] Erst seit Anfang der siebziger Jahre wird die historische Erforschung der wirtschaftlichen Entwicklung von *Regionen* als Teilsystemen von Volkswirtschaften wieder intensiver betrieben. Es war das Verdienst Sidney Pollards, immer wieder darauf hingewiesen zu haben, daß die »regionalen Probleme eine beachtliche traditionelle bzw. historische Dimension«[2] besitzen. In diesem abschließenden Resümee soll nicht danach gefragt werden, ob bei der Erklärung und Deutung wirtschaftshistorischer Abläufe während der Industriellen Revolution im 19. Jahrhundert die »Wirtschaftswissenschaften am Ende«[3] sind, sondern es sollen die Vorteile einer vergleichenden, empirischen Industrialisierungsforschung auf der Basis homogener Regionen statt Nationen bzw. Nationalstaaten dargelegt werden.

Viele Ökonomen und Wirtschaftshistoriker haben lange Zeit den Nationalstaat als eine geeignete Erhebungseinheit für längerfristige Vergleiche angesehen. Noch vor wenigen Jahren wurde behauptet: »Der Nationalstaat bleibt die geeignetste und ebenso die vertretbarste Analyseeinheit.«[4] Deutsche, europäische oder internationale Forschungen der wirtschaftlichen Entwicklung seit dem 18. Jahrhundert, die mehr als ein Jahrhundert umspannen, benutzen volkswirtschaftliche Größen als erklärende Indikatoren.[5] Simon Kuznets, Nobelpreisträger für Ökonomie, glaubt: »Langfristige Aufzeichnungen des Nationalprodukts und seiner Komponenten sind unentbehrlich für die Erforschung der allgemeinen und verschiedenartigen Merkmale des modernen wirtschaftlichen Wachstums von Nationen.«[6] Dabei wird angenommen, daß Prozentanteile und Pro-Kopf-Werte als relative ökonomische Maßgrößen ausreichend seien, um ganz verschiedene Staaten miteinander zu vergleichen und deren unterschiedliche Entwicklungen *erklären* zu können. Eine solche Annahme ist jedoch ein ökonomischer Fehlschluß. Abgesehen davon, daß Schätzungen von Sozialproduktgrößen immer fraglicher werden, je weiter wir historisch zurückgehen, weshalb Sombart bereits Anfang dieses Jahrhunderts feststellte: »Alle Schätzungen des Volkseinkommens oder Volksvermögens sind mehr oder weniger Spielereien«[7] – denn eine volkswirtschaftliche Gesamtrechnung hat sich erst gegen Mitte unseres Jahrhunderts ausgebildet –, scheint es mir methodisch unzulässig und kann nur zu groben Verzerrungen führen, wenn etwa Belgien und die USA, die Schweiz und Rußland, um nur relativ unproblematische Beispiele zu nennen, über einen Zeitraum von etwa 150 Jahren nebeneinandergestellt werden. Ungleiches wird hier gleichgesetzt. Auf einzelne damit zusammenhängende Probleme kann hier nicht eingegangen werden, es mag genügen, darauf hinzuweisen, daß einerseits die territoriale Größe bzw. Ressourcenausstattung eines Landes einen erheblichen Einfluß auf dessen wirtschaftliches Wachstum ausübt, was ja wohl auch beim relativen Vergleich von Staaten, die in ihrer Größe um das Hundertfache differieren, seinen Niederschlag finden muß; z. B. ist das Verhältnis der Flächenausdehnung von Belgien zu den USA 1 : 307! Andererseits sind Bevölkerungszahl zu Beginn der Industrialisierung und Höhe des Bevölkerungswachstums über eine längere Zeit ganz entscheidende Komponenten für Nachfrage- und Angebotsverhältnisse in verschiedenen Staaten, und langfristige Pro-Kopf-Vergleiche führen deshalb eher in die Irre, als daß sie uns Aufschluß gäben über Ursachen und Bedingungen, über Auswirkungen und Folgen wirtschaftlichen Wachstums.

a) Die politische Zersplitterung Deutschlands

Deutschland ist im 19. Jahrhundert »im Vergleich zu anderen Staaten geradezu ein ›Experimentierfeld‹ territorialer Gliederungen«.[8] Dies macht eine vergleichende Erforschung regionaler Strukturen ebenso reizvoll wie schwierig. Der Reiz liegt vor allem darin, daß in keinem anderen industrialisierenden Staat der Welt die politische Souveränität der zum späteren Nationalstaat gehörenden Regionen, hier die dem Deutschen Bund bzw. Zollverein angehörenden deutschen Staaten, bis zu einer fortgeschrittenen Phase der Industriellen Revolution unangetastet blieb. Ja selbst nach Gründung des Deutschen Reiches als Bundesstaat hatten die Einzelstaaten nicht alle wirtschaftspolitischen Entscheidungsbefugnisse an die Zentralregierung abgegeben. Die direkten und indirekten Einflüsse staatlichen Handelns bzw. Unterlassens auf den Prozeß der Industrialisierung können deshalb in Deutschland fast idealtypisch vergleichend untersucht werden. Die Schwierigkeiten bestehen in der Zusammenstellung des Materials für solche regionalen Vergleiche, das weitgehend aus – inzwischen teilweise zerstörten – Archiven erschlossen werden müßte. Die statistischen Erhebungen des Zollvereins lassen fast in jeder Hinsicht, besonders aber für vergleichende Aspekte der Industrialisierung, viel zu wünschen übrig. Und selbst im Kaiserreich fanden nur 1875, 1882, 1895 und 1907 – im Gegensatz etwa zu den USA, die seit dem 18. Jahrhundert einen regelmäßigen Zensus durchführten – Gewerbezählungen statt, also in Jahren, die stark geprägt wurden von zyklischen Ab- bzw. Aufschwüngen, was zu einem verzerrten Bild führen muß, ganz abgesehen davon, daß deren regionale Vergleichbarkeit viele Fragen offenläßt.

Tabelle 27 verdeutlicht die besondere territoriale Situation in Deutschland um 1816, aber selbst hundert Jahre später ist es ähnlich, da noch immer weit über die Hälfte dieser Staaten, nämlich 25 – ohne Elsaß-Lothringen –, im Deutschen Reich vereint war. Von den 38 souveränen deutschen Staaten – Österreich ausgenommen – hatten lediglich sechs mehr als eine Million Einwohner und sieben mehr als 10000 km² Fläche. Die vier freien Städte als souveräne Territorien waren schon damals ein Anachronismus. Die kleinsten Staaten, wie Schaumburg-Lippe, Reuß jüngere Linie, Hessen-Homburg und Liechtenstein, erreichten gebiets- und bevölkerungsmäßig nicht einmal einen Anteil von 0,1 % an allen

Tabelle 27: Bevölkerung und Gebietsgröße der deutschen Bundesstaaten um 1816

Staat	Ein- wohner	Gebiets- größe in km²	Ein- wohner pro km²	Anteil in %
A: *Kaiserreich und Königreiche*				
1. Österreich[1]	9 482 227	195 228,44	48,6	31,15
2. Preußen[2]	8 042 562	185 460,25	43,4	29,59
3. Bayern[3]	3 560 000	76 395,75	46,4	12,19
4. Hannover[4]	1 328 351	38 568,43	34,4	6,15
5. Württemberg	1 410 327	19 506,66	72,3	3,11
6. Sachsen	1 192 789	14 958,15	79,7	2,39
B: *Großherzog- und Herzogtümer*				
7. Baden	1 005 899	15 307,23	65,7	2,44
8. Mecklenburg-Schwerin	308 166	13 260,65	23,2	2,12
9. Holstein-Lauenburg[5]	360 000	9 580,44	37,6	1,53
10. Hessen-Kassel[4]	567 868	9 567,78	59,4	1,53
11. Hessen-Darmstadt	587 995	8 414,82	69,9	1,34
12. Oldenburg	221 399	6 339,06	34,9	1,01
13. Nassau[4]	301 907	4 765,44	63,4	0,76
14. Braunschweig	225 273	3 729,21	60,4	0,60
15. Sachsen-Weimar[6]	193 869	3 640,57	53,3	0,58
16. Mecklenburg-Strelitz	71 764	2 724,92	26,3	0,43
17. Luxemburg[7]	154 000	2 587,82	59,5	0,41
18. Sachsen-Meiningen[6]	115 000	2 549,28	45,1	0,41
19. Sachsen-Gotha[6,8]	111 989	1 422,75	55,7	0,32
20. Sachsen-Coburg[9]		586,39		
21. Sachsen-Altenburg[6]	95 855	1 330,80	72,0	0,21
22. Anhalt-Dessau[10]	52 947	894,17	59,2	0,14
23. Anhalt-Bernburg[10]	37 046	827,55	44,8	0,13
24. Anhalt-Köthen[10]	32 454	662,92	49,0	0,11
C: *Fürstentümer*				
25. Waldeck-Pyrmont	52 557	1 202,51	43,7	0,19
26. Lippe-Detmold	78 900	1 129,83	69,8	0,18
27. Hohenzollern -Hechingen[11] }				
28. -Sigmaringen[11] }	50 060	1 148,00	43,6	0,18

Staat	Einwohner	Gebietsgröße in km²	Einwohner pro km²	Anteil in %
29. Schwarzburg -Rudolstadt[6]	53 937	958,04	56,3	0,15
30. -Sondershausen[6]	45 125	852,33	52,9	0,14
31. Reuß jüngere Linie[6]	69 333	834,16	83,1	0,13
32. Schaumburg-Lippe	24 000	443,23	54,2	0,07
33. Reuß ältere Linie[6]	30 293	345,78	87,6	0,06
34. Hessen-Homburg[4]	23 000	262,09	87,8	0,04
35. Liechtenstein[7]	7 000	159,67	43,8	0,03
D: *Freie Städte*				
36. Lübeck	36 600	364,50	100,4	0,06
37. Hamburg	146 109	351,83	415,3	0,06
38. Bremen	50 139	263,19	190,5	0,04
39. Frankfurt am Main[4]	47 850	100,76	474,9	0,02
Summe[12]	30 174 590	626 725,40	48,1	100,0

Quelle: H. Kiesewetter, *Preußens Strategien gegenüber Vorläufern des Deutschen Zollvereins 1815-1834*, in: *Die Auswirkungen von Zöllen und anderen Handelshemmnissen auf Wirtschaft und Gesellschaft vom Mittelalter bis zur Gegenwart* (Hg. H. Pohl), Stuttgart 1987, S. 144f.

Anmerkungen:

1 Nur die zum Deutschen Bund gehörenden Staatsteile.
2 Ohne die Provinzen West- und Ostpreußen sowie Posen, die nicht zum Deutschen Bund gehörten.
3 Einschließlich der Pfalz, die seit 1920/45 nicht mehr zu Bayern gehört.
4 1866 von Preußen annektiert.
5 1865 durch Gasteiner Vertrag an Preußen.
6 1920 in Thüringen aufgegangen.
7 Seit 1866 nach Auflösung des Deutschen Bundes selbständig.
8 Durch Erbteilungsvertrag von Hildburghausen 1826 an Coburg.
9 1920 an Bayern angeschlossen.
10 Nach Aussterben der Köthener Linie 1847 und der Bernburger Linie 1863 wurden die Herzogtümer vereint zu Anhalt.
11 1849 an Preußen angeschlossen.
12 Nach *Statistisches Jahrbuch für das Deutsche Reich*, 35. Jg., 1914, S. 1f., hatten die Bundesstaaten des Deutschen Reichs einschließlich Elsaß-Lothringen im Jahre 1816 24,8 Millionen Einwohner auf einer Fläche (1910) von 540 858 km².

deutschen Bundesstaaten. Und in vielen anderen Staaten war die gewerbliche Potenz so gering, daß man immer wieder erstaunt ist, in welch herbem Kontrast dazu ihre politischen Souveränitätsansprüche standen. Kein Wunder, daß der deutsche Partikularismus beißenden Spott auf sich zog. Heinrich von Treitschke geißelte im Jahre 1882 »die Armseligkeit der Kleinstaaterei«, die »so viele köstliche Kräfte unserer Nation zerstörte«[9], und wenige Jahre später jubelte Friedrich Engels, daß mit der Errichtung des Norddeutschen Bundes »endlich! die schlimmsten Auswüchse der Kleinstaaterei beseitigt«[10] worden seien. Das war jedoch nur die eine Seite der Medaille.

Die 39 Staaten des Deutschen Bundes vermittelten zu Beginn unserer Periode im Vergleich zu England, Frankreich oder den USA nicht den Eindruck, daß sie aus sich heraus in weniger als hundert Jahren zur mächtigsten europäischen Volkswirtschaft aufsteigen könnten. Der Zollverein von 1834 hatte wenigstens den politisch unproduktiven einzelstaatlichen Partikularismus überwunden. In einigen Staaten war es, wie wir gesehen haben, zu einer industriellen Aufbauphase zwischen 1835 und 1848 und einem raschen Wachstum nach 1850 gekommen. Der Zollverein war allerdings nicht in der Lage, Deutschland politisch zu einigen, weder großdeutsch noch kleindeutsch. Es stellt der Vernünftigkeit politisch handelnder Menschen in Deutschland kein allzu gutes Zeugnis aus, daß eigentlich nur durch Kriege ein Deutsches Reich und ein deutscher Nationalstaat geschaffen werden konnten (1866-1871), wie es auch nur nach Kriegen möglich war, den Wirrwarr der Territorienvielfalt zu reduzieren (1815, 1867, 1918, 1945). Es ist immer noch nicht ganz erklärbar bzw. erklärt, warum die relativ negativen Voraussetzungen um 1815 zu einer *rapiden* deutschen Industrialisierung innerhalb weniger Jahrzehnte überwunden waren. »Ist es denn nicht in der Tat erstaunlich«, sinniert Sombart am Ende unseres Betrachtungszeitraums, »daß aus solchem armseligen Lande, wie es unsere liebe Heimat trotz der paar Kohlen-, Eisen- und Kalisalzlager doch bleibt, ein so mächtiger Staat entstanden ist, dessen Stellung im Rate der Nationen angesehen, dessen Reichtumsentfaltung während der letzten Menschenalter beneidet ist?«[11] 10 Jahre früher vertrat der ehemalige Unterstaatssekretär des US-Schatzamtes, Frank A. Vanderlip, ein Amerikaner, dessen Land mit natürlichen Ressourcen in überreichem Maß gesegnet war, eine ähnliche Auffassung über Deutschland: »Niemals vorher ist in der Industriegeschichte der Welt ein solcher Erfolg bei so wenig günstigen Chancen zu verzeichnen gewesen, es sei denn der Sieg derselben Rasse in den Niederlanden gegen die wogenden Fluthen der Nordsee.«[12]

Ganz so armselig waren die Umstände wahrhaftig nicht. Die Deutschen waren gelehrige Schüler, ihr Bildungs- und Universitätssystem stellte sich glänzend auf die theoretischen und wissenschaftlichen Bedürfnisse eines vom schnellen technischen Fortschritt geprägten wirtschaftlichen Wachstums ein, sie hatten in den Handwerkern eine mit vielfältigen produktiven Kenntnissen ausgestattete »Reservearmee« für die Industrialisierung, sie waren fleißig, ehrgeizig, reise- und unternehmungslustig sowie risikobereit. Von der Natur waren sie nicht wenig begünstigt, mit teilweise reichen Rohstoffvorkommen und mit einem günstigen Klima. Im Prozeß der ökonomischen Aufholjagd einer »verspäteten Nation« (H. Plessner) verstärkten sich politische und ökonomische Maßnahmen gegenseitig, wie wir es etwa bei der Entwicklung des Bankwesens, der Errichtung von Kartellen und Syndikaten sowie Großunternehmen oder bei dem weitgehend ungebrochenen Fortschrittsoptimismus gesehen haben. Die Arbeiter- und Gewerkschaftsbewegung hatte, wenn auch manchmal ungewollt, ihren erheblichen Anteil an diesem unvorstellbaren Wachstum einer Nation in fast jeder Hinsicht. Deutschland ist geradezu ein Musterbeispiel für die ökonomischen und technischen Vorteile von Rückständigkeit (A. Gerschenkron) im 19. Jahrhundert. Nicht einmal heitere Ironie kann die übertriebene Ansicht teilen: »Was soll man denn den größten Teil des Jahres in einem Lande wie Deutschland anfangen, wenn man nicht arbeitet? Die Natur zwingt einen ja förmlich dazu, sich mit irgend etwas zu beschäftigen. Während im lachenden Süden die Sonne unaufhörlich zum süßen Nichtstun lockt. Nur wo der Himmel blaut, gibt es ein *dolce far niente*.«[13] Dies ist eine verkürzte, ahistorische Sichtweise, die gar nichts erklärt. Die meisten Deutschen waren davon überzeugt, daß sie durch Anstrengungen und Entbehrungen auf der Wohlstands- und Erfolgsleiter nach oben steigen könnten oder, um es in heutigem Studentenjargon zu sagen, daß ihnen Industrialisierung »was bringt«. Sie hatten das Wachstumsparadigma internalisiert.

b) Die Chancen des regionalen Wettbewerbs

Ich glaube, daß eine wichtige Erklärungshypothese bei allen Überlegungen, warum Deutschland in der zweiten Hälfte des 19. Jahrhunderts im Vergleich mit anderen europäischen Staaten eine rapide Industrialisierung vollzog, unberücksichtigt geblieben ist: der regionale Wettbewerb! Das ist die andere Seite des deutschen Partikularismus, der zwar, besonders in den ersten Jahrzehnten nach 1815, das gesamtwirtschaftliche Wachstum behinderte, aber vor allem unter den größeren deutschen Staaten einen Wettbewerbsdruck, eine Jagd nach Wohlstand auslöste – um ja nicht gegenüber politischen Konkurrenten ökonomisch zu weit zurückzufallen. Alle diese Staaten, z. B. Sachsen, Württemberg, Baden, Bayern oder Hessen, profitierten davon bei ihrer eigenen, regionalen Industrialisierung wie das Deutsche Reich als ganzes. Um diese stimulierenden Effekte und Interdependenzen auch zwischen landwirtschaftlicher und industrieller Entwicklung genauer herausarbeiten und erklären zu können, plädiere ich für eine *regionalvergleichende* Industrialisierungsforschung im deutschen, europäischen und internationalen Maßstab. Schon vor 30 Jahren stellte Wrighley fest: »In Kategorien von Nationalstaaten als der natürlichen Analyseeinheit zu denken, mag ein schwerwiegendes Hindernis zum Verständnis einiger Aspekte des wirtschaftlichen Wachstums darstellen.«[14] Vielleicht kann man noch etwas weiter gehen, denn meiner Ansicht nach können wir durch die Analyse klar definierter Regionen, die die eigentlichen Motoren wirtschaftlichen Wachstums waren und die ein bis heute beachtetes Wohlstandsgefälle von Regionen erzeugten – *nicht* von unterschiedlich großen Nationalstaaten –, den Geheimnissen der Industriellen Revolution noch näher kommen und sie vielleicht entschlüsseln. Das Fehlen von politisch und ökonomisch relativ selbständigen Regionen und der Mangel an Städten, wo sich Industrien in größerer Zahl und nicht zu weit voneinander entfernt ansiedeln konnten, war – im Gegensatz zu Deutschland – ein fast kaum zu überwindendes Hindernis für die rapide Industrialisierung Frankreichs oder Rußlands im 19. Jahrhundert.

Mit dem Ausbruch des Ersten Weltkriegs im August 1914 endete die hundertjährige Geschichte, die wir deutsche Industrielle Revolution nennen. Individualismus, Liberalismus und Sozialismus wirkten mehr oder weniger stark auf den deutschen Industrialisierungsprozeß ein, aber sie bestimmten ihn nicht. Wie es in jedem Staat während der Industrialisierung nationale und regionale Eigenheiten oder »Sonderwege« gegeben hat und gibt, so auch in Deutschland. Das Besondere des deutschen Weges im 19. Jahrhundert, gemessen an seinen westlichen Nachbarn, war neben der Dominanz regionaler Entwicklungen das Fehlen eines parlamentarisch-demokratischen Gesellschaftssystems und die nach ihrer ökonomischen Bedeutung nicht zu rechtfertigende Übermacht des Landadels an den politischen und militärischen Schaltzentren. Im übrigen entwickelt ein industrieller Kapitalismus ohnehin dynamische Eigengesetzlichkeiten, die nur ein Kommunismus außer Kraft setzen kann. Es ist die Ambivalenz oder das Paradox deutscher Industrialisierung im 19. Jahrhundert, daß sich Deutschland nach der Reichsgründung politisch und verfassungsrechtlich immer weiter vom Westen entfernte, während es ökonomisch von Jahrzehnt zu Jahrzehnt stärker in die Weltwirtschaft eingebunden wurde und gemessen an Größe, Bevölkerung, Kapital und Ressourcen weltweit die rapideste Industrialisierung durchführte.

In dem Jahrhundert von 1815 bis 1914 erlebte Deutschland, von Staat zu Staat und von Region zu Region unterschiedlich, Höhen und Tiefen, Konjunkturen und Krisen, friedliche und kriegerische Perioden, doch im ganzen gesehen eine relativ stetige Aufwärtsentwicklung zum Industriestaat. Zwar waren die wirtschaftlichen und sozialen Veränderungen so groß wie niemals zuvor, doch die politischen und sozialökonomischen Folgen des Weltkriegs übertrafen jede Vorstellungskraft. »Der Industriestaat gleicht einer elektrischen Stadtbeleuchtung«, schrieb Sartorius von Waltershausen nach dem Krieg. »Wieviel schöner und wohlhabender sieht es unter ihr zu Nacht aus als ehemals bei Gas und Petroleum. Nun kommt ein Gewitter, die Zentrale versagt, jede Straße, jedes Haus liegt im Dunkel, und es fehlt jeglicher Ersatz. So kann auch dem Industriestaat plötzlich das Licht abgedreht werden, wenn ihm die Rohstoffzufuhr und die Auslandsforderungen durch Waffengewalt unterbunden werden.«[15] Vielleicht übersteigt es das menschliche Urteilsvermögen, Wirkungen und Folgen dieses umwälzenden Modernisierungsprozesses in seiner ganzen Vielfalt abschätzen und erklären zu können. Aber eines läßt sich bei nüchterner Betrachtung mit großer Sicherheit sagen: Das kapitalistische Wirtschaftssystem oder der Industrialismus hat viele, teilweise heute romantisch verklärte Traditionen zerstört und hat an deren

Stelle einen weitverbreiteten Wohlstand und eine Lebensqualität gesetzt, wie sie in der Weltgeschichte einmalig sind. Was Millionen von Arbeitern, Männer, Frauen und Kinder, im Laufe des 19. Jahrhunderts unter oft menschenunwürdigen Bedingungen geschaffen haben, will keiner von uns missen, weshalb wir mit Stolz auf die bleibenden Errungenschaften einer deutschen Industriellen Revolution zurückblicken können. Daraus erwächst uns eine dauernde Verpflichtung: denjenigen nach Kräften zu helfen, die dem unverschuldeten Teufelskreis von Armut und Unterentwicklung zu entrinnen bestrebt sind.

Verzeichnis der Tabellen

Anmerkungen

Einleitung

1 O. Schlier, Der deutsche Industriekörper seit 1860. Allgemeine Lagerung der Industrie und Industriebezirksbildung, Tübingen 1922, 17, meint, es sei »das 19. Jahrhundert wohl das entwicklungsreichste Jahrhundert, das je bestanden hat«.

2 C. M. Cipolla, Die Industrielle Revolution in der Weltgeschichte, in: Europäische Wirtschaftsgeschichte. Bd. 3: Die Industrielle Revolution, Stuttgart 1985, 1. Cipolla bezieht sich auf die Periode von 1780 bis 1850 in England und fährt fort: »keine Revolution war je so dramatisch revolutionär wie die ›Industrielle Revolution‹ – ausgenommen vielleicht die neolithische.« Ausführlich wird diese Frage behandelt von R. Hansen, Neolithische und industrielle Revolution als universalgeschichtliche Zäsuren. Zur Genesis und Beurteilung einer neuen Periodisierung der Weltgeschichte, in: Actio formans. Festschrift für Walter Heistermann, G. Heinrich u. a., Hg., Berlin 1978, 83-102. H.-U. Wehler, Deutsche Gesellschaftsgeschichte. 2. Bd.: Von der Reformära bis zur industriellen und politischen »Deutschen Doppelrevolution« 1815-1845/49, München 1987, 606, vertritt die Ansicht: »Der Triumph der Marktwirtschaft und Marktgesellschaft im Industriekapitalismus bedeutet eine strukturelle Transformation von Wirtschaft und Gesellschaft in einem Ausmaß, für das historische Vergleichsmöglichkeiten im Grunde genommen fehlen.«

3 Th. Kuczynski, Industrielle Revolution oder Industrialisierung?, in: Jahrbuch für Wirtschaftsgeschichte 1975, Teil I, 164f., meint sogar: »Durch die Umdeutung der Industriellen Revolution zu einer ›Industrialisierung‹ (bzw. deren erster Etappe) wird sie ihrer konkret-historischen Bestimmung – Schaffung der kapitalistischen Produktionsweise in Gestalt von Fabrikarbeitern und Fabrikanlagen (Produktivkräfte), deren ökonomische Existenz als Lohnarbeit und Industriekapital (Produktionsverhältnisse), deren Personifikation als Proletarier und Bourgeois (Klassenverhältnisse) – entkleidet.«

4 F. Engels, Herrn Eugen Dühring's Umwälzung der Wissenschaft (1894³), in: Marx/Engels Werke. Bd. 20, Berlin 1973, 243.

5 J. Kuczynski, Vier Revolutionen der Produktivkräfte. Theorie und Vergleiche, Berlin 1975, 35.

6 L. Baar, Die Berliner Industrie in der industriellen Revolution, Berlin 1966, 12. Ähnlich H. Mottek, Wirtschaftsgeschichte Deutschlands. Ein

Grundriß. Bd. II: Von der Zeit der Französischen Revolution bis zur Zeit der Bismarckschen Reichsgründung, Berlin 1978³, 83.

7 K. Schulz-Hanßen, Die Stellung der Elektroindustrie im Industrialisierungsprozeß, Berlin 1970, 17.

8 S. Klatt, Zur Theorie der Industrialisierung. Hypothesen über die Bedingungen, Wirkungen und Grenzen eines vorwiegend durch technischen Fortschritt bestimmten wirtschaftlichen Wachstums, Köln 1959, 55.

9 W. Fischer, Ökonomische und soziologische Aspekte der frühen Industrialisierung, in: ders., Wirtschaft und Gesellschaft im Zeitalter der Industrialisierung. Aufsätze, Studien, Vorträge, Göttingen 1972, 17.

10 K. Borchardt, Die Industrielle Revolution in Deutschland 1750-1914, in: Europäische Wirtschaftsgeschichte. Bd. 4: Die Entwicklung der industriellen Gesellschaften, Stuttgart 1985, 137, sagt: »Kein Zeitpunkt vor 1914 wäre geeignet, um mit ihm die Industrielle Revolution in Deutschland als abgeschlossen zu betrachten.«

11 Die theoretischen Überlegungen, auf die hier nicht näher eingegangen werden kann, sowie darauf basierende empirische Detailstudien finden sich in H. Kiesewetter, Industrialisierung und Landwirtschaft. Sachsens Stellung im regionalen Industrialisierungsprozeß Deutschlands im 19. Jahrhundert, Köln 1988, 2 ff.

12 Th. Nipperdey, Deutsche Geschichte 1800-1866. Bürgerwelt und starker Staat, München 1985³, 182.

13 W. W. Rostow, Stadien wirtschaftlichen Wachstums. Eine Alternative zur marxistischen Entwicklungstheorie, Göttingen 1967², 16 f.

14 L. Brentano, Die klassische Nationalökonomie, in: ders., Der wirtschaftende Mensch in der Geschichte. Gesammelte Reden und Aufsätze, Leipzig 1923, 31 f.

Kapitel 1

1 W. Sombart, Die deutsche Volkswirtschaft im neunzehnten Jahrhundert und im Anfang des 20. Jahrhunderts, Berlin 1923⁴, VI. Dagegen schrieb Immanuel Kant 1784 in seinem Essay »Beantwortung der Frage: Was ist Aufklärung?«: »Daher kann ein Publikum nur langsam zur Aufklärung gelangen. Durch eine Revolution wird vielleicht wohl ein Abfall von persönlichem Despotism und gewinnsüchtiger oder herrschsüchtiger Bedrückung, aber niemals wahre Reform der Denkungsart zu Stande kommen; sondern neue Vorurteile werden, eben sowohl als die alten, zum Leitbande des gedankenlosen großen Haufens dienen.« Vgl. Kant. Werke. Bd. 9, Darmstadt 1971, 54 f.

2 D. Balkhausen, Die dritte industrielle Revolution. Wie die Mikroelektronik unser Leben verändert, München 1980, 239, sagt: »Die Mikroelektronik ist im Gegensatz zur ersten industriellen Revolution nicht zum politischen Revolutionär bestimmt.«

3 M. Weber, Die protestantische Ethik und der Geist des Kapitalismus (1904/05), Tübingen 1979⁵.

4 Staatswirthschaftliche Bemerkungen, in: Die Biene. Wöchentliche Mittheilungen für Sachsen und angrenzende Länder I, 1827, 284.

5 Vgl. D. S. Landes, Der entfesselte Prometheus. Technologischer Wandel und industrielle Entwicklung in Westeuropa von 1750 bis zur Gegenwart, Köln 1973, 35 f.

6 F. Braudel, European Expansion and Capitalism: 1450-1650, in: Chapters in Western Civilization, New York 1961³, 260. Meine Übersetzung.

7 Diese Ansicht wurde für Deutschland meines Wissens zuerst von F. Philippi, Die erste Industrialisierung Deutschlands (im Mittelalter). Ein Vortrag, Münster 1909, vertreten. W. v. Stromer, Eine »Industrielle Revolution« des Spätmittelalters?, in: Technik-Geschichte, U. Troitzsch u. G. Wohlauf, Hg., Frankfurt am Main 1980, 105-138, hat vor einiger Zeit vergeblich versucht, diesen Gedanken populär zu machen.

8 Dazu jetzt ausführlich H.-U. Wehler, Deutsche Gesellschaftsgeschichte. 1. Bd.: Vom Feudalismus des Alten Reiches bis zur Defensiven Modernisierung der Reformära 1700-1815, München 1987, 486-505, Zitat 493.

9 F. List, Schriften/Reden/Briefe. Bd. I: Der Kampf um die politische und ökonomische Reform 1815-1825, 2. Teil: Handelspolitische Schriften und Dokumente zum Prozeß, K. Goeser u. W. von Sonntag, Hg., Berlin 1933, 492.

10 C. F. W. Dieterici, Der Volkswohlstand im Preußischen Staate. In Vergleichungen aus den Jahren vor 1806 und von 1828 bis 1832, so wie aus der neuesten Zeit, nach statistischen Ermittelungen und aus dem Gange der Gesetzgebung aus amtlichen Quellen dargestellt, Berlin 1846, III.

11 G. Agricola, Zwölf Bücher vom Berg- und Hüttenwesen, in denen die Ämter, Instrumente, Maschinen und alle Dinge, die zum Berg- und Hüttenwesen gehören, nicht nur aufs deutlichste beschrieben, sondern auch durch Abbildungen, die am gehörigen Ort eingefügt sind, unter Angabe der lateinischen und deutschen Bezeichnungen aufs klarste vor Augen gestellt werden sowie das Buch von den Lebewesen unter Tage, München 1977. Im Original in Latein.

12 Zitiert bei H. Röhrs, Der frühe Erzbergbau und die Hüttenindustrie im Tecklenburger Land, Ibbenbüren 1985, 23, 25.

13 Vortrag über das Eisenhüttengewerbe in Sachsen. Gehalten bei der Ge-

neral-Versammlung des Industrie-Vereins in Dresden am 22. Januar 1834 von Freiherrn von Burgk, d. Z. Vorsteher des Industrie-Vereins im Bezirke Dresden, in: Mittheilungen des Industrievereins für das Königreich Sachsen 1834, 106.

14 So schreibt J. H. M. Poppe, Deutschland auf der höchst möglichen Stufe seines Kunstfleißes und seiner Industrie überhaupt. Vorschläge, Wünsche und Hoffnungen zur Vermehrung des deutschen Wohlstandes, Frankfurt am Main 1816, 18f.: »Vor Kurzem glaubten wir auch noch, nur die Engländer allein könnten den *Gußstahl* (woraus sich so viele Stahlwaare in Formen gießen läßt), in gehöriger Vollkommenheit verfertigen. Aber jetzt besteht zu *Wald* bey *Solingen* eine Gesellschaft zur Bereitung des Gußstahls, der eben so gut wie der englische gerathen soll. Man wendet ihn da schon mit dem besten Erfolge zu Rasirmessern, Federmessern und andern Messern, zu Scheeren, Feilen, Bohrern, Walzen und Degenklingen an. Noch vor Kurzem ließ die Gesellschaft für den König von Preußen daraus einen Säbel mit der Inschrift: ›dem Vater des Vaterlandes!‹ verfertigen, der in Hinsicht der Güte und Schönheit gar nichts zu wünschen übrig lassen soll.

Zu *Schleißheim* bei München hat der Graf von *Arensberg* eine Stahlfabrik angelegt, die gar herrlichen raffinirten Stahl liefert. Man behauptet, auch dieser Stahl habe noch Vorzüge vor dem besten englischen, und die Waare daraus wäre fast unverwüstlich.« Hervorhebungen im Original.

15 Dieser Begriff hat viel Verwirrung gestiftet, doch das Konzept ist nicht in der Lage, den Übergang von vorindustriellen Gewerben zur Industriellen Revolution auch nur einigermaßen angemessen zu beschreiben und schon gar nicht zu erklären. Vgl. P. Kriedte, H. Medick u. J. Schlumbohm, Industrialisierung vor der Industrialisierung. Gewerbliche Warenproduktion auf dem Land in der Formationsperiode des Kapitalismus, Göttingen 1978. In dem Buch sind zwei interessante Aufsätze von Franklin F. Mendels und Herbert Kisch abgedruckt, 325 ff.

16 Vgl. F. A. von Heynitz, Tabellen über die Staatswirthschaft eines europäischen Staates der vierten Größe, nebst Betrachtungen über dieselben, Leipzig 1786.

17 P. Schwartz, Die Entwickelungstendenzen im deutschen Privatbankiergewerbe (Diss. Straßburg 1914), Straßburg i. E. 1915, 3.

18 Zitiert bei A. Sartorius von Waltershausen, Deutsche Wirtschaftsgeschichte 1815-1914, Jena 1923², 46.

19 Zitiert ebd., 48.

Kapitel 2

1 Sartorius von Waltershausen, Wirtschaftsgeschichte, 4. Weniger ökonomisch und mehr politisch betrachtet, kann man dem Deutschen Bund auch positive Züge abgewinnen. So sagt U. Scheuner, Die Verfassung Deutschlands im Rahmen der europäischen Staatenordnung, in: Vom Staat des Ancien Régime zum modernen Parteienstaat. Festschrift für Theodor Schieder zu seinem 70. Geburtstag, H. Berding u. a., Hg., München 1978, 496: »Überblickt man die Epoche des Deutschen Bundes, so zeigt seine internationale Stellung neben der unbestreitbaren Schwäche einer so losen Staatenverbindung doch auch die Vorzüge, die diesem Staatengebilde, das seiner Struktur nach friedlich ausgerichtet war, eine gesicherte Position innerhalb der europäischen Staatenwelt verlieh.«

2 Schleswig war dänisches Gebietsteil, während das Herzogtum Holstein dem Deutschen Bund angehörte, aber dem dänischen König unterstand.

3 F. von Raumer, Über den Anschluß Sachsens an die deutschen Zoll- und Handelsvereine, Leipzig 1833, 7. Hervorhebung im Original. Dagegen vertrat 30 Jahre später W. Röhrich, Sechs Vorträge aus dem Gebiete der Volkswirthschaft. V. Der deutsche Zollverein, Coburg 1864, 56, die Ansicht: »Eins freilich fehlt uns, was unsere Nachbarstaaten uns voraus haben, ein durch und durch im Volke vorhandenes lebendiges Nationalgefühl, ein *deutsches* Bewußtsein, und dieser Mangel liegt in unserer Vielstaaterei, dem Krebsschaden unsrer Zustände ... Wie ganz anders würde Deutschland dastehn, wenn kein Österreich und kein Preußen wäre, sondern ein einiges und einziges Deutschland!« Hervorhebung im Original.

4 Zitiert bei M. Lehmann, Freiherr vom Stein. 3. Theil: Nach der Reform, 1808-1831, Leipzig 1905, 393.

5 Vgl. List, Schriften, Bd. I: Der Kampf, 493.

6 Die sächsischen Schulden beliefen sich auf 21 Millionen Taler; die badischen auf 20, die württembergischen auf 25 und die bayerischen auf 100 Millionen Gulden.

7 H. Oncken, Vorgeschichte und Begründung des Deutschen Zollvereins. Eine Einführung, in: Vorgeschichte und Begründung des Deutschen Zollvereins 1815-1834. Akten der Staaten des Deutschen Bundes und der europäischen Mächte. Bd. 1, Berlin 1934, XXIII.

8 Vorgeschichte und Begründung des Deutschen Zollvereins 1815-1834, Bd. 1, Nr. 39, 128. Schreiben des preußischen Außenministeriums vom 23. Dezember 1819 an die anhaltischen Regierungen.

9 Vorgeschichte, Bd. I, Nr. 50, 152. Schreiben vom 12. Februar 1821.

10 H. von Treitschke, Deutsche Geschichte im Neunzehnten Jahrhundert. 3. Teil: Bis zur Julirevolution, Leipzig 1927, 444 f.

11 C. Bulle, Geschichte der neuesten Zeit. 1815–1871. 1. Bd.: Von 1815 bis 1848, Leipzig 1876, 44.

12 M. Doeberl, Bayern und die wirtschaftliche Einigung Deutschlands, München 1915, 29. Hervorhebungen im Original.

13 Vorgeschichte, Bd. II, Nr. 292, 34.

14 Vorgeschichte, Bd. III, Nr. 574, 45. Schreiben an Außenminister Bernstorff vom 26. Juni 1828.

15 Ebd., Nr. 576, 53.

16 Ebd., Nr. 760, 486.

17 Ebd., Nr. 749, 464.

18 Ebd., Nr. 775, 534.

19 Raumer, Anschluß, 9.

Kapitel 3

1 Treitschke, Deutsche Geschichte. 4. Bd.: Bis zum Tode König Friedrich Wilhelms III., Leipzig 1927, 370.

2 Gedenkblatt zum funfzigsten Jahrestage der Errichtung des Deutschen Zollvereins, Berlin o. J. (1884), 28.

3 W. O. Henderson, The Zollverein, London 1984[3], XIII. Meine Übersetzung.

4 R. Ehrenberg, Das Zeitalter der Fugger. Geldkapital und Creditverkehr im 16. Jahrhundert. 1. Bd.: Die Geldmächte des 16. Jahrhunderts, Jena 1896, VIII. Hervorhebung im Original.

5 Vgl. dazu H. Kiesewetter, Economic Preconditions for Germany's Nation-Building in the Nineteenth Century, in: Nation-Building in Central Europe, H. Schulze, Hg., Leamington Spa u. a. 1987, 81–105 mit ausführlichen Literaturangaben.

6 C. H. F. Hartmann, Die Leipziger Unruhen; ihre Ursachen, Schrecknisse und Folgen. Vorurtheilsfrei und vollständig dargestellt, Gera 1830, 3.

7 So W. Lochmüller, Zur Entwicklung der Baumwollindustrie in Deutschland, Jena 1906, 93.

8 Stommel, Industrie, 28.

9 I. Rudhart, Über den Zustand des Königreichs Bayern nach amtlichen Quellen. Bd. 2: Über die Gewerbe, den Handel, und die Staatsverfassung des Königreichs Bayern, Erlangen 1827, 7.

10 W. Jung, Der Gewerbsmann und die gewerblichen Verhältnisse Württembergs; zugleich eine Würdigung der gewerbswissenschaftlichen Er-

gebnisse einer Reise in Frankreich des Herrn Moritz Mohl, Ulm 1845, 110.

11 Vgl. H. Kiesewetter, Industrialisierung und Landwirtschaft. Sachsens Stellung im regionalen Industrialisierungsprozeß Deutschlands im 19. Jahrhundert, Köln 1988, 166-193.

12 Staatsarchiv Dresden, Ministerium des Innern, Nr. 1336 a, Bl. 170, 173. Acta. Die Verbesserung der Lage der arbeitenden Klassen betr., 1847-1849. Eingabe an das sächsische Gesamtministerium vom 27. Juli 1848.

13 Zitiert in Landtags-Akten vom Jahre 1860/61. Erste Abtheilung, die Königlichen Mittheilungen an die Stände und die Eingaben der Letzteren an den König enthaltend, 1. Bd. Dresden 1861, 143.

14 A. Dufour-Féronce u. G. Harkort, Versuch zur Beantwortung einiger der durch die Commission für Erörterung der Gewerbs- und Arbeits-Verhältnisse in Sachsen aufgestellten Fragepunkte, Leipzig 1848, 28.

15 Dafür gibt es mehr oder minder zuverlässige Nachschlagewerke, von denen ich drei nennen möchte: H.-J. v. Alberti, Maß und Gewicht. Geschichtliche und tabellarische Darstellungen von den Anfängen bis zur Gegenwart, Berlin 1957; R. Klimpert, Lexikon der Münzen, Maße, Gewichte, Zählarten und Zeitgrößen aller Länder der Erde, Graz 1972; Alte Maße, Münzen und Gewichte aus dem deutschen Sprachgebiet. Gesammelt und bearbeitet von F. Verdenhalven, Neustadt a. d. A. 1968.

16 W. Weitling, Die Menschheit, wie sie ist und wie sie sein sollte, Paris 1838/39 (anonym), 1854[4]; ders., Garantien der Harmonie und Freiheit, Vivis 1842, 1854[4]; ders., Das Evangelium eines armen Sünders, Bern 1845, 1854[4]; ders., Ein Notruf an die Männer der Arbeit und der Sorge, New York 1847, 1854[2]; ders., Der Katechismus der Arbeiter, New York 1854.

17 K. Marx, Ausgewählte Schriften, B. Goldenberg, Hg., München 1962, 828.

18 Der Wohlthätigkeits-Congreß in Brüssel im September 1856, in: Zeitschrift des Statistischen Bureaus des Königlich Sächsischen Ministeriums des Innern II, 1856, 165.

19 Zitiert in W. Elbers, Hundert Jahre Baumwolltextilindustrie. Herausgegeben aus Anlaß des hundertjährigen Bestehens der Firma Gebrüder Elbers A.-G. Hagen (Westf.), Braunschweig 1922, 16.

20 G. Schmoller, Zur Geschichte der deutschen Kleingewerbe im 19. Jahrhundert. Statistische und nationalökonomische Untersuchungen, Halle 1870, 80 ff.

Kapitel 4

1 Sombart, Volkswirtschaft, 84.

2 Vgl. W. W. Rostow, Hg., The Economics of Take-Off into Sustained Growth, London 1963; ders., Stadien wirtschaftlichen Wachstums. Eine Alternative zur marxistischen Entwicklungstheorie, Göttingen 1967².

3 Rostow, Stadien, 57.

4 So P. Gehring, Von List bis Steinbeis. Aus der Frühzeit der württembergischen Industrialisierung, in: Zeitschrift für württembergische Landesgeschichte VII, 1943, 405.

5 H. Mottek, Wirtschaftsgeschichte Deutschlands. Ein Grundriß. Bd. II: Von der Zeit der Französischen Revolution bis zur Zeit der Bismarckschen Reichsgründung, Berlin 1978², 29.

6 H.-W. Hahn, Geschichte des Deutschen Zollvereins, Göttingen 1984, 157.

7 R. v. Delbrück, Lebenserinnerungen 1817-1867. II. Bd., Leipzig 1905, 216.

8 L. Gall, Liberalismus und Nationalstaat. Der deutsche Liberalismus und die Reichsgründung, in: Vom Staat, 300.

9 O. v. Bismarck, Gedanken und Erinnerungen. II. Bd., Stuttgart 1898, 58.

10 H. v. Sybel, Die Begründung des Deutschen Reiches durch Wilhelm I. 5. Bd., München 1889, 441 f.

11 H. Rosenberg, Die zoll- und handelspolitischen Auswirkungen der Weltwirtschaftskrise von 1857-1859, in: ders., Machteliten und Wirtschaftskonjunkturen, Göttingen 1978, 151.

12 Zitiert in W. Ruppert, Die Fabrik. Geschichte von Arbeit und Industrialisierung in Deutschland, München 1983, 54.

13 K. Marx, Das Kapital. Kritik der politischen Ökonomie, Berlin 1962 (Marx/Engels Werke, Bd. 23). Der zweite Band erschien zuerst 1885, der dritte Band wurde 1894 von Friedrich Engels herausgegeben.

14 W. Oncken, Der preußisch-hessische Zollverein vom 14. Febr. 1828. Akademische Festrede zur Feier des Stiftungsfestes der Großherzoglich Hessischen Ludewigs-Universität am 1. Juli 1878 gehalten von dem derzeitigen Rector, Gießen 1878, 11.

Kapitel 5

1 V. Hentschel, Deutsche Wirtschafts- und Sozialpolitik 1815-1945, Königstein/Ts. 1980, 11. Hervorhebung im Original.
2 Sartorius von Waltershausen, Wirtschaftsgeschichte, 237.
3 G. Mann, Deutsche Geschichte des 19. und 20. Jahrhunderts, Frankfurt a. M. 1969, 101.
4 V. Böhmert, Die Aufgaben der statistischen Bureaux und Zeitschriften in ihrer Verbindung mit Hochschulen und Lehrstühlen für Nationalökonomie und Statistik, in: Zeitschrift des K. Sächsischen Statistischen Bureau's XXI, 1875, 5. Hervorhebung im Original.
5 Zitiert in Sartorius von Waltershausen, Wirtschaftsgeschichte, 271.
6 F. Pfeiffer-Rupp, Die Standortsfrage der Baumwoll-Industrie in Deutschland, Frankfurt am Main 1920, 128.
7 Sombart, Volkswirtschaft, 99.
8 Archiv der McCormick Harvesting Machine Company in Chicago, jetzt in The State Historical Society of Wisconsin in Madison, Wisconsin, USA. Cyrus H. McCormick Papers, Box Nr. 117. Brief vom 23. August 1900.
9 A. Shadwell, England, Deutschland und Amerika. Eine vergleichende Studie ihrer industriellen Leistungsfähigkeit (Industrial efficiency), Berlin 1908, 118.
10 A. Riedler, Emil Rathenau und das Werden der Großwirtschaft, Berlin 1916, 194.
11 Dr. Strousberg und sein Wirken von ihm selbst geschildert, Berlin 1876, 2f.
12 Sartorius von Waltershausen, Wirtschaftsgeschichte, 278.
13 So die Überschrift eines Artikels in Capital, Nr. 3, 1983, 69-88.
14 Sartorius von Waltershausen, Wirtschaftsgeschichte, 240.
15 F. Reuleaux, Briefe aus Philadelphia (1877), Nachdruck Weinheim 1983, 5. Dort heißt es: »Als Quintessenz aller Angriffe tritt der Wahrspruch auf: Deutschlands Industrie hat das Grundprinzip ›billig und schlecht‹. Leider hat unsere Industrie wirklich im Durchschnitt diesen Grundsatz, wenigstens rücksichtslos in seinem ersten Theile und darum als Konsequenz in seinem zweiten.«
16 Zitiert bei Riedler, Rathenau, 28 f.
17 Sombart, Volkswirtschaft, 359.
18 Stenographische Berichte über die Verhandlungen des Deutschen Reichstags. 3. Legislatur-Periode – I. Session 1877. III. Bd.: Anlagen zu den Verhandlungen des Reichstags, Berlin 1877, 275, Nr. 75. Die Begründung, Debatte und Rücknahme des Antrags in der 32. Sitzung vom 28. April 1877 findet sich ebd., II. Bd., Berlin 1877, 845-864.

Kapitel 6

1 Geschichte der Produktivkräfte in Deutschland von 1800 bis 1945. Bd. 2: Produktivkräfte in Deutschland 1870 bis 1917/18, Berlin 1985, 9.

2 K. J. Hopt, Ideelle und wirtschaftliche Grundlagen der Aktien-, Bank- und Börsenrechtsentwicklung im 19. Jahrhundert, in: Wissenschaft und Kodifikation des Privatrechts im 19. Jahrhundert. V: Geld und Banken, H. Coing u. W. Wilhelm, Hg., Frankfurt am Main 1980, 168. »Der Staat«, heißt es dort weiter, »läßt die einsetzende und rasant fortschreitende Konzentration und Kartellierung der deutschen Wirtschaft und Banken nicht nur zu, sondern fördert sie sogar verschiedentlich.«

3 Zitiert in: Das Sozialistengesetz 1878-1890. Illustrierte Geschichte des Kampfes der Arbeiterklasse gegen das Ausnahmegesetz, Berlin 1980, 42.

4 Der 30jährige Nobiling, sozialdemokratischer Umtriebe unverdächtig, aber in beruflichen Schwierigkeiten, hatte an der Universität Leipzig mit der Arbeit »Beiträge zur Geschichte der Landwirthschaft des Saalkreises der Provinz Sachsen«, Berlin 1876, promoviert.

5 Politische Correspondenz Kaiser Wilhelm's I., Berlin 1890, 367.

6 J. Hansen, Gustav von Mevissen. Ein rheinisches Lebensbild 1815-1899. 2. Bd.: Abhandlungen, Denkschriften, Reden und Briefe, Berlin 1906, 532.

7 Zitiert bei H. Böhme, Deutschlands Weg zur Großmacht. Studien zum Verhältnis von Wirtschaft und Staat während der Reichsgründungszeit 1848-1881, Köln 1966, 400.

8 L. Pohle, Die Entwicklung des deutschen Wirtschaftslebens im letzten Jahrhundert. Fünf Vorträge, Leipzig 1923[5], 32.

9 Zitiert bei W. Wygodzinski, Wandlungen der deutschen Volkswirtschaft im neunzehnten Jahrhundert, Köln 1912, 87, der dazu anmerkt: »Wir können es ruhig aussprechen, daß in den kartellierten Industrien die Produktion ein Supremat oder sogar eine Tyrannis konstituiert hat.«

10 Sombart, Volkswirtschaft, sah in der Entfaltung von Kartellen, Syndikaten und Trusts »Keime zu einer grandiosen Neugestaltung der Volkswirtschaft« (319), »*die Grenzenlosigkeit der Kapitalvereinigung und die wachsende Unpersönlichkeit des Kapitalverhältnisses*« (320, Hervorhebung im Original). Besonders von den amerikanischen Trusts nimmt er fälschlicherweise an: »Im Trust ist dann die Individualität des einzelnen Werkes völlig ausgelöscht und die Gesamtindustrie erscheint nur noch als eine große Summe qualitätsloser ziffermäßig feststellbarer Größen.« (321)

11 So Hentschel, Wirtschaft, 125.

12 H. Bodemer, Die Industrielle Revolution mit besonderer Berücksichtigung auf die erzgebirgischen Erwerbsverhältnisse, Dresden 1856, 37.

13 Eine materialreiche Anthologie zu diesem Thema liegt jetzt vor, vgl. Streik. Zur Geschichte des Arbeitskampfes in Deutschland während der Industrialisierung, K. Tenfelde u. H. Volkmann, Hg., München 1981.

14 Vgl. zu diesem Konzept H. A. Winkler, Hg., Organisierter Kapitalismus. Voraussetzungen und Anfänge, Göttingen 1974.

15 Zitiert bei O. von Kiesenwetter, Zum 18. Februar 1903. Zehn Jahre wirtschaftlich-politischen Kampfes. Historische Darstellung der Gründung, des Werdeganges und des bisherigen Wirkens des Bundes der Landwirte, Berlin 1903, 6, wo es dazu heißt: »Aus jenen Erklärungen des Fürsten Bismarck darf der Bund seine unanfechtbare Legitimation herleiten für den Kampf, den er nun schon seit 10 Jahren für die Interessen der Landwirtschaft und zugleich für das wahre Wohl des Vaterlandes gekämpft hat.«

16 K. E. Born, Wirtschafts- und Sozialgeschichte des Deutschen Kaiserreichs (1867/71-1914), Stuttgart 1985, 44.

17 M. Weber, in: Die Verhandlungen des Achten Evangelisch-sozialen Kongresses, abgehalten zu Leipzig am 10. und 11. Juni 1897, Göttingen 1897, 110.

18 Die Reden des Grafen von Caprivi im Deutschen Reichstage, Preußischen Landtage und bei besonderen Anlässen. 1883-1893, hg. von R. Arndt, Berlin 1894, 177.

19 B. Harms, Der auswärtige Handel, in: Deutschland unter Kaiser Wilhelm II. 2. Bd., Berlin 1914, 691. Hervorhebung im Original.

Kapitel 7

1 Sartorius v. Waltershausen, Wirtschaftsgeschichte, 447 f.

2 K. Helfferich, Deutschlands Volkswohlstand 1888-1913, Berlin 1915[6].

3 So A. Spiethoff, Die wirtschaftlichen Wechsellagen. Aufschwung, Krise, Stockung. Bd. I: Erklärende Beschreibung, Tübingen 1955, 130.

4 L. von Wiese und Kaiserswaldau, Die Gesamtentwicklung der deutschen Industrie und ihre Bedeutung in der Weltwirtschaft, in: Deutschland unter Kaiser Wilhelm II. 2. Bd., Berlin 1914, 656. Im Original hervorgehoben.

5 K. Oldenberg, Ueber Deutschland als Industriestaat, in: Die Verhandlungen des Achten Evangelisch-sozialen Kongresses, 66. Und er fügte hinzu: »Der Fortschritt zum Industriestaat widerstreitet zugleich einer wirtschaftlichen Hebung der Arbeiterklasse.«

6 In der Klammer steht an erster Stelle der Rang des Gewerbebesatzes im Jahre 1875, an zweiter Stelle derjenige des Jahres 1939.

7 Vgl. dazu K. Megerle, Württemberg im Industrialisierungsprozeß Deutschlands. Ein Beitrag zur regionalen Differenzierung der Industrialisierung, Stuttgart 1982, 128 u. ff.

8 H. Kiesewetter, Das wirtschaftliche Gefälle zwischen Nord- und Süddeutschland in historischer Perspektive, in: Neues Archiv für Niedersachsen 35, 1986, 327-347, Zitat 342.

9 Helfferich, Volkswohlstand, 122. Im Original hervorgehoben.

10 Hentschel, Wirtschaft, 213.

11 Die Reichsschulden setzten sich zusammen aus Schuldverschreibungen (4677 Mio. Mark), Schatzanweisungen (220 Mio. Mark) und Reichskassenscheinen (120 Mio. Mark).

12 A. Wagner, Wirtschafts-, Sozial- und Finanzpolitik in ihren Zusammenhängen, in: Deutschland unter Kaiser Wilhelm II. 2. Bd., Berlin 1914, 459.

13 Das jährlich vom Kaiserlichen Statistischen Amt herausgegebene »Statistische Jahrbuch für das Deutsche Reich«, z. B. der 35. Jahrgang, Berlin 1914, enthält eine Fülle weiterer Daten.

14 Zitiert in O. von Kiesenwetter, Zum 18. Februar 1903, 15.

15 Sartorius von Waltershausen, Wirtschaftsgeschichte, 380.

16 W. Vogel, Die deutsche Handelsschiffahrt im Kriege einst und jetzt, in: Kriegsschriften des Kaiser-Wilhelm-Dank. Verein der Soldatenfreunde. Heft 10, Berlin 1914, 42. Im Original ganz hervorgehoben.

17 F. Neumark, Die Finanzpolitik in der Zeit vor dem I. Weltkrieg, in: Währung und Wirtschaft in Deutschland 1876-1975, Frankfurt am Main 1976, 101.

18 Geschichte der Produktivkräfte, Bd. 2, 101.

19 Vgl. B. Seidel, Zeitgeist und Wirtschaftsgesinnung im Deutschland der Jahrhundertwende, in: Schmollers Jahrbuch für Gesetzgebung, Verwaltung und Volkswirtschaft, 83. Jg., I. Hbb., 1963, 129-152.

Kapitel 8

1 Die Literatur über diese Fragen ist Legion, und es bedürfte einer eigenen Monographie, um auch nur die wichtigsten Faktoren und Ursachen im regionalen Vergleich herauszuarbeiten. Ein neuerer Überblick mit zahlreichen Literaturangaben für Deutschland ist: P. Marschalck, Bevölkerungsgeschichte Deutschlands im 19. und 20. Jahrhundert, Frankfurt am Main 1984.

2 Die vorherrschenden Gewerbszweige in den Gerichtsämtern mit Be-

ziehung auf die Productions- und Consumtionsverhältnisse des Königreichs Sachsen, in: Zeitschrift des Statistischen Bureaus des Königlich Sächsischen Ministeriums des Innern III, 1857, 181.

3 C. A. Weinhold, Von der Ueberbevölkerung in Mittel-Europa, und deren Folgen auf die Staaten und ihre Civilisation, Halle 1827, 46 f. Im Original hervorgehoben.

4 A. Mayer, Die Quellen der wirthschaftlichen Arbeit in der Natur, Heidelberg 1876, 43.

5 The Determinants and Consequences of Population Trends. New Summary of Findings on Interaction of Demographic, Economic and Social Factors. Bd. 1, New York 1973, 39. Meine Übersetzung.

6 Statistische Mittheilungen aus dem Königreich Sachsen. Zweite Lieferung, Dresden 1852, 90.

7 A. Smith, Der Wohlstand der Nationen. Eine Untersuchung seiner Natur und seiner Ursachen, München 1978, 68.

8 E. Engel, Der Preis der Arbeit, Berlin 1866, 63.

9 Zitiert bei F. W. Beneke, Vorlagen zur Organisation der Mortalitäts-Statistik in Deutschland, Marburg 1875, 118.

10 W. H. Riehl, Die Naturgeschichte des Volkes als Grundlage einer deutschen Sozial-Politik. 2. Bd.: Die Bürgerliche Gesellschaft, Stuttgart 1907[10], 62.

11 D. S. Landes, The Standard of Living in the Industrial Revolution, in: Industrialisierung und »Europäische Wirtschaft« im 19. Jahrhundert, Berlin 1976, 71. Meine Übersetzung aus dem Englischen.

12 B. v. Bülow, Deutsche Politik, in: Deutschland unter Kaiser Wilhem II. 1. Bd., Berlin 1914, 128.

13 V. Hentschel, Wirtschaft und Wirtschaftspolitik im wilhelminischen Deutschland. Organisierter Kapitalismus und Interventionsstaat?, Stuttgart 1978, 38.

14 Sombart, Volkswirtschaft, 404.

15 Staatsarchiv Dresden, Kommerzien-Deputation, Locat 11095. Acta. Die Verleitung und das Wegziehen innländischer Fabricanten betr., 1764-1830, Bl. 20-24.

16 So F.-W. Henning, Die Industrialisierung in Deutschland 1800 bis 1914, Paderborn 1973, 108.

17 Sartorius von Waltershausen, Wirtschaftsgeschichte, 222.

18 In Klammern steht die entsprechende Prozentzahl für die Betriebe.

Kapitel 9

1 Dieses System fand eine gewisse Entsprechung im Handwerk mit seinen Zünften, das hier nicht explizit behandelt wird. Das Zunftrecht schrieb eine vier-, fünf-, teilweise sieben- und achtjährige Lehrzeit vor, eine mehrjährige Wanderschaft, und viele Zünfte banden das Recht, eine Meisterstelle zu erhalten, an vielfältige Auflagen.

2 Vgl. W. Conze, Quellen zur Geschichte der deutschen Bauernbefreiung, Göttingen 1957, 102 ff.

3 So P. Bairoch, Die Landwirtschaft, der für die Einleitung der Entwicklung bestimmende Faktor, in: Wirtschaftliches Wachstum im Spiegel der Wirtschaftsgeschichte, H. Kellenbenz, J. Schneider, R. Gömmel, Hg., Darmstadt 1978, 83.

4 L. Pohle, Die Entwicklung des deutschen Wirtschaftslebens im letzten Jahrhundert, Leipzig 1923[5], 54.

5 Sombart, Volkswirtschaft, 325. Im Original ganz hervorgehoben.

6 F.-W. Henning, Landwirtschaft und ländliche Gesellschaft in Deutschland. Bd. 2: 1750 bis 1976, Paderborn 1978, 75.

7 W. Fischer, Deutschland 1850-1914, in: Handbuch der europäischen Wirtschafts- und Sozialgeschichte. Bd. 5: Europäische Wirtschafts- und Sozialgeschichte von der Mitte des 19. Jahrhunderts bis zum Ersten Weltkrieg, W. Fischer, Hg., Stuttgart 1985, 401.

8 H.-H. Müller u. V. Klemm, Die Entwicklung der Produktivkräfte in der Landwirtschaft, in: Geschichte der Produktivkräfte. Bd. 2, 167.

9 Zitiert in: 1815-1915. Hundert Jahre technische Erfindungen und Schöpfungen in Bayern, München 1922, 191.

10 Sombart, Volkswirtschaft, 468. Hervorhebung im Original.

11 Ebd., 326.

12 Vgl. M. Peters, Die Entwickelung der deutschen Rhederei seit Beginn dieses Jahrhunderts. 1. Bd., Jena 1899, 56. Es trifft deshalb nicht zu, was H. Mottek, Wirtschaftsgeschichte Deutschlands, Bd. II, 96, behauptet, daß sich die Unterbindung der Getreideeinfuhr nach England durch die Korngesetze »zum erstenmal 1819 bemerkbar machte«.

13 Sombart, Volkswirtschaft, 331. Und er fügt hinzu: »Wie stark muß dann erst diese Abneigung … bei den alten Familien germanischer Herkunft sein.«

14 E. Bittermann, Die landwirtschaftliche Produktion in Deutschland 1800-1950. Ein methodischer Beitrag zur Ermittlung der Veränderungen des Umfanges der landwirtschaftlichen Produktion und der Ertragssteigerungen in den letzten 150 Jahren, Halle 1956, 25. Th. Frhr. von der Goltz, Geschichte der deutschen Landwirtschaft, Bd. 2: Das 19. Jahrhundert (1903), Neudruck Aalen 1963, 350, bezeichnet die

30jährige Periode nach 1850 als »*die glücklichste, welche die deutsche Landwirtschaft zu irgend einer Zeit erlebt hat*«. Hervorhebung im Original.

15 H. Graf von Schwerin-Löwitz, Die deutsche Landwirtschaft, in: Deutschland unter Kaiser Wilhelm II., 2. Bd., Berlin 1914, 481. Hervorhebung im Original.

16 Sombart, Volkswirtschaft, 383.

17 H. Bechtel, Wirtschafts- und Sozialgeschichte Deutschlands. Wirtschaftsstile und Lebensformen von der Vorzeit bis zur Gegenwart, München 1967, 381.

18 H. Haushofer, Die deutsche Landwirtschaft im technischen Zeitalter, Stuttgart 1963, 85.

19 E. Engel, Das Königreich Sachsen in statistischer und staatswirthschaftlicher Beziehung. 1. Bd.: Land und Leute, Wohnplätze und materielle Hilfsquellen, Dresden 1853, 292.

20 R. Krzymowski, Geschichte der deutschen Landwirtschaft unter besonderer Berücksichtigung der technischen Entwicklung der Landwirtschaft bis zum Ausbruch des 2. Weltkrieges 1939, Berlin 1961[3], 311.

21 Vgl. Bittermann, Produktion, 64f.

22 Henning, Landwirtschaft, 134, führt an, daß allein in den innerstädtischen Ringstraßen Kölns 1914 noch 1039 Pferde gehalten wurden.

Kapitel 10

1 C. F. W. Dieterici, Der Volkswohlstand im Preußischen Staate. In Vergleichungen aus den Jahren vor 1806 und von 1828 bis 1832, so wie aus der neuesten Zeit, nach statistischen Ermittelungen und dem Gange der Gesetzgebung aus amtlichen Quellen dargestellt, Berlin 1846, 21. Hervorhebung im Original.

2 G. Schmoller, Zur Geschichte der deutschen Kleingewerbe im 19. Jahrhundert. Statistische und nationalökonomische Untersuchungen, Halle 1870, 458.

3 So H. Blumberg, Ein Beitrag zur Geschichte der deutschen Leinenindustrie von 1834 bis 1870, in: Mottek/Blumberg/Wutzmer/Becker, Studien zur Geschichte der industriellen Revolution in Deutschland, Berlin 1960, 139, wo er fortfährt: »Diese Periode in der deutschen Leineninindustrie zählt zu den abscheulichsten Kapiteln der Entwicklung der kapitalistischen Produktionsweise Deutschlands.«

4 So E. Harder-Gersdorff, Leinen-Regionen im Vorfeld und im Verlauf der Industrialisierung, in: Gewerbe- und Industrielandschaften vom

Spätmittelalter bis ins 20. Jahrhundert, H. Pohl, Hg., Stuttgart 1986, 212f.

5 Vgl. Denkschrift des Verbandes deutscher Leinen-Industrieller, Die Lage der deutschen Leineninindustrie, Osnabrück 1877.

6 H. Blumberg, Die deutsche Textilindustrie in der industriellen Revolution, Berlin 1965, 169.

7 A. Wachs, Die volkswirtschaftliche Bedeutung der technischen Entwickelung der deutschen Wollindustrie, (Diss. München) Leipzig 1909, 71.

8 W. Senkel, Wollproduktion und Wollhandel im XIX. Jahrhundert mit besonderer Berücksichtigung Deutschlands, Diss. Leipzig 1901, 10ff.

9 Vgl. F. Zunkel, Gewerbe- und Industrielandschaften von der Frühindustrialisierung bis 1914: Wolle, in: Gewerbe- und Industrielandschaften, 260 ff.

10 Zitiert bei L. Baar, Die Berliner Industrie in der industriellen Revolution, Berlin 1966, 62. Dies ist nur beschränkt richtig, denn: »Im Jahre 1846 waren noch 12,6% aller Wollwebstühle und gar 86,1% aller Leinwandwebstühle solche, deren Inhaber die Weberei nur als Nebenbeschäftigung betrieb, d. h. also landwirtschaftender Lohnweber oder hausgewerblich tätiger Landwirt war.« Vgl. Sombart, Volkswirtschaft, 31.

11 So W. Lochmüller, Zur Entwicklung der Baumwollindustrie in Deutschland, Jena 1906, 11.

12 J. G. Fichte, Der geschloßne Handelsstaat. Ein philosophischer Entwurf als Anhang zur Rechtslehre und Probe einer künftig zu liefernden Politik (1800), Hg. F. Medicus, Leipzig 1943, 115, Anm.

13 Richard Arkwright, der 1769 eine durch Wasserkraft getriebene Streckwalzen- und Flügelspindel-Spinnmaschine erfunden hatte, errichtete 1771 in Cromford in der englischen Grafschaft Derbyshire eine Baumwollspinnerei.

14 Zitiert in: Hessen im Zeitalter der industriellen Revolution. Text- und Bilddokumente aus hessischen Archiven beschreiben Hessens Weg in die Industriegesellschaft während des 19. Jahrhunderts, K. Eiler, Hg., Frankfurt am Main 1984, 148.

15 In Klammern der Prozentanteil von Water- und Ringspindeln 1913.

16 Denkschrift zum fünfzigjährigen Bestehen der Baumwollspinnerei Kolbermoor 1862-1912, München 1912, 26.

17 G. Adelmann, Zur regionalen Differenzierung der Baumwoll- und Seidenverarbeitung und der textilen Spezialanfertigungen Deutschlands 1846-1907, in: Gewerbe- und Industrielandschaften, 307.

18 G. Kirchhain, Das Wachstum der deutschen Baumwollindustrie im 19. Jahrhundert. Eine historische Modellstudie zur empirischen Wachstumsforschung, Diss. Münster 1973, 253.

Kapitel 11

1 D. S. Landes, Der entfesselte Prometheus.
2 I. Kant, Zum ewigen Frieden. Ein philosophischer Entwurf, in: Werke, Bd. 9, Darmstadt 1971, 205, Anm. 1. Hervorhebung im Original.
3 So R. Fremdling, Eisen, Stahl und Kohle, in: Gewerbe- und Industrielandschaften, 353.
4 R. Fremdling, Modernisierung und Wachstum der Schwerindustrie in Deutschland, 1830-1860, in: Deutsche Frühindustrialisierung, R. H. Tilly, Hg., Göttingen 1979, 204. Hervorhebung im Original.
5 Die Eisenzölle, ihre Bedeutung für die Preußische Eisen-Industrie und ihr Einfluß auf Volkswirthschaft und National-Reichthum. Redigirt im Bureau des Handels- und Gewerbe-Vereins für Rheinland und Westphalen, Düsseldorf 1859, 22.
6 Vgl. dazu ausführlich V. Hentschel, Die deutschen Freihändler und der volkswirtschaftliche Kongreß 1858-1885, Stuttgart 1975.
7 Wer sich intensiv über diese Wandlungen in der Eisenindustrie informieren möchte, kann einen »Klassiker« zu Rate ziehen. Der Metallurg und Unternehmer Ludwig Beck, der 1869 die Nassauische Rheinhütte bei Biebrich übernahm, hat eine fünfbändige und über 6000 Seiten umfassende »Geschichte des Eisens« geschrieben. Siehe für unseren Zeitraum L. Beck, Die Geschichte des Eisens in technischer und kulturgeschichtlicher Beziehung, 4. Abt.: Das XIX. Jahrhundert von 1801 bis 1860; 5. Abt.: Das XIX. Jahrhundert von 1860 bis zum Schluß, Braunschweig 1899 u. 1903.
8 C. Pütz, Ursachen und Tragweite der Krise in der Kohlen- und Roheisen-Industrie Deutschlands, Gießen 1877, 49.
9 Vgl. P. Mischler, Das deutsche Eisenhüttengewerbe vom Standpunkte der Staatswirthschaft. Mit Benutzung amtlicher Quellen, 1. Bd., Stuttgart 1852, 150.
10 A. von Studnitz, Wirthschaftliche Umschau im Königreich Sachsen, in: Zeitschrift des K. Sächsischen Statistischen Bureau's XXII, 1876, 343. Der erste Satz im Original ganz hervorgehoben.
11 Protokolle über die Vernehmungen der Sachverständigen durch die Eisen-Enquete-Kommission, Berlin 1878, 32.
12 Allerdings heißt es dazu im Geschäftsbericht von Thyssen des Jahres 1913: »Die Betriebsverhältnisse entsprechen nicht unseren Erwartungen, da die Erzkosten sich wesentlich höher stellen als früher angenommen und auch der Koksverbrauch, mit Rücksicht auf das geringe Ausbringen, wesentlich höher ist als ursprünglich angenommen.« Zitiert bei W. Feldenkirchen, Die Eisen- und Stahlindustrie des Ruhrge-

biets 1879-1914. Wachstum, Finanzierung und Struktur ihrer Großunternehmen, Wiesbaden 1982, 84, Anm. 115.

13 Sombart, Volkswirtschaft, 159.

14 Jahresberichte der Handels- und Gewerbekammern in Württemberg für das Jahr 1868, mit Nachträgen und einem statistischen Anhang, Stuttgart 1869, 72. Hervorhebung im Original. Dazu jetzt ausführlich G. Plumpe, Die württembergische Eisenindustrie im 19. Jahrhundert. Eine Fallstudie zur Geschichte der industriellen Revolution in Deutschland, Wiesbaden 1982.

15 Ulrich Wengenroth bezeichnet dies als eine »offenbar unausrottbare Vorstellung«, gibt aber keine anderen Vergleichszahlen an. In: Technikgeschichte, Bd. 52, 1985, Nr. 2, 154. In: Deutscher Maschinenbau 1837-1937 im Spiegel des Werkes Borsig, Berlin 1937, 426, heißt es: »Zur Umwandlung von 5000 kg Roheisen in schmiedbares Eisen brauchte man bei Herdfrischen 1 1/2 Wochen, beim Puddeln 1 1/2 Tage, beim Bessemer-Verfahren 20 Minuten.«

16 A. v. Studnitz, Die wirthschaftliche Stellung des Königreichs Sachsen im Deutschen Reiche, in: Zeitschrift des K. Sächsischen Statistischen Bureaus XXX, 1884, 68.

17 Beiträge zur Gewerbegeographie und Gewerbestatistik des Königreichs Sachsen, in: Zeitschrift des Statistischen Bureaus des Königlich Sächsischen Ministeriums des Innern II, 1856, 57.

18 Vgl. B. Martin, Industrialisierung und regionale Entwicklung. Die Zentren der Eisen- und Stahlindustrie im Deutschen Zollgebiet, 1850-1914, Diss. Berlin 1983, Tab. 12, 123.

Kapitel 12

1 Zitiert bei A. Weichhold, Johann Andreas Schubert. Lebensbild eines bedeutenden Hochschullehrers und Ingenieurs aus der industriellen Revolution, Leipzig 1968, 117.

2 K. Marx, Das Kapital. Kritik der politischen Ökonomie, 1. Bd., Werke Bd. 23, Berlin 1962, 393. Dies mündet schließlich bei Marx in eine negative Maschinenmystik: »Als gegliedertes System von Arbeitsmaschinen, die ihre Bewegung nur vermittelst der Transmissionsmaschinerie von einem zentralen Automaten empfangen, besitzt der Maschinenbetrieb seine entwickeltste Gestalt. An die Stelle der einzelnen Maschine tritt hier ein mechanisches Ungeheuer, dessen Leib ganze Fabrikgebäude füllt, und dessen dämonische Kraft, erst versteckt durch die fast feierlich gemeßne Bewegung seiner Riesenglieder, im fieberhaft tollen Wirbeltanz seiner zahllosen eigentlichen Arbeitsorgane ausbricht.« (402)

3 Zitiert in: Deutscher Maschinenbau 1837-1937 im Spiegel des Werkes Borsig, Berlin 1937, 13.

4 Zitiert ebd., 444.

5 Zitiert in A. Schröter, Die Entstehung der deutschen Maschinenbauindustrie in der ersten Hälfte des 19. Jahrhunderts, in: A. Schröter u. W. Becker, Die deutsche Maschinenbauindustrie in der industriellen Revolution, Berlin 1962, 40.

6 W. Däbritz u. E. Metzeltin, Hundert Jahre Hanomag. Geschichte der Hannoverschen Maschinenbau-Aktien-Gesellschaft vormals Georg Egestorff in Hannover 1835 bis 1935, Düsseldorf 1935, 40f.

7 Vgl. W. Becker, Die Entwicklung der deutschen Maschinenbauindustrie von 1850 bis 1870, in: Schröter u. Becker, Maschinenbauindustrie, 173.

8 Ebd., 212.

9 Zitiert bei B. Buxbaum, Der deutsche Werkzeugmaschinen- und Werkzeugbau im 19. Jahrhundert, in: Beiträge zur Geschichte der Technik und Industrie. 9. Bd., Berlin 1919, 115.

10 »Selbstbiographie«, in: Riedler, Rathenau, 28. Und er fügte hinzu: »Darin lag früher die Stärke der amerikanischen Fabrikanten, die neuerdings leider die bewährten Grundsätze nicht mehr alle befolgen.« (29)

11 Vgl. Becker, Entwicklung, 216ff.

12 Hentschel, Wirtschaft, 60.

13 Vgl. E. Barth, Entwicklungslinien der deutschen Maschinenbauindustrie von 1870 bis 1914, Berlin 1973, 4ff.

14 Vgl. dazu G. Garbotz, Vereinheitlichung in der Industrie. Die geschichtliche Entwicklung, die bisherigen Ergebnisse, die technischen und wirtschaftlichen Grundlagen, München 1920, 215f., mit Abbildungen der entsprechenden Werkzeugmaschinen.

15 Sombart, Volkswirtschaft, 308.

16 An erster Stelle in der Klammer steht der Wert aller Maschinenexporte in Millionen Mark, an zweiter Stelle der Wert der Importe.

17 F. Büchner, Hundert Jahre Geschichte der Maschinenfabrik Augsburg-Nürnberg, o. O., o. J. (1940), 140. Zitat aus dem Jahresbericht vom 3. November 1910.

18 Zitiert in Schröter, Entstehung, 31.

19 Orenstein & Koppel – Arthur Koppel A. G., Berlin 1913, 68.

20 An erster Stelle in der Klammer steht die Zahl der Betriebe, an zweiter Stelle die durchschnittliche Arbeiterzahl pro Betrieb.

21 K. Doogs, Die Berliner Maschinen-Industrie und ihre Produktionsbedingungen seit ihrer Entstehung, Berlin 1928, 102.

22 Vgl. H. A. Wessel, Die Entwicklung des elektrischen Nachrichtenwe-

sens in Deutschland und die rheinische Industrie. Von den Anfängen bis zum Ausbruch des Ersten Weltkrieges, Wiesbaden 1983, 15-206.

23 J. Kocka, Unternehmensverwaltung und Angestelltenschaft am Beispiel Siemens 1847-1914. Zum Verhältnis von Kapitalismus und Bürokratie in der deutschen Industrialisierung, Berlin 1969, 200 (Zitat), 563 (Belegschaftszahlen).

24 Sombart, Volkswirtschaft, 314.

25 So R. Eberstadt, Der deutsche Kapitalmarkt, Leipzig 1901, 64.

26 An erster Stelle in der Klammer steht das Gründungsjahr, an zweiter Stelle das Aktienkapital um 1900 in Millionen Mark.

27 Zitiert in: Hessen im Zeitalter der industriellen Revolution, 198.

28 Zitiert bei G. Dettmar, Die Elektrizitäts-Industrie, in: Deutschland unter Kaiser Wilhelm II. 2. Bd., Berlin 1914, 560f. Noch etwa 20 Jahre davor hatte der Generalpostmeister Heinrich von Stephan in der 181. Sitzung des Reichstags vom 26. Februar 1892 gesagt: »Wenn nun immer auch angeführt wird, daß die Kleinindustrie einen großen Vorteil davon haben werde, so habe ich auch dagegen meine Bedenken, denn die elektrische Kraft ist ja an die Leitungen gebunden. Sie können nicht die Leitung an jede Drehbank, in jede Schlosserwerkstatt, in jeden Klempnerkeller einführen, das hat doch auch seine wesentlichen Bedenken«! Zitiert ebd., 561.

29 P. Czada, Die Berliner Elektroindustrie in der Weimarer Zeit. Eine regionalstatistisch-wirtschaftshistorische Untersuchung, Berlin 1969, 104.

30 A. Renardy, Die Standorte der elektrotechnischen Industrie Deutschlands, Diss. Köln 1933, 21.

31 Vgl. H. Schäfer, Gewerbelandschaften: Elektro, Papier, Glas, Keramik, in: Gewerbe- und Industrielandschaften, 460.

Kapitel 13

1 Zitiert bei K. Fuchs, Vom Dirigismus zum Liberalismus. Die Entwicklung Oberschlesiens als preußisches Berg- und Hüttenrevier. Ein Beitrag zur Wirtschaftsgeschichte Deutschlands im 18. und 19. Jahrhundert, Wiesbaden 1970, 52.

2 S. Pollard, Peaceful Conquest. The Industrialization of Europe 1760-1970, New York 1986, zeigt nach Seite XII zwei Karten für 1815 und 1875, aus denen dies klar hervorgeht. Und M. Born, Europäische Betrachtungen eines Naturforschers, in: ders., Von der Verantwortung des Naturwissenschaftlers. Gesammelte Vorträge, München 1965, 60, behauptet sogar: »Die Soziologen sprechen von der industriellen Revo-

lution, ein Wort, das an der Wurzel der Sache vorbeigeht. Es war die energetische Revolution. Alles andere war eine Folge der energetischen Umstellung.«

3 P. Neubaur, Mathias Stinnes und sein Haus. Ein Jahrhundert der Entwickelung 1808-1908, Mülheim a. d. Ruhr 1909, 202 f.

4 W. S. Jevons, The Coal Question. An Inquiry Concerning the Progress of the Nation, and Probable Exhaustion of our Coalmines, Nachdruck New York 1965, 1. Meine Übersetzung aus dem Englischen.

5 A. Wagner, Die Kohlen und ihre Stellung in der Volkswirthschaft des deutschen Zollvereins, in: Zeitschrift für die gesammte Staatswissenschaft 12, 1856, 349.

6 Zitiert in Th. Schulz, Die Entwickelung des deutschen Steinkohlenhandels unter besonderer Berücksichtigung von Ober- und Niederschlesien, Diss. Tübingen 1911, 10.

7 Zitiert bei G. Fester, Die Entwicklung der chemischen Technik bis zu den Anfängen der Großindustrie. Ein technologisch-historischer Versuch (1923), Neudruck Wiesbaden 1969, 192.

8 Schlesische Provinzial-Blätter II, 1784, 230. Zitiert in Schulz, Entwickelung, 60.

9 Zitiert in Schulz, Entwickelung, 64.

10 Diese und weitere Angaben sind entnommen aus ebd., Tabellenanhang.

11 Vgl. Karte 6 bei Fremdling, Eisen.

12 Dazu ausführlich K. Megerle, Württemberg im Industrialisierungsprozeß Deutschlands. Ein Beitrag zur regionalen Differenzierung der Industrialisierung, Stuttgart 1982, 71 ff. H. Kiesewetter, Das wirtschaftliche Gefälle zwischen Nord- und Süddeutschland in historischer Perspektive, in: Neues Archiv für Niedersachsen 35, 1986, 327-347.

13 Zitiert bei Feldenkirchen, Eisen- und Stahlindustrie, 113, Anm. 122.

14 So K. H. Bader u. K. Röttger, 250 Jahre märkischer Steinkohlenbergbau. Ein Beitrag zur Geschichte des Bergbaus, der Bergverwaltung und der Stadt Bochum, Bochum 1987, 97.

15 F. Redlich, Die volkswirtschaftliche Bedeutung der deutschen Teerfarbenindustrie, Diss. Berlin 1914, 7. Dort sagt Redlich, daß die Teerfarbenindustrie, »das stolze Ergebnis deutscher Wissenschaft und deutschen Gewerbefleißes, eine Kulturmission von welthistorischer Bedeutung erfüllt« (87) habe.

16 A. Shadwell, England, Deutschland und Amerika, 146 f.

17 Vgl. C. C. Christiansen, Chemische und Farben-Industrie, Tübingen 1914, 17. »Als Durchschnittswert für 100 kg wird in der Ausfuhr der deutschen Handelsstatistik für das Jahr 1908 für künstlichen Indigo 250 Mk. (für natürlichen 814 Mk.), für Alizarinrot 178 Mk. und für Anilin- und Teerfarbenstoffe a. n. b. g. 224 Mk. angegeben.«

18 L. F. Haber, The Chemical Industry During the Nineteenth Century. A Study of the Economic Aspect of Applied Chemistry in Europe and North America, Oxford 1958, 121. Übersetzung von mir. Haber fährt fort: »As a result the acid industry, instead of being tied to the fortunes of the Leblanc producers, was free to seek other and expanding markets, first dyestuffs and later fertilizers, above all, sulphate of ammonia and superphosphate.«

19 K. von Delhaes-Guenther, Kali in Deutschland. Vorindustrien, Produktionstechniken und Marktprozesse der Deutschen Kaliwirtschaft im 19. Jahrhundert, Köln 1974, 3.

20 A. Rümpler, Die käuflichen Düngestoffe, ihre Zusammensetzung, Gewinnung und Anwendung, Berlin 1879², 185. Zitiert ebd., 4, Anm. 13.

21 Zitiert in v. Delhaes-Guenther, Kali, 163.

22 Sombart, Volkswirtschaft, 109.

Kapitel 14

1 Zitiert bei L. Pohle, Entwicklung, 112.

2 W. v. Kügelgen, Jugenderinnerungen eines alten Mannes, Leipzig o. J., 410. Eine köstliche Satire übers Reisen, einen »Beitrag zur Naturgeschichte der Mollusken und Testazeen«, die bis auf den heutigen Tag lesenswert ist, schrieb 1821 Ludwig Börne. Vgl. ders., Monographie der deutschen Postschnecke, Stuttgart 1981, 3-31.

3 Sombart, Volkswirtschaft, 4.

4 R. van der Borght, Das Verkehrswesen, Leipzig 1912², 434.

5 So Sombart, Volkswirtschaft, 266.

6 Die erste Zahl in der Klammer sind die Bruttoregistertonnen Ende 1912, die zweite Zahl die der Schiffe im Jahre 1911. Vgl. P. Heineken, Die Seeschiffahrt, in: Deutschland unter Kaiser Wilhelm II. 2. Bd., Berlin 1914, 963.

7 W. Vogel, Die Grundlagen der Schiffahrtsstatistik. Ein kritischer Beitrag zur Wertung der Handelsflotte und des Seeverkehrs des Deutschen Reiches, Berlin 1911, 86. Nach Vogels Angaben betrug der Brutto-Raumgehalt der deutschen Dampferflotte 1890/91 930754 und erhöhte sich bis 1900/01 auf 2169029 BRT.

8 J. Riesser, Die deutschen Großbanken und ihre Konzentration im Zusammenhange mit der Entwicklung der Gesamtwirtschaft in Deutschland, Jena 1910³, 39.

9 Sombart, Volkswirtschaft, 240. Hervorhebung im Original. Sombart erweist sich als schlechter Prognostiker, wenn er glaubt, daß das Ereignis der Einbürgerung der Eisenbahn als allgemeines Verkehrsmittel

»weit über unser Zeitalter hinaus seine revolutionäre Wirkung ausüben wird« (238).

10 W. Raabe, Sämtliche Werke III. Serie, Bd. 6, Berlin o. J., 571.

11 Vgl. R. v. Delbrück, Lebenserinnerungen 1817-1867 I. Bd., Leipzig 1905, 134ff., Zitat 134.

12 Vgl. F. R. Paulig, Friedrich Wilhelm III., König von Preußen (1770 bis 1840), Frankfurt an der Oder 1905, 325f.

13 F. List, Das deutsche National-Transport-System in volks- und staatswirthschaftlicher Beziehung beleuchtet, Altona 1838, 6.

14 A. Bergengrün, Staatsminister August Freiherr von der Heydt, Leipzig 1908, 145, Anm. 1.

15 Zitiert von A. Wiedemann, Die Sächsischen Eisenbahnen in historisch-statistischer Darstellung, Leipzig 1902, 18.

16 Zitiert in K. Martin, Die Deutsche Lokomotivenbauindustrie, Diss. Münster 1913, 17, Anm. 6.

17 Vgl. F. W. Frhr. v. Reden, Die Eisenbahnen Deutschlands. Statistisch-geschichtliche Darstellung ihrer Entstehung, ihres Verhältnisses zu der Staatsgewalt, so wie ihrer Verwaltungs- und Betriebs-Einrichtungen. Erste Abtheilung. Zweiter Abschnitt. Fünfte Lieferung, Berlin 1845, 2031.

18 M. M. v. Weber, Vom rollenden Flügelrade. Skizzen und Bilder, Berlin 1882, 163. Und Sartorius von Waltershausen, Wirtschaftsgeschichte, 98, schrieb noch 1923: »Der politische Partikularismus war dem heraufkommenden Eisenbahnwesen ein schweres Hemmnis.«

19 Vgl. G. Dettmar, Die Elektrizitäts-Industrie, in: Deutschland unter Kaiser Wilhelm II. 2. Bd., Berlin 1914, 567f.

Kapitel 15

1 W. Lochmüller, Zur Entwicklung der Baumwollindustrie in Deutschland, Jena 1906, 93.

2 G. Neuhaus, Deutsche Wirtschaftsgeschichte im neunzehnten Jahrhundert, Kempten 1907, 129.

3 G. Schmoller, Geschichte, 229.

4 Sombart, Volkswirtschaft, 222.

5 Zitiert bei H. Pönicke, Wirtschaftskrise in Sachsen vor hundert Jahren. Ein Beitrag zur sächsischen Wirtschaftsgeschichte, Herrnhut 1933, 11.

6 Staatsarchiv Dresden, Finanzarchiv, Acta. Den Verfall der Baumwollenwaaren-Manufacturen und Spinnereyen im Erzgebürgischen Kreise betr., 1815-1818, Bl. 2.

7 O. E. v. Wussow, Geschichte und Entwickelung der Warenhäuser,

Berlin o. J. (1906), 78 f.

8 Ebd., 11 f. Hervorhebungen im Original.

9 Sombart, Volkswirtschaft, 205. Und natürlich galt: »erst mußten Betriebsorganisation und Technik die Lieferung einheitlicher und genau dem Muster entsprechender Warenposten möglich machen, ehe der Kauf nach Probe sich einbürgern konnte«, ebd., 206.

10 Ebd., 210.

11 Ebd., 212 f.

12 G. Bondi, Deutschlands Außenhandel 1815-1870, Berlin 1958, 27.

13 H. Kellenbenz, Verkehrs- und Nachrichtenwesen, Handel, Geld-, Kredit- und Versicherungswesen 1800-1850, in: Handbuch der deutschen Wirtschafts- und Sozialgeschichte. Bd. 2, Stuttgart 1976, 391.

14 H. Kiesewetter, Industrialisierung und Landwirtschaft. Sachsens Stellung im regionalen Industrialisierungsprozeß Deutschlands im 19. Jahrhundert, Köln 1988, 57.

15 Staatsarchiv Dresden, Landesregierung, Acta. Die Elb-Amerikanische Compagnie betr., 1822-1825, Bl. 39.

16 W. G. Hoffmann, Der wirtschaftliche Aufstieg in Deutschland, in: W. Abelshauser u. D. Petzina, Hg., Deutsche Wirtschaftsgeschichte im Industriezeitalter. Konjunktur, Krise, Wachstum, Königstein/Ts. 1981, 149 f., stellte 1963 die regional unzutreffende Behauptung auf: »Die Zunahme der landwirtschaftlichen Produktion, die einem Staat die Fortführung des Austausches von Nahrungsmitteln gegen ausländische Kapitalgüter ermöglicht, beschleunigt deshalb das Tempo der Industrialisierung.« Meine Übersetzung aus dem Englischen.

17 So Sombart, Volkswirtschaft, 370. Er glaubte, »daß die Lehre von der zunehmenden Bedeutung des Exports sicher falsch ist« (373), oder, anders gewendet, an »die Richtigkeit der Lehre von der abnehmenden Bedeutung der weltwirtschaftlichen Beziehungen« (374)! Mit dieser Ansicht befand er sich keineswegs allein unter den damaligen Ökonomen. Die Zukunft der internationalen Arbeitsteilung stellte sich Ludwig Pohle etwa so vor, daß der internationale Warenaustausch nach dem Prinzip »Fabrikate gegen Bodenprodukte« verschwinden und einem Zustand Platz machen würde, in dem Bodenprodukte gegen Bodenprodukte und Fabrikate gegen Fabrikate getauscht würden, d. h., das Exportindustriesystem besitzt demnach nur einen vorübergehenden Charakter. In diesem Sinne wollte L. Pohle, Deutschland am Scheidewege. Betrachtungen über die gegenwärtige volkswirtschaftliche Verfassung und die zukünftige Handelspolitik Deutschlands, Leipzig 1902, VIII, seine »Theorie«, »welche verhängnisvolle Entwicklung die deutsche Volkswirtschaft bei bedingungslosem Anschluß an die Weltwirtschaft früher oder später notwendig durchmachen muß«, unter-

mauern. W. Sombart hatte schon kurz vor der Jahrhundertwende in der Zeitschrift *Soziale Praxis* einen unfruchtbaren Streit mit der Ansicht ausgelöst: »Übergang zum ›Industriestaat‹, wenn es schon bei dem schiefen Ausdruck sein Bewenden haben soll, ja; denn es bedeutet Kulturmenschwerdung schlechthin; zum ›Export-Industriestaat‹ nicht nothwendig, thatsächlich nicht.« Vgl. Soziale Praxis. Centralblatt für Sozialpolitik, VIII. Jg., 16. März 1899, Nr. 24, Sp. 637. Ihm antworteten Karl Oldenberg und Walther Borgius. Die Ansichten von der abnehmenden Exportquote in Deutschland sind statistisch und analytisch widerlegt worden von R. Wagenführ, in: Die Bedeutung des Außenmarktes für die deutsche Industriewirtschaft. Die Exportquote der deutschen Industrie von 1870 bis 1936, Berlin 1936, 26 ff. (Sonderhefte des Instituts für Konjunkturforschung, Nr. 41).

18 So R. Tilly, Verkehrs- und Nachrichtenwesen, Handel, Geld-, Kredit- und Versicherungswesen 1850-1914, in: Handbuch, Bd. 2, 584.

19 L. v. Wiese u. Kaiserswaldau, Die Gesamtentwicklung der deutschen Industrie und ihre Bedeutung in der Weltwirtschaft, in: Deutschland unter Kaiser Wilhelm II. 2. Bd., Berlin 1914, 663.

Kapitel 16

1 Vgl. W. Treue, Das Privatbankwesen im 19. Jahrhundert, in: Wissenschaft und Kodifikation des Privatrechts im 19. Jahrhundert. V: Geld und Banken, Hg. H. Coing u. W. Wilhelm, Frankfurt a. M. 1980, 94 ff.

2 Sartorius von Waltershausen, Wirtschaftsgeschichte, 554.

3 F.-W. Henning, Die Entwicklung der Aktiv- und Passivgeschäfte der Banken im 19. Jahrhundert in Deutschland unter besonderer Berücksichtigung des Kontokorrent- und Wechselkredits, in: Wissenschaft, 64.

4 Diese und die weiteren Zitate aus Geschäftsberichten und Statuten der Banken in Riesser, Großbanken, 42 ff.

5 Hentschel, Wirtschaft, 131.

6 Riesser, Großbanken, 454. Hervorhebungen im Original.

7 In Klammern das Gründungsjahr.

8 Vgl. Vollständiges topographisch-justitiarisches Handbuch der sämmtlichen Deutschen Bundesstaaten zum Gebrauch für Gerichts- und andere Behörden, Sachwalter, Secretarien, Actuarien, Postbeamte, Kaufleute und andere Geschäftsmänner in und außen Deutschland bearbeitet und herausgegeben von Johann Friedrich Kratzsch, Naumburg 1843, 191.

9 Sombart, Volkswirtschaft, 195.

10 Vgl. Wilhelm Hauffs sämtliche Werke in sechs Bänden. 2. Bd., Leipzig 1912, 218-258 (»Mein Besuch in Frankfurt«), wo es z. B. heißt: »Es waren dies dieselben Menschen, die noch vor dreißig Jahren keinen Fuß auf den breiten Weg der Promenade setzen durften, sondern bescheiden den Nebenweg gingen; dieselben, die den Hut abziehen mußten, wenn man ihnen zurief: ›Jude, sei artig, mach dein Kompliment!‹ Dieselben, die von dem Bürgermeister und dem hohen Rat der freien Stadt Frankfurt jede Nacht eingepfercht wurden in ihr schmutziges Quartier. Und wie so ganz anders waren sie jetzt anzuschauen. Überladen mit Putz und köstlichen Steinen saßen die Frauen und Judenfräulein; die Männer, konnten sie auch nicht die spitzigen Ellbogen und die vorgebogenen Knie ihres Volkes verleugnen, suchten sie auch umsonst den ruhigen, soliden Anstand eines Kaufherrn vor der Zeile oder der Million zu kopieren, die Männer hatten sich sonntäglich und schön angetan, ließen schwere goldene Ketten über die Brust und den Magen herabhängen, streckten alle zehn Finger, mit blitzenden Solitärs besteckt, von sich, als wollten sie zu verstehen geben: Ist das nicht was ganz Solides? Sind wir nicht das auserwählte Volk? Wer hat denn alles Geld, gemünzt und in Barren, als wir? Wem ist Gott und Welt, Kaiser und König schuldig, wem anders als uns?« (232)

11 Sombart, Volkswirtschaft, 175.

12 Die Reichsbank 1876-1900, Berlin o. J. (1900), 181.

13 K. Borchardt, Währung und Wirtschaft, in: Währung und Wirtschaft in Deutschland 1876-1975, Frankfurt am Main 1976, 9.

14 Sombart, Volkswirtschaft, 87.

15 Beides zitiert in Borchardt, Währung und Wirtschaft, 39.

16 Sombart, Volkswirtschaft, 196.

17 Der Entwurf vom 8. Februar 1909 zu diesem Gesetz findet sich in: Verhandlungen des Reichstags. XII. Legislaturperiode. I. Session, Bd. 253: Anlagen zu den Stenographischen Berichten 1909, Nr. 1178, 1-33, Nr. 1219, 7475-7498.

18 Sombart, Volkswirtschaft, 171.

19 J. Kocka, Unternehmer in der deutschen Industrialisierung, Göttingen 1975, 104.

20 Zitiert in A. Trende, Geschichte der deutschen Sparkassen zum Anfang des 20. Jahrhunderts, Stuttgart 1957, 30.

21 Vgl. F. Vogt, Das Spargeschäft, in: Zeitschrift des Preußischen Statistischen Landesamts, 63. Jg., 1923, 86.

22 Zitiert bei J. Wolf, Sozialismus und kapitalistische Gesellschaftsordnung. Kritische Würdigung beider als Grundlegung einer Sozialpolitik, Stuttgart 1892, 208, Anm. 2.

23 Siehe F. Künzer, Die Aufgaben der Sparkassen im Wandel der Zeit, in:

Zeitschrift des Preußischen Statistischen Landesamts, 63. Jg., 1923, 5.

24 Vogt, Spargeschäft, 88. Hervorhebung im Original.

25 Wer sich über die neuere Diskussion und Literatur informieren möchte, vgl. K. J. Bade, Imperialismus und Kolonialmission. Kaiserliches Deutschland und koloniales Imperium, Wiesbaden 1982; D. Baudis u. H. Nussbaum, Wirtschaft und Staat in Deutschland vom Ende des 19. Jahrhunderts bis 1918/19, Berlin 1978; Imperialism and After. Continuities and Discontinuities, W. J. Mommsen u. J. Osterhammel, Hg., London 1986; G. Schöllgen, Das Zeitalter des Imperialismus, München 1986.

Resümee

1 B. Gahlen, Wachstumstheorie, Manuskript, Münster 1970, 293. Und er fügt hinzu: »Man setzt den Computer ein, weil man die Techniken halt beherrscht, und kümmert sich nicht mehr um den ökonomischen Gehalt.« (294) Weniger pointiert formuliert in ders., Der Informationsgehalt der neoklassischen Wachstumstheorie für die Wirtschaftspolitik, Tübingen 1972, 208 ff.

2 Einleitung zu: Region und Industrialisierung. Studien zur Rolle der Region in der Wirtschaftsgeschichte der letzten zwei Jahrhunderte, S. Pollard, Hg., Göttingen 1980, 20.

3 B. Ward, Sind die Wirtschaftswissenschaften am Ende? Aporien und Antworten, Zürich 1976.

4 C. Trebilcock, The Industrialization of the Continental Powers 1780-1914, London 1981, XIV. Meine Übersetzung.

5 Um nur je ein Beispiel zu nennen; für Deutschland: W. G. Hoffmann u. a., Das Wachstum der deutschen Wirtschaft seit der Mitte des 19. Jahrhunderts, Berlin 1965; für Europa: The Fontana Economic History of Europe, Hg. der deutschen Ausgabe: Knut Borchardt, Bd. 3: Die Industrielle Revolution, Bd. 4: Die Entwicklung der industriellen Gesellschaften, Stuttgart 1985; international: A. Maddison, Phases of Capitalist Development, Oxford 1982.

6 S. Kuznets, Economic Growth of Nations. Total Output and Production Structure, Cambridge, Mass. 1971, 2. Meine Übersetzung. Die Alternative ist nicht »to abandon the attempt to study economic growth« (8), sondern, homogenere Regionen miteinander zu vergleichen und den Einfluß verschiedener Faktoren auf den regionalen Wachstumsprozeß zu analysieren.

7 Sombart, Volkswirtschaft, 369.

8 So H. Wagner, Die territoriale Gliederung Deutschlands in Länder seit

der Reichsgründung. Eine politologische Studie zur Raumordnung, in: Studien zur territorialen Gliederung Deutschlands im 19. und 20. Jahrhundert, Hannover 1971, 1.

9 H. v. Treitschke, Deutsche Geschichte im Neunzehnten Jahrhundert. 2. Teil: Bis zu den Karlsbader Beschlüssen, Leipzig 1927, 176.

10 F. Engels, Die Rolle der Gewalt in der Geschichte, in: Marx/Engels Werke. Bd. 21, Berlin 1973, 435. Noch 1964 beklagte Mottek, Wirtschaftsgeschichte, Bd. II, 28, mit Blick auf 1848 »die unwürdigen Verhältnisse der fürstlichen Kleinstaaterei«.

11 Sombart, Volkswirtschaft, 99. Dort heißt es später: »Es ist klar, daß nur der zunehmende Reichtum einer Nation es ermöglicht, ein wachsendes Heer von Nichtstuern zu ernähren.« (408)

12 F. A. Vanderlip, The American Commercial Invasion of Europe, Berlin 1903, 55. Englischer Titel, aber deutsche Übersetzung!

13 Sombart, Volkswirtschaft, 94. Hervorhebung im Original.

14 E. A. Wrighley, Industrial Growth and Population Change. A Regional Study of the Coalfield Areas of North-West Europe in the Later Nineteenth Century, Cambridge 1961, IX. Meine Übersetzung. »It is always possible,« heißt es auf Seite 89 dieser interessanten Studie, »that it is misguided to seek ›national‹ features to explain Germany's industrial growth, or France's relative stagnation, since these are observations about average conditions whose origins may lie in regional differences affecting comparatively small areas of each country.«

15 Sartorius von Waltershausen, Wirtschaftsgeschichte, 412.

Bibliographie

In dieser Bibliographie werden Monographien, Sammelbände, Handbücher und Aufsätze angeführt, die versuchen, den Gesamtprozeß der Industriellen Revolution bzw. Industrialisierung in Deutschland für einen längeren Zeitraum zu erfassen. Viele von ihnen enthalten umfangreiche Literaturangaben zu Regionen, Branchen oder Spezialfragen.

Abelshauser, W., u. D. Petzina, Hg., Wirtschaftsgeschichte im Industriezeitalter. Konjunktur, Krise, Wachstum, Königstein/Ts. 1981.

André, Doris, Indikatoren des technischen Fortschritts. Eine Analyse der Wirtschaftsentwicklung in Deutschland von 1850 bis 1913, Göttingen 1971.

Ballod, Carl, Deutschlands wirtschaftliche Entwickelung seit 1870, in: Jahrbuch für Gesetzgebung, Verwaltung und Volkswirtschaft im Deutschen Reich, N. F. XXIV, 1900, 1. Heft, 493-516.

Barkin, Kenneth D., The Controversy Over German Industrialization 1890-1902, Chicago/London 1970.

Bechtel, Heinrich, Wirtschaftsgeschichte Deutschlands im 19. und 20. Jahrhundert, München 1956.

Ders., Wirtschafts- und Sozialgeschichte Deutschlands. Wirtschaftsstile und Lebensformen von der Vorzeit bis zur Gegenwart, München 1967.

Beiträge zur deutschen Wirtschafts- und Sozialgeschichte des 18. und 19. Jahrhunderts, Berlin 1962.

Benaerts, Pierre, Les origines de la grande industrie allemande, Paris 1933.

Böhme, Helmut, Deutschlands Weg zur Großmacht. Studien zum Verhältnis von Wirtschaft und Staat während der Reichsgründungszeit 1848-1881, Köln/Berlin 1966.

Ders., Prolegomena zu einer Sozial- und Wirtschaftsgeschichte Deutschlands im 19. und 20. Jahrhundert, 2. Aufl., Frankfurt a. M. 1968.

Ders., Politik und Ökonomie in der Reichsgründungs- und späten Bismarckzeit, in: M. Stürmer, Hg., Das kaiserliche Deutschland. Politik und Gesellschaft 1870-1918, Königstein/Ts. 1977, 26-50.

Böhmert, Wilhelm, Wandlungen der deutschen Volkswirtschaft 1882-1907. Ein Blick auf die Berufs- und Betriebszählungen, in: Der Arbeiterfreund 48, 1910, 1-36, 126-162.

Borchardt, Knut, Die Industrielle Revolution in Deutschland, München 1972.

Ders., Wirtschaftliches Wachstum und Wechsellagen 1800-1914, in: Handbuch der deutschen Wirtschafts- und Sozialgeschichte, Bd. 2, Stuttgart 1976, 198-275.

Ders., Grundriß der deutschen Wirtschaftsgeschichte, Göttingen 1978.

Ders., Die Industrielle Revolution in Deutschland 1750-1914, in: Europäische Wirtschaftsgeschichte. 4. Bd., Stuttgart/New York 1985, 135-202.

Born, Karl E., Der soziale und wirtschaftliche Strukturwandel Deutschlands am Ende des 19. Jahrhunderts, in: H.-U. Wehler, Hg., Moderne deutsche Sozialgeschichte, Köln/Berlin 1966, 271-284.

Ders., Wirtschafts- und Sozialgeschichte des Deutschen Kaiserreichs (1867/71-1914), Stuttgart 1985.

Brachelli, Hugo F., Deutsche Staatenkunde. Ein Handbuch der Statistik des Deutschen Bundes und seiner Staaten, mit Einschluß der nichtdeutschen Provinzen Österreichs und Preußens. Nach den besten und neuesten Quellen bearbeitet, Wien 1857.

Brinkmann, Carl, The Place of Germany in the Economic History of the Nineteenth Century, in: The Economic History Review IV, 1932-34, 129-146.

Clapham, J. H., The Economic Development of France and Germany 1815-1914, 4. Aufl., Cambridge 1963.

Department of Commerce and Labor. Bureau of Statistics. Industrial Education and Industrial Conditions in Germany, Washington 1905.

Deutschland unter Kaiser Wilhelm II. 2. Bd.: Das deutsche Wirtschaftsleben. Das Verkehrswesen. Die Kirche. Das Unterrichtswesen, S. Körte u. a., Hg., Berlin 1914.

Dieterici, C. F. W., Statistische Übersicht der wichtigsten Gegenstände des Verkehrs und Verbrauchs im Preußischen Staate und im deutschen Zollverbande, in dem Zeitraume von 1831 ... 1853, 6 Bde., Berlin/Posen/Bromberg 1838 ... 1857.

Droege, Georg, Deutsche Wirtschafts- und Sozialgeschichte, Frankfurt am Main/Berlin/Wien 1972.

Engelsing, Rolf, Sozial- und Wirtschaftsgeschichte Deutschlands, Göttingen 1973.

Feldenkirchen, Wilfried, Die wirtschaftliche Rivalität zwischen Deutschland und England im 19. Jahrhundert, in: Zeitschrift für Unternehmensgeschichte, 25. Jg., 1980, 77-107.

Fischer, Wolfram, Wirtschaft und Gesellschaft im Zeitalter der Industrialisierung. Aufsätze, Studien, Vorträge, Göttingen 1972.

Ders. u. a., Sozialgeschichtliches Arbeitsbuch. Bd. 1: Materialien zur Statistik des Deutschen Bundes 1815-1870, München 1982.

Ders., Germany in the World Economy during the Nineteenth Century, London 1984.

Ders., Deutschland 1850-1914, in: ders., Hg., Handbuch der europäischen Wirtschafts- und Sozialgeschichte. Bd. 5, Stuttgart 1985, 357-442.

Fremdling, R. u. R. H. Tilly, Hg., Industrialisierung und Raum. Studien zur regionalen Differenzierung im Deutschland des 19. Jahrhunderts, Stuttgart 1979.

Geldern-Crispendorf, Günther v., Die deutschen Industriegebiete, ihr Werden und ihre Struktur, Karlsruhe i. B. 1933.
Geschichte der Produktivkräfte in Deutschland von 1800 bis 1945. Bd. 2: Produktivkräfte in Deutschland 1870-1917/18, Berlin 1985.
Gewerbe- und Industrielandschaften vom Spätmittelalter bis ins 20. Jahrhundert, H. Pohl, Hg., Stuttgart 1986.

Hallgarten, George W. F., u. Joachim Radkau, Deutsche Industrie und Politik von Bismarck bis heute, Frankfurt am Main/Köln 1974.
Hamerow, Theodore S., Restoration, Revolution, Reaction. Economics and Politics in Germany 1815-1871, 2. Aufl., Princeton, N. J. 1972.
Handbuch der deutschen Wirtschafts- und Sozialgeschichte. Bd. 2: Das 19. und 20. Jahrhundert, Hg. W. Zorn, Stuttgart 1976.
Hardach, Gerd, Deutschland in der Weltwirtschaft 1870-1970. Eine Einführung in die Sozial- und Wirtschaftsgeschichte, Frankfurt am Main/New York 1977.
Helfferich, Karl, Deutschlands Volkswohlstand 1888-1913, 6. Aufl., Berlin 1915.
Henderson, William O., The Rise of German Industrial Power 1834-1914, London 1975.
Henning, Friedrich-Wilhelm, Die Industrialisierung in Deutschland 1800 bis 1914, 6. Aufl., Paderborn 1984.
Hentschel, Volker, Wirtschaft und Wirtschaftspolitik im wilhelminischen Deutschland. Organisierter Kapitalismus und Interventionsstaat? Stuttgart 1978.
Hoffmann, Walther G., The Take-Off in Germany, in: W. W. Rostow, Hg., The Economics of Take-Off into Sustained Growth, London 1963, 95-118 (deutsch in: Abelshauser u. Petzina, Hg., Deutsche Wirtschaftsgeschichte, 144-168).
Ders. u. a., Das Wachstum der deutschen Wirtschaft seit der Mitte des 19. Jahrhunderts, Berlin/Heidelberg 1965.
Ders., Hg., Untersuchungen zum Wachstum der deutschen Wirtschaft, Tübingen 1971.
Hohorst, Gerd u. a., Sozialgeschichtliches Arbeitsbuch. Materialien zur Statistik des Kaiserreichs 1870-1914, München 1975.
Holthaus, Ewald, Die Entwicklung der Produktivkräfte in Deutschland nach der Reichsgründung bis zur Jahrhundertwende. Ein geschichtssoziologischer Beitrag unter besonderer Berücksichtigung der Zyklizität der Wirtschaftsexpansion und der Lage der arbeitenden Klassen, Frankfurt am Main 1980.

Howard, Earl Dean, The Cause and Extent of the Recent Industrial Progress of Germany, Boston/New York 1907.
Huber, Franz C., Deutschland als Industriestaat, Stuttgart 1901.

Jacobeit, Sigrid u. Wolfgang, Illustrierte Alltagsgeschichte des deutschen Volkes 1810-1900, Leipzig/Jena/Berlin 1987.
Jecht, Horst, Deutsche Wirtschaftsgeschichte seit dem Ausgange des 18. Jahrhunderts, Salzgitter 1949.

Kaelble, Hartmut, Der Mythos von der rapiden Industrialisierung in Deutschland, in: Geschichte und Gesellschaft, 9. Jg., Heft 1, 106-118.
Kaufhold, Karl Heinrich, Wirtschaftswachstum, Technologie und Arbeitszeit. Ausgangssituation im 18. Jahrhundert und Entwicklung bis ca. 1835, in: H. Pohl, Hg., Wirtschaftswachstum, Technologie und Arbeitszeit im internationalen Vergleich, Wiesbaden 1983, 17-54.
Kellenbenz, Hermann, Deutsche Wirtschaftsgeschichte. Bd. II: Vom Ausgang des 18. Jahrhunderts bis zum Ende des Zweiten Weltkriegs, München 1981.
Kiesewetter, Hubert, u. Rainer Fremdling, Hg., Staat, Region und Industrialisierung, Ostfildern 1985.
Kiesewetter, Hubert, Economic Preconditions for Germany's Nation-Building in the Nineteenth Century, in: H. Schulze, Hg., Nation-Building in Central Europe, Leamington Spa/Hamburg/New York 1987, 81-105.
Ders., Industrialisierung und Landwirtschaft. Sachsens Stellung im regionalen Industrialisierungsprozeß Deutschlands im 19. Jahrhundert, Köln/Wien 1988.
Kindleberger, Charles P., Germany's Overtaking of England, 1806-1914, in: Weltwirtschaftliches Archiv, Bd. 111, 1975, 253-281, 477-504.
Kitchen, Martin, The Political Economy of Germany 1815-1914, Montreal 1978.
Kocka, Jürgen, Industrialisierung und Arbeiterbewegung in Deutschland vor 1914, in: Industrialisierung, sozialer Wandel und Arbeiterbewegung in Deutschland und Polen bis 1914, Braunschweig 1983, 67-79.
Ders. u. Bernd Mütter, Wirtschaft und Gesellschaft im Zeitalter der Industrialisierung. Quellen- und Arbeitsbuch für die Sekundarstufe II, München 1984.
Kuczynski, Jürgen, Die Bewegung der deutschen Wirtschaft von 1800 bis 1946. 16 Vorlesungen, Berlin/Leipzig o. J. (1947).
Ders., Die Geschichte der Lage der Arbeiter unter dem Kapitalismus. Bd. 1-4, 11 und 12, Berlin 1961-1967.
Ders., Geschichte des Alltags des deutschen Volkes. Bd. 3 u. 4, Berlin 1981 u. 1982.

Landes, David, Industrialization and Economic Development in Nineteenth-Century Germany, in: Première conférence internationale d'histoire économique, Paris/Den Haag 1960, 83-86.

Lee, W. Robert, Economic development and the state in nineteenth-century Germany, in: The Economic History Review XLI, 1988, 346-367.

Lichtenberger, Henri, L'Allemagne Moderne. Son évolution, Paris 1907 (deutsch: Dresden 1908).

Lütge, Friedrich, Deutsche Sozial- und Wirtschaftsgeschichte. Ein Überblick, Berlin/Göttingen/Heidelberg 1952.

Megerle, Klaus, Württemberg im Industrialisierungsprozeß Deutschlands. Ein Beitrag zur regionalen Differenzierung der Industrialisierung, Stuttgart 1982.

Moderne deutsche Wirtschaftsgeschichte, K. E. Born, Hg., Köln/Berlin 1966.

Mottek, Hans u. a., Studien zur Geschichte der industriellen Revolution in Deutschland, Berlin 1960.

Ders., Wirtschaftsgeschichte Deutschlands. Ein Grundriß. Bd. II: Von der Zeit der Französischen Revolution bis zur Zeit der Bismarckschen Reichsgründung, 2. Aufl., Berlin 1978.

Ders. u. a., Wirtschaftsgeschichte Deutschlands. Ein Grundriß. Bd. III: Von der Zeit der Bismarckschen Reichsgründung 1871 bis zur Niederlage des faschistischen deutschen Imperialismus 1945, Berlin 1975.

Neuhaus, Georg, Deutsche Wirtschaftsgeschichte im neunzehnten Jahrhundert, Kempten/München 1907.

Ogger, Günter, Die Gründerjahre. Als der Kapitalismus jung und verwegen war, München 1982.

Piétri, Nicole, Évolution économique de l'Allemagne du milieu du XIXe siècle à 1914, Paris 1982.

Pohl, Hans, Die Entwicklung der deutschen Volkswirtschaft (1830-1880), in: Coing u. Wilhelm, Hg., Wissenschaft und Kodifikation des Privatrechts im 19. Jahrhundert. Bd. II, Frankfurt am Main 1977, 1-25.

Ders., Wirtschafts- und sozialgeschichtliche Grundzüge der Epoche 1870-1914. Einführung in die Problematik, in: ders., Hg., Sozialgeschichtliche Probleme in der Zeit der Hochindustrialisierung (1870-1914), Paderborn/München/Wien/Zürich 1979, 13-55.

Pohle, Ludwig, Das deutsche Wirtschaftsleben seit Beginn des 19. Jahrhunderts, 6. Aufl., Leipzig/Berlin 1930.

Quellen zur deutschen Wirtschafts- und Sozialgeschichte im 19. Jahrhundert bis zur Reichsgründung, W. Steitz, Hg., Darmstadt 1980.

Quellen zur deutschen Wirtschafts- und Sozialgeschichte von der Reichsgründung bis zum Ersten Weltkrieg, W. Steitz, Hg., Darmstadt 1985.

Reden, Fr. W. Frhr. von, Deutschland und das übrige Europa. Handbuch der Bodens-, Bevölkerungs-, Erwerbs- und Verkehrs-Statistik; des Staatshaushalts und der Streitmacht. In vergleichender Darstellung, Wiesbaden 1854.
Rosenberg, Hans, Große Depression und Bismarckzeit. Wirtschaftsablauf, Gesellschaft und Politik in Mitteleuropa, Frankfurt am Main/Berlin/Wien 1976.
Ruppert, Wolfgang, Die Fabrik. Geschichte von Arbeit und Industrialisierung in Deutschland, München 1983.

Sartorius von Waltershausen, August, Deutsche Wirtschaftsgeschichte 1815-1914, 2. Aufl., Jena 1923.
Schlier, Otto, Der deutsche Industriekörper seit 1860. Allgemeine Lagerung der Industrie und Industriebezirksbildung, Tübingen 1922.
Schwerin von Krosigk, Lutz Graf, Die große Zeit des Feuers. Der Weg der deutschen Industrie, 3 Bde., Tübingen 1957-1959.
Seraphim, Peter-Heinz, Deutsche Wirtschafts- und Sozialgeschichte. Von der Frühzeit bis zum Ausbruch des zweiten Weltkrieges, 2. Aufl., Wiesbaden 1966.
Sombart, Werner, Die deutsche Volkswirtschaft im neunzehnten Jahrhundert und im Anfang des 20. Jahrhunderts, 6. Aufl., Berlin 1923.
Sonnemann, Rolf, Die Industrielle Revolution in Deutschland – Wesen, Merkmale, zeitliche Begrenzung, in: Beiträge zur Wissenschaftsgeschichte. Die Zeit der industriellen Revolution, G. Wendel, Hg., Berlin 1982, 31-57.
Spohn, Wilfried, Weltmarktkonkurrenz und Industrialisierung Deutschlands 1870-1914. Eine Untersuchung zur nationalen und internationalen Geschichte der kapitalistischen Produktionsweise, Berlin 1977.
Spree, Reinhard, Wachstumstrends und Konjunkturzyklen in der deutschen Wirtschaft von 1820 bis 1913, Göttingen 1978.
Steitz, Walter, Schwerpunkte der deutschen Sozial- und Wirtschaftsgeschichte im 19. und 20. Jahrhundert, Heidelberg 1979.
Stolper, Gustav u. a., Deutsche Wirtschaftsgeschichte seit 1870, 2. Aufl., Tübingen 1966.
Studien zur Geschichte der Produktivkräfte. Deutschland zur Zeit der Industriellen Revolution, K. Lärmer, Hg., Berlin 1979.
Stürmer, Michael, Das industrielle Deutschland. Von 1866 bis zur Gegenwart, in: H. Boockmann u. a., Mitten in Europa. Deutsche Geschichte, Berlin 1984, 289-409.

Tipton, Frank B., Regional Variations in the Economic Development of

Germany During the Nineteenth Century, Middletown, Conn. 1976.
Treue, Wilhelm, Gesellschaft, Wirtschaft und Technik Deutschlands im 19. Jahrhundert, 2. Aufl., München 1977.

Veblen, Thorstein, Imperial Germany and the Industrial Revolution (1915), Ann Arbor, Mich. 1966.
Viebahn, Georg von, Statistik des zollvereinten und nördlichen Deutschlands, 3 Bde., Berlin 1858-1868.
Vom Kleingewerbe zur Großindustrie. Quantitativ-regionale und politisch-rechtliche Aspekte zur Erforschung der Wirtschafts- und Gesellschaftsstruktur im 19. Jahrhundert, H. Winkel, Hg., Berlin 1975.

Wagenführ, Rolf, Die Industriewirtschaft. Entwicklungstendenzen der deutschen und internationalen Industrieproduktion 1860 bis 1932, Berlin 1933.
Wehler, Hans-Ulrich, Deutsche Gesellschaftsgeschichte. 2. Bd.: Von der Reformära bis zur industriellen und politischen »Deutschen Doppelrevolution« 1815-1845/49, München 1987.
Wiese und Kaiserswaldau, Leopold von, Die Gesamtentwicklung der deutschen Industrie und ihre Bedeutung in der Weltwirtschaft, in: Deutschland unter Kaiser Wilhelm II. 2. Bd., Berlin 1914, 647-682.
Wurm, Franz F., Wirtschaft und Gesellschaft in Deutschland 1848-1948, 2. Aufl., Opladen 1975.
Wygodzinski, W., Wandlungen der deutschen Volkswirtschaft im neunzehnten Jahrhundert, 2. Aufl., Köln 1912.

Zorn, Wolfgang, Wirtschafts- und sozialgeschichtliche Zusammenhänge der deutschen Reichsgründungszeit (1850-1879), in: H.-U. Wehler, Hg., Moderne deutsche Sozialgeschichte, Köln/Berlin 1966, 254-270, 511-517.
Ders., Industrialisierung und soziale Mobilität in Deutschland 1861-1914, in: K. O. Frhr. v. Aretin u. W. Conze, Hg., Deutschland und Rußland im Zeitalter des Kapitalismus 1861-1914, Wiesbaden 1977, 123-135.

Neue Historische Bibliothek
in der edition suhrkamp

»Hans-Ulrich Wehlers fast aus dem Nichts entstandene ›Neue Historische Bibliothek‹ ist (...) nicht nur ein forschungsinternes, sondern auch ein kulturelles Ereignis.«　　　　　Frankfurter Allgemeine Zeitung

Neue Historische Bibliothek
in der edition suhrkamp

Neue Historische Bibliothek
in der edition suhrkamp

314/3/3.95

Geschichte
in der edition suhrkamp

312/1/3.95

Geschichte
in der edition suhrkamp

312/2/3.95

Geschichte
in der edition suhrkamp

edition suhrkamp
Eine Auswahl

edition suhrkamp
Eine Auswahl

edition suhrkamp
Eine Auswahl

edition suhrkamp
Eine Auswahl

edition suhrkamp
Eine Auswahl

edition suhrkamp
Eine Auswahl

edition suhrkamp
Eine Auswahl

edition suhrkamp
Eine Auswahl